Tierschutz und freiheitliches Rechtsprinzip

Grundlagen Gesamte Strafrechtswissenschaft

Herausgegeben von Regina Harzer

Band 1

PETER LANG
Frankfurt am Main · Berlin · Bern · Bruxelles · New York · Oxford · Wien

Thorsten Gerdes

Tierschutz und freiheitliches Rechtsprinzip

Eine strafrechtlich-rechtsphilosophische Untersuchung über Grundlagen und Grenzen modernen Tierschutzrechts

PETER LANG
Internationaler Verlag der Wissenschaften

Bibliografische Information der Deutschen Nationalbibliothek
Die Deutsche Nationalbibliothek verzeichnet diese Publikation in der Deutschen Nationalbibliografie; detaillierte bibliografische Daten sind im Internet über <http://www.d-nb.de> abrufbar.

Zugl.: Bielefeld, Univ., Diss., 2006

D 361
ISSN 1862-667X
ISBN 978-3-631-56320-5

www.peterlang.de

Vorwort der Reihenherausgeberin

Der gegenwärtige Zustand des Strafrechts in Deutschland ist bedauerlich. Er ist insbesondere geprägt durch gesetzliche Orientierungslosigkeit trotz sicherheitspolitisch geführter Debatten, ängstliche und unsichere Strafpraxis und durch eine teils zerstrittene, teils an aktuellen gesellschaftlichen Veränderungen desinteressierte und sich auf dogmatische Arbeitsfelder zurückziehende Strafrechtswissenschaft. Strafgesetzgebung und Strafpraxis orientieren sich deshalb an einer irrationalen Kriminalpolitik, die sie zu ihrem eigentlichen Terrain erklären. Die Lage der Strafrechtswissenschaft ist demgegenüber unklar geworden: Sie hat an Selbstbewusstsein verloren; sie hat keinen oder bloß marginalen Einfluss auf Inhalt und Verfahren der Strafgesetzgebung; Bemühungen um wissenschaftliche Erkenntnisse bleiben in Gesetzgebung und Praxis unberücksichtigt; innovative Standortbestimmungen werden nicht vorgenommen. Gesetzgeberische und praktische Kriminalpolitik können mit diesem Zustand der deutschen Strafrechtswissenschaft gut leben und Auseinandersetzungen mit einer kritisch-rechtsstaatlich orientierten Strafrechtswissenschaft werden nicht geführt. Auseinandersetzungen sind allerdings dringend erforderlich. Ein neuer Strafrechtsdiskurs muss geführt werden. Ausgangspunkt für einen solchen Diskurs könnte sein, Veränderungen strafrechtlicher Aufgabenfelder ausfindig zu machen, sie zu analysieren und unter Einbeziehung der „gesamten Strafrechtswissenschaft" zu diskutieren. Das alte Konzept, das 1881 maßgeblich zur Begründung der „Zeitschrift für die gesamte Strafrechtswissenschaft (ZStW)" geführt hat, bedarf der Reformulierung, Rekonstruktion und Modifikation. Die Herausgeber und Begründer der Zeitschrift *Adolf Dochow* und *Franz von Liszt* hatten ein ganz unkritisches Anliegen: Das alte Konzept entwarf ein Strafrecht der flexiblen Handhabung, ein auf Prävention ausgerichtetes kontingentes Strafrecht, das als staatliches Machtinstrument Verbrechensbekämpfung mit gelegentlicher Anwendung der Strafgesetzlichkeit betreibt. *Karl Binding* schreibt den ersten Beitrag in der Erstausgabe der ZStW und trägt dieses Konzept mit.

„*Gesamte* Strafrechtswissenschaft", d.h. ein Konzept rechtsstaatlichen Strafrechts zu verfolgen unter Einbeziehung aller strafrechtlichen Disziplinen sowie den Grundlagen des Rechts. Strafrecht und die Umsetzung von Strafrecht müssen heute als ein Rechtsgebiet begriffen werden, das mit konzentrierten Spezialisierungen allein nicht mehr vermittelt werden kann. Gleichbedeutend stehen neben rechtsdogmatischer Arbeit im materiellen Strafrecht und im Strafprozessrecht die Grundlagenfächer: Philosophie, Geschichte, Soziologie des Strafrechts sowie Theorien des Strafens und Theorien des Strafrechts. Praxis- und Folgenorientierung werden von der theoretischen Strafrechtswissenschaft ebenso eingebunden wie von empirisch-kriminologischen Disziplinen. Diese Konzeption beruht auf der gedanklichen „Einheit des Strafrechts". Erscheinungsformen von Kriminalität und abweichendem Verhalten sowie Fragen nach den Ursachen von Kriminalität sind Teile einer Realität des Unrechts, in der sich diese Einheit wieder findet. Aus ihr heraus muss Strafe in einem Rechtsstaat legitimiert werden können. Kontinuierliche Legitimationsverpflichtung zeichnet rechtsstaatliches Strafrecht aus. Das gilt sowohl für strafrechtsdogmatische Aspekte als auch für den Umgang mit Straftätern und Opfern von Straftaten innerhalb des Strafverfahrens. Bezugsdisziplinen sind ebenfalls integriert: Strafrechtliche Sanktionen, Jugendstrafrecht, Strafvollzug. Es geht nicht nur um nationales Strafrecht, sondern um supra- und transnationale, insbesondere um europäische Diskurse rechtsstaatlichen Strafrechts.

„*Grundlagen* Gesamte Strafrechtswissenschaft" vermittelt rechtsstaatliches Strafrecht über kritische Standortbestimmungen. Kritische Strafrechtswissenschaft will aufklären, will aus der Unmündigkeit kriminalpolitischer Prägung und Dominanz herausführen. Kritische Strafrechtswissenschaft will Alternativen anbieten gegenüber Legitimationsmüdigkeit, gegenüber Systemeinbrüchen in der Dogmatik aufgrund übereilter und konturenloser Präventivmaßnahmen, gegenüber strafgesetzlich verfehlten Reformbemühungen, gegenüber ineffektiven und kontraproduktiven Strafgesetzen, gegenüber „feindstrafrechtlichem" Denken und Handeln. Kritische Strafrechtswissenschaft sieht modernes Strafrecht in der Übernahme von Verantwortung. Kriminalpolitik als rational geführter Diskurs ist durchaus möglich. Kritische Strafrechtswissenschaft integriert aber nicht populistische Aufgeregtheiten. Es muss endlich begriffen werden, dass „Verbrechensbekämpfung" eine gedanklich zu einfache Konstruktion ist, simplifiziert und banalisiert sie doch Hintergründe veränderter Gesellschaftssituationen. Das führt zu Fragen der Relativierung staatlicher Souveränität; das führt dazu, kriminalpolitische Strafgesetzgebungen zu kontrollieren; diese Kontrolle beinhaltet Strafgerechtigkeit im weitesten Sinne. Das Konzept „Grundlagen Gesamte Strafrechtswissenschaft" ist an politik- und zweckfreiem Strafrecht orientiert.

Schwerpunktmäßig wird die vorliegende Reihe Grundlagen des Rechts als innovativen und gleichbedeutsamen Bestandteil kritischer Strafrechtswissenschaft ausweisen und deshalb vor allem aus grundlagenorientierten strafrechtlichen Arbeiten bestehen: Dissertationen; Tagungs- und Sammelbände; Monographien. Der Marginalisierung strafrechtlicher Grundlagenprobleme soll so entgegen gewirkt werden. Ein wachsendes Interesse an wissenschaftlich fundierten, d.h. kritischen Arbeiten besteht auch deshalb, weil sich aufgrund von Umstrukturierungen in der Juristinnen-Ausbildung ein „Strafrechts-Boom" im Studium der strafrechtlichen Schwerpunktbereiche abzeichnet. Dies führt zu steigenden Zahlen beim strafrechtlich interessierten wissenschaftlichen Nachwuchs, der einen Anspruch hat auf die Vermittlung kritischer Strafrechtslehren. In einer Zeit, in der die Grundlagenfächer aus Prüfungsinhalten der Ersten und Zweiten Juristischen Staatsprüfung nahezu verschwunden sind, kann das Konzept „Grundlagen Gesamte Strafrechtswissenschaft" darüber hinaus die Vermittlung der Grundlagen des Rechts aufrechterhalten und fortentwickeln.

Bielefeld im Mai 2007 R.H.

Meinen Eltern

Vorwort

Die vorliegende Arbeit wurde im Frühjahr 2006 abgeschlossen. Sie hat im Sommersemester 2006 der rechtswissenschaftlichen Fakultät der Universität Bielefeld als Dissertation vorgelegen.

Besonders danken möchte ich an dieser Stelle zunächst Frau Prof. Dr. Regina Harzer für die intensive Betreuung dieser Arbeit. Ohne ihre Aufgeschlossenheit und Neugier wäre diese Arbeit so nicht möglich gewesen.

Weiterhin gilt mein besonderer Dank Frau Prof. Dr. Velten, an deren Lehrstuhl ich als wissenschaftlicher Mitarbeiter beschäftigt war. Durch diese Tätigkeit wurden nicht nur die materiellen Voraussetzungen für den Fortgang der Arbeit gesichert, zahlreiche Diskussionen auf den Gebieten der Rechtstheorie und der Strafrechtsdogmatik stellten zudem einen nicht enden wollenden Quell der Inspiration dar. Überdies bin ich ihr für die zügige Erstellung des Zweitgutachtens dankbar.

Ferner möchte ich all denjenigen danken, die an der Arbeit Anteil genommen haben und diese in vielfältiger Weise unterstützt haben. Namentlich zu nennen sind insoweit insbesondere Frau Margot Matz und Herr Tilman Reichling (cand. jur.), denen ich für die mühevolle Tätigkeit des Korrekturlesens und des Layouts zum Dank verpflichtet bin.

Schließlich möchte ich all den lieben Menschen danken, die mir in den vergangenen Jahren in freundschaftlicher Verbundenheit stets eine wichtige Stütze waren.

Bielefeld, im Januar 2007 | Thorsten Gerdes

Inhalt

Einleitung

I. Einführung in die Thematik

Die Beziehung des Menschen zum Tier ist komplex: Tiere sind Wirtschaftsgüter. Doch bereits ihre wirtschaftliche Verwendung ist vielschichtig und erfasst verschiedenste Bereiche menschlichen Lebens: Tiere sind Nutztiere, indem sie Fleisch liefern, von der Wissenschaft verwendet werden oder auf andere Art und Weise von Menschen ge- und auch verbraucht werden.

Dem Menschen von Nutzen sind Tiere auch durch die vielfältigen Symbiosen des Zusammenlebens von Mensch und Tier. Tiere dienen dem Menschen als „Helfer" im Beruf, aber auch als Gefährten, Freunde und manchmal gar als Ersatz für menschliche Bindungen. Ein einheitliches Bild entsteht hierbei nicht. Vielmehr werden Tiere gleichermaßen versachlicht und personalisiert.

In der modernen Industriegesellschaft führt dies zu einer beinahe schizophrenen Konsequenz: während einerseits Millionen von Tieren „Familienmitglieder mit Pelz" sind, fristen andererseits unzählige Heerscharen in Futterfabriken ein Dasein, welches sie auf den Zweck reduziert, durch ihren Tod dem Menschen nützlich zu sein.

Personalisierung einerseits und Versachlichung andererseits stehen sich in noch nie zuvor erreichtem Maße gegenüber.[1]

Auch der rechtliche Status von Tieren ist ambivalent:

Vordergründig scheint es, als habe der Gesetzgeber mit der strikten Dichotomie von Person und Sache gebrochen.

Dies könnte man jedenfalls nach einer unbefangenen Lektüre von § 90 a S. 1 BGB meinen. Dort heißt es: „Tiere sind keine Sachen."

Deutlicher noch § 1 S. 1 TierSchG: „Zweck dieses Gesetzes ist es, aus der Verantwortung des Menschen für das Tier als Mit*geschöpf* dessen Leben und Wohlbefinden zu schützen." Der Gesetzgeber bekennt sich damit zu einem ethisch begründeten Tierschutz.[2]

Stark relativiert wird der soeben gemachte Befund allerdings schon durch § 90 a S. 3 BGB, wonach auf Tiere die für Sachen geltenden Vorschriften entsprechend anzuwenden sind.

---

[1] R. Spaemann, Tierschutz und Menschenwürde, in: R. Spaemann, Grenzen. Zur ethischen Dimension des Handelns, Stuttgart 2001, S. 467- 476 (469).

[2] Statt vieler A. Lorz, Tierschutzgesetz, 5. Auflage, München 1999, bearbeitet von Ernst Metzger, Einf. RN 21.

Die Beispiele spiegeln nicht nur die Doppelnatur des Tieres in der Rechtsordnung[3], sondern auch die Zerrissenheit des Gesetzgebers wider. Einerseits wird das Tier als „Mitgeschöpf" bezeichnet, was aufgrund der positivrechtlichen Verwendung dieser Begrifflichkeit eine Rechtsgemeinschaft von Mensch und Tier auszudrücken scheint.[4] Andererseits ist das Tier Wirtschaftsgut und Rechtsobjekt, welches zwar nicht *als*, aber doch gleichwohl *wie* eine Sache behandelt wird.

Der soeben gemachte Befund hinterlässt Verwirrung: Können Mensch und Tier eine Gemeinschaft bilden, während gleichzeitig einer der Teile Subjekt und der andere Teil Objekt ist?

Auch ließe sich fragen, ob der Befund nicht vor allem eines bestätigt, nämlich das Vordringen einer Rechtssprache, die zum Moralisieren neigt und Ausdruck symbolischer und nur an der Befriedigung von Partikularinteressen ausgerichteter Gesetzgebung ist.[5]

---

[3] Hierzu eingehend A. Lorz, Das Strafrecht und die Tiere, in: Gedächtnisschrift für Karlheinz Meyer, Berlin [u.a.] 1990, S. 567- 581 (568 ff.).

[4] Der Begriff des Mitgeschöpfes betont die Idee der Solidarität leidensfähiger Geschöpfe (G. Teutsch, Tierversuche und Tierschutz, München 1983, S. 224). Deutlich wird dies an der von Fritz Blanke formulierten „Ethik der Mitgeschöpflichkeit", die von der christlichen Vorstellung gemeinsamer Geschöpflichkeit ausgeht (vgl. F. Blanke, Unsere Verantwortlichkeit gegenüber der Schöpfung, in: Festschrift für Emil Brunner, Zürich 1959, S. 193-198.

Theologische Eckpunkte dieser Auffassung sind u.a.: Nach alttestamentlicher Vorstellung sind Landtiere wie der Mensch aus Erdreich (1 Mose 2,19) am sechsten Tag (1 Mose 1,24) erschaffen; gemeinsam waren sie aufgrund menschlicher Verfehlungen der Sintflut ausgeliefert (1 Mose 6,5-8). Ferner soll das Arbeitstier Anteil an der Sabbatruhe (2 Mose 23,12) und das Recht auf einen Teil des Ertrages seiner Arbeit (5 Mose 25,4) haben.

Umfassend zum Thema der Geschöpflichkeit: F. E. Wilms, Das Tier: Mitgeschöpf, Gott oder Dämon, Frankfurt 1987.

[5] Im Anschluss an W. Hassemer, Symbolisches Strafrecht und Rechtsgüterschutz, in: NStZ 1989, S. 553-559, wird der Terminus der symbolischen Gesetzgebung hier wie folgt verstanden: In einem negativen Sinne sind Normen (insb. Strafnormen) dann bloß symbolisches Recht, wenn die „latenten Funktionen" der Norm die „manifestierten" überwiegen. Symbolischem Recht wohnt damit ein Element der Täuschung inne. Es beschwichtigt, demonstriert politische Aktivität, löst die eigentlichen Probleme aber nur vordergründig. Hassemer selbst führt das Umweltstrafrecht als Beispiel an, dessen gesellschaftspädagogischer Charakter die Idee des Schuldausgleichs in den Hintergrund treten lasse.

Vgl. zum Begriff der symbolischen Gesetzgebung auch K. Seelmann, Risikostrafrecht - Die „Risikogesellschaft" und ihre „symbolische Gesetzgebung" im Umwelt- und Betäubungsmittelstrafrecht, in: KritV 1992, S. 452- 471 (insb. 461) sowie W. Hassemer, Das Symbolische am symbolischen Strafrecht, in: Festschrift für C. Roxin, Berlin [u.a.] 2001, S. 1001- 1019.

Im Rahmen des Tierschutzes ist die Problematik von der rechtswissenschaftlichen Literatur aufgegriffen worden. Um zwei Beispiele zu nennen: einerseits wird kritisiert, dass Tierschutz mitunter vorgeschoben wird, während es eigentlich um menschliche Affektionsinteressen gehe. So z.B. W. Grunsky, Sachen. Tiere - Bemerkungen zu einem Gesetzentwurf – in: Festschrift für Gerd Jauch, München 1990, S. 93-102 (100) in Bezug auf § 811 c I ZPO.

Die Zerrissenheit des Gesetzgebers ist Folge einer Kollision von unterschiedlichsten Werte und Interessen, die auf der Spielwiese der Rechtspolitik miteinander kollidieren. Ein kohärentes System ist bei alledem nicht zu erkennen.

Man könnte geneigt sein, dies als Begleiterscheinung einer hochkomplexen Rechtsordnung hinzunehmen, deren einzelne Bestandteile angesichts noch komplexerer Lebenswirklichkeiten nur schwer miteinander in Einklang zu bringen sind.

Die vorliegende Arbeit möchte sich mit diesem Befund nicht abfinden, sondern vielmehr nach den Grundlagen des Tierschutzrechts fragen. Die Lösung des Problems kann insofern nicht auf positivrechtlicher Ebene gefunden werden, da ein Deduzieren von Rechtspositionen aus der Verfassung die Problematik nicht aufzulösen vermag. Vielmehr scheint das Herleiten von Rechtsgütern aus zum Teil sehr heterogenen Staatszielbestimmungen gerade Teil des Problems zu sein.[6] Erkenntnis verspricht daher allein eine rechtsphilosophische Betrachtung.

Die Fragen, um die es geht, liegen auf der Hand: Ist Leben an sich achtenswert und daher auch das Leben der Tiere prinzipiell schutzwürdig? Und wie steht es – bei materieller Betrachtung – um die Reichweite des Gleichheitssatzes?[7] Führen die in vielen Bereichen bestehenden Ähnlichkeiten von Mensch und Tier nicht auch zur Forderung, den Tieren einen stärkeren Respekt zu zeigen und dies auch durch entsprechende positivrechtliche Regelungen auszudrücken?

Es deutet sich eine Problemstellung an, die grundsätzlicher nicht sein könnte, nämlich die Frage nach dem Verhältnis von Recht und Moral bzw. Ethik. Gerade im Feld des Tierschutzes ist dieses Problem besonders virulent, da es sich bei der Beziehung von Mensch und Tier zunächst einmal allein um ein ethisches Problem handelt. Wie weit kann eine liberale Gesellschaft hier überhaupt gehen, ohne ihr Selbstverständnis preiszugeben? Die Suche nach einer zeitgemäßen Beantwortung der Frage, was als Privatangelegenheit dem Zugriff der Rechts-

---

Einen entgegengesetzten Fall behandelt K. Brandhuber, Das neue Tierschutzgesetz - ein grundlegender Fortschritt für den Tierschutz?, in: NJW 1988, 1952- 1957 (1952). Hinsichtlich der Regelung des § 2 TierSchG hat er den Widerspruch zwischen einer moralisierenden Gesetzesbegründung und einer tatsächlichen Beschränkung des Tierschutzes gezeigt. Hier wird die „manifestierte Funktion" des Gesetzes verschleiert. Symbolischen Charakter hat in diesem Fall also die Gesetzesbegründung. Die Problematik bleibt indes dieselbe.

[6] Instruktiv hierzu: I. Maus, Die Trennung von Recht und Moral als Begrenzung des Rechts, in: Rechtstheorie 1989, S. 191- 210 (196 f.).
Siehe andererseits auch K.-H. Ladeur, Abwägung ein neues Rechtsparadigma? Von der Einheit der Rechtsordnung zur Pluralität der Rechtsdiskurse, in: ARSP 1983, S. 463- 483.

[7] Lediglich um Missverständnissen vorzubeugen, sei angemerkt, dass der Terminus Gleichheitssatz hier in einem umfassenden Sinn verstanden wird und nicht der in Art. 3 GG positivierte Gleichheitssatz gemeint ist, dessen personaler Geltungsbereich sich auf Menschen beschränkt.

ordnung schlechthin entzogen ist, drängt sich auf. Ohne zu übertreiben wird man daher sagen können, dass dieses Problem weit über den Tierschutz hinausweist.

Im Strafrecht stellt sich dieses Problem noch einmal in verschärfter Weise. Es überrascht daher ein wenig, dass die juristische Literatur zum Tierschutzrecht dieser Fragestellung bisher kaum Beachtung geschenkt hat. Einige Monographien jüngeren Datums, die sich mit strafrechtlichem Tierschutz auseinandersetzen, offenbaren statt dessen eine erstaunliche Hörigkeit gegenüber dem Gesetzgeber. Beispielsweise wird in einer Dissertation unter Verweis auf die strafrechtliche Kommentarliteratur knapp behauptet, das Motiv für die Schaffung von Straftatbeständen ergebe sich aus dem Bestreben sozial anerkannte Lebensgüter zu schützen.[8]

In einer anderen Arbeit heißt es zwar, Umweltgüter bestünden nicht um ihrer selbst willen, sondern als Bestandteil humaner Lebensbedingungen.[9] Zur Frage des Verhältnisses von Recht und Moral führt der Autor dann aber lediglich aus, dass sittliche Vorstellungen sich bloß in irgendeiner Form in der Rechtsordnung niederschlagen müssten, um als Bestandteil der öffentlichen Sicherheit dieses Rechtsgut zu konkretisieren und den Erlass strafrechtlicher Normen zu legitimieren.[10] Eine Formulierung, die zumindest hochgradig missverständlich ist und der Moralisierung des Strafrechts weite Türen öffnet.

Apodiktisch auch die Antwort in einem der Standardkommentare zum Tierschutzgesetz: „Unverkennbar sind auch die Vergehen der Tierquälerei und der Tiertötung wegen der sittlichen Verfehlung des Täters an dem Tier strafwürdig.“[11]

Die Suche nach Antworten führt zu Vorfragen, welche die Natur des Rechts betreffen. Die vorliegende Arbeit unternimmt den Versuch, die Tierschutzdebatte in genau diesen Zusammenhang einzubetten.

Diesen größeren Kontext bildet die rechtsphilosophische Debatte um das Rechtsverhältnis. Dahinter verbirgt sich Folgendes: Anknüpfend an die Versuche Kants, Fichtes und Savignys wird in der zeitgenössischen Rechtsphilosophie versucht, das positive Recht von einer ursprünglichen Beziehung der Menschen zueinander herzuleiten; es geht also um die Suche nach den Grundlagen des

---

[8] G. Greven, Die Tierhaltung aus strafrechtlicher Sicht, Köln 1988, S. 26 f. unter Verweis auf S/S-Lenckner, Strafgesetzbuch: Kommentar, 26. Auflage, München 2001, vor § 13, RN 9 und LK-Jescheck, StGB, vor § 13 RN 6.

[9] A. Röckle, Probleme und Entwicklungstendenzen des strafrechtlichen Tierschutzes, Tübingen 1996, S. 64.

[10] A. Röckle (1996), S. 96.

[11] E. Loeper in: H.-G. Kluge, Tierschutzgesetz, 1. Auflage, Stuttgart 2002, Einf. RN 84.

Rechts einerseits und der Ausstrahlungswirkung dieser Grundlagen auf das positive Recht andererseits.[12]

Recht ist nach Immanuel Kant „der Inbegriff der Bedingungen, unter denen die Willkür des einen mit der Willkür des anderen nach einem allgemeinen Gesetze der Freiheit vereinigt werden kann."[13] Ordnung und Sicherung individueller Freiheit begründen Rechtspflichten, welche nach Kant von Tugendpflichten, die allein der sittlichen Vervollkommnung des Individuums dienen, zu unterscheiden sind. Bei Savigny heißt es: „Das Recht dient der Sittlichkeit, aber nicht indem es ihr Gebot vollzieht, sondern indem es die freie Entfaltung ihrer, jedem einzelnen Willen innewohnenden, Kraft sichert."[14]

Der hier vorliegenden Arbeit liegt folgende Zielvorstellung zugrunde: Die oben aufgeworfenen Grundsatzfragen sollen diskutiert und eine legitime vorpositive Basis des Tierschutzrechts unter besonderer Berücksichtigung der unterschiedlichen Funktionen des Ordnungs- und Strafrechts formuliert werden. Der subjektiv-idealistische Ansatz soll bei alledem nicht verlassen werden.

Eine andere, von der juristischen Fachliteratur bisher weitestgehend ignorierte, Entwicklung macht dieses Unterfangen um so komplexer. Der Umgang mit Tieren stellt die Vorstellung in Frage, es gäbe nur vollentwickelte Personen einerseits und Sachen andererseits. Dies weiß jeder Tierfreund.

Immer häufiger wird die klassische Tier-Sach-Theorie aber auch von Verhaltensforschern und Philosophen angezweifelt. Es wird behauptet, dass Tiere Spuren von Persönlichkeit aufweisen bzw. einige Tiere gar als vollständige Personen anzusehen seien. Mit anderen Worten: Es herrscht Konfusion bezüglich dessen, was Tiere eigentlich sind. Philosophie hat hier zu fragen, was die Begriffe Person und Persönlichkeit eigentlich zum Ausdruck bringen.

Diese Problematik ist auch für die Rechtswissenschaft interessant, da durch die Zuschreibung von Personalität auf der Metaebene Weichen gestellt werden, die auch auf die juristische Ebene ausstrahlen.

Es schließt sich also der Kreis, da eine Aufhebung der Dichotomie von Person und Sache das Verständnis der Rechtsordnung als Ordnung intersubjektiver Freiheitsverhältnisse unmittelbar berühren würde.

Besonders deutlich wird dies bei der Betrachtung der Extremposition des „Great Ape Projects". Bei diesem handelt es sich um eine internationale Bewegung, die sich dafür einsetzt, Menschenaffen einzelne fundamentale Rechte zu gewähren. Das Great Ape Project basiert auf einer Reihe von Prämissen, in deren Zentrum die Annahme steht, dass Menschenaffen Personen im Sinne eines modernen Verständnisses von Personalität seien und es daher ein Gebot der Ge-

---

[12] vgl. einführend C. Gusy, Artikel „Rechtsverhältnis", in: J. Ritter u.a. (Hrsg.), Hist. Wörterbuch der Philosophie, Band 8 (R-Sc), Basel 1992, Sp. 352f..

[13] Kant, MdS (RL), VI, S. 230/231 (AB 33).

[14] F.C. v. Savigny, System des heutigen Römischen Rechts, 1. Band, Berlin 1840, § 52 S. 332.

rechtigkeit sei, den Gleichheitssatz, soweit dies Sinn macht, auf sie anzuwenden. Auch liegt dem Great Ape Project ein bestimmtes Verständnis der Rechtsordnung zugrunde: Gerecht ist Recht dann, wenn es Interessen einem gleichmäßigen Ausgleich zuführt. Die Idee der Rechtsordnung als Ordnung von Freiheitsverhältnissen tritt dabei in den Hintergrund. Die Frage, inwieweit Recht und Moral zu trennen sind, wird ignoriert und damit letztlich aber in einem bestimmten Sinne beantwortet. Man wird daher fragen dürfen, ob nicht zu befürchten ist, dass Individuen bei einem derartigen Verständnis des Rechts in einer auf Lebenserhalt angelegten Gemeinschaft instrumentalisiert werden.

Auch Kritikern der Tierrechtsbewegung scheint dieser Aspekt nicht immer hinreichend bewusst zu sein. Während sich zahlreiche Autoren einer vorschnellen Gleichstellung von Mensch und Tier zwar widersetzen, wird die rechtsphilosophische Fragestellung gleichwohl aber meist schlichtweg ignoriert oder nur unzureichend behandelt.[15]

II. Gang der Untersuchung

Da gerade in der Auseinandersetzung mit Extrempositionen Problematiken und Fragestellungen besonders deutlich zutage treten, soll im folgenden eine Auseinandersetzung mit der Tierrechtsbewegung den Ausgangspunkt der Abhandlungen bilden.

Um eine Konkretisierung der Problemstellung zu erreichen, beginnt die Arbeit mit einer (kurzen) Darstellung verschiedener rechtspolitischer Programme (1. Kapitel).

Anstatt sich danach unmittelbar der rechtlichen Problematik anzunehmen, soll zunächst der Versuch unternommen werden, einige der außerrechtlichen Rahmenbedingungen des rechtlichen Diskurses darzustellen. Dieser Schritt ist notwendig: Tierschutz berührt immer auch Fragen, die über die eigentlich rechtliche bzw. rechtsphilosophische Sphäre hinausreichen. An vorderster Stelle stellt sich hier natürlich die Frage nach dem Wesen der Tiere einerseits und dem menschlichen Selbstverständnis andererseits. Indem der Mensch hier nach Antworten sucht, setzt er sich selbst in ein Verhältnis zum Tier. Die dabei gesetzten Prämissen strahlen auf den normativen Diskurs aus und beeinflussen diesen auf mitunter subtile Art und Weise.

Zwei Problemkreise gilt es zu untersuchen: Zunächst soll die Frage nach der geistigen Verwandtschaft von Mensch und Tier und ihrer Bedeutung für die

[15] Beispielsweise weist J. Marks in „What it means to be 98% chimpanzee: apes, people and their genes", Berkeley 2002 die Idee der Gleichbehandlung zurück (S.191), erklärt aber gleichwohl „Apes should be conserved and treated with compassion", ohne gleichzeitig die hier aufgeworfene Frage nach der legitimen Reichweite des Rechts überhaupt zu thematisieren.

Mensch-Tier-Beziehung in einem religions- und geistesgeschichtlichen Abriss zumindest fragmentarisch beleuchtet werden (2. Kapitel)

Im dann folgenden dritten Kapitel wird versucht, einen kurzen Überblick über die aktuelle naturwissenschaftliche Debatte zu geben. Diese hinterfragt das Bild vom Tier mittlerweile in recht radikaler Weise. Was sich dabei zunächst als wertneutrale naturwissenschaftliche Forschung präsentiert, ist in Wirklichkeit aber ein hochgradig von Wertungen und historischen Kontinuitäten abhängiges Projekt, welches seinerseits Fragen und Probleme an die theoretische Philosophie heranträgt und Geistesgeschichte fortzuschreiben sucht.

Am Ende dieser beiden Kapitel ist daher wieder der Blick des Rechtswissenschaftlers einzunehmen. In einigen skizzenhaften Überlegungen, die zur normativen Diskussion überleiten, wird die These vertreten werden, dass die Suche nach einem „gerechten" Umgang mit dem Tier eine kritische Distanz zu den Naturwissenschaften und eine Loslösung von wissenschaftlichen Modeerscheinungen erfordert.

Nach diesen Vorarbeiten wird der Versuch einer Grundlegung des Tierschutzrechts, die an freiheitsphilosophischen Prinzipien ausgerichtet ist, unternommen werden. Hier gilt es einen der Kerngedanken (vermeintlich) moderner Tierrechtsprogramme aufzugreifen und zu fragen, ob die Behauptung, dass zumindest einigen Tieren ein moralischer und rechtlicher Personenstatus zukomme, richtig ist. Es ist zu klären, ob es sich dabei um bloße Rhetorik handelt oder ein begründeter normativer Anspruch geltend gemacht wird. Die Leitfrage ist folgende: Führt ein minimalistischer Personenbegriff, der allein an eine empirische Basis, wie dem Vorhandensein von Selbstbewusstsein, anknüpft, zu einer Nivellierung, die der Qualität des Rechtsdenkens Schaden zufügt?

Die Arbeit wendet sich daher dem Begriff der Person zu und versucht im Anschluss an eine Begriffsreflexion (4. Kapitel) den Begriff des Rechts auf der Basis eines idealistischen Personenkonzepts zu konstruieren (5. Kapitel).

Konkurrierende Konzeptionen fordern dieses Verständnis heraus: Den Theorien von Kant und Fichte wird daher zunächst die Reine Rechtslehre Kelsens gegenübergestellt werden (ebenfalls 5. Kapitel). In Abgrenzung zum subjektiven Idealismus kritisiert Kelsen die vernunftrechtliche Verknüpfung von Recht und Gerechtigkeit und setzt an dessen Stelle eine radikal-positivistische Alternative, die auf jedweden metaphysischen Anspruch verzichtet.

Um eines der Ergebnisse vorwegzunehmen: In der hier vorliegenden Arbeit wird an der Verbindung des Rechtsbegriffs mit der Idee der Gerechtigkeit festgehalten.

Freilich muss der vernunftrechtliche Rechtsbegriff seine Tauglichkeit zur Bewältigung aktueller rechtstheoretischer Problemlagen aber noch unter Beweis stellen. Dieser Gedanke führt zur Frage nach dem „richtigen" Gerechtigkeitskriterium. Im weiteren Verlauf des fünften Kapitels soll das Vernunftrecht daher von kommunitaristischen Modellen abgegrenzt werden, die dem Vernunftrecht vorwerfen, an seinen eigenen Ansprüchen gescheitert zu sein und stattdessen eine Verbindung zwischen der Idee des Rechts und einem gemeinschaftsbezogenen Verständnis der Person propagieren.

Den Abschluss dieses zentralen Kapitels der Arbeit bildet die Diskussion einer Gerechtigkeitstheorie, die gerade für Tierschützer immer wieder anziehend wirkt. Die Rede ist vom Utilitarismus.

Während die Diskussion dieser grundsätzlichen Fragestellungen anhand einer intensiven Darstellung und Diskussion der Primärquellen erfolgen soll und insbesondere einen ständigen Rekurs auf die grundlegenden Überlegungen Kants erfordert, löst sich der letzte Teil der Arbeit von den Primärquellen und unternimmt den Versuch zu einer Lösung des Tierschutzproblems zu gelangen, die mit subjektiv-idealistischem Denken in Einklang steht. An der grundsätzlichen Trennung von Recht und Ethik soll hierbei festgehalten und der Grund des Tierschutzrechts anhand der Konstitutionsbedingungen des Rechts bestimmt werden (6. Kapitel). Theorie und Praxis sollen hierdurch versöhnt werden, und es soll gezeigt werden, dass Tierschutzrecht auch in einer intersubjektiv-freiheitlichen Rechtsordnung eine gewichtige Aufgabe des Rechts darstellt.

Dabei gilt es die praktische Leistungsfähigkeit einer Grundlegung im Auge zu behalten. Gerade für den Bereich des Tierschutzes ist dieser Punkt von enormer Wichtigkeit. Eine Grundlegung schuldet den Nachweis, dass entgegen der vorherrschenden Rechtsauffassung des 19. Jahrhunderts auch den Augen der Öffentlichkeit entzogene Tierquälerei keine bloße Privatangelegenheit ist. Und entsprechend des hier erhobenen Anspruchs darf freilich auch das freiheitliche Rechtsverständnis nicht zu einem bloßen Lippenbekenntnis verkommen.

Diese Gedanken führen zu den letzten beiden Kapiteln der Arbeit: Im siebten Kapitel wird die Frage gestellt, welche Schlüsse sich aus dem hier gewählten Ansatz für aktuelle Problemlagen des Tierschutzrechts ziehen lassen.

Das achte Kapitel thematisiert schließlich die Rolle des Strafrechts im Tierschutz. Dabei wird zu fragen sein, ob in dem unter Freiheitsgesichtspunkten besonders sensiblen Bereich des Strafrechts legitimes Tierschutzrecht eine Grenze findet. Um eines der Ergebnisse bereits vorwegzunehmen: Die Debatte fällt ernüchternd aus. Der Tatbestand der Tierquälerei (§ 17 TierSchG), an dem sich die Darstellung exemplarisch orientiert, ist unter rechtsstaatlichen Gesichtspunkten kaum zu halten und es wird nach Regelungsalternativen zu fragen sein.

In ihrer Gesamtkonzeption grenzt sich die Arbeit damit deutlich von dem in der Rechtspolitik herrschenden Empirismus ab und unternimmt stattdessen den Versuch einer prinzipienorientierten Aufarbeitung der Problematik des Tierschutzrechts.

1. Kapitel: Exemplifizierung der Problemstellung anhand einer Darstellung verschiedener Tierrechtsprogramme

Angesichts der vielschichtigen Fehlentwicklungen des Verhältnisses Mensch-Tier ist seit den siebziger Jahren des 20. Jahrhunderts ein Erstarken der sog. Tierrechtsbewegung zu beobachten. Die Suche nach Problemlösungen erfordert nach Ansicht der Tierrechtsbewegung ein radikales Umdenken und eine Neuausrichtung des Tierschutzes. Ausgehend von einem ökozentrischen Grundverständnis, welches dem Tier einen inhärenten Wert zuschreibt, wird die Gleichstellung von Tieren und Sachen im Recht kritisiert. Hieran anknüpfend wird die Aufwertung des Tieres zum Rechtssubjekt gefordert.

Vorstöße in diese Richtung sind in den vergangenen Jahren immer wieder unternommen worden. Im Jahr 1982 erklärte die französische Liga für Tierrechte bereits in der Präambel ihrer „Universellen Erklärung der Tierrechte"[16], dass „jedes Tier Rechte besitzt." Nach Art. 1 und 2 der Erklärung sind dies vor allem ein Recht auf Leben sowie ein Recht auf Achtung. Tierversuche werden hiermit als unvereinbar angesehen (Art. 8). Dass es nicht nur um moralische Ansprüche geht, machen die Verfasser in Art. 14 der Tierrechtserklärung deutlich. Dort heißt es in einem Unterpunkt: „Die Tierrechte müssen gesetzlich ebenso verteidigt werden wie die Menschenrechte."

Wenige Jahre später unternahm die Bundesarbeitsgemeinschaft „Mensch und Tier" der Partei der Grünen einen ähnlichen Vorstoß. In der „Proklamation der Grundrechte der Tiere"[17] aus dem Jahr 1989 gehen die Verfasser davon aus, dass die Beschränkung von Rechten allein auf den Menschen „ethisch, politisch und ökologisch unvertretbar" sei. Auch hier wird unter anderem ein Recht auf Leben (Art. II) verlangt. Rechte werden hier aber nicht nur für einzelne Tiere, sondern auch für ganze Arten von Tieren eingefordert. Beispielsweise sprechen sich die Verfasser auch für ein Recht „der von der Evolution hervorgebrachten Tierarten" aus, „in ihrer Art weiterzuexistieren" (Art. VII). Abschließend heißt es im vorletzten Artikel der Proklamation (Art. XVI): „Die Verwirklichung der Grundrechte der Tiere ist als Staatszielbestimmung in die Verfassungen der Staaten aufzunehmen. Die Regierungen sind verpflichtet, auf nationaler und internationaler Ebene die Verwirklichung dieser Rechte voranzutreiben."[18]

Das wohl am meisten ausgefeilte Tierrechtsprojekt ist das sog. Great Ape Project, auf welches eingangs bereits hingewiesen wurde. Dieses trat 1993 (dt. Ausgabe: 1994) mit der Publikation des Sammelbandes „Menschenrechte für die

---

[16] Abgedruckt in: Forum Europarat, Sonderbeilage 3/1982.

[17] Vgl. Der Vegetarier 1989, S. 159- 162.

[18] T. Schmidt hat in seiner philosophischen Dissertation darauf hingewiesen, dass im Jahr 1994 sogar das Europaparlament gefordert hat, „... einen beratenden Ausschuss für die Rechte der Tiere einzusetzen..."; vgl. T. Schmidt, Das Tier- ein Rechtssubjekt?, Regensburg 1996, S. 19.

Großen Menschenaffen"[19] in die Öffentlichkeit. In ihren einleitenden Worten erklärten die Herausgeber Peter Singer und Paola Cavalieri es zu ihrem Ziel, den „Kreis der moralisch Gleichen" so zu erweitern, dass er nicht nur die menschliche Spezies umfasse, sondern auch diejenigen Arten, die dem Menschen im Hinblick auf Verwandtschaft, Eigenschaften und Lebensweisen am ähnlichsten seien.[20]

In der Präambel der Deklaration über Großen Menschenaffen heißt es dementsprechend:

> „Wir fordern, dass die Gemeinschaft der Gleichen so erweitert wird, dass sie alle Großen Menschenaffen miteinschließt: ... „Die Gemeinschaft der Gleichen" ist die moralische Gemeinschaft, innerhalb derer wir bestimmte moralische Grundsätze oder Rechte anerkennen, die unsere Beziehungen untereinander regeln und die gerichtlich einklagbar sind. ..."

Hieran schließt sich in der Deklaration die Forderung nach drei elementaren Rechten an:

Der erste Artikel der Deklaration ist als „Recht auf Leben" überschrieben, es folgen der Schutz der individuellen Bewegungsfreiheit und schließlich im dritten Artikel ein Verbot der Folter.[21]/[22]

---

[19] P. Singer/ P. Cavalieri (Hrsg.), Menschenrechte für die Großen Menschenaffen, München 1994.

[20] P. Singer/ P. Cavalieri (1994), S. 8.

[21] Der Wortlaut der Deklaration im einzelnen:

1. Das Recht auf Leben
   Das Leben der Mitglieder der Gemeinschaft der Gleichen ist zu schützen. Mitglieder der Gemeinschaft der Gleichen dürfen nicht getötet werden, außer in streng festgelegten Situationen wie zum Beispiel Notwehr.
2. Der Schutz der individuellen Freiheit
   Mitglieder der Gemeinschaft der Gleichen dürfen nicht willkürlich ihrer Freiheit beraubt werden; falls sie ohne vorheriges ordentliches Gerichtsverfahren eingesperrt sein sollten, haben sie das Recht auf sofortige Freilassung. Die Inhaftierung derjenigen, die keines Verbrechens überführt oder nicht strafmündig sind, ist nur erlaubt, wenn erwiesen werden kann, dass es zu ihrem eigenem Wohl ist oder notwendig wird, um die Allgemeinheit vor einem Mitglied der Gemeinschaft zu schützen, welches in Freiheit eindeutig eine Gefahr für andere darstellen würde. In solchen Fällen haben die Mitglieder der Gemeinschaft der Gleichen das Recht, entweder direkt oder, falls ihnen die notwendigen Fähigkeiten fehlen, durch einen Rechtsbeistand ein Gericht anzurufen.
3. Das Verbot von Folter
   Einem Mitglied der Gemeinschaft der Gleichen entweder böswillig oder für einen angeblichen Nutzen anderer wissentlich ernsthaften Schmerz zuzufügen, gilt als Folter und ist unrecht.

Im unmittelbaren Anschluss an die Deklaration ist ein rechtspolitischer Ausblick formuliert, indem sich die Herausgeber und Autoren dazu bekennen, dass das Great Ape Project bei der Erweiterung der „Gemeinschaft der Gleichen" nur ein erster Schritt sei und eine weitere Ausdehnung dieser Gemeinschaft zumindest erörtert werden müsste.[23] In einer anderen Publikation beziehen die Herausgeber Singer und Cavalieri insofern eindeutig Stellung:

> „... No matter how strong the ethical arguments for it, the extension of the community of equals to all sentient beings will remain politically impossible for some time to come. Sentience is a characteristic shared by the billions of creatures which our society exploits, and all over the world people are involved in raising and killing sentient animals for food. But one can find a good intermediate point for a long-term strategy. This intermediate point is the Great Ape Project."[24]/[25]

---

[22] Vgl. zur rechtstechnischen Vorgehensweise die Kritik bei M. W. Schröter, Menschenaffen und Rechte – kritische Bemerkungen zur „Deklaration über die Großen Menschenaffen", in: ARSP 1997, S. 397- 415: In rechtstechnischer Hinsicht lässt vor allem der erste Artikel der Deklaration einiges zu wünschen übrig. Die Hauptkritikpunkte sind von Schröter herausgearbeitet worden: während Art. 1 in der Überschrift von einem „Recht auf Leben" spricht, ist in dem Artikel selbst lediglich ein Schutzauftrag formuliert. Dieser Widerspruch zwischen Überschrift und Inhalt widerspricht zum einen gängigen Techniken der Normsetzung; zum anderen bleibt der Artikel damit hinter gängigen Menschenrechtsstandards zurück (vgl. Art. 3 der Allgemeinen Erklärung der Menschenrechte der Vereinten Nationen vom 10.12.1948), was es schwer macht, in ihm eine sinnvolle Formulierung einer gemeinsamen grundrechtlichen Basis für Menschenaffen und Menschen zu erblicken. Dies weist auf einen weiteren Kritikpunkt hin:
Ein grundsätzliches Problem der Deklaration besteht darin, dass, indem von einer „Gemeinschaft der Gleichen" gesprochen wird, suggeriert wird, es gehe um Menschenaffen und Menschen. Inhaltlich ist die Deklaration indes eindeutig auf Menschenaffen zugeschnitten, wie insbesondere der zweite Artikel, indem zwar eine Bewegungs-, nicht aber eine Handlungsfreiheit proklamiert wird, zeigt.

[23] P. Singer/ P. Cavalieri (1994), S. 14.

[24] P. Singer/ P. Cavalieri, The Great Ape Project: premises and implications, in: ATLA 1995, S. 626- 631 (627).

[25] Die Aktivisten des Great Ape Project haben sich nicht bloß auf die Formulierung und theoretische Begründung ihrer Deklaration beschränkt, vielmehr sind Versuche unternommen worden, Einfluss auf die Rechtspolitik zu nehmen. Einige der Implikationen des Great Ape Project, die bei der Formulierung abstrakter Schutzaufträge noch nicht hinreichend deutlich werden, werden hierdurch offenbar.
Eines der Hauptzentren der Aktivitäten des Great Ape Project bildet seit einigen Jahren Neuseeland. Durch den „Animal Welfare Act" von 1999 gelang es der Tierschutzbewegung ein weitgehendes Verbot von Tierversuchen an Menschenaffen durchzusetzen. Die Forderungen der Tierrechtsbewegung gehen indes weiter:
Auf der Internetseite des Great Ape Project (www.greatapeproject.org) wurde in den Jahren 2003 und 2004 der Entwurf einer „Non-human Hominid Protection Bill" veröffentlicht. Der

Eine zentrale Frage, der es im Verlauf der Arbeit nachzugehen gilt, tritt hier klar zu Tage: Sind es die ontologischen Ähnlichkeiten von Mensch und Tier, welche der Tierrechtsbewegung ihre Legitimität verleihen?

Wo dieses Denken vorherrscht, da tritt auch das Strafrecht auf den Plan. Dies zeigen nicht nur die Planspiele des Great Ape Project (vgl. insoweit die Fußnote auf der vorherigen Seite), sondern auch Stellungnahmen in der Literatur, die eine zu geringe Strafintensität im Tierschutzrecht beklagen.[26]

Einem Automatismus gleich wird eine Verbindung zwischen dem empirischen Befund des Selbstbewusstseins („self-awareness") und der Strafwürdigkeit gezogen. Auf den ersten Blick besticht diese Logik. Man ist geneigt, folgendes zu sagen:

„Wenn Menschenaffen tatsächlich wie kleine Kinder sind, dann verdienen sie doch auch denselben (straf-)rechtlichen Schutz."

Was zunächst als radikale Position einzelner Tierschützer erscheinen mag, ist letztlich nichts anderes als Ausdruck und konsequente Fortführung des vorherrschenden Zeitgeistes. Letztlich ist es nur die Unerbittlichkeit der Gedankenführung, welche die Tierrechtsbewegung vom „Mainstream" des Tierschutzes unterscheidet. Nichts verdeutlicht dies so sehr, wie die in der bundesrepublikani-

---

Entwurf verfolgte das Ziel, den gesetzlich gewährten Schutz für Menschenaffen auszubauen. Inhaltlich wurde die Schutzbedürftigkeit zunächst mit der biologischen Nähe von Mensch und Menschenaffe argumentiert. Die Verfasser des Entwurfes wiesen insoweit darauf hin, dass die Gene der Menschenaffen zu 98-99% mit menschlichen Genen identisch seien und Menschenaffen in zoologischer Hinsicht derselben Familie („hominidae") angehörten wie der Mensch[25]. In der Begründung wurde ferner auf die kognitiven Fähigkeiten der Tiere hingewiesen. Wörtlich hieß es:

> „Like us, they think differently from most other animals. A large amount of research and observation has accumulated in the past half century showing that non-human hominids have self-awareness, insight, foresight, reasoning ability, empathy, sense of humor, cultural diversity and inventiveness as well as limited capacities for symbolic language, numeracy, artistic creation tool-making, „theory of mind" (the ability to imagine what others are thinking) and even incipient moral awareness."

Menschenaffen werden hiermit Eigenschaften zugeschrieben, die typischerweise mit der Idee menschlicher Individualität und Personalität in Zusammenhang gebracht werden. Ausdrücklich werden Menschenaffen in der Begründung des Entwurfs mit „young children" verglichen. Die bereits in den einleitenden Ausführungen angesprochene Personalitätsthese tritt hier also klar zu Tage.
An die Begründung schloss sich der eigentliche Gesetzesentwurf an, in dessen Zentrum ein mit Strafe bewehrtes Tötungsverbot stand.

[26] Unlängst finden sich entsprechende Forderungen bei J. Caspar/ M. W. Schröter, Das Staatsziel Tierschutz in Art. 20a GG, Bonn 2003, S. 128 ff. m.w.N.; A.F. Goetschel, Tierschutzrecht im Wandel, in: H. Sambraus/ A. Steiger (Hrsg.), Das Buch vom Tierschutz, Stuttgart 1997, 906- 928 (907).

schen Kommentarliteratur immer wieder wiederholte und zumeist affirmativ gemeinte Formel, dass Tierschutzrecht ethisches Recht sei.

Gerade in Zeiten eines zu vermeidenden „Kampfes der Kulturen"[27] ist jedoch die ethische Neutralität des Rechts gefragt und daher Skepsis geboten. Ist es wirklich so, dass ein Dreiklang zwischen dem Vorhandensein von Selbstbewusstsein, moralischen Geboten und rechtlich gebotenem Schutz besteht? Kann diese Argumentation gegenüber dem Einwand des naturalistischen Fehlschlusses Bestand haben?[28]

---

[27] Vgl. S. P. Huntington, Kampf der Kulturen: die Neugestaltung der Weltpolitik im 21. Jahrhundert, 3. Auflage, München 1997.

[28] Gemeint ist der Schluss von einem Sein auf ein Sollen. Ausführlich hierzu: G.E. Moore, Principia ethica (dt. Ausgabe), Stuttgart 1970, S. 40 ff.

2. Kapitel: Theologische, religiöse und philosophische Aspekte des Mensch-Tier Verhältnisses

Fragen nach der Kontinuität und Diskontinuität von Mensch und Tier sind nicht erst Probleme der Neuzeit, vielmehr handelt es sich um universelle Themen, die den Menschen zu allen Zeiten beschäftigt haben. Dies unterstreicht ein Blick auf die Stellung des Tieres in Religion und Geistesgeschichte. Anhand einiger Beispiele soll im Folgenden gezeigt werden, dass im Bild des Menschen vom Tier Verbundenheit und Abgrenzung stets aufs Neue problematisiert werden.

Hierbei soll es weniger darum gehen, den zahlreichen Darstellungen über die Geschichte des Verhältnisses Mensch Tier eine weitere hinzuzufügen,[29] vielmehr ist der Blick in die Geistesgeschichte für den Juristen noch aus einem anderen Grunde interessant: wenn nämlich der häufig anzutreffende Vorwurf berechtigt ist, dass gerade das Denken des christlich geprägten Abendlandes zu einer einseitigen Versachlichung des Tieres neigt, dann wäre der Versuch einer freiheitsphilosophischen Begründung der Aufgabe des Tierschutzes von vornherein mit einer schweren Hypothek belastet. Dies wäre zwar kein prinzipielles Hindernis, würde die Konsenssuche aber gleichwohl erschweren und die Gefahr begründen, sich in einem bloßen Gedankenspiel zu verlieren, dem die Anbindung an westliche Denktraditionen fehlt.

I. Das Tier im indianischen Totemkult

Die Religionsgeschichte der Menschheit findet ihren Ausgangspunkt im Totemkult. Eines der Kennzeichen dieser Epoche bestand darin, dass sich die Herausbildung eines spezifisch menschlichen Selbstbewusstseins erst in Ansätzen abzeichnete.[30]

Die gefühlte Nähe des Menschen zum Tier trat im indianischen Totemkult besonders deutlich zutage. In indianischen Kulturen fungierte das Totem für eine Gruppe von Menschen, aber auch für einzelne Individuen,[31] als Identitätssym-

---

[29] Die vorliegende Darstellung unternimmt auch nicht den Versuch, alle wesentlichen moralphilosophischen Ansätze zur Frage des Umgangs mit Tieren wiederzugeben. Vgl. zu dieser Frage aber N. Gerick, Recht, Mensch und Tier. Historische, philosophische und ökonomische Aspekte des tierethischen Problems, Baden- Baden 2005, S. 147- 196 sowie U. Wolf: Das Tier in der Moral, Frankfurt a.M. 1990.

[30] V. Maag, Das Tier in den Religionen, in: J. Frewein (Hrsg.), Das Tier in der menschlichen Kultur, Zürich 1983, S. 7- 18 (8).

[31] Zur Terminologie: Die Religionsphänomenologie unterscheidet regelmäßig zwischen Individualtotemismus, dem sog. Manituismus, bei nordamerikanischen Stämmen und dem als Nagualismus bezeichneten Sozialtotemismus bei zentralamerikanischen Stämmen. Vgl. zu dieser Unterscheidung auch: G. van der Leeuw, Phänomenologie der Religion, 3. Auflage, Tübingen 1970, S. 71; V. Maag (1983), S. 7- 18 (17).

bol.[32] In der Regel handelte es sich bei dem Totem um ein Tier (ggf. auch um eine Pflanze oder eine Naturkraft), mit dem menschliche Eigenschaften assoziiert wurden. So konnte ein Totem beispielsweise Friedfertigkeit, Aggression, Anziehung oder Abstoßung symbolisieren.[33] Das Tier begegnete dem Menschen hierbei als Spiegel seiner Selbst, es wurde von ihm als ebenbürtig wahrgenommen.[34]

Dies allein sagt über das Verhältnis von Mensch und Tier zwar noch nicht viel aus. Weitere Aspekte des Totemkults sind daher interessant: Im Sozialtotemismus galt das Totemtier als Ahne der Gruppe bzw. des Clans.[35] Das Totem fungierte damit als einheitsstiftendes Symbol. Hierdurch wurde auch das praktische Verhältnis zum Tier beeinflusst, da der Totemkult in der Regel mit einem bestimmten Verhaltenskodex einherging. Von Bedeutung war beispielsweise das häufig bestehende Verbot, Totemtiere zu töten und zu verzehren.[36]

Da die im Tier symbolisierte Macht vom Menschen als seine eigene Macht empfunden wurde, liegt die Vermutung nahe, dass der Sozialtotemismus die Annahme einer sowohl körperlichen als auch geistigen Verwandtschaft von Mensch und Tier zum Ausdruck bringt.

Noch deutlicher wird dies im Individualtotemismus, der die Vorstellung einer „menschlich-tierischen Doppelidentität" beinhaltet. Menschsein schloss hiernach nicht aus, dass man nicht auch gleichzeitig ein Tier sein könne.[37] Dieses auch als „Alter-ego-Glaube" bezeichnete Phänomen basierte auf der Annahme, dass eine menschliche Person mit seinem Totemtier in einer Schicksalsgemeinschaft stehe. Mitunter wurde in dem Tier gar der Sitz des Seele verortet.[38]

Dieser Befund bringt etwas über das Verständnis menschlicher Identität in den Naturvölkern zum Ausdruck: Durch die Vorstellung einer „Seele außerhalb" wurde das eigene Leben in einen Zusammenhang zur Umwelt gestellt.[39] Der Begriff der Seele meint hierbei freilich etwas anderes als der moderne Begriff des Bewusstseins. Mit der „Doppelidentität der Seele" ist daher nicht eine bestimmte Beschaffenheit des Ichs gemeint, sondern eine mit dem Ich zwar verbundene, aber gleich wohl überlegene Macht.[40]

---

[32] G. Kubik, Totemismus. Ethnopsychologische Forschungsmaterialien und Interpretationen aus Ost- und Zentralafrika, Münster 2004, S. 5; G. Widengren, Religionsphänomenologie, Berlin 1969, S. 13 ff.
[33] G. Kubik (2004), S. 5.
[34] G. van der Leeuw (1970), S. 70.
[35] G. van der Leeuw (1970), S. 72.
[36] G. van der Leeuw (1970), S. 72.
[37] V. Maag (1983), S. 7 (8).
[38] H. Brunner (Hrsg. und bearb.), Lexikon Alte Kulturen, Band 1: A-Fir, Mannheim 1990, S. 100.
[39] G. van der Leeuw (1970), S. 330.
[40] G. van der Leeuw (1970), S. 330.

Mit der Überwindung der Naturreligionen geht auch eine Erosion dieser gefühlten geistigen Verwandtschaft einher. Das Bild des Menschen vom Tier wurde in der Folgezeit daher ambivalent. Die nachfolgenden Beispiele haben deshalb eines gemeinsam: nämlich die Schwierigkeit des Aufspürens einer einheitlichen Linie.

II. Die Rolle des Tieres im Buddhismus und Hinduismus[41]

Zweideutig ist das Bild des Menschen vom Tier in den Religionen des Fernen Ostens. In einer Publikation über Tierrechte und Buddhismus hat der Amerikaner Paul Waldau deshalb plakativ davon gesprochen, dass der Buddhismus „zwei Gesichter" in Bezug auf Tiere habe.[42]

Geprägt wird das Bild des Menschen vom Tier sowohl im Buddhismus als auch im Hinduismus durch den Glauben an Karma, Vergeltung und Verdienst. Beiden Religionen liegt insoweit die Vorstellung zugrunde, dass das menschliche Sein bedingt sei durch frühere Handlungen und frühere, durch Wiedergeburt miteinander verbundene Existenzen. Während das Bewusstsein der Verantwortlichkeit für die Folgen eigenen Handelns einerseits das menschliche Verhalten gegenüber dem Tier beeinflusst, zeigt andererseits gerade die Vorstellung von Wiedergeburt und Vergeltung das gespaltene Bild, welches die fernöstlichen Religionen von den Tieren haben. Da angenommen wird, dass schlechtes Tun zu einer Wiedergeburt als Tier führe, wird die tierische (und auch pflanzliche) Existenz überwiegend als negativ und leidvoll angesehen.[43] Interessant ist insofern, dass das Tier gewissermaßen ein Zerrbild menschlicher Makel darstellt. Die Vorstellung, dass beispielsweise ein boshafter Mensch zu einem fleischfressenden Tier werde, belegt dies ganz eindeutig.[44] Die ideale Welt ist nach fernöstlicher Vorstellung daher frei von Tieren.[45]

Andererseits erfahren Tiere im Hinduismus dadurch eine Aufwertung, dass angenommen wird, sie verfügten ebenso wie der Mensch über eine unsterbliche

---

41 Übersichtliche Einführungen in die Religionen Indiens sind: H. W. Schumann, Handbuch Buddhismus, Die zentralen Lehren: Ursprung und Gegenwart, München 2000; A. Michaels, Der Hinduismus: Geschichte und Gegenwart, München 1998.

42 P. Waldau, Buddhism and Animal Rights, S. 81 (88), in: Contemporary Buddhist Ethics, Richmond 2000.

43 Von Leid geprägt ist nach der Vorstellung fernöstlicher Religionen selbstverständlich auch die Existenz des Menschen. Zugestanden wird ihm aber eine Mischung von Lust und Leid. Nach hinduistischer Vorstellung sind es allein die Götter, deren Existenz weitestgehend genußreich ist. Einerseits bestehen somit zwischen allen Seinsformen nur graduelle Unterschiede im Ausmaß des Leidens, andererseits kann darf die deutliche Trennung der verschiedenen Kategorien nicht übersehen werden (vgl. zum ganzen H. von Glasenapp, Der Hinduismus, Hildesheim 1978, S.230)..

44 H. von Glasenapp (1978), S. 242.

45 P. Waldau (2000), S. 81 (90).

Seele.[46] Auch im Buddhismus, der im Gegensatz zum Hinduismus auf der Vorstellung beruht, dass Wiedergeburt ohne Seelenwanderung geschehe,[47] ist gleichwohl die Annahme präsent, dass Tiere infolge des Kreislaufes der Wiedergeburten mit dem Menschen in einem Verwandtschaftsverhältnis stehen.[48] Auch Buddha selbst ist hiervon nicht ausgenommen. Somit ist auch seine Existenz durch frühere tierische Existenzen bedingt.[49]

Obwohl Tier und Mensch in den asiatischen Religionen damit aufeinander bezogene Existenzen führen, kann hieraus gleichwohl nur in beschränktem Maße auf das Bestehen einer geistigen Kontinuität zwischen Mensch und Tier geschlossen werden. Dies hat insbesondere auch damit zu tun, dass ein einheitliches Bild von den Fähigkeiten der Tiere nicht besteht. Während beispielsweise der Buddhismus teilweise derart interpretiert wird, dass Tiere sogar typisch moralische Fähigkeiten wie Opferbereitschaft hätten, wird von anderen Stimmen eine Lesart favorisiert, die eine deutliche Grenzlinie zwischen Mensch und Tier zieht: Der Mensch allein – so heißt es – sei ein moralisches Wesen und daher qualitativ einzigartig. In der zeitgenössischen Literatur taucht daher der Vorwurf auf, gerade diese strikte Grenze mache den Buddhismus blind für die Vorstellung, dass Spuren von Personalität zumindest bei einzelnen Arten im Tierreich zu finden seien.[50] Interessant ist in diesem Zusammenhang auch, dass der eigentlich naheliegenden Frage, wie ein Tier sein Karma eigentlich verbessern könne, kaum nachgegangen wird.[51]

Dieser Befund überrascht. Gerade im westlichen Kulturkreis besteht häufig die Vorstellung, dass sich die fernöstlichen Religionen durch eine besondere Freundschaft zum Tier auszeichnen.[52] Während praktischer Tierschutz in diesen Religionen tatsächlich häufig sehr weit geht, ist er letztlich doch in der Sorge

---

[46] H. von Glasenapp (1978), S. 66.

[47] Gemeint ist hiermit Folgendes: Während hinduistisches Denken davon ausgeht, dass es zeitlose Seelen gebe, die stets aufs Neue in die Welt treten würden, nehmen Buddhisten lediglich an, dass ein bestimmter Zustand einen Folgezustand herbeiführe. In der Literatur wird insoweit von einem „kammischen Vaterschaftsverhältnis" gesprochen. Eine Existenzform bedingt damit die ihr nachfolgende Existenz. Eine irgendwie geartete personale Einheit besteht zwischen den Existenzformen aber nicht. Die Aufhebung des Kreislaufs der Wiedergeburten wird im Buddhismus als Nibbāna bezeichnet. (ausführlich: H. W. Schumann (2000), S. 66ff, 192ff.).

[48] P. Waldau (2000), S. 81 (87).

[49] P. Waldau (2000), S. 81 (86).

[50] Zum ganzen: P. Waldau (2000), S. 81 (94).

[51] P. Waldau (2000), S. 81 (86)

[52] „In Asien gewähren die Religionen den Tieren hinlänglichen Schutz,...", heißt es bereits bei Arthur Schopenhauer, Preisschrift über die Grundlage der Moral, in: W. Frhr. von Löhneysen (Hrsg.), Sämtliche Werke Band III: Kleinere Schriften, Stuttgart/ Frankfurt a.M. 1986, S. 778.

des Menschen um sein Karma begründet.[53] Die geistige Verbundenheit zwischen Mensch und Tier bleibt damit auf einer recht abstrakten Ebene, wobei jedoch die hinduistische Vorstellung eines sowohl bei Menschen als auch bei Tieren vorhandenen Seelenkörpers gleichwohl beachtlich ist.

III. Das Tier in der griechischen Antike[54]

Ambivalent war auch das Mensch-Tier-Verhältnis in der griechischen Antike. Mit der homerischen Tierauffassung (7. Jh. v. Chr.), die Mensch und Tier als wesensverschieden ansah[55], war die Diskussion im antiken Griechenland keineswegs beendet. In der Vorstellungswelt der Griechen wechselten sich die Betonung von Gemeinsamkeiten und die Hervorhebung von Unterschieden zwischen Mensch und Tier vielmehr ab. Der Gedanke der Seelenwanderung durch tierische Leiber findet sich beispielsweise bei Pythargoras (etwa 582 bis 497 v. Chr.).[56] Ebenso wie im Hinduismus kann dies als Ausdruck von Gemeinsamkeit und einer grundsätzlichen Verbundenheit gewertet werden. Insbesondere gilt dies, soweit die Idee der Seelenwanderung als eine bloße Naturgesetzlichkeit gedacht wird, die auf moralische Wertungen, wie sie in der fernöstlichen Vorstellung von Vergeltung durch Wiedergeburt mitschwingen, verzichtet.[57]

---

[53] Das Töten von Tieren bringt nach buddhistischer Vorstellung schlechtes Karma hervor und gilt daher als ethisch fragwürdig. Waldau weist darauf hin, dass aber gleichwohl nicht jede instrumentelle Verwendung der Tiere als verwerflich angesehen wird. Als Beispiel führt er das Reiten auf einem gefangenen Elefanten an. Das Beispiel unterstreicht, dass der Buddhismus eine „Würde" des Tieres nicht anerkennt (P. Waldau (2000), S. 81 (104)).

[54] Die vorliegende Darstellung beschränkt sich aus Gründen der Übersichtlichkeit auf die griechisch-römische Antike. Die hier vertretene Grundthese, dass sich Versachlichung und Personalisierung des Tieres gleichermaßen bereits im Denken der Antike wiederfinden, ließe sich aber wohl auch anhand der altägyptischen Zivilisation belegen. Vgl. hierzu: E. Hornung, Die Bedeutung des Tieres im alten Ägypten, in: Studium Generale 1967, S. 69-84. Hornung geht insoweit ebenfalls von einem doppeldeutigen Befund aus. Er verweist einerseits auf religiöse Vorstellungen, nach denen auch Tiere in das menschliche Totenreich eingehen und mit Göttern und Menschen in einer auch das Jenseits umfassenden Partnerschaft existieren (S. 71). Andererseits spricht auch er von einem „Relationsgefälle" zwischen Mensch und Tier (S.84), die von einer Vermenschlichung der Gottesvorstellungen zu Beginn des 3. Jahrtausends vor Chr. begleitet wurde (S.73).

[55] Vgl. hierzu F.M. Heichelheim/ T. Elliott, Das Tier in der Vorstellungswelt der Griechen, in: Studium Generale 1967, S. 85- 89 (85) und H. Rahn, Das Tier in der homerischen Dichtung, in: Studium Generale 1967, S. 90- 105.

[56] Vgl. Heichelheim/ T.Elliott (1967), S. 85 (87).

[57] Vgl. hierzu auch U. Dierauer, Tier und Mensch im Denken der Antike, Amsterdam 1977, S. 18 ff. Dierauer differenziert zwischen „Seelenwanderung mit moralischer Grundhaltung" und „Seelenwanderung ohne moralischen Einschlag". Er verweist darauf, dass sich in der griechischen Antike beide Vorstellungen wiederfinden.

Ausdrucksstark ist auch die folgende aus der Mythologie stammende Anekdote: die Existenz von Delphinen wird der Sage nach damit erklärt, dass es sich bei ihnen um tyrrhenische Seeräuber gehandelt habe, die der Gott Dionysos in Tiere verwandelt habe, nachdem er zuvor von diesen gefangen genommen worden sei.[58] In ziemlich eindeutiger Weise findet sich hier die Zuschreibung von Personalität.

Eine gegenläufige Entwicklung zeigt sich indes bei den Sokratikern. Xenophon (430- 354 v. Chr.) beispielsweise stellte die Tiere in den Dienst menschlicher Bedürfnisse[59] und philosophierte über Unterschiede, die seiner Meinung nach das Wesen des Menschen ausmachten und ihn grundsätzlich vom Tier unterschieden. Aufrechter Gang, Sprache, Verstand und Religion waren für ihn die insoweit entscheidenden Aspekte des Menschseins.[60] Xenophon brachte hiermit den Geist seiner Zeit zum Ausdruck, da im fünften vorchristlichen Jahrhundert die Vorstellung vom Tier als vernunftlosen Wesen weite Verbreitung gefunden hatte.[61]

Komplex und vielschichtig war das Verhältnis Mensch-Tier schließlich bei Aristoteles (384- 324 v. Chr.). Aristoteles hatte eine organische Vorstellung vom Wesen der Natur. Der Mensch stand für ihn an der Spitze einer hierarchischen Pyramide, die er unter anderem mit der Betonung psychischer Unterschiede rechtfertigte. Allein der Mensch besaß nach Aristoteles logisches Denken und Vernunft.[62] Das Wesen der Dinge zu erkennen, war daher allein dem Menschen vorbehalten.[63] Gleichwohl zog Aristoteles keine strikte Trennlinie zwischen Mensch und Tier. Er billigte den Tieren einen zumindest rudimentären Charakter zu[64] und glaubte auch, dass Ansätze der menschlichen Seele bereits bei Tieren vorhanden seien.[65] Zudem hätten Tiere auch ein aktives geistiges Leben, da sie begehrten, wahrnähmen, Vorstellungen hätten und sich erinnern könnten.[66] Die Annahme einer Verbundenheit von Mensch und Tier, die auch die Sphäre des Geistigen erfasst, trat im Denken des Aristoteles damit klar zutage.

---

[58] H. Brunner (Hrsg.), Lexikon Alte Kulturen Band 1, Mannheim 1990, S. 536; M. Rabinovitch, Der Delphin in Sage und Mythos der Griechen, Dornach-Basel 1947, S. 23 f..

[59] Xenophon, Erinnerungen an Sokrates, P. Jaerisch (Hrsg.), 3. Auflage, Tübingen 1980, IV, 3,10.

[60] Xenophon, Erinnerungen an Sokrates, I,4,11-14; IV, 3, 11.

[61] U. Dierauer (1977), S. 45 und auch U. Dierauer, Artikel "Tier; Tierseele", in: J. Ritter u.a. (Hrsg,), Historisches Wörterbuch der Philosophie, Band 10: St- T, Basel 1998, Sp. 1195-1205 (1197).

[62] Aristoteles, in: P. Gohlke (Hrsg.), Aristoteles, Die Lehrschriften, 2. Auflage, Paderborn 1957, Band 13 (Tierkunde), 488 b 1.

[63] Im Erfassen des Wesens einer Sache sieht Aristoteles die eigentliche Besonderheit der Vernunft, vgl. Aristoteles, Band 9, 1 (Über die Seele), 429b 10-22.

[64] Aristoteles, Band 13 (Tierkunde), 488 b 1.

[65] Aristoteles, Band 13 (Tierkunde), 588 a 1, 608 b 1.

[66] vgl. hierzu die umfangreichen Nachweise bei U. Dierauer (1977), S. 117- 120.

Auch die Vorstellung von einem hierarchischen Aufbau der Natur führte nicht zu einer vollständigen Entwertung der Tiere, da mit der Idee einer hierarchischen Pyramide gleichwohl nicht zum Ausdruck gebracht werden sollte, dass Tiere allein um des Menschen willen existierten.[67]

Der Vollständigkeit halber ist anzumerken, dass Dierauer in seiner umfassenden philosophischen Dissertation zur Stellung der Tiere in der Antike auch darauf hingewiesen hat, dass einzelne Aussagen des Aristoteles radikal anthropozentrische Gedanken enthalten und genau diese Aussagen einen Ausfluss des teleologischen Weltverständnisses darstellen. Gleichzeitig betont derselbe Autor aber, dass die eigentlich naturphilosophischen Werke des Aristoteles frei von radikaler Anthropozentrik sind.[68]

Letztlich soll hier noch auf einen anderen Gedanken aus der aristotelischen Naturphilosophie hingewiesen werden: Aristoteles zufolge unterscheidet sich die Seele menschlicher Kinder nicht nachhaltig von der Tierseele. Auch in der menschlichen Entwicklung gibt es damit eine Phase, in der das Sein des Menschen dem Wesen der Tiere entspricht.[69] Bestätigung hat dieser Gedanke bei Theoprast, einem der Nachfolger des Aristoteles, gefunden. Theoprast ging gar von einer grundsätzlichen Gleichheit der Seelen von Mensch und Tier aus und knüpfte hieran die ethische Forderung, ungefährliche Tiere nicht zu töten.[70]

Der Streit, ob der Unterschied zwischen Mensch und Tier quantitativ oder qualitativ ist, ging auch im Hellenismus weiter. Die Stoiker, denen der richtige Gebrauch der Vernunft oberstes Anliegen war, betonten die Einzigartigkeit des menschlichen Verstandes; während die Epikuräer, die im Streben nach Lustgewinn das oberste Lebensprinzip erblickten, lediglich einen quantitativen Unterschied zwischen Mensch und Tier annahmen.[71]

IV. Das Tier im jüdisch-christlichen Denken

Die Masse der Publikationen über das Verhältnis zwischen Mensch und Tier im Juden- und Christentum ist kaum noch zu überschauen.[72] Insbesondere in den achtziger Jahren des 20. Jahrhunderts kam es als Folge der Aktualität der Ökodebatte zu einer wahren Flut an Veröffentlichungen. Die vertretenen Meinungen schwanken zwischen zwei Extremen: Während einerseits der biblische Herr-

[67] U. Dierauer (1977), S. 156; F.M. Heichelheim/ T.Elliott (1967), S. 85 (89).

[68] U. Dierauer (1977), S. 155 ff.

[69] Aristoteles, Band 13 (Tierkunde), 588 a 28-b2.

[70] Vgl. U. Dierauer (1998), S. 1195 (1202).

[71] Vgl. F.M. Heichelheim/ T.Elliott (1967), S. 85 (89) mit umfangreichen Nachweisen.

[72] Lesenswerte Ausführungen zum Mensch-Tier-Verhältnis aus theologischer Sicht enthalten u.a. H. Kirchhoff, Sympathie für die Kreatur: Mensch und Tier in biblischer Sicht, München 1987, P. Navé Levinson, Einführung in die rabbinische Theologie, Darmstadt 1982 und J. Wohlgemuth, Das Tier und seine Wertung im alten Judentum, Frankfurt a.M. 1930. All diese Publikationen, betonen in ihrer Darstellung die Komplexität und Vielschichtigkeit des Mensch-Tier Verhältnisses in der Bibel.

schaftsauftrag des Menschen über die Natur (1 Mose 1,28) als Wurzel allen Übels gebrandmarkt und christlich-jüdischem Denken Schuld an der Versachlichung des Tieres in der Industriegesellschaft zugeschrieben wird[73], gibt es andere Publikationen, die gerade auf der Basis christlich-jüdischen Denkens einen verantwortungsbewussten Umgang des Menschen mit dem Tier für möglich halten.[74]

Dieser Dissens ist bereits in der Bibel selbst angelegt, da eine Auswertung der Quellen auch hier ein äußerst ambivalentes Bild von der Rolle des Tieres zeichnet. Zunächst sei hier noch einmal auf die bereits in der Einleitung erfolgten Ausführungen zum Begriff der Geschöpflichkeit hingewiesen: Mensch und Landtiere sind nach 1 Mose 1, 24 am gleichen Tage geschaffen worden. Dies bringt ein Verhältnis von Verwandtschaft und Nähe zum Ausdruck (vgl. auch die bereits auf S. 2 gemachten Ausführungen).

Da die Schöpfung von Gott zudem für „sehr gut" befunden wurde, hat sie Eigenwürde. In „Sympathie für die Kreatur" betont Kirchhoff, dass in den Versen 9,8-17 allein fünfmal erwähnt werde, dass Gott einen ewigen Bund mit allen Lebewesen geschlossen habe.[75] All diese Bibelstellen können dahin verstanden werden, dass das Tier im Denken des alten Testaments nicht bloß als Sache verstanden wird. Interessant sind insoweit auch einige der alttestamentlichen Gesetze: So wird das Gebot, Jungtiere nicht in Gegenwart ihrer Eltern zu töten (Lv 22,28; Dt 22, 6-7) von einigen Stimmen in der Theologie damit erklärt, dass die Gefühle des Muttertieres schutzwürdig seien.[76] Das Tier wird daher als leidensfähige Kreatur anerkannt.

Andere Gesetze sind hingegen weniger leicht zu erklären: Strittig ist unter Theologen beispielsweise, wie das Verbot, Jungtiere nicht in der Milch seiner Mutter zu kochen, auszulegen ist. Hierzu wird einerseits vertreten, dass diese Norm ausschließlich als Zeichen des Protestes gegen kanaanäische Fruchtbar-

---

[73] So z.B. E. Drewermann, Der tödliche Fortschritt: Von der Zerstörung der Erde und des Menschen im Erbe des Christentums, 3. Auflage, Regensburg 1983.
Vgl. ferner Schopenhauer, Preisschrift, S. 773f. : „Die vermeinte Rechtlosigkeit der Tiere, der Wahn, dass unser Handeln gegen sie ohne jede moralische Bedeutung sei oder, wie es in der Sprache jener Moral heißt, dass es gegen Tiere keine Pflichten gebe, ist geradezu eine empörende Roheit und Barbarei des Okzidents, deren Quelle im Judentum liegt. ... so ist jener elende Kunstgriff ohne Zweifel das Werk europäischer Pfaffenschaft, die in ihrer Profanität nicht glaubt weit genug gehn zu können im Verleugnen und Lästern des ewigen Wesens, welches in allen Tieren lebt; wodurch sie den Grund gelegt hat zu der in Europa üblichen Härte und Grausamkeit gegen Tiere,...".

[74] U. Krolzik, Umweltkrise - Folge des Christentums?, 2. Auflage, Stuttgart 1980, insb. S. 80 ff.

[75] H. Kirchhoff (1987), S. 43.

[76] P. Navé Levinson (1982), S. 114.

keitskulte zu interpretieren sei.[77] Andere Stimmen erklären die Norm hingegen damit, dass es auch um Rücksichtnahme auf die Gefühle der Tiere gehe.[78]

Zugleich sprechen zahlreiche Stellen des alten und neuen Testaments eine andere Sprache. Der bereits erwähnte Herrschaftsanspruch von 1 Mose 1, 28 wird nach der Sintflut in 1 Mose 9, 1 erneuert und dadurch bekräftigt,[79] dass dem Menschen das Tier zum Zweck der Ernährung übergeben wird. Auch spielt das Tier in den Lehren Jesu fast ausschließlich in Gleichnissen eine Rolle, die allein Aussagen über die Beziehung Mensch-Mensch beinhalten.[80] Eine deutliche Versachlichung erfährt das Tier zudem im paulinischen Denken. In 1 Kor 9,8b-10a nimmt Paulus auf 5 Mose 25,4 und das dortige Gebot, dem Ochsen beim Dreschen keinen Maulkorb anzulegen, Bezug. Paulus predigt hier der Gemeinde und fragt: „Liegt denn Gott etwas an dem Ochsen? Sagt er das nicht offensichtlich unseretwegen? Ja, unseretwegen wurde es geschrieben... ." Ganz eindeutig ist der Befund aber auch in den Lehren des Paulus nicht. Dies zeigt insbesondere eine Stelle aus dem Römerbrief (8,19-22), die aller Kreatur, und damit auch den Tieren, die Freiheit verheißt.

Dieser kurze Überblick zeigt die Doppelgesichtigkeit des biblischen Mensch-Tier Verhältnisses. Beides ist im biblischen Denken angelegt[81]: Sowohl die Versachlichung des Tieres als auch die Wahrnehmung als fühlendes Wesen, welches dem Menschen in vielerlei Hinsicht ähnlich und mit ihm verbunden ist, kann durch Textstellen aus der Bibel belegt werden.

---

[77] H. Kirchhoff (1987), S. 53.

[78] P. Navé Levinson, (1982), S. 117.

[79] In diesem Zusammenhang weist Höffe darauf hin, dass der Herrschaftsauftrag der altorientalischen Herrschaftsterminologie entlehnt sei, in dieser die soziale Höherstellung jedoch stets an moralische Pflichten gekoppelt sei. Mit dem den Herrscherrechten gehen insoweit also auch Herrscherpflichten einher. Die Einseitigkeit des Herrschaftsgebotes der Genesis wird hierdurch relativiert (vgl. O. Höffe, Moral als Preis der Moderne. Ein Versuch über Wissenschaft, Technik und Umwelt, 1. Auflage, Frankfurt a.M. 1993, S. 200).

[80] eine interessante Ausnahme ist insoweit Lukas 14,5. Die Heilung eines Wassersüchtigen am Sabbat wird von Jesus an dieser Stelle mit einer rhetorischen Frage beantwortet: „Wer ist unter euch, dem sein Sohn oder Ochse in den Brunnen fällt, und der ihn nicht alsbald herauszieht, auch am Sabbat?". Auch wenn der Gedanke des Eigentumserhalts hier auch von Bedeutung gewesen sein dürfte (vgl. H. Kirchhoff (1987), S.65) fällt doch gleichwohl auf, dass Sohn und Ochse in einem Atemzug genannt werden.

[81] Konsens besteht über diesen Befund freilich nicht. Die skeptischere Position ist in allerjüngster Vergangenheit von N. Hoerster, Haben Tiere eine Würde? Grundfragen der Tierethik, München 2004 erneut formuliert worden. Hoerster begründet seine Position unter anderem mit dem Verweis auf den Herrschaftsauftrag. Ferner mit der auch hier zitierten Passage aus dem Brief an die Korinther und weist letztlich auch auf Markus 5,11-13 hin, wo die Heilung eines von Dämonen besessenen Menschen, mit dem Tod einer aus zweitausend Tieren bestehenden Schweineherde einhergeht.
Hoerster ist trotz dieser Beispiele vorzuwerfen, dass seine Darstellung des biblischen Mensch-Tier-Verhältnisses wesentliche Passagen ignoriert und daher als zu einseitig erscheint.

Die damit bereits im Grundsatz angelegte Ambivalenz der Mensch-Tier-Beziehung setzte sich in der weiteren Entwicklung des Christentums fort.

Hier ist zunächst Thomas von Aquin (1225-1274) zu nennen. Thomas von Aquin, der den Gedanken des Aristoteles vom organischen Aufbau der Schöpfung aufgriff, erklärte über die Tiere: „Sie sind aus göttlicher Vorsehung in natürlicher Ordnung auf den Nutzen des Menschen hingeordnet. Daher gebraucht sie der Mensch nicht zu Unrecht, sei es, wenn er sie tötet, oder sei es in jeder anderen Weise."[82] Gegenüber dem ambivalenten Eindruck, den Altes und Neues Testament vermitteln, stellte das apodiktische Urteil Thomas von Aquins' einen eindeutigen Schritt hin zu einer weiteren Versachlichung des Tieres dar.

Zur Wirkungsgeschichte der jüdisch-christlichen Schöpfungstheologie gehört indes auch die Gegenposition, die wohl mit keinem anderen so sehr wie mit Franz von Assisi (1181- 1226) assoziiert wird. Wenngleich sich hier das Problem stellt, Wahrheit, Legende und tendenziöse Darstellungen voneinander zu trennen,[83] scheint gleichwohl kein Zweifel an einigen Kernaussagen zu bestehen: Das Denken Franz von Assisis' wurde beeinflusst durch den Katharismus, einer ursprünglich aus dem byzantinischen Reich stammenden Glaubensgemeinschaft, die im 12. Jahrhundert auch in Ober- und Mittelitalien recht weit verbreitet war. Bei den Katharen war die Vorstellung verbreitet, dass alles Lebendige beseelt sei und es sich bei den Seelen selbst um die Geister gefallener Engel handele.[84]

Franz von Assisi übernahm vom Katharismus diesen Gedanken und ging davon aus, dass Tiere (aber auch Pflanzen und die Elemente Feuer, Wasser, Wind und Erde) beseelt seien.[85] Der bereits im Brief an die Römer enthaltene Gedanke, dass nicht nur der Mensch, sondern alle Kreaturen Gegenstand der Heilslehre seien (s.o.), gewann damit wieder an Bedeutung. Und nicht nur das: Mensch und Tier wurden von Franz von Assisi als wesensverwandt, gar als Geschwister angesehen.[86]

Mit der Annahme, dass Tiere beseelte Wesen seien, stand Franz von Assisi keineswegs allein. Bereits im 9. Jahrhundert lehrte Johannes Scotus Eriugena (810-

---

[82] Thomas von Aquin, Summe gegen die Heiden, Dritter Band, Teil 2, Darmstadt 1996, S. 161.

[83] Ein Problem, dem sich zeitgenössische Literatur zum heiligen Franziskus durchaus bewusst ist. Vgl. insoweit H. Kirchhoff (1987), S. 79 und auch H. Feld, Franziskus von Assisi und seine Bewegung, Darmstadt 1994, S.9.

[84] H. Feld (1994), S. 93.

[85] H. Feld (1994), S. 215.

[86] H. Feld (1994), S. 220. Gleichwohl waren Tiere für Franz von Assisi keineswegs ausschließlich „gut" und „edel". Vielmehr findet sich auch die Vorstellung wieder, Tiere könnten auch Verkörperungen dämonischer Mächte sein (vgl. hierzu Feld, S. 224). Gleiches gilt freilich auch für den Menschen.

877), dass Tiere eine Seele hätten.[87] Ganz ähnliche Annahmen wurden im 13. Jahrhundert beispielsweise von Gertrud von Helfta (1256-1302) und Mechthild von Hackeborn (1241-1299) vertreten.[88] Ferner gehören auch die zahlreichen Heiligenlegenden, die über einen persönlichen Umgang zwischen den Heiligen und den Tieren berichten, zum Gesamtbild des christlichen Mensch-Tier-Verhältnisses.[89]

Die Stellung des Tieres im christlich-jüdischen Denken erweist sich damit als ambivalent.[90] Aus der Theologie wurde eben diese Widersprüchlichkeit auch in die westlich-neuzeitliche Philosophie hineingetragen; der nachfolgende Abschnitt stellt den Versuch dar, diese These zu belegen.

V. Das Tier in der neuzeitlichen Philosophie

Die theologische Debatte des Mittelalters wurde nahtlos in die Neuzeit weitergetragen. Nach dem Ende der Renaissance wurde im 17. Jahrhundert eines der zentralen Probleme herausgearbeitet: Die Frage nach dem Verstand oder der Seele der Tiere betrifft immer auch unmittelbar die Frage nach der Seele des Menschen und seinen Erwartungen, Hoffnungen und Wünschen an ein jenseitiges Leben.

Einer der wirkmächtigsten Denker dieser Zeit war Rene Descartes.
Für Descartes stellten sich Tiere allein als der äußeren Körperwelt (*res extensa*) zugehörig dar. Auf der anderen Seite stand für ihn der Mensch als Geistwesen. Geist (*res cogitans*) ist nach Descartes ein Ding, „das zweifelt, einsieht, bejaht,

---

[87] Johannes Scotus Eriugena, Über die Eintheilung der Natur, Berlin 1870/ 74, S. 411-415.
Zur Person: Johannes Scotus Eriugena gilt als einer der bedeutendsten Denker des frühen Mittelalters. Unter anderem verurteilte er die zu seiner Zeit vertretenen Prädestinationslehren und ging davon aus, dass das Schicksal der Gläubigen nicht vorherbestimmt sei, sie vielmehr die Fähigkeit hätten, das Richtige zu erkennen und auch zu verfolgen (vgl. hierzu U. Krolzik, Artikel „Johannes Scotus Eriugena“, U. Krolzik, Artikel „Johannes Scotus Eriugena“, in: F.W. Bautz (begr. und hrsg.), Biographisch-bibliographisches Kirchenlexikon, Band III, Hamm 1992,).

[88] Vgl. H. Feld (1994), S. 227.
Bibliographische Informationen: Gertrud von Helfta Mechthild von Hackeborn gehörten dem Zisterzienserorden an und gelten beide als wichtige Vertreter christlicher Mystik (vgl. F.W. Bautz, Artikel „Gertrud, die Große, von Helfta, in: F.W. Bautz (begr. und hrsg.), Biographisch-bibliographisches Kirchenlexikon, Band III, Hamm 1990, Sp. 231 f. sowie K. Dienst, Artikel „Mechthild von Hackedorn“, in: F.W. Bautz (begr. und hrsg.), Biographisch-bibliographisches Kirchenlexikon, Band V, Hamm 1993, Sp. 1144- 1146).

[89] Vgl. hierzu unter anderem E. Jooß/H. Kirchhoff, Ein Hauch von Paradies, Tierlegenden aus zwei Jahrtausenden, Freiburg 1986 und auch J. Bernhart, Heilige und Tiere, Freiburg 1937.

[90] Von der Darstellung ausgeklammert bleibt hier die Frage der mittelalterlichen Tierprozesse. Vgl. zu diesem Problemkreis die folgende Monographie: M. Fischer, Tierstrafen und Tierprozesse. Zur sozialen Konstruktion von Rechtssubjekten, Münster 2005.

verneint, will, nicht will, das auch bildlich vorstellt und empfindet."[91] Descartes ging es mit dieser Differenzierung um den Versuch, das Vorhandensein einer menschlichen Seele zu beweisen. Die Suche nach der menschlichen Seele basierte für ihn auf der Prämisse, dass der Schluss auf das Vorhandensein einer Seele nicht aus der Körperlichkeit von Wesen folgen könne.[92] Die Seele war für Descartes demnach ein immaterielles Etwas, welches dem Menschen von Gott eingepflanzt worden ist. Und es ist eben diese immaterielle Seele, welche den Menschen zum eigentlichen Denken befähigt.[93] Gerade das Vorhandensein einer Seele sprach Descartes den Tieren jedoch ab:

> „Wenn sie denken würden wie wir, hätten sie genauso eine unsterbliche Seele wie wir. Das ist aber nicht wahrscheinlich, weil es nicht sinnvoll ist, dies zu glauben von einigen Tieren, ohne es von allen zu glauben, und weil es viele, dazu unvollkommene Tiere gibt... ."[94]

Die sich hieraus ergebende Kluft zwischen Mensch und Tier könnte kaum größer sein, wie die folgende Schlussfolgerung zeigt:

> „Ich weiß wohl, dass die Tiere viele Sachen besser ausführen als wir, das aber überrascht mich nicht. Denn auch dies bezeugt nur, dass ihre Handlungen aus ihrer Natur wie aus Triebfedern folgen, genauso wie bei einer Uhr, die die Uhrzeit besser zeigt als wir über sie urteilen."[95]

---

[91] Descartes, Meditationen über die Grundlage der Philosophie, Hamburg 1994, Med. II, S. 14.

[92] Descartes, Über den Menschen (1632) sowie Beschreibung des menschlichen Körpers (1648), Heidelberg 1969, S. 135 f..

[93] Die Gleichsetzung von Seele und Geist bei Descartes wird nachgezeichnet von G. Boros, Fictum Brutum?, Über die ambivalente Tierseelenlehre des Descartes, in: Friedrich Niewöhner/ Jean-Loup Seban (Hrsg.), Die Seele der Tiere, Wiesbaden 2001, S. 181- 202 (190 ff.).

[94] Das Zitat entstammt einem Brief Descartes' an den Marquis von Newcastle vom 23. Dezember 1646. Zitiert nach Boros (2001), S. 181 (195).
Die strikte Unterscheidung zwischen dem Menschen als Geistwesen und dem Tier als bloßer Sache begründet Descartes zudem mit der Behauptung, dass allein das Vorhandensein von Sprache auf Denkfähigkeit schließen lasse und der Mensch als einziges Lebewesen Sprachbegabung aufweise. Vgl. hierzu den Brief von Descartes an Henry More vom 5. Februar 1649. Abgedruckt bei: Descartes, Das Tier als Maschine, in: H.-P- Schütt (Hrsg.), Die Vernunft der Tiere, Frankfurt a.M. 1990, S. 94 – 112 (107f.).

[95] Vgl. hierzu erneut den Brief an den Marquis von Newcastle vom 23. November 1646. Zitiert nach G. Boros (vgl. Boros, S. 181 (188)).

Parallelen zwischen Mensch und Tier betreffen hiernach allein den Bereich des Körperlichen. Das Tier wird somit auf einen „automatenhaftes" Sein reduziert, welches der Mensch nach Belieben nutzen und verbrauchen dürfe.[96]

Für Descartes waren diese Schlussfolgerungen unausweichlich: Abgrenzung des Menschen vom Tier war für ihn eine Bedingung für den „Pfad der Tugend" und die richtige Ausrichtung des menschlichen Lebens auf eine jenseitige Existenz, von welcher der Mensch mehr zu erwarten (aber auch zu fürchten) habe als „Fliegen und Ameisen".[97]

Auch John Locke verglich einige Jahrzehnte später Tiere mit Maschinen und erblickte den Unterschied zwischen Tier und Maschine allein darin, dass beim Tier die Bewegung bzw. Triebkraft „von innen" komme, während einer Maschine von außen Antrieb verliehen werde.

Diese beiden exemplarisch ausgewählten Äußerungen decken jedoch keineswegs das gesamte Meinungsspektrum des 17. Jahrhunderts ab, vielmehr entbrannte bereits zu Lebzeiten Descartes′ eine lebhafte Debatte.[98]

Im 18. Jahrhundert wurde die These vom graduellen Unterschied zwischen Mensch und Tier unter anderem von David Hume vertreten. Hume glaubte, dass Tiere Verstand haben und sich vom Menschen lediglich darin unterscheiden, dass sie diesen „in a more imperfect manner than man" besitzen.[99]

Während in der britischen Aufklärung empiristisches Denken dominierte, verfolgte die deutsche Aufklärung einen rationalistischen Ansatz und knüpfte damit direkt an Descartes an. Erkenntnis – so der Anspruch – sollte vor allem durch logische Schlüsse zu erreichen sein.[100]

Das Wesen der Tiere blieb auch hier als Thema präsent. Die stets wiederkehrende Frage, ob der Vergleich mit den Tieren die Einzigartigkeit des Menschen in Frage stelle, prägte auch in der deutschen Aufklärung die Debatte. Bei Denkern wie Thomasius oder Leibniz hat die cartesische „Maschinentheorie" gleichwohl scharfe Ablehnung erfahren. Hinter dieser Opposition stand folgende Überlegung: Wenn Tiere trotz ihres komplexen Verhaltens bloße Maschinen sind, dann könnte sich auch der Mensch als bloße Maschine herausstellen. Getreu der theologischen Prämisse, dass der Mensch eine Seele haben müsse, wur-

---

[96] Vgl. wiederum den Brief an More vom 5. Februar 1649

[97] Descartes, Von der Methode des richtigen Vernunftgebrauchs und der wissenschaftlichen Forschung, Hamburg 1978, S. 48.

[98] Vgl. insoweit die Darstellung bei W.U. Eckart/ A. von der Lühe, Artikel „Tier; Tierseele", in: Historisches Wörterbuch der Philosophie, Basel 1998; Band 10, St- T, Sp. 1205- 1217 (1207f.).

[99] D. Hume, Of the immortality of the soul in: T.H. Green/ T.H. Grose (Hrsg.), The philosophical works, Volume 4: Essays, moral, political and literary, Aalen 1964, S. 399- 406 (400).

[100] Vgl. zum Rationalismus: F. Böhling, Artikel „Rationalismus", in: J. Ritter u.a. (Hrsg.), Hist. Wörterbuch der Philosophie, Band 8 (R- Sc), Basel 1992, Sp. 44- 48.

de nunmehr der umgekehrte Schluss gezogen: auch Tiere müssten eine Seele haben, damit die Seele des Menschen überhaupt als Möglichkeit verbleibe. Der Unterschied zwischen Mensch und Tier war hiernach wiederum ein bloß gradueller. Zur Erklärung dieser These führte Leibniz seine Monadenlehre an.[101] Thomasius bezeichnete die Seele der Tiere gar als „inkorruptibel", fügte aber einschränkend hinzu, dass den Tieren keine Unsterblichkeit zukomme, da diese neben dem Vorhandensein einer Seele auch Personalität voraussetze, diese den Tieren aufgrund fehlenden Selbstbewusstseins aber fehle.[102] An eben diesen Befund knüpfte wenige Jahrzehnte später Christian Wolff an, der den Tieren ebenfalls eine Seele zubilligte, Sprache, Intellekt und Moralität aber allein dem Menschen zuschrieb.[103]

Als Folge dieser Abkehr vom cartesischen Denken wurde in der Folgezeit der Umgang mit dem Tier zu einem Problem der praktischen Ethik. Die Zulässigkeit von Tierversuchen wurde dementsprechend bereits in der ersten Hälfte des 18. Jahrhunderts kontrovers diskutiert.[104] Kritisch gegenüber Vivisektion äußerte sich beispielsweise der Leipziger Philosoph Johann Heinrich Winkler. Aus der Annahme des Vorhandenseins einer Seele schloss er, dass Tierversuche dem göttlich Plan widersprächen.[105]

Eine Loslösung von ihrem theologischen Rahmen erfuhr die Debatte erst im deutschen Idealismus. Die Suche nach „vernünftiger Metaphysik" drängte die in der Aufklärung so zentrale Frage nach dem Wesen der Seele in den Hintergrund. Der Geist der Tiere blieb als Thema in der Philosophie aber gleichwohl virulent.

Geht es um Kants Wahrnehmung der Tiere, so wird in erläuternden Darstellungen zumeist nur darauf verwiesen, dass Kant Tieren in seiner Moralphilosophie lediglich den Status von Sachen einräumt, da ihnen die Fähigkeit zu vernunftgesteuertem Handeln fehle. Diese Darstellung stellt sich bei genauerer Betrachtung als zu einseitig heraus. Richtig ist zwar, dass Kant den Unterschied zwischen Mensch und Tier in seiner Moralphilosophie stark betont hat. Den Schluss einer radikalen Diskontinuität zwischen Mensch und Tier, wie man ihn

---

[101] Ausführlich hierzu H. Breger, Die Tiere im Kontinuum der Monaden, in: F. Niewöhner und J.-L. Seban (Hrsg.), Die Seele der Tiere, Wiesbaden 2001, S. 169- 180.

[102] Vgl. hierzu die Auswertung der Primärquellen bei G. Frank, Seele oder Maschine? Der Streit um die Tierseele in der deutschen Aufklärung, in: F. Niewöhner und J.-L- Seban, Die Seele der Tiere, Wiesbaden 2001, S. 249- 266.

[103] Ebd.

[104] Ausführlich A.-H. Maehle, Kritik und Verteidigung des Tierversuchs. Die Anfänge der Diskussion im 17. und 18. Jahrhundert, Stuttgart 1992, insb. S. 138 ff..

[105] J.H. Winkler, Institutiones philosophiae universae usibus academicis accomodatae, Bd. 3, 3. Ausgabe, Leibzig 1762, S. 136 ff..

bei Descartes findet, scheint Kant indes nie gezogen zu haben.[106] Zum einen wusste er nur zu gut, dass der Mensch nicht ausschließlich Vernunftwesen ist, zum anderen sprach Kant den Tieren ein geistiges Leben durchaus zu. Ganz besonders deutlich wird dies, wenn es in der „Kritik der Urteilskraft" heißt:

> „deswegen aber kann ich daraus, weil der Mensch zu seinem Bauen Vernunft braucht, nicht schließen, daß der Biber auch dergleichen haben müsse, und es einen Schluß nach der Analogie nennen. Aber aus der ähnlichen Wirkungsart der Thiere (wovon wir den Grund nicht unmittelbar wahrnehmen können), mit der des Menschen (dessen wir uns unmittelbar bewußt sind), können wir ganz richtig nach der Analogie schließen, daß die Thiere auch nach Vorstellungen handeln (nicht, wie Cartesius will, Maschinen sind), und, ungeachtet ihrer specifischen Verschiedenheit, doch der Gattung nach (als lebende Wesen) mit dem Menschen einerlei sind."[107]

Kant wusste also um die Gemeinsamkeiten des Lebendigen und aus diesen ergab sich für ihn letztlich auch, dass Mitgefühl gegenüber anderen Menschen sich nicht mit Rücksichtslosigkeit gegenüber Tieren verträgt. In ihren praktischen Konsequenzen ist die kantische Philosophie daher alles andere als tierfeindlich. An zentraler Stelle heißt es:

> „Selbst Dankbarkeit für lang geleistete Dienste eines alten Pferdes oder Hundes ... gehört indirekt zur Pflicht des Menschen,... ."[108]

Eine ähnlich ambivalente Wahrnehmung des Tieres findet sich auch im Denken Hegels. Das Tier existiert für Hegel als Subjektivität[109], unterscheidet sich vom Menschen aber durch das Fehlen von Recht und Moral, mit anderen Worten also durch das Fehlen der Vernunft. Damit werden den Tieren aber allein die höheren Formen des Denkens, das reflektierende Denken und das Nachdenken abgesprochen, das Phänomen des Verstandes stuft Hegel hingegen nicht als spezifische Besonderheit des Menschen ein.[110]

---

[106] Vgl. insoweit auch die umfangreichen Ausführungen bei H. Baranzke, Tierethik, Tiernatur und Moralanthropologie im Kontext von § 17 Tugendlehre, in: Kant- Studien 2005, S. 336-362.

[107] Kant, KdU, V, S. 449 (A 418 B 423/ 424).

[108] Kant, MdS (TL), VI, S. 443 (A109).

[109] Hegel, Werke in zwanzig Bänden, Eva Moldenhauer u.a. (Hrsg.), Frankfurt a.M. 1970, Enzyklopädie der philosophischen Wissenschaften im Grundrisse, IX, § 350, S. 430 f..

[110] Vgl. Hegel, Enzyklopädie der philosophischen Wissenschaften im Grundriss, VIII, § 2, S. 42, wo Hegel den Satz: „daß der Mensch vom Tiere sich durchs Denken unterscheide" als Vorurteil eine Epoche bezeichnet, die von einem irrationalen Gegensatz zwischen Gefühl und Denken ausgehe.

Diese differenzierte Betrachtung der Tiere setzte sich im 19. Jahrhundert zunächst fort. Beispielsweise scheute der Philosoph Karl Christian Krause (1781-1832) in seiner Rechtsphilosophie nicht davor zurück, den Tieren Selbstbewusstsein und Selbstgefühl zuzuschreiben.[111] Etwa zur gleichen Zeit erfreute sich auch die Tierpsychologie großer Popularität und zeichnete ein blumiges Bild vom Seelenleben der Tiere. Deutlich zurückhaltender wurde das Thema der Tierpsychologie erst in der zweiten Hälfte des neunzehnten Jahrhunderts nach dem Aufkommen der Evolutionstheorie behandelt.[112] Gleichwohl verlor aber gerade der Erfinder der Evolutionstheorie, Charles Darwin, die Kontinuität zwischen Mensch und Tier nicht aus dem Auge (vgl. hierzu auch die Ausführungen im nachfolgenden Kapitel).

VI. Zusammenfassung und Fazit

Die vorhergehende Darstellung erhebt nicht den Anspruch, eine umfassende religions- und geistesgeschichtliche Untersuchung des Mensch-Tier-Verhältnisses zu sein. Es geht lediglich darum, einige Entwicklungslinien aufzuzeigen:

Mit dem Überwinden der Naturreligionen wurde das Mensch-Tier-Verhältnis ambivalent. Tendenzen zur Versachlichung von Tieren wechselten sich mit gegenläufigen Entwicklungen ab und standen seitdem in einem Spannungsverhältnis zueinander. Die Problematik ist, das belegen die angeführten Beispiele, eine universelle.

Zu verstehen ist diese Entwicklung nur vor dem Hintergrund der „Subjektwerdung des Menschen". In gleichem Maße, wie dieser sich zusehends als Person definierte, gewann die Abgrenzung zur Natur an Bedeutung. Die Suche nach Freiheit, Würde und Verantwortung ließ den Menschen an der natürlichen Ordnung zweifeln. Seine eigene Existenz stand für ihn zusehends im Widerspruch zur Kausalität der Natur. Hierdurch wurden die Position des Menschen in der „Schöpfung" und sein „Seelenheil" zu zentralen Themen des Denkens.

Die strikte Versachlichung des Tieres markierte in der dargestellten Entwicklung gleichwohl nur ein Extrem. Es hat sich gezeigt, dass jede übermäßige Abgrenzung vom Tier eine Gegenreaktion hervorrief, die wiederum die Ähnlichkeiten in den Vordergrund rückte. Selten ging es hierbei allerdings um das „Wohl" der Tiere, vielmehr scheint ihre bloße Existenz vom Menschen als eine

---

[111] K.C.F. Krause, Das System der Rechtsphilosophie: Vorlesungen für Gebildete aus allen Ständen, Leipzig 1874, S. 205.
Zur Person Krauses: K.-M. Kodalle, Artikel „Karl Christian Krause", in: F.W. Bautz (begr. und hrsg.), Biographisch-bibliographisches Kirchenlexikon, Band IV, Hamm 1992, Sp. 624-631.

[112] Vgl. hierzu die Darstellung der Entwicklung bei H.W. Ingensiep, Zur Lage der Tierseele und Tierethik im Deutschland des 19. Jahrhunderts, in: F. Niewöhner und J.-L. Seban, Die Seele der Tiere, Wiesbaden 2001, S. 283- 331 (insb. 288- 300).

stete Verunsicherung empfunden worden zu sein. Die Frage nach dem Wesen des Menschseins ist für den Menschen immer untrennbar mit den Tieren verbunden. Dies gilt für abendländisches und fernöstliches Denken gleichermaßen.

Fragt man vor diesem Hintergrund nach den Ursachen der totalen Versachlichung des Tieres in der modernen Industriegesellschaft, so bleibt zunächst einiges an Ratlosigkeit. Westliches Denken lässt sich in diesem Bereich nur schwer auf den gemeinsamen Nenner einer „Verdinglichung" des Tieres zurückführen. In geistesgeschichtlicher Hinsicht lassen sich Christentum und neuzeitliche Philosophie jedenfalls keinesfalls auf Descartes reduzieren. Eher indizieren die philosophischen Stellungnahmen das Gegenteil: Radikale Anthropozentrik, die jedwede ethische Relevanz der Mensch-Tier-Beziehung leugnet, ist in der Geistesgeschichte eher die Ausnahme als die Regel. Dementsprechend ist Skepsis gegenüber gelegentlich wiederkehrenden Schuldzuweisungen geboten.

Zudem wird insbesondere an der Vernunftphilosophie des deutschen Idealismus ein wichtiger Punkt deutlich: Eine strikte Abgrenzung des Menschen vom Tier muss nicht dazu führen, dass im tatsächlichen Umgang mit Tieren die Humanität vollständig verdrängt wird. Das Gegenteil ist der Fall. Zwar grenzen sich Vernunftwesen in ihrem Selbstverständnis von den Tieren ab, hiermit einher geht aber ein Postulat der Besonnenheit, welches natürlichen Trieben und Bedürfnissen eine Grenze vorgibt und sich somit mit einer rücksichtslosen Ausbeutung der Tiere gerade nicht verträgt.

Man gewinnt daher den Eindruck, dass die radikale Verdinglichung des Tieres in der modernen Industriegesellschaft einen tiefen Bruch im Verhältnis Mensch-Tier markiert, der maßgeblich darauf zurückzuführen sein dürfte, dass im Gegensatz zu früheren Epochen die Frage nach den Wechselwirkungen zwischen menschlichem Selbstverständnis einerseits sowie dem Umgang mit Tieren andererseits nicht mehr ausreichend gestellt wird.[113]

In einem etwas anderen Zusammenhang haben die Philosophen Otfried Höffe und Charles Taylor darauf hingewiesen, dass die moderne Industriegesellschaft erst dadurch möglich wurde, dass sich der Mensch seit dem 17. und 18. Jahrhundert verstärkt als Träger von Interessen versteht und gleichzeitig die Frage nach dem Spannungsverhältnis zwischen Interesse und Tugend in den Hintergrund tritt.[114] Gerade hieran zeigt sich eine widersprüchlich anmutende Wech-

---

[113] Denkströmungen, die den Menschen selbst verdinglichen, dürften insoweit einen fruchtbaren Nährboden bereitet haben.

[114] Bei O. Höffe heißt es: „die traditionelle Moral fordert. „affectus comprime; zügle die Leidenschaften!" Im Laufe des 17. und 18. Jahrhunderts findet nun eine folgenreiche Umwertung der Werte statt. Aus den als illegitim verdächtigten Leidenschaften und aus den per se illegitimen Lastern werden Interessen; Interessen sind aber Antriebskräfte, die von allem Verdacht auf Illegitimität befreit und normativ rundum neutral sind. Ohne diesen „ideologischen" Umwertungsprozess, ..., lässt sich der Sieg des Kapitalismus nicht denken. Die Haltung der Besonnenheit auszubilden, ist für den Menschen seit jeher schwierig gewesen. Für die moderne

selwirkung in der Mensch-Tier-Beziehung: In gleichem Maße, wie der Mensch sein Selbstverständnis auf eine im Vergleich zur Vernunftnatur weniger anspruchsvolle Prämisse zu gründen sucht und dadurch die Gemeinsamkeiten zwischen Mensch und Tier betont, wächst das Risiko, das Tier nicht weiter hinterfragten menschlichen Interessen unterzuordnen.

Schon dieser Befund macht skeptisch gegenüber einer Ethik, die in der modernen Tierschutzdebatte oftmals als Heilsbringer gepriesen wird: dem Utilitarismus.[115]

Zivilisation, ..., verschärft sich die Schwierigkeit.; in gewissem Sinn wird ihr die Besonnenheit sogar unmöglich. Dort, wo nämlich die fehlende Besonnenheit als Konfiguration neutraler Interessen gilt, besteht kein Anlass, sich um die Besonnenheit zu bemühen. Mehr noch: seine Interessen ohne äußeren Zwang einzuschränken, wird zur bloßen Dummheit." Vgl. O. Höffe, Die Ethik der Natur im Streit um die Moderne, Scheidewege 19, S. 57- 74 (69).
Vgl. auch den Aufsatz „Legitimationskrise?" von Ch. Taylor in: Charles Taylor, Negative Freiheit? Zur Kritik des neuzeitlichen Individualismus, 1. Aufl., Frankfurt a.M. 1992, S. 235-294. Taylor betont unter anderem den Zusammenhang, der seiner Meinung nach zwischen der Selbsterfahrung durch Bedürfnisse einerseits und grenzenlosem Akkumulationsstreben andererseits besteht (S. 265).

[115] Siehe dazu letztlich auch T. Hobbes, Leviathan: oder Stoff, Form und Gewalt eines kirchlichen und bürgerlichen Staates, Iring Fetscher (Hrsg.) Frankfurt a.M. 1984, S. 75: „Glückseligkeit schließt in sich einen beständigen Fortgang von einem Wunsche zum andern, wobei die Erreichung des ersteren immer dem nachherigen den Weg bahnen muss."

3. Kapitel: Der „Geist der Tiere“ als Gegenstand der Naturwissenschaften – zwischen Empirie und Normativität

Seit der Mitte des 19. Jahrhunderts wurde von Naturwissenschaftlern vermehrt die Frage gestellt, wie es um das geistige Leben von Tieren bestellt ist.

Die Entdeckung tierischen Bewusstseins ist hierbei nicht vom Himmel gefallen. Ihr vorausgegangen ist ein langsames Umdenken in der Naturwissenschaft:

Der Konflikt zwischen rein behavioristischen oder reflexpsychologischen Erklärungsmodellen einerseits und antagonistischen Ansätzen andererseits durchzieht die Geschichte der Verhaltensforschung. Verschoben haben sich hierbei die Kraftverhältnisse. Waren es zunächst reflexpsychologische Modelle, die in der Forschung dominierten, so hat mittlerweile eine differenzierende Auffassung an Boden gewonnen. Diese geht einher mit der Präzisierung und Weiterentwicklung wissenschaftlicher Methoden. An die Stelle einfacher dogmatischer Grunderwägungen sind komplexe Modelle getreten, die ausgefeilte Experimente bedingen und nach differenzierenden Antworten suchen.

Dementsprechend wird mittlerweile tatsächlich von namhaften Stimmen in der Forschung der Standpunkt vertreten, dass zumindest einige Tiere geistige Zustände wie ein rudimentär entwickeltes Selbstbewusstsein besitzen.

Zudem ist durch die Erforschung tierischen Verhaltens Bewegung in einige der philosophischen Grundlagen der Psychologie gekommen, was die Betrachtung des Tieres grundlegend ändert.

Im Folgenden soll diese Entwicklung kurz nachgezeichnet werden. Diese Darstellung führt direkt zu den empirischen Grundlagen, die in der modernen Tierrechtsdebatte stets aufs Neue bemüht werden. In der Sache geht es um Selbstbewusstsein, intentionales Verhalten, kulturelle Verschiedenheit, Empathie und Moral und die Frage, ob diese Eigenschaften ausschließlich dem Menschen vorbehalten sind.

I. Der Einfluss Darwins

Der Versuch einer Nachzeichnung der naturwissenschaftlichen Entwicklung beginnt bei Charles Darwin. Darwin gilt gemeinhin als Begründer der modernen Evolutionsbiologie. Hinsichtlich der Sichtweise der Natur stellt diese einen bedeutenden Einschnitt dar. Tiere wurden nicht mehr als unveränderliches Produkt der Schöpfung, sondern als sich wandelnde und an veränderte Bedingungen anpassende Lebewesen wahrgenommen.[116] Bereits hierdurch wurde auch die menschliche Selbstwahrnehmung nachhaltig verändert, da nun auch der Mensch

[116] Vgl. zum ganzen Ch. Darwin, Die Entstehung der Arten durch natürliche Zuchtwahl, Stuttgart 1967.

selbst als Produkt eines natürlichen Prozesses erschien. Indes beschränkt sich das Wirken Darwins nicht allein auf die Evolutionsbiologie, vielmehr übte er auch Einfluss auf die Verhaltensforschung aus. In seinem zuerst 1872 veröffentlichten Buch „Der Ausdruck der Gemütsbewegungen bei dem Menschen und den Tieren" unternahm Darwin den Versuch, Kontinuitäten zwischen Mensch und Tier beim Ausdruck von Emotionen nachzuweisen.[117] Darwin ging insoweit davon aus, dass Emotionen nicht allein dem Menschen vorbehalten sind, sondern unter Säugetieren im Allgemeinen ihre Entsprechung finden. Von der Universalität der Ausdrucksformen ausgehend war es nur noch ein kleiner Schritt, auch in den Bereichen des Geistes und Verstandes von einer prinzipiellen Ähnlichkeit von Mensch und Tier auszugehen. Einige Zeitgenossen folgten Darwin auf diesem Weg. Weitreichende Thesen zum Geist der Tiere finden sich beispielsweise bei dem britischen Biologen George John Romanes (1848- 1894). Romanes ging von einer nur graduellen Verschiedenheit von Mensch und Tier aus und schrieb letzteren unter anderem mentale Zustände wie Fleiß, Neugierde, Stolz, Wohlwollen, Scham oder auch Verschlagenheit zu.[118]

Letztlich lässt sich mit Darwin auch die Auffassung in Verbindung bringen, dass die Moral selbst ein natürliches Produkt in Form der Ausdehnung sozialer Instinkte darstellt und Spuren von Moralität bereits im Tierreich vorkommen.[119]

Charles Darwin präsentiert sich damit nicht bloß als Vater der Evolutionstheorie, sondern auch als ein Pionier der modernen Verhaltensforschung. Hiermit ist jedoch nicht gesagt, dass mit der Evolutionstheorie Darwins und den von ihm gezogenen Schlussfolgerungen die geistige Verwandtschaft von Mensch und Tier quasi als bewiesen galt. Vielmehr waren es auch gerade Anhänger der Evolutionstheorie, die mit ihrer Hilfe einen qualitativen und nicht bloß graduellen Unterschied von Mensch und Tier zu begründen suchten. Und am Rande sei bemerkt: Aufgrund der sozialdarwinistischen Wende musste die Evolutionstheorie nicht bloß für die Begründung von Unterschieden zwischen Mensch und Tier herhalten, vielmehr wurde unter Verweis auf Darwin auch versucht, Unterschiede zwischen menschlichen Rassen zu begründen und eine biologische Überlegenheit des Europäers gegenüber anderen Menschenrassen zu konstruieren.[120]

---

[117] Ch. Darwin, Der Ausdruck der Gemütsbewegungen bei dem Menschen und den Thieren, Frankfurt a.M. 2000.

[118] G. J. Romanes, Geistige Entwicklung im Tierreich, Leipzig 1885. Siehe hierzu insbesondere das zusammenfassende zwanzigste Kapitel (S. 378 ff.)

[119] Siehe beispielsweise Ch. Darwin, Die Abstammung des Menschen, 4. Auflage, Stuttgart 1982, S. 136 ff.

Der Leser mag fragen, ob an dieser Stelle nicht eine Definition moralischen Verhaltens nötig wäre. Aus Darstellungsgründen wird hierauf an dieser Stelle aber verzichtet. Das Problem wird auf den S. 44 ff. erneut aufgegriffen.

[120] Vgl. die Nachweise bei S. Savage-Rumbaugh/ R. Lewin, Kanzi, Der sprechende Schimpanse: was den tierischen vom menschlichen Verstand unterscheidet, München 1995, S. 27

In den vierziger Jahren versuchten die sog. „Neodarwinisten" einen qualitativen Unterschied zwischen Mensch und Tier damit zu begründen, dass das Bewusstsein als spezifisches Evolutionsprodukt der menschlichen Frühgeschichte gedeutet wurde. Erst ein Wandel im Verhalten, nämlich die Entwicklung der Jagd, habe die nachfolgende Herausbildung geistiger Fähigkeiten ermöglicht[121]. Die Grenze zwischen Menschen und Tieren im allgemeinen sowie Menschen und Primaten im besonderen wurde hierdurch erneut bestätigt.

Im Bereich der Moral und Ethik wird die Gegenposition zu der von Darwin vermuteten Mensch-Tier-Kontinuität gemeinhin als „veneer theory" bezeichnet. Ethik und Moral sind hiernach nicht Teil der Evolution, sondern stellen ein mühsam erarbeitetes Kulturprodukt dar, mit dem der Mensch sein tierisches Erbe zu verdecken suche. Der berühmte britische Biologe Thomas Huxley (1825-1895) ist hier als einer der wichtigsten Vertreter dieser Position im ausgehenden 19. Jahrhundert zu nennen. Eindringlich formulierte er: „The conscience of man revolted against the moral indifference of nature... ."[122] Und über die Ethik schrieb er: "the practice of that which is ethically best ... involves a course of conduct which, in all respects, is opposed to that which leads to success in the cosmic struggle for existence."[123]

Auch in der Gegenwart wird diese Sichtweise nach wie vor von namhaften Naturwissenschaftlern vertreten. Der außerhalb des naturwissenschaftlichen Diskurses bekannteste zeitgenössische Anhänger der veneer theory dürfte wohl Richard Dawkins[124] sein. Ähnlich argumentiert beispielsweise auch der Naturwissenschaftler und Journalist Robert Wright.[125]

Aber auch die Position Darwins wird nach wie vor von namhaften Soziobiologen wie Edward Wilson[126] oder Frans de Waal vertreten. Ein unbefangener Blick auf die Debatte erweckt gar den Eindruck, dass der Versuch, Moral und Evolution miteinander zu versöhnen, in den vergangenen Jahren zu einem beliebten Thema innerhalb der Biologie geworden ist. Wie groß der dadurch erzielte Erkenntnisgewinn ist, mag an dieser Stelle noch dahinstehen.

---

ff.. AaO. berichtet Savage-Rumbaugh auch, dass auf der Weltausstellung von 1904 in St. Louis verschiedene Menschenrassen zur Schau gestellt wurden und mit diesen die Entwicklung des Menschen hin zur westlichen Gesellschaft veranschaulicht werden sollte.

[121] S. Savage-Rumbaugh/ R. Lewin (1995), S. 32.

[122] T.H. Huxley, Evolution and ethics, in: T.H. Huxley, Evolution and ethics and other essay, London 1903, S. 46- 116 (59).

[123] T.H. Huxley (1903), S. 46 (81).

[124] R. Dawkins, Das egoistische Gen, 6. Auflage, Hamburg 2004.

[125] R. Wright: The moral animal: evolutionary psychology and everyday life, New York 1995, S. 146 ff, 342 ff..

[126] E.O. Wilson, Biologie als Schicksal: die soziobiologischen Grundlagen menschlichen Verhaltens, Frankfurt 1980.

Eng hiermit verbunden ist eine veränderte Sicht der Tiere. De Waal spricht plakativ davon, dass aus „Überlebensmaschinen" „adaptive Wesen" geworden seien.[127]/[128]

II. Überlegungen zur naturwissenschaftlichen Methodik

Die hier bereits angedeuteten Probleme reichen tief in die Wissenschaftstheorie hinein. Ein Vergleich der von Naturwissenschaftlern vertretenen Positionen zeigt, dass sich moderne Verhaltensforschung in einem Dilemma befindet, welches aus einer grundsätzlichen und weitreichenden Uneinigkeit über Fragen der Methodik entstanden ist.[129] Ehe die vorliegende Darstellung auf einige der aktuellen Forschungsfelder eingeht, soll daher versucht werden, dieses grundsätzliche Problem zu umreißen. Ein methodisches Dilemma besteht in mindestens zweierlei Hinsicht:

Es ist bereits angedeutet worden, dass die klassische Soziobiologie bei der Interpretation tierischen Verhaltens stets davon ausgegangen ist, dass immer nach der einfachsten Erklärung zu suchen sei. Komplexere Modelle sind hiernach nur dann legitim, wenn zuvor auch der letzte empirische Zweifel ausgeräumt worden ist (*Ockhams Rasiermesser*).[130] Diese Vorgehensweise ist mittlerweile alles

---

[127] F. de Waal, Der gute Affe, München 2000, S. 29.

[128] Die Metapher vom „adaptiven Wesen" markiert einen wichtigen Einschnitt in der Entwicklung der Evolutionstheorie. Evolution wird nicht mehr allein als Selektion des Stärkeren definiert. Statt dessen wird die Evolution unter Verwendung des Vokabulars der Informationswissenschaften als Prozess verstanden, der zu höherer Komplexität der Evolutionsformen führt. Dieses Verständnis der Evolution führt zu einem veränderten Naturverständnis: Lebewesen hören auf, bloße Zufallsprodukte der Evolution zu sein. Plakativ heißt es bei Francisco Ayala: „Die Fähigkeit, Informationen über die Umgebung aufzunehmen und zu verarbeiten und darauf entsprechend zu reagieren, ist eine wichtige Anpassung, denn sie befähigt den Organismus, sich geeignete Umgebungen und Ressourcen herauszusuchen und ungeeignete zu meiden." (zitiert nach R. Lewin, Complexity: Life at the edge of chaos, New York 1992, S. 138)".

Vgl. hierzu auch J. Rifkin, Das biotechnische Zeitalter, München 2000, S. 305 ff. Rifkin äußert sich ausführlich zu den Risiken, die der beschriebene Wandel der Naturkosmologie mit sich bringt. Rifkin betont zu recht, dass Naturkosmologie allzu häufig als gesellschaftliches Legitimationsmuster ge- und mitunter auch missbraucht wird. Überzeugend führt Rifkin aus, dass der Wandel der beschriebene Wandel des Naturverständnisses in der Frage der Gentechnik und der Manipulierbarkeit des Menschen das Risiko des Dammbruchs erhöht.

[129] Die Frage, wie innerhalb des naturwissenschaftlichen Diskurses mit Zweifeln umzugehen ist, ist eine Frage der Erkenntnistheorie. Immanuel Kant ist die Einsicht zu verdanken, dass bereits die vermeintlich objektive Suche nach Erkenntnis notwendig subjektiv ist und die objektive Beschaffenheit der Dinge (das „Ding an sich") sich der menschlichen Erkenntnis entzieht. Ein guter Überblick über die Wissenschaftstheorie im allgemeinen und die Erkenntnistheorie Kants im besonderen findet sich bei: H. G. Ruß, Wissenschaftstheorie, Erkenntnistheorie und die Suche nach Wahrheit. Eine Einführung, 1. Auflage, Stuttgart 2004, S. 46 ff..

[130] „Ockhams Rasiermesser" wird daher auch als Sparsamkeitsprinzip bezeichnet. Vgl. zu den Wurzeln und der Herkunft des Sparsamkeitsprinzips H.J. Cloeren, Art. „Ockham's razor", in:

andere als unstrittig. Autoren wie Frans de Waal haben mit dem beschriebenen Paradigma gebrochen und wählen einen anderen Weg. De Waal versucht, tierisches Verhalten durch eine Gesamtschau zu erklären, die letztlich auf einen Indizienbeweis hinausläuft, der auf folgender einfacher Grundüberlegung aufbaut: wenn eine Spezies sich auf eine bestimmte Art und Weise verhält und eine nahe verwandte Spezies sich auf die gleiche Weise verhält, dann ist der zugrundeliegende Prozess wahrscheinlich derselbe[131]. Als Grund hierfür gibt de Waal an, dass es unter evolutionären Gesichtspunkten äußerst unökonomisch sei, gleiche Verhaltensweisen in einer nach evolutionsgeschichtlichen Maßstäben kurzen Zeitspanne auf verschiedenem Wege zu produzieren. Wenn man aber, so de Waal weiter, bei gleichem Verhalten von beispielsweise Löwen und Tigern von identischen Ursachen ausgehe, dann müsse man dies, um ein Beispiel zu bilden, auch bei Menschen und Schimpansen tun, die sich genetisch mindestens ebenso nahe stehen.[132] Gerade für die Interpretation von Experimenten mit Menschenaffen eröffnet dieser Ansatz ungeahnte neue Möglichkeiten (vgl. dazu auch die nachfolgenden Ausführungen zur Frage des Selbstbewusstseins bei Tieren). Der Unterschied zur „konservativen Schule" unter den Verhaltenswissenschaftlern könnte indes kaum größer sein.

Auf ein anderes wissenschaftstheoretisches Dilemma hat unlängst der Philosoph John Dupré hingewiesen: worum es ihm geht, ist der Anspruch wissenschaftlicher Objektivität und das Verhältnis des Forschers zum Gegenstand seiner Forschung. Dupré meint, dass die hierzu gängigen Dogmen der Naturwissenschaften auf die Verhaltensforschung nur eingeschränkt übertragbar seien. Verlange man beispielsweise von einem Verhaltensforscher, dass er dem Tier neutral, distanziert und emotionslos gegenübertrete, so sei klar, dass die Erforschung sprachlicher Fähigkeiten von Tieren zum Scheitern verurteilt sei, da Sprache als Interaktionsvorgang eben notwendigerweise ein „Sich-Einlassen" auf das Gegenüber voraussetze. Ein ähnliches Problem betrifft anekdotenhaft gewonnene Daten, denen gemeinhin jeglicher Beweiswert abgesprochen wird. Schränkt man aber, um diesem Problem zu entgehen, die Freiheit des Tieres von vornherein ein und beschränkt sich auf die Durchführung geplanter und streng kontrollierter Experimente, so setze der Verhaltensforscher sich stets dem Verdacht der Manipulation aus. Die Beobachtung komplexen Verhaltens werde hierdurch bereits aufgrund methodologischer Vorgaben erschwert und letztlich unmöglich gemacht.[133]

J. Ritter u.a. (Hrsg.), Historisches Wörterbuch der Philosophie, Band 6: Mo- O, Basel 194, Sp.: 1094- 1095.

[131] F. de Waal (2000), S. 84.

[132] F. de Waal (2000), S. 84.

[133] Vgl. zum ganzen J. Dupré, Gespräche mit Affen. Reflexionen über die wissenschaftliche Erforschung der Sprache, in: Dominik Perler und Markus Wild (Hrsg.), Der Geist der Tiere, Frankfurt a.M. 2005, S. 295- 322.

Angesichts dieser Probleme vermag auch der nachfolgende Versuch einer Zusammenfassung ausgewählter aktueller Probleme der Verhaltensforschung keine wirklichen Ergebnisse präsentieren, sondern lediglich Entwicklungen aufzuzeigen.

III. Selbstbewusstsein bei Tieren

Mit der Frage nach dem Vorhandensein von Bewusstsein und Selbstbewusstsein im Tierreich hat die Arbeit nunmehr einen Punkt erreicht, an dem einige Begriffsklärungen überfällig sind. Was ist überhaupt gemeint, wenn von Bewusstsein und Selbstbewusstsein die Rede ist?

Erstgenannter Begriff wird zunächst anknüpfend an die immer noch aktuelle Definition von John Locke als Gewahrsein der eigenen Geistestätigkeit definiert.[134] Ein mentaler Zustand ist demzufolge bewusst, wenn er von einem höherstufigen Gedanken begleitet wird, der gewissermaßen ein einheitsbildendes Moment bildet. Folglich müsste ein Lebewesen dann als bewusst gelten, wenn es zu einem bestimmten Zeitpunkt mindestens einen mentalen Zustand hat, dessen es sich bewusst ist.[135] Entscheidend ist somit, dass dem Lebewesen klar sein muss, dass es Wahrnehmungen hat.[136] Dieser auch als „intransitives Bewusstsein" bezeichnete Zustand beschreibt also, „wie etwas für mich ist".[137]

Hieraus ergibt sich bereits eine wichtige Folgerung: Die Verarbeitung von Wahrnehmungen setzt jedenfalls noch kein Bewusstsein voraus. Man denke hier nur an Roboter, die mit vorprogrammierten Reaktionen auf ihre Umwelt antworten können. Ein „Gewahrsein" im Sinne der Definition Lockes ist hier nicht auf der Ebene des Roboters, sondern allein auf der des Programmierers gegeben. Und auch im menschlichen Alltag lassen sich unzählige Beispiele für Verhaltensweisen finden, die allein als Folge unbewusster Wahrnehmungsverarbeitung zu erklären sind.

Das Bewusstsein ist somit eine Art „Bildschirm", mit dessen Hilfe Zustände fokussiert werden und ihnen eine besondere Form der Aufmerksamkeit verliehen wird. Der nunmehr zu klärende und für die folgenden Ausführungen entscheidende Begriff des Selbstbewusstseins zielt auf eine wesentlich speziellere

---

[134] Locke, Über den menschlichen Verstand, Band I, Zweites Buch, unveränderter Nachdruck der Neuausgabe von 1962, Berlin 1968, S. 122. Vgl. insoweit auch G. Güzeldere, Ist Bewusstsein die Wahrnehmung dessen, was im eigenen Geist vorgeht?, in: Thomas Metzinger (Hrsg.), Bewusstsein. Beiträge aus der Gegenwartsphilosophie, 3. Auflage, Paderborn u.a. 1996, 397- 422 (397). Die Literaturauswertung von Güzeldere belegt, welch zentrale Bedeutung der Definition von Locke auch heute noch zukommt.

[135] R. van Gulick, Was würde als eine Erklärung von Bewusstsein zählen?, in: Thomas Metzinger (Hrsg.), Bewusstsein. Beiträge aus der Gegenwartsphilosophie, 3. Auflage, Paderborn u.a. 1996, S. 79- 101 (81).

[136] W. Singer, Vom Gehirn zum Bewusstsein, in: N. Elsner/ G. Lüer (Hrsg.), Das Gehirn und sein Geist, Göttingen 2000, S. 189 ff.

[137] Vgl. P. Velten, Normkenntnis und Normverständnis, Baden-Baden 2002, S. 37.

und subtilere Bewusstseinsstufe ab. Gemeint ist die kritische Evaluation des eigenen Selbst. Die berühmten Ausführungen von George H. Mead aus „Geist, Identität und Gesellschaft“ seien hier wörtlich zitiert: „Durch das Selbst-Bewußtsein tritt der einzelne Organismus in seinen eigenen Umweltbereich ein. Sein eigener Körper wird Teil der Umwelteinflüsse, auf die der Organismus reagiert.“[138]

Mittlerweile scheint es innerhalb der Naturwissenschaften relativ unstrittig zu sein, dass höherentwickelte Tiere zumindest ein Bewusstsein im erstgenannten Sinne aufweisen.[139] Cartesianisches Denken ist insoweit also verdrängt worden. Äußerst umstritten ist aber immer noch die Frage, ob und inwieweit Tiere darüber hinausgehend auch Träger von Selbstbewusstsein sind.

Hierzu nunmehr im Einzelnen:
Die Entwicklung der Soziobiologie kann nicht ohne die Primatenforschung verstanden werden. Gerade in diesem Bereich nahmen immer wieder Entwicklungen ihren Anfang, welche die Verhaltensforschung insgesamt beeinflusst haben. Einer der Pioniere der Primatenforschung war der deutsche Psychologe Wolfgang Köhler, der sich bereits in den frühen zwanziger Jahren eingehend mit

---

[138] G.H. Mead, Geist, Identität und Gesellschaft, 1. Auflage, Frankfurt a.M. 1973, S. 215. Vgl. ferner zum Begriff des Selbstbewusstseins, M. Lewis, Myself and me, in: Taylor Parker, Mitchell, Boccia (Hrsg.), Self-awareness in animals and humans, S. 20- 34, Cambridge 1994. Lewis definiert das Selbstbewusstsein vor allem durch zwei Elemente: zum einen erfordere es die Möglichkeit der (physischen) Selbsterkennung und zum anderen das Vorhandensein einer „idea of me“ (vgl. S.22). Das hieraus folgende Selbstverständnis entstehe bei Kindern im Alter von 1,5 bis zwei Jahren.
Vgl. zur kognitiven Entwicklung von Kleinkindern auch Sue Taylor Parker, R.W. Mitchell, M.L. Boccia, Expanding dimensions of self: Through the looking glass and beyond, S. 3 (12), in: Taylor Parker, Mitchell, Boccia (Hrsg.), Self-awareness in animals and humans, S. 3-19, Cambridge 1994.
Vgl. Auch die folgende Definition des Selbstbewusstseins (self-awareness) von G. Gallup: „the ability to become aware of your own existence, and mind as the ability to monitor your own mental states“. (G. G. Gallup, Toward a comparative psychology of mind, in: Mellgren (Hrsg), Animal Cognition and behaviour, S. 473- 510, New York 1983). instruktiv auch: S. Ausborn-Brinker, Person und Personalität: Versuch einer Begriffsklärung, Tübingen 1999, die vom Selbstbewußtsein als der unmittelbaren Vertrautheit mit sich spricht (S. 19).
[139] Siehe W. Singer, Verschaltungen legen uns fest: Wir sollten aufhören, von Freiheit zu sprechen, in: Ch. Geyer (Hrsg.), Hirnforschung und Willensfreiheit. Zur Deutung der neuesten Experimente, Frankfurt a.M.. 2004, S. 30- 65. Auf S. 42 f. heißt es: „Wir bezweifeln nicht, dass sich höhere Säugetiere und insbesondere alle Primaten ihrer Empfindungen gewahr sein können und dass dieses Gewahrsein handlungsrelevant ist. Der Grund für diese Annahme ist, dass die Gehirne der höher organisierten Säugetiere über die gleichen Mechanismen zur Steuerung von Aufmerksamkeit und zur Speicherung von Wahrnehmungsinhalten im episodischen Gedächtnis verfügen wie der Mensch. Für den Menschen gilt, dass Inhalte dann bewusst werden, wenn sie mit selektiver Aufmerksamkeit bedacht werden.“

Menschenaffen beschäftigte und anhand von Experimenten unter anderem kooperatives Verhalten unter Schimpansen nachweisen konnte. Köhler und sein Zeitgenosse, der Holländer Anton Portielje, waren es auch, die ein bereits von Darwin[140] durchgeführtes Experiment wiederholten und die Reaktionen von Menschenaffen auf ihr eigenes Spiegelbild untersuchten.[141] Spiegelexperimente wurden dann verstärkt seit den späten sechziger Jahren an Tieren durchgeführt und aus den Ergebnissen die These abgeleitet, dass zumindest einige Tiere in der Lage seien, ihr Spiegelbild zu erkennen. Dies führte zu der Anschlussüberlegung, dass diese Tiere ein Bewusstsein ihres Selbst hätten.[142]

Um diesen Punkt näher zu illustrieren, sollen an dieser Stelle die Spiegelexperimente Gordon Gallups näher erläutert werden. Gallup führte mehrphasige Tests an Menschenaffen durch, indem er einzelnen Tieren zunächst die Möglichkeit gab, Erfahrungen im Umgang mit Spiegeln zu sammeln. Hierbei bestätigte sich die bereits von Darwin gemachte Beobachtung, dass Menschenaffen Interesse an ihrem Spiegelbild zeigen und auf dieses durch Gesten reagieren. Um zu zeigen, dass sie das Spiegelbild nicht für einen Artgenossen hielten, markierte Gallup die Tiere dann unter Narkose mit Farbtupfern auf der Stirn. Danach wurde den Affen erneut die Gelegenheit gegeben, sich im Spiegel zu betrachten. Hierbei zeigte sich dann, dass die meisten (aber keineswegs alle) Menschenaffen anfingen, die markierte Stelle an ihrem eigenen Körper näher zu untersuchen. Tiere, die hingegen noch keine Erfahrungen im Umgang mit Spiegeln gemacht hatten, zeigten sich indes von den Markierungen unbeeindruckt und nahmen diese nicht als Auffälligkeit zur Kenntnis.

Hieraus schloss Gallup auf das Vorhandensein von Selbstbewusstsein.[143] Seit den Siebzigern sind die Spiegelexperimente mit zahlreichen Arten wiederholt worden, und es wurde festgestellt, dass nur eine geringe Zahl von Arten in der Lage ist, den Spiegeltest „zu bestehen". Gleichwohl kam es in der Folgezeit auch zu Kritik und die These vom „selbstbewussten Tier" wurde von Teilen der Wissenschaft zurückgewiesen. Leahy argumentiert beispielsweise, man könne

---

[140] Vgl. M.D. Hauser, Wilde Intelligenz. Was Tiere wirklich denken, München 2003, S. 132.

[141] W. Köhler, Zur Psychologie des Schimpansen, in: Psychologische Forschung 1922, S. 2-46.

[142] Zur Einführung in die Problematik vgl. ferner den in die Thematik einführenden Dialog von K. Popper und J. Eccles aus dem Jahr 1974 in: Popper/Eccles, Das Ich und sein Gehirn, 8. Auflage, München 2002, S. 519-532. Zwar fehlt bei Popper und Eccles eine Auseinandersetzung mit den naturwissenschaftlichen Erkenntnissen der letzten Jahrzehnte, weshalb ihre Ausführungen in mancherlei Hinsicht überholt sind. Gleichwohl werden die zentralen Fragestellungen überzeugend herausgearbeitet.

[143] Vgl. zu den Experimenten Gallups: G. G. Gallup, Chimpanzees: Self- recognition, in: Science 167, S. 341- 343 und Gordon G. Gallup (1983), S. 473 ff..
Instruktiv ist auch die Feldforschung von Jane van Lawick-Goodall. Vgl. hierzu J. van Lawick-Goodall, Wilde Schimpansen, 10 Jahre Verhaltensforschung am Gombe-Strom, Hamburg 1971.

die Ergebnisse der Spiegeltests auch so verstehen, dass einige Tiere ein Bild ihres eigenen Körpers erkennen könnten, dies heiße aber nicht, dass zwangsläufig auch Selbstbewusstsein vorhanden sei.[144] Und aus der Skinner-Schule wurde der Vorwurf erhoben, dass die Reaktionen der Tiere möglicherweise bloß antrainiertes Verhalten seien.[145]

Als Gegenreaktion sind die Versuchsanordnungen noch komplexer geworden. Emil Menzel unternahm in den Achtzigern beispielsweise folgendes Experiment: Er positionierte Versuchstiere vor einer Wand, die ein kleines Loch enthielt. Auf der Rückseite der Wand gab es mehrere Halterungen, auf der sich Futterstücke befanden. Gleichzeitig wurde auf der Rückseite eine Videokamera installiert und ein Bild auf einen Fernsehbildschirm projiziert, den die Versuchstiere von der Vorderseite aus beobachten konnten. Die Aufgabe der Tiere bestand nun darin, ihren Arm durch das Loch zu stecken und sich mit Hilfe des Videobildes zu orientieren. Erneut zeigte sich, dass Menschenaffen problemlos in der Lage waren, das Futter mit Hilfe des Fernsehbildes, welches ja auch ihren eigenen Arm abbildete, zu finden. Interessant ist insoweit auch, dass die Tiere ihre Bemühungen sofort aufgaben, wenn die Kamera ausgeschaltet und auf den Fernseher gänzlich andere Bilder projiziert wurden. In der Gesamtschau bilden diese Experimente nach Ansicht einiger Naturwissenschaftler ein starkes Indiz dafür, dass Menschenaffen Selbstbewusstsein besitzen.[146] Dies gilt umso mehr, da auch bei Menschenkindern die Entwicklung von Selbstbewusstsein und die Fähigkeit zum Bestehen der Spiegeltests Hand in Hand gehen. Die Behauptung, dass zumindest einige Tiere Selbstbewusstsein haben, scheint deshalb heutzutage zumindest gut vertretbar zu sein und in der Wissenschaft zunehmend Anhänger zu finden.[147] Auf ein letztes Argument soll in diesem Zusammenhang noch hingewiesen werden: Die Herausbildung von Selbstbewusstsein wird von verschiedenen Autoren als notwendige Begleiterscheinung sozialer Interaktion im Tierreich gedeutet. De Waal hat hierzu aufschlussreich formuliert, dass Menschenaffen für Selbstbewusstsein keine spiegelnden Flächen bräuchten, da sie es

---

[144] M. Leahy, Against liberation: putting animals into perspective, New York/ London 1991, S. 146; vgl. ferner auch G. Gergely, From self-recognition to theory of mind, in: Taylor Parker, Mitchell, Boccia (Hrsg.), Self-awareness in animals and humans, Cambridge 1994, S. 51- 60 und dort insb. die Übersicht über Minimalfolgerungen aus den Spiegelexperimenten (S. 54 f.).

[145] R. Epstein/ R.P. Lanza/ B.F. Skinner, „Self-awareness" in the pigeon, in: Science, 212, S. 645- 696.

[146] Vgl. S. Taylor Parker, R. W. Mitchell, M. L. Boccia (1994), S. 3 (12).

[147] Vgl. ergänzend auch S. T. Boysen/ K. M. Bryan/ T. A. Shreyer, Shadows and mirrors: Alternative avenues to the development of self-recognition in chimpanzees, in: Taylor Parker, Mitchell, Boccia (Hrsg.), Self-awareness in animals and humans, S. 227-240, Cambridge 1994.

gewohnt seien, sich im sozialen Spiegel, dem Auge des Betrachters, zu beobachten.[148]

Gleichwohl zeigt sich, dass die Deutung der Forschung von den methodologischen Prämissen abhängig ist. Dementsprechend wird von Skeptikern und konservativen Verhaltensforschern eingewandt, dass ein zwingender Nachweis des Vorhandenseins von Selbstbewusstsein im Tierreich immer noch ausstehe.[149] Die Gegenthese, nach der lediglich bewiesen ist, dass manche Tiere zur Selbstwahrnehmung fähig seien, wird daher nach wie vor von namhaften Autoren vertreten.[150]

IV. Zur Frage protolinguistischer Fähigkeiten bei Tieren

Eines der wichtigsten Gegenargumente gegen die Annahme, dass auch einige Tiere Selbstbewusstsein haben könnten, bestand stets in der Behauptung, dass die Entstehung von Selbstbewusstsein durch Sprache bedingt sei und folglich nur der Mensch als selbstbewusst gelten könne.[151] Während die Richtigkeit dieser Behauptung einerseits durch die bereits geschilderten Spiegelexperimente in Frage gestellt wurde, wird seit den Siebzigern auch zunehmend die Behauptung, dass die Entwicklung von Sprache ein ausschließliches Produkt der menschlichen Evolution darstellt, angezweifelt. Zwar dürfte nach wie vor unstreitig sein, dass originäre Sprache selbst ausschließlich dem Menschen vorbehalten ist. Vertreten wird aber, dass einige der zum Spracherwerb notwendigen Fähigkeiten in Ansätzen auch bereits bei einigen Tieren, namentlich wiederum vor allem den Menschenaffen, anzutreffen sind.

---

[148] F. De Waal (2000), S. 92; vgl. hierzu ferner S. Taylor Parker, R. W. Mitchell, Evolving self-awareness, in: Taylor Parker, Mitchell, Boccia (Hrsg.), Self-awareness in animals and humans, Cambridge 1994, S. 413-428 (insb. 420) und das bereits zitierte Hauptwerk von G.H. Mead, der als einer der Begründer der hier dargestellten These gilt.

[149] Anders F. de Waal (2000), S. 88, der von einem zwingenden Beweis spricht.

[150] Exemplarisch sei hier der Harvard-Ethologe Marc D. Hauser genannt. Wörtlich heißt es: „Nur eine kleine Hand voll Tierarten verfügt ... über ein Instrument zur Wahrnehmung seiner selbst, ein Werkzeug, das das einzelne Tier in die Lage versetzt, sein eigenes Ich von allen anderen Existenzen der Welt zu unterscheiden. Innerhalb dieser kleinen Untergruppe von Tieren steht unsere Art womöglich dahingehend allein, als nur sie über die Fähigkeit verfügt, zu verstehen, wie es ist, einen Sinn für das eigene Ich zu haben, unverwechselbare persönliche Geisteszustände zu durchleben und emotionale Erfahrungen zu machen (M. D. Hauser (2003), S. 149).

Kritisch auch H. Hendrichs. Hendrichs differenziert zwischen Selbstbewusstsein und Selbstbewusstheit. Ersteres wird seiner Ansicht nach von keinem Tier erreicht. Selbstbewusstheit definiert er als „Wissen der eigenen Existenz" sowie der „aktuellen Zustände und Bewusstheiten". In diesem Bereich geht Hendrichs von einem fließenden Übergang zwischen Mensch und Tier aus (vgl. H. Hendrichs, Die Fähigkeit des Erlebens. Zur Evolution von Emotionalität und Intentionalität, Fürth 2000, S. 21- 24).

[151] Vgl. M. Leahy (1991), S. 66.

Losgetreten wurde die Debatte durch die von Griffin unternommenen Versuche, Menschenaffen Gebärdensprache beizubringen. Es ging also um die Frage, ob nichtmenschliche Primaten in der Lage sind, Symbole für Gegenstände oder Handlungen zu verwenden und diese in einem kommunikativen Rahmen einzusetzen. Bereits in den Siebzigern vermeldete Griffin, dass Menschenaffen in der Lage seien, Hunderte von Symbolen zu memorieren und es sich dabei nicht um bloße Dressur handele. Einige der Ergebnisse sind noch heute faszinierend, beispielsweise soll ein Gorilla, der die Zeichensprache erlernt hatte, ein Plüschzebra mit Hilfe von Symbolen einmal als „weißen Tiger" bezeichnet haben, was – sofern man dem Bericht Glauben schenken darf – eine erstaunliche Abstraktionsleistung darstellt[152].

Bereits in den späten Siebzigern sah sich die Sprachforschung indes auch vehementer Kritik ausgesetzt. Es wurde geltend gemacht, dass die Zuordnung von Symbolen für Objekte noch nichts mit Sprache zu tun habe. Bei Sprache gehe es um mehr, nämlich um Grammatik und vor allem auch um echte Kommunikation, die über das einseitige Äußern bestimmter Nahrungswünsche hinausgehe[153]. Im Kern geht es hierbei um eine These Chomskys. Chomsky unterschied Sprache von den Formen tierischer Kommunikation und vertrat die Auffassung, dass Sprache erst durch das Vorhandensein einer Syntax möglich werde. Fehle es an einer Syntax, könnten Sinnzusammenhänge zwischen Einzelereignissen nicht vermittelt werden[154]. Die Fähigkeit zur Herausbildung einer Syntax ist laut Chomsky zwar bereits in der genetischen Ausstattung des Menschen angelegt, stellt aber gleichwohl ein exklusives Phänomen der menschlichen Natur dar. An diesem Paradigma der Linguistik drohte die Sprachforschung bei Menschenaffen in den späten Siebzigern zu scheitern.[155] Als Reaktion auf die Kritik verschoben sich in der Folgezeit die Forschungsschwerpunkte, und die Verständnisfähigkeiten der Tiere rückten verstärkt in den Mittelpunkt. Aufsehen erregte in den achtziger Jahren die von Savage-Rumbaugh und Lewin vertretene These, dass Zwergschimpansen in der Lage seien, die englische Sprache zu verstehen. Savage-Rumbaugh und Lewin gelang es zu zeigen, dass der von ihr unterrichtete Zwergschimpanse Kanzi nicht nur auf menschliche Worte reagierte, sondern sogar in der Lage war, Satzstrukturen zu verstehen. Zur Illustration dieser These soll an dieser Stelle eine packende Stelle aus dem Werk von Savage-Rumbaugh und Lewin zum Verständnis von Konditionalsätzen zitiert werden:

---

[152] Vgl. M.D. Hauser (2003), S. 259.

[153] Kritische Bemerkungen zur Sprachforschung an Affen finden sich etwa bei: H.S. Terrace, How Nim Chimsky changed my mind, in: Psychology today 1979, Vol. 6, S. 67- 76 und N. Wade, Does man alone have language?, in: Science 208 (1980), S. 1349- 1351.

[154] Vgl N. Chomsky, Reflexionen über die Sprache, Frankfurt a.M. 1977.

[155] Vgl. hierzu den Bericht bei S. Savage-Rumbaugh/ R. Lewin (1995), S. 66 ff.

„Eines Tages besuchten wir Austin, der gerade in eine Aufgabe vertieft war. Nachdem er sie beendet hatte, erhielt er zur Belohnung ein Stück Gebäck, das auch Kanzi gerne gehabt hätte, wie er durch ständiges Betteln zu erkennen gab. Ich wusste, dass Austin sich ärgern würde, wenn Kanzi den Leckerbissen bekam, und das sagte ich Kanzi auch. Die ganze Zeit über spielte Kanzi mit der Maske eines Ungeheuers, die wir im Rucksack mitgebracht hatten. Austin interessierte sich sehr für die Maske, und deshalb kam ich auf die Idee, einen Tausch vorzuschlagen. Ich sagte: „Kanzi, wenn du Austin deine Gruselmaske gibst, gebe ich dir etwas von dem Gebäck." Sofort ergriff Kanzi die Maske und gab sie Austin, und dann zeigte er auf das Gebäck. Kanzi hatte verstanden.[156]"

Für Savage-Rumbaugh und Lewin ergab sich hieraus der Schluss, dass biologische Anlagen zur Sprachfähigkeit zumindest bei einigen Tieren vorhanden seien und es sich insoweit nicht um eine ausschließlich menschliche Domäne handele.[157]

Interessant sind die Experimente mit dem Zwergschimpansen Kanzi noch unter einem anderen Gesichtspunkt. Kanzi lernte eine Symboltastatur, ein sogenanntes Lexigramm, zu benutzen, welche er auch häufig verwendete, wenn er alleine war. Durch eine Aufzeichnung dieser spontanen Äußerungen gelang es, ein besseres Bild von den Absichten des Tieres zu bekommen.[158] Leistungsfähigkeit und Grenzen seines Verstandes wurden hierdurch gleichermaßen offenbar. In seiner Kommentierung gelangte der Ethologe Marc Hauser, welcher der Annahme von Selbstbewusstsein einzelner Tiere an sich eher kritisch gegenübersteht, zu dem prägnant formulierten Ergebnis, dass sich der Zwergschimpanse immerhin wie ein kleines Kind im „Ich, ich"-Alter benehme[159].

Aber auch im Bereich der Sprachforschung zeigt sich, dass die Verhaltensforschung durch die beschriebenen methodologischen Dilemmata eingeholt wird und die Deutung der „Ergebnisse" von den Prämissen abhängig ist.

V. Spuren von Moral bei Tieren

Abschließend einige Ausführungen zu der bereits angedeuteten kontroversen Frage, ob auch die Moral aus einer biologischen Basis heraus entstanden ist und sich dieses Fundament bereits im Tierreich nachweisen lässt.

Als Vertreter einer skeptischen Auffassung wurde hier bereits Richard Dawkins genannt. In dem 1976 zum ersten Mal veröffentlichten Werk „Das egoistische Gen" vertritt Dawkins die Position, dass der Mensch und alle anderen Le-

---

156 S. Savage- Rumbaugh/ R. Lewin(1995), S. 194.
157 S. Savage- Rumbaugh/ R. Lewin (1995), S. 187.
158 Vgl. S. Savage- Rumbaugh/ R. Lewin (1995), S. 143 ff.
159 M.D. Hauser (2003), S. 259.

bewesen von der Natur als Replikatoren ihrer Gene konstruiert seien.[160] Er weist die These von der Gruppenselektion, also die Annahme, dass der Erhalt der Art das Grundprinzip der Evolution bilde, zurück, und bekennt sich statt dessen zur Individualselektion. Nicht im Fortkommen der Art, sondern allein in der Weitergabe eines Gens an zukünftige Generation besteht hiernach das Grundprinzip der Evolution. Das „Weiterleben" der Gene stellt sich hiernach als Grundprinzip des Lebens dar. Metaphorisch spricht Dawkins vom „egoistischen Gen", welches um seine zukünftige Position im Genpool kämpfe. Über Moral im Tierreich ist hiermit noch nicht viel gesagt. Wichtig ist daher Dawkins Annahme, das von ihm beschriebene Grundprinzip lasse nur die evolutionäre Ausbildung solchen Verhaltens zu, welches den Trägergenen nützlich sei. Verhaltensweisen, die dem Grundprinzip des Lebens widerstreiten, seien evolutionär betrachtet unnütz und würden daher ausselektiert. Hier schließt sich der Kreis, da Dawkins folglich der Auffassung ist, Handlungen von Tieren seien letztlich immer eigennützig. Moralisch oder altruistisch ist Verhalten von Tieren hiernach immer nur auf den ersten Blick. Letztlich regiere stets das Gesetz der Nützlichkeit, welches zwar scheinbar altruistisches Verhalten erfordere, tatsächlich aber allein dem Überleben des „egoistischen Gens" diene. Das Wesen der Tiere ist demzufolge nichtmoralisch.

Gleiches gilt dem Grunde nach auch für den Menschen. Vom Tier unterscheide sich der Mensch aber dadurch, dass die kulturelle Evolution des Menschen einen Punkt erreicht habe, der zur genetischen Evolution in Konkurrenz trete. An einer zentralen Stelle des Buches heißt es:

> „Königin Elisabeth von England ist ein direkter Nachfahre von Wilhelm dem Eroberer. Doch es ist ziemlich wahrscheinlich, dass sie nicht ein einziges der Gene des alten Königs in sich trägt. Wir sollten Unsterblichkeit nicht in der Fortpflanzung suchen. Doch wenn ich einen Beitrag zur Kultur der Welt leiste, wenn ich einen guten Gedanken habe, eine Melodie komponiere, eine Zündkerze erfinde oder ein Gedicht schreibe, so kann dieser Beitrag noch lange, nachdem meine Gene sich im gemeinsamen Genpool aufgelöst haben, unversehrt bleiben."[161]

Das animalische Erbe wird hierdurch in seiner Bedeutung relativiert. Kultur – so Dawkins – kann durch die Sprache und die Grundprinzipien der Biologie nicht hinreichend erklärt werden. Auf dieser Ebene kommt nun die Moral ins Spiel. Allein die Kultur eröffne dem Menschen die Möglichkeit, nach wahrhaft altruistischem Verhalten zu fragen und hierauf basierend Moral zu begründen.

---

[160] R. Dawkins (2004).
[161] R. Dawkins (2004), S. 320

Für das Bild des Menschen vom Tier ist diese Auffassung von immenser Bedeutung. Die klassische Frage der Ontologie, ob das Gute in der Natur zu finden sei, wird von Dawkins eindeutig negativ beantwortet. Natur- und Tierschützern mag diese Ansicht als Provokation erscheinen. Zu sehr drängt sich im alltäglichen Umgang mit Tieren immer wieder der Eindruck auf, sie seien zu moralischem Verhalten in der Lage. Und auch innerhalb der Naturwissenschaften hat die Position Dawkins Kritik hervorgerufen.

Einer der namhaftesten Kritiker aus dem Bereich der Naturwissenschaften ist erneut Frans de Waal. De Waal räumt einerseits ein, dass kooperatives Verhalten von Menschen und Tieren regelmäßig mit der Erwartung der Gegenseitigkeit einhergehe. De Waal lehnt es aber ab, diesen reziproken Altruismus gänzlich als verschleierten Egoismus zu denunzieren und führt als zentrales Argument an, dass reziproker Altruismus mit Risiken einhergehe und oftmals über einen längeren Zeitraum hinweg einen Preis fordere, ehe er sich für das einzelne Individuum zu rentieren beginne.[162] Moralische Instinkte sind nun für de Waal ein biologisches Phänomen, welches eine Reaktion auf soziale Interaktion und bestimmte Lebensumfelder, wie zum Beispiel die Konfliktneigung innerhalb von Tierpopulationen, darstelle.[163] Während Moral einerseits aufgrund ihrer Variabilität nicht vollständig genetisch programmiert sein könne[164], müsse man andererseits aber davon ausgehen, dass die Neigung, soziale Normen zu entwickeln, Empathie, Fairness oder auch die Herausbildung von Mechanismen zur Konfliktbildung Voraussetzungen für Moral seien, welche ihrerseits ein Produkt der Evolution darstellten. Das Vorhandensein dieser Grundbausteine der Moral im Tierreich versucht de Waal durch zahlreiche Beispiele nachzuweisen. Dies alles bedeutet nicht, dass de Waal beispielsweise Schimpansen moralisches Verhalten im Sinne des bewussten Befolgens sozialer Normen zuschreibt; er will vielmehr lediglich nachweisen, dass es die Grundbausteine der Moral gibt und durch sie eine (im wesentlichen instinktgesteuerte) Selbstregulation möglich wird. De Waal ist deshalb der Auffassung, dass von diesen Spuren der Moralität eine direkte Kontinuität zur menschlichen Moral und zur Philosophie des Gesellschaftsvertrages führt.[165]

Indes sind auch diese Annahmen in vielerlei Hinsicht kontrovers. Beispielsweise widerspricht Hauser unter anderem der Annahme, dass Tiere Empathie zeigen könnten. Mitgefühl setze – so Hauser – die Fähigkeit zu einer *bewussten* Übernahme der Perspektive des anderen voraus. Empathie sei demzufolge an

---

[162] F. de Waal (2000), S. 37. Siehe zur Kritik an Dawkins auch M. Midgley, Gene- juggling, Philosophy 1979, S. 439- 458.

[163] Vgl, F. de Waal (2000), S. 37 ff.

[164] F. de Waal (2000), S. 51.

[165] F. de Waal (2000), S. 200.

das Vorhandensein von Selbstbewusstsein gekoppelt.[166] Wie bereits an anderer Stelle festgestellt, hegt der genannte Autor aber gerade bezüglich dieser Frage erhebliche Zweifel.

Gewichtige Kritik wird an die naturwissenschaftliche Debatte zudem von philosophischer Seite herangetragen: Ernst Tugendhat kritisierte unlängst das verkürzte Moralverständnis der Soziobiologen. Die Debatte leide an einem strukturellen Problem, wenn Moral auf die Frage „Egoismus oder Altruismus" verkürzt werde. Die Normativität des Moralischen und die damit einhergehende Frage der Gerechtigkeit bleibe hier unberücksichtigt.[167] Zum Verhältnis von Altruismus und Moral heißt es prägnant: „Wer moralisch altruistisch handelt, handelt nicht aus Altruismus, sondern aus Moral, d.h. weil er nicht verachtet werden möchte oder auch sich nicht als verachtenswert vorkommen möchte."[168]

Die evolutionäre Basis des Altruismus ist hiernach nicht das eigentliche Problem, zentral ist vielmehr die Frage nach der evolutionären Wurzel des Normativen. Hier vertritt Tugendhat die Ansicht, dass der Mensch ein „evolutionäres Unikum" sei, da er im Gegensatz zu den Tieren nicht in „fest verdrahteten" Gemeinschaften lebe und aufgrund der ihm eigenen Sprachentwicklung in der Lage sei, nach den Gründen seiner Handlungen zu fragen.[169]

---

[166] M. Hauser (2003), S. 283. Hauser weist insbesondere darauf hin, dass viele der zum Moralempfinden von Tieren durchgeführten Experimente keine eindeutige Aussage zulassen. Dies gilt zum Beispiel für den folgenden mit Ratten durchgeführten Versuch: Um an Futter zu gelangen, musste das Versuchstier einen Hebel betätigen. Dieses erhielt die Ratte jedoch nicht für jeden Druck auf den Hebel, vielmehr führte das Betätigen des Hebels in manchen Fällen dazu, dass einer in einem Nachbarkäfig befindlichen Ratte ein elektrischer Schlag versetzt wurde. Es zeigte sich, dass die Ratte sofort aufhörte, den Hebel zu betätigen, ihrem Artgenossen den Schock ersparte und selbst auf Nahrung verzichtete. Auf den ersten Blick scheint das Experiment altruistisches Verhalten im Tierreich zu bezeugen. Hauser bezweifelt dies mit folgender Überlegung: „Vielleicht hören die Ratten auf, den Hebel zu drücken, weil das Quieken der anderen Ratte und der Anblick ihres sich windenden Körpers ihr lästig und physisch unangenehm sind." (S. 277)
Andere Experimente scheinen genau dies zu bestätigen. Beispielsweise wurde eine Gruppe von Ratten mit neutralem Lärm konfrontiert und eine andere mit Aufnahmen quiekender Ratten. In beiden Fällen konnten die Ratten die Geräuschkulisse durch Drücken eines Hebels ausschalten. Bei diesem Versuch zeigte sich, dass die Ratten den Hebel häufiger in Reaktion auf den Lärm drückten. Scheinbar war ihnen der Lärm lästiger als die Schmerzschreie ihrer Artgenossen (vgl. S. 279).

[167] E. Tugendhat, Moral in evolutionstheoretischer Sicht, in: Ernst Tugendhat, Aufsätze 1992-2000, Frankfurt a.M. 2001, S. 199- 224 (206).
Siehe zur Kritik am soziobiologischen Ansatz auch Ch. Taylor, Quellen des Selbst. Die Entstehung der neuzeitlichen Identität, Frankfurt a.M. 1994, S. 20 ff..

[168] E. Tugendhat (2001), S. 199 (212).

[169] E. Tugendhat (2001), S. 199 (208).

VI. Zusammenfassung und weiterführende Überlegungen

Gerade die zuletzt vorgestellten Einwände zeigen, welche Vorsicht bei der Bewertung tierischen Verhaltens geboten ist.

Zunächst kann aber festgehalten werden, dass die Annahme geistiger Kontinuitäten von Mensch und Tier mittlerweile zumindest eine gut begründete Auffassung darstellt. Insofern sind auch die naturwissenschaftlichen Prämissen vieler Tierschützer (jedenfalls im naturwissenschaftlichen Diskurs) gut vertretbar. Folgt man diesen Prämissen, dann besitzen zumindest einige Tiere scheinbar erstaunliche geistige Fähigkeiten, die sich auch auf Bereiche erstrecken, die lange Zeit als ausschließliche Domäne des menschlichen Verstandes galten. Während es sicherlich positiv zu bewerten ist, dass die moderne Verhaltensforschung frischen Wind in den wissenschaftlichen Diskurs gebracht hat, muss aber gleichwohl eingeräumt werden, dass nur äußerst wenig wirklich bewiesen ist.

In zweieinhalbtausend Jahren Philosophie- und Wissenschaftsgeschichte hat sich in der Betrachtung des Tieres erstaunlich wenig getan. Letztlich werden heute die gleichen Fragen diskutiert, die bereits die antike griechische Philosophie beschäftigt haben. Es scheint, dass lediglich das Datenmaterial zugenommen hat, Naturwissenschaften mit der Präsentation von Schlussfolgerungen aber strukturell überfordert sind. Trotz der zweifelsohne berechtigten Erforschung des Geistes der Tiere ist daher Skepsis geboten: Es ist nicht damit zu rechnen, dass die seit Jahrtausenden kontroverse Frage nach dem Wesen der Tiere in absehbarer Zeit von Verhaltensforschern beantwortet werden wird.

Realistischerweise wird man daher sagen müssen: Wir wissen letztlich nicht, wie es um den Geist der Tiere bestellt ist. Dass es eine Kontinuität zwischen Mensch und Tier gibt, kann nicht geleugnet werden, ebenso ist es aber unmittelbar einsichtig, dass auch die Unterschiede gewaltig sind. Wo hier die Grenzlinien verlaufen ist keineswegs klar, und einige Fragen werden womöglich immer unklar bleiben. Das Tier gibt dem Menschen also immer noch Rätsel auf.[170] Und vielleicht macht gerade dieser Umstand einen Teil der Faszination, die Tiere auf Menschen ausüben, aus.

Welche Bedeutung haben die von Naturwissenschaftlern diskutierten Hypothesen nun aber für die normativen Wissenschaften?

---

[170] Die bei der Deutung des tierischen Verstandes bestehenden Schwierigkeiten hat H. Hendrichs eindrucksvoll zusammengefasst: „Es ist für den Menschen einerseits kaum vorstellbar, wie wenig Säugetiere explizit wissen, und andererseits ebenfalls kaum vorstellbar, wie viel sie implizit können. Wie weit sie von diesem Können und seinen Bezügen und Bedingungen implizit wissen, kann in günstigen Fällen mit wissenschaftlichen Methoden geprüft und eingegrenzt werden.“ (vgl. H. Hendrichs, Implizites Wissen und Recht: Von der Lebendigkeit der Lebewesen zu den Grundlagen der Orientierung des Menschen, in: Festschrift für E.J. Lampe, Berlin 2003, S. 17- 42 (37).

Überspitzt könnte man gar fragen, ob der dargestellte naturwissenschaftliche Streit angesichts der noch ausstehenden Klärung überhaupt eine irgendwie geartete gesellschaftswissenschaftliche Relevanz hat.

Nun ist sicher klar, dass zwingende Beweislastregeln für den Umgang mit naturwissenschaftlichen Zweifeln im gesellschaftlichen Diskurs nicht bestehen. Während man einerseits argumentieren könnte, dass derjenige, der in einem bestimmten empirischen Befund ein normatives Problem erblickt, zunächst den Beweis der empirischen Prämisse schuldet, ist andererseits klar, dass menschliches Handeln angesichts der Endlichkeit des menschlichen Erkenntnisvermögens nur allzu häufig im Angesicht des Zweifels zu erfolgen hat.[171] Zudem könnte gerade hinsichtlich des Verhältnisses Mensch-Tier auch darauf verwiesen werden, dass sich die klassische Soziobiologie im täglichen Umgang mit Tieren als hochgradig kontraintuitiv erwiesen hat und gerade hieraus die gesellschaftstheoretische Relevanz moderner Forschungsansätze, welche die klassisch naturwissenschaftliche Lehre anzweifeln, geschlossen werden.

Das oben beschriebene „naturwissenschaftliche Patt" ändert somit nichts daran, dass in der Wahrnehmung und Einschätzung des Tieres ein Punkt erreicht ist, der eine Überprüfung der bislang geltenden normativen Prämissen sinnvoll erscheinen lässt. Gleichwohl zeigen die Ausführungen der letzten beiden Kapitel, dass bei diesem Unterfangen große Vorsicht angeraten ist. Für das Recht ergibt sich hieraus eine wichtige Konsequenz: Der Versuch, eine rechtliche Grundlegung des Tierschutzrechts zu entwickeln, die eng an die Empirie angebunden ist, führt auf äußerst dünnes Eis. Zu groß ist das Risiko, dass sich Prämissen, die Basisprinzipien tragen sollen, im nachhinein als wissenschaftliche Mode herausstellen und damit die normativen Programme zu Makulatur werden lassen.

Damit zeigt sich letztlich bereits an dieser Stelle, dass die radikale Tierrechtsbewegung in eine falsche Richtung weist.

Die Arbeit hat damit einen Punkt erreicht, an dem ein radikaler Perspektivenwechsel erforderlich ist. An die Stelle der empirischen Fragen treten dabei normative Überlegungen, die nach dem Zusammenhang zwischen Menschenbild und Recht fragen.

---

[171] Im Recht gilt dieser Befund beispielsweise für so unterschiedliche Materien wie Umweltpolitik und Kriminalitätsbekämpfung gleichermaßen. Wie in den verschiedenen Aufgabenfeldern des Rechts bei gleichzeitiger Wahrung eines ganzheitlichen rechtsphilosophischen Ansatzes mit dieser Problemlage umzugehen ist, erscheint als eine der schwierigsten Fragen überhaupt. Während einerseits das Vorsorgeprinzip im Umweltrecht ein durchaus sinnvolles Paradigma sein dürfte, entpuppt sich der Trend zum Risikomanagement immer mehr als Fremdkörper in einem rechtsstaatlichen Strafrecht (vgl. Kapitel 9).

4. Kapitel: Das Konzept der „Person"

Bereits am Ende des vorhergehenden Kapitels wurde angedeutet, dass der Versuch, ein Basisprinzip des Tierschutzrechts zu formulieren, es verlangt, den Blickwinkel vom positiven Recht zu lösen und dieses in einen Gesamtzusammenhang einzubetten, der nach den Grundlagen des Rechts fragt.

Mit anderen Worten geht es um die Klärung der Frage, inwieweit der faktisch bestehende Unterschied zwischen Mensch und Tier von normativer Relevanz ist.

Als Ausgangspunkt dieses Unterfangens wird hier der Begriff der „Person" gewählt. Dies geschieht aus mehreren Gründen. Zum einen zeigt sich in der Debatte um den Personenbegriff, ob sich hinter der von der Tierrechtsbewegung unternommenen Zuschreibung von Personalität und der hieraus abgeleiteten Einforderung normativer Konsequenzen mehr als bloße Rhetorik verbirgt. Zum anderen wird sich zeigen, dass Rechtsordnungen notwendigerweise mit bestimmten Vorstellungen und Ideen von „Person" und „Personalität" verbunden sind. Allein die Analyse dieses Zusammenhangs scheint daher geeignet zu sein, die normative Relevanz der empirisch vorhandenen Mensch-Tier-Kontinuität zu erhellen.

Den Anfang dieser Überlegungen soll im vorliegenden Kapitel eine begriffliche Annäherung an den Personenbegriff bilden. Dieses Unterfangen ist mehr als heikel. In pointierter Art und Weise ist unlängst von Birnbacher behauptet worden, dass die Frage „Wie hältst Du es mit der Person?" in Philosophenkreisen über die Aufnahme und den Abbruch von kollegialen Beziehungen entscheide.[172] Über kaum einen anderen Begriff der praktischen Philosophie wurde in den vergangenen Jahrzehnten innerhalb der Fachwelt – aber auch in der Öffentlichkeit – dermaßen hitzig gestritten, wie über den Begriff der Person. Keine bioethische Debatte der Gegenwart scheint an der „Person" vorbeizukommen und die normativen Erwartungen an den Begriff sind enorm.[173]

Mit der Debatte wird eine Diskussion fortgeführt, die sich wie ein roter Faden durch die Geschichte der Philosophie zieht. Als Annäherung an die hier aufgeworfene Frage würde sich daher zunächst eine Darstellung der geschichtlichen Entwicklung des Personenbegriffs anbieten. Und in der Tat ließen sich durch eine historische Darstellung die kontroversen Fragen, wie beispielsweise der Zusammenhang zwischen Personalität und moralischer Zurechnungsfähigkeit herausarbeiten.

---

[172] D. Birnbacher, Das Dilemma des Personenbegriffs, in: ARSP- Beiheft 73 (1997), S. 9-25 (9).

[173] Sogar die Frage nach den normativen Konsequenzen, welche die Erfindung selbstbewusster Roboter nach sich ziehen würde, wird mittlerweile in philosophischen Fachartikeln thematisiert und aus dem Bereich der bloßen Science-Fiction herausgeholt (vgl. D. Birnbacher, Selbstbewusste Tiere und bewusstseinsfähige Maschinen, in: D. Sturma (Hrsg.), Person – Theoretische Philosophie – Praktische Philosophie, Paderborn 2001, S. 301- 321).

Gleichwohl soll in der vorliegenden Arbeit ein anderer Ansatz verfolgt werden. Anstelle einer historischen Analyse beschränkt sich die Darstellung daher auf Konzepte des Personenbegriffs, die in der heutigen Debatte nach wie vor relevant sind.

I. Versuch einer sprachlichen Erfassung des Personenbegriffs

Bereits der Versuch, die typischen Verwendungsweisen des Begriffs der Person im Wege der Sprachanalyse zu erfassen, ermöglicht es, sich der Problematik anzunähern:

Laut Brockhaus bezeichnet der Begriff der Person den Menschen als „geistiges Einzelwesen", bzw. den Menschen als „leiblich-seelische Ganzheit", die mit dem „Vermögen eines sich selbst bewussten Ich ausgestattet" ist.[174] Das Oxford Dictionary spricht von Personen als „selbstbewussten und rationalen Wesen"[175]. An diesen Definitionen zeigen sich bereits mehrere Facetten des Phänomens der Personalität. Offensichtlich handelt es sich um einen Begriff, der einen Seinszustand erfassen soll, gleichzeitig macht der Hinweis auf „leiblich-seelische Ganzheit" deutlich, dass der Begriff der Person zentral für die individuelle Identität ist. Personalität fängt, wenn man so will, bei dem Einzelnen und seiner Individualität an.

Gleichzeitig machen die sprachlichen Wurzeln des Begriffs der Person aber klar, dass Personalität auch in einem Zusammenhang zur sozialen Rolle des Individuums steht und damit das Produkt einer Zuschreibung durch andere ist. Das lateinische Wort „persona" bezeichnete ursprünglich die „Maske", mit welcher ein Schauspieler im Theater vor die Menge trat. Ausgehend von dieser ursprünglichen Verwendung fand das Wort Eingang in den allgemeinen Sprachgebrauch der Römer und bezeichnete unter anderem die „Rolle, die der Mensch in der Gesellschaft spielt".[176]

Ein grundsätzliches Spannungsverhältnis tritt bereits an dieser Stelle klar zutage: Einerseits erfüllt der Begriff der Person die Funktion einer numerischen Identifikation. Andererseits scheint es aber Verwendungsweisen zu geben, die den Blick auf das soziale und normative Sein des Menschen richten und damit etwas Grundverschiedenes meinen.

Im Rahmen von Zuschreibungsprozessen ist der Begriff der Person auch in der heutigen Rechtssprache von herausragender Bedeutung. So trägt der erste Abschnitt des allgemeinen Teils des BGB den Titel „Personen", und der erste

---

174 Brockhaus-Enzyklopädie: in 24 Bänden, 19. Auflage, Mannheim 1991, Bd. 16: Nos- Per, S. 696 f..

175 The Oxford English Dictionary, Volume XI: OW-Poisant, Oxford 1989, S. 596 f.

176 M. Fuhrmann, Artikel „Person", in: Historisches Wörterbuch der Philosophie, Band 7 (P-Q), Basel 1989, Sp. 269- 283 (269).
Vgl. zur Einführung in die Problematik auch l. Honnefelder, Der Streit um die Person in der Ethik, in: Philosophisches Jahrbuch 1993, S. 246- 265.

Titel steht unter der Überschrift „Natürliche Personen, Verbraucher, Unternehmer" und beginnt in § 1 BGB mit der Feststellung, dass der Mensch mit der Vollendung der Geburt Rechtsfähigkeit besitzt. Der Begriff der Person wird damit zu einem Fachterminus, von dem aus die Konstruktion der positiven Rechtsordnung ihren Ausgangspunkt nimmt. Indem Art. 19 III GG die Existenz „juristischer Personen" voraussetzt, wird zudem die traditionelle Gleichsetzung der Begriffe Person und Mensch aufgegeben bzw. zumindest stark gelockert.[177] Personen bilden eine Kategorie, die offenbar verschiedenste Subjekte, denen Rechte zugeschrieben werden, erfasst.

Aufgegeben wird in der juristischen Fachsprache auch die moralisch-sittliche Verwendung des Personenbegriffs. Diese nimmt in der Geschichte des Wortes indes eine ganz grundsätzliche Bedeutung ein. Auch in der Alltagssprache ist diese Verwendungsweise nach wie vor von enormer Wichtigkeit. So hat beispielsweise Robert Spaemann treffend darauf hingewiesen, dass Ausdrücke wie „unmenschlich" oder „inhuman" aufgrund ihres normativen Gehaltes zum Ausdruck bringen, dass sich das Menschsein erst im Personsein vollständig realisiert. Der Begriff der „Person" verweist damit auf die Besonderheiten der conditio humana.[178]

Ein eindringliches Beispiel hierfür bildet auch das Wortpaar „Person - Unperson". Jemanden als „Unperson" zu bezeichnen, impliziert einen schweren sozialethischen Tadel bzw. eine Negation des sozialen Geltungsanspruchs. Mit der „Idee der Person" gehen also offenbar Ansprüche an das moralische Verhalten einher.

---

[177] Bezeichnenderweise spricht Kübler von der juristischen Person als einem „unpersönlichen Marktsubjekt" (vgl. F. Kübler, Gesellschaftsrecht, 4. Auflage, Heidelberg 1994, § 4 IV 3.
In der juristischen Literatur wird seit dem 19. Jahrhundert das Wesen der juristischen Person kontrovers diskutiert. Auf Otto von Gierke geht insoweit die These zurück, dass auch Zusammenschlüsse von Menschen eine eigene Persönlichkeit entfalten. Die Gegenposition wird traditionell mit Friedrich von Savigny in Verbindung gebracht, der von der Bedeutung des Personenbegriffs im deutschen Idealismus ausgehend grundsätzlich nur den Menschen als natürliche Person als Subjekt von Rechten und Pflichten anerkennt. Die juristische Person ist hiernach eine bloße Fiktion. Vgl. zu diesem Streit und seiner Bedeutung für das moderne Gesellschaftsrecht F. Kübler (1994), § 4 IV 4.
Vgl. ferner zum Problem der Grundrechtsfähigkeit juristischer Personen des Öffentlichen Rechts BVerfGE 21, 362 369 ff.) und B. Pieroth/B. Schlink, Grundrechte, 20. Auflage, Heidelberg 2004, RN 154. Die Rspr. hat insoweit wiederholt betont, dass eine juristische Person des öffentlichen Rechts nur ausnahmsweise grundrechtsfähig sein könne, wenn ein deutliches „personales Substrat" erkennbar ist und „grundrechtstypische Gefährdungslagen" denkbar sind.

[178] Vgl. R. Spaemann, Personen. Versuche über den Unterschied zwischen „etwas" und „jemand", Stuttgart 1996, S. 16.

Nach alledem stellt sich der Personenbegriff bereits auf den ersten Blick als eine vielgestaltige Chimäre dar, auf der eine gewaltige Last zu liegen scheint. Der Begriff erfüllt in unterschiedlichen wissenschaftlichen Disziplinen teilweise gänzlich verschiedene Zwecke und präsentiert sich damit geradezu als ein Paradoxon. Zwischen der eher psychologischen Frage nach der individuellen Identität von Personen und der eher juristisch-technokratischen Frage, ob beispielsweise ein Baum eine Rechtspersönlichkeit sein kann[179], scheinen Welten zu liegen. Und dennoch kreisen die Diskussionen immer wieder um ähnliche Grenzphänomene. Philosophie, Psychologie, Rechtswissenschaft und Theologie stellen gleichermaßen die Frage nach der Personalität von Neugeborenen, Kindern, geistig Schwerstbehinderten, irreversibel Komatösen und eben auch nach der von höher entwickelten Tieren.

II. Der Personenbegriff bei Nelson

Ein minimalistisch-rudimentärer Personenbegriff, der unter anderem auch Tiere umfasst, findet sich im ethischen System des Göttinger Philosophen Leonard Nelson. In seiner „Kritik der praktischen Vernunft“[180] verwendet Nelson den Begriff der Person, wenn er von Rechtssubjekten spricht. Den Begriff des Rechtssubjektes fasst Nelson wiederum ungemein weit: „Bedingungen von Rechten für ein Wesen“ sind seiner Meinung nach zum einen das „Vermögen, sich zu interessieren“, und zum anderen die Möglichkeit, dass diese „Interessen den Einwirkungen eines handelnden vernünftigen Wesens ausgesetzt sind“[181]. Die Frage, inwieweit Tiere Personen sind, ist mithin davon abhängig, in welchem Umfange sie Interessen haben[182]. Da nach Nelson Interessen nicht die Fähigkeit zu vernünftigem und zweckgerichtetem Handeln voraussetzen, sondern in einem allgemeineren, von der bloßen Empfindungsfähigkeit abhängigen Sinne zu verstehen sind, werden zumindest höher entwickelte Tiere vom Personenbegriff Nelsons erfasst[183].

III. Der Personenbegriff bei Singer

Während Nelsons Ansatz auf die Tierrechtsbewegung nur einen äußerst geringen Einfluss ausgeübt haben dürfte[184], ist der australische Philosoph Peter Singer gerade im Streit um die Personalität von Tieren eine der Leitfiguren der Tierrechtler. Singer hat seine Vorstellungen von Personalität skizzenhaft in seinem

---

179 Grundlegend C. D.. Stone, Umwelt vor Gericht. Die Eigenrechte der Natur, München 1987.

180 L. Nelson, Kritik der praktischen Vernunft [1917], Gesammelte Schriften, Bd. 4, Hamburg 1972.

181 L. Nelson, KpV, S. 167.

182 Vgl. auch D. Birnbacher (2001), S. 301 (305).

183 L. Nelson, KpV, S. 168.

184 Vgl. D. Birnbacher (2001), S. 301 (305).

Hauptwerk „Praktische Ethik“[185] dargelegt. Die Begriffe „menschliches Wesen“ und „Person“ sind für Singer nicht identisch. Während ersterer eine biologische Bedeutung habe, nehme der Begriff der Person Bezug auf Selbstbewusstsein und Rationalität[186]. Gleiches bringt laut Singer auch das Adjektiv „menschlich“ zum Ausdruck, da dessen Bedeutungsgehalt über die bloß physische Existenz hinausweise.

An anderer Stelle spricht Singer davon, dass Personen sich ihrer selbst als distinkte Entitäten mit einer Vergangenheit und Zukunft bewusst seien.[187]

In historischer Hinsicht steht dieser Personenbegriff in einer direkten Kontinuität zum berühmten Personenbegriff des Boethius, der bereits im sechsten Jahrhundert den Begriff der Person mit den Worten *Persona est naturae rationabilis individua substantia*[188] zu definieren versuchte und damit ähnlich wie Singer die Person „ontologisch und metaphysisch wie ein Naturding ...behandelt“.[189]

Da Singer aufgrund der naturwissenschaftlichen Beweise und Indizien zudem davon ausgeht, dass zumindest einige nichtmenschliche Lebewesen diese Voraussetzungen erfüllen, ergibt sich für ihn als Konsequenz ganz zwanglos, dass man diese Tiere eben auch als Personen ansehen müsse und die typische Formel „Person= Mensch“ nicht haltbar sei.

An die Zuschreibung von Personalität schließen sich bei Singer normative Konsequenzen. Aus dem Bewusstsein einer Person um Vergangenheit und Zukunft folgt für ihn, dass eine Person Wünsche bezüglich ihrer Zukunft habe.[190] Der allgemeinste in diesem Zusammenhang denkbare Wunsch scheint insoweit der Wunsch um Fortdauer der eigenen Existenz zu sein. In diesem Zusammen-

---

[185] P. Singer, Praktische Ethik, 2. Auflage, Stuttgart 1994.

[186] P. Singer (1994), S. 120.

Ein zeitgenössischer Ansatz, der dem von Singer ähnelt, ist der von Strawson. Strawson bestimmt Personen als Entitäten, auf die Prädikate anwendbar seien, mit denen sowohl Körpereigenschaften als auch Bewusstseinszustände zugeschrieben werden könnten (vgl. P.F. Strawson, Individuals, London 1959, S. 101 f.).

Siehe ferner auch D. De Grazia, On the question of personhood beyond homo sapiens, in: Peter Singer (Hrsg.) In defense of animals. The second wave, Oxford [u.a.] 2006, S. 40- 53. De Grazia schließt sich Singer an und vertritt, dass zumindest einige Tiere einer Grauzone angehörten, die das Vorliegen von Personalität als realistische Möglichkeit erscheinen lasse. DeGrazia spricht insoweit von „Borderline-Personen“.

[187] P. Singer (1994), S. 148. Hier gleicht die Definition Singers der von Parfit. In seiner Momographie „Reasons and Person, Oxford 1984“ definierte Parfit den Begriff der Person wie folgt: „To be a person, a being must be self-conscious, aware of it's identity and it's continued existence over time (S. 202). Vgl. zu einer kritischen Auseinandersetzung mit Parfit vor allem D. Teichert, Personen und Identitäten, Berlin 2000, S. 227 ff..

[188] A.M.S. Boethius, Contra Eutychen et Nestorium in : A.M.S. Boethius, Die theologischen Traktate, Hamburg 1988, S. 64- 115 (74).

[189] T. Kobusch, Die Entdeckung der Person, Basel 1993, S. 28.

[190] P. Singer (1994), S. 123.

hang gelangt Singer dann auch zu einer seiner berüchtigten Schlussfolgerungen: „Nimmt man einem ... Menschen ohne seine Zustimmung das Leben, so durchkreuzt man damit seine Wünsche für die Zukunft. Tötet man eine Schnecke oder einen 24 Stunden alten Säugling, so vereitelt man keine Wünsche dieser Art, weil Schnecken und Neugeborene unfähig sind, solche Wünsche zu haben."[191]

Tötet man also eine Person, dann durchkreuzt man Singer zufolge deren Wünsche bezüglich ihrer weiteren Existenz. Hierin erblickt Singer eine notwendige Bedingung für ein (moralisches) Recht auf Leben[192], da ein nicht selbstbewusstes Leben eben keine Vorstellung von einem Fortbestehen der eigenen Existenz haben könne. Ob die normativen Wertungen Singers korrekt sind, mag an dieser Stelle dahinstehen. Entscheidend ist im hier erörterten Kontext allein, dass sein Personenbegriff mit einem normativen Konzept einhergeht und er das Spezifikum des Personenbegriffs im Vorhandensein von Selbstbewusstsein und einer (zumindest beschränkt vorhandenen) Rationalität erblickt.

IV. Der Personenbegriff bei John Locke

Singer selbst beruft sich bezüglich seiner Definition der Person zwar nicht auf Boethius, dafür aber ausdrücklich auf John Locke und damit auf einen Philosophen, der die Herausbildung des Personenbegriffs in der neuzeitlichen Philosophie wie kaum ein anderer geprägt hat.[193] Seinen häufig als „Erinnerungstheorie personaler Identität"[194] bezeichneten Ansatz erarbeitete er in einem Gedankenexperiment im 27. Kapitel seines 1690 erschienenen Werkes „An essay concerning Human Understanding" heraus.

Hierbei geht es zunächst um eine Definition der Identität des Menschen. Diese wird nach Locke durch das körperliche Leben geprägt.[195] Hiermit weist er den Gedanken zurück, dass allein die Seele die Identität des Menschen ausmache. Das dahinter liegende Argument ist einfach und prägnant: Im Falle der Seelenwanderung von einem Individuum zu einem anderen, so Locke, würde man auch bei Identität der Seele gleichwohl von zwei verschiedenen Menschen sprechen[196]. Der Mensch ist damit nichts anderes als ein „lebender organisierter Körper", der eine bestimmte biologische Beschaffenheit aufweist. Von dieser „Identität des Menschen" grenzt Locke die „Identität der Person" ab. Wörtlich heißt es bei ihm:

---

[191] P. Singer (1994), S. 123.
[192] P. Singer (1994), S. 136.
[193] Vgl. L. Siep, Praktische Philosophie im deutschen Idealismus, Frankfurt a.M. 1992, S. 81 und auch D. Teichert (2000), S. 131, der insbesondere die Bedeutung Lockes für die zeitgenössische angelsächsiche Philosophie hervorhebt. Die hier thematisierte Personalität von Tieren belegt diese Relevanz ganz eindeutig.
[194] So D. Teichert (2000), S. 140.
[195] Locke, Versuch über den menschlichen Verstand, 1. Band, 2. Buch, S. 415.
[196] Locke, Versuch über den menschlichen Verstand, 1. Band, 2. Buch, S. 415.

> „Meiner Meinung nach bezeichnet dieses Wort [Person] ein denkendes, verständiges Wesen, das Vernunft und Überlegung besitzt und sich selbst als sich selbst betrachten kann. Das heißt es erfaßt sich als dasselbe Ding, das zu verschiedenen Zeiten und an verschiedenen Orten denkt. Das geschieht lediglich durch das Bewusstsein, das vom Denken untrennbar ist und, wie mir scheint, zu dessen Wesen gehört."[197]

Die Erinnerungsfähigkeit kommt nunmehr ins Spiel, um der Identität der Person weitere Konturen zu verleihen. Locke brachte dies auf folgende Formel:

> „Soweit nun dieses Bewusstsein rückwärts auf vergangene Taten oder Gedanken ausgedehnt werden kann, so weit reicht die Identität dieser Person. Sie ist jetzt dasselbe Selbst wie damals; jene Handlung wurde von demselben Selbst ausgeführt, das jetzt über sie nachdenkt."[198]

Die Begriffe der Person und Seele werden hier also keineswegs gleichgesetzt. Das Gegenteil ist der Fall. Die metaphysische Frage nach einer etwaigen immateriellen Komponente menschlichen Seins wird bewusst ausgeklammert und statt dessen allein auf einen „realen" Bewusstseinsstrom abgestellt.[199] Der Personenbegriff Lockes markiert damit eine endgültige Abkehr von mittelalterlicher Scholastik. Die noch bei Descartes so wichtige Frage nach einer etwaigen Substanz der Seele wird verworfen und stattdessen versucht, das Identitätsproblem empirisch zu beantworten.

Für die hier vorliegende Debatte ist der Ansatz Lockes von immenser Bedeutung, da sein Konzept es grundsätzlich erlaubt, auch ein Tier als Person anzusehen, sofern es denn über Verstand und Erinnerung verfügt. Locke selbst berichtet eine Anekdote von einem angeblich vernunftbegabten Papagei.[200] Wenn-

---

[197] Locke, Versuch über den menschlichen Verstand, 1. Band, 2. Buch, S. 419.

[198] Locke, Versuch über den menschlichen Verstand, 1. Band, 2. Buch, S. 420.

[199] In der Philosophie ist Lockes Idee vom Identität verleihenden Bewusstseinsstrom seit dem 18. Jahrhundert kontrovers diskutiert worden. vgl. hierzu die umfangreiche Darstellung bei D. Teichert (2000), S. 176 ff.

[200] Locke, Versuch über den menschlichen Verstand, 1. Band, 2. Buch, S. 417. Locke zitiert aus einem Werk von Sir William Temple (1628- 1699). Dort heißt es: „Es lag mir daran, aus des Prinzen Moritz eigenem Munde Aufschluß über eine verbreitete, viel geglaubte Geschichte zu erhalten, die ich schon oft von anderen gehört hatte. Sie handelt von einem alten Papagei, den er in Brasilien während seiner Statthalterschaft besaß. Jener Papagei konnte wie ein vernünftiges Wesen sprechen, fragen und einfache Fragen beantworten. ... Er erzählte dann kurz und sachlich, er habe in Brasilien von einem solchen alten Papagei erzählen hören; zwar habe er nichts davon geglaubt, auch sei das Tier ziemlich weit entfernt gewesen; dennoch habe ihn die Neugier so stark geplagt, dass er es kommen ließ. ... Als er das erstemal in den Raum gebracht wurde, wo sich der Prinz von vielen Holländern umringt, aufhielt, habe er sofort gesagt: ‚Was für eine Schar von weißen Männern ist hier!' Man habe auf den Prinzen

gleich dieser Bericht wohl ins Reich der Märchen und Legenden fallen dürfte, so ist es gleichwohl die konzeptionelle Trennung von „menschlicher" und „personaler" Identität einerseits und der streng empirische Ansatz andererseits, der Locke für die heutige Tierrechtsbewegung so interessant macht. Angesichts der hier dargestellten Entwicklungen im Bereich der Naturwissenschaften könnte man also sagen, dass sich Singer auf tradierten Pfaden befindet und Lockes Ideen gleichsam fortschreibt.

Gleichwohl ist es nach hier vertretener Auffassung nicht ganz unproblematisch, mit Locke für die These, dass ein selbstbewusstes Tier eine Person sein könne, zu argumentieren. Bei sorgfältiger Lektüre der Primärquellen ergibt sich ein widersprüchlicheres Bild, als es zunächst scheint:

Für Locke scheint psychische Kontinuität auch mit Selbstreflexion und der Zuschreibung von Verantwortlichkeit zu korrespondieren. Seine Erinnerungstheorie überwindet er hierdurch selbst.[201] An einer Schlüsselstelle seiner Abhandlung heißt es, dass sich allein auf die Identität der Person „Recht und die Gerechtigkeit von Lohn und Strafe" gründen würden, weil jeder um seiner Selbst willen an Glück und Unglück interessiert sei.[202] Hier wird also der Aspekt der Sorge um das eigene Selbst von Locke hervorgehoben. Und erst aufgrund der Sorge um das eigene Ich schreibt dieses sich Verantwortlichkeit für die eigenen Taten zu, und wird dadurch zum Selbst.[203] Hervorzuheben ist, dass Locke mit der Sorge um Glück und Unglück etwas spezifisch Moralisches meinte. Es geht ihm um die Verantwortlichkeit des Menschen für sein Handeln zu einem zukünftigen Zeitpunkt, genaugenommen um die Verantwortung des Menschen vor Gott im „jüngsten Gericht".[204] Die Sorge um jenseitiges Glück ist es also, die den Menschen dazu bringt, sich als Urheber seiner Handlung zu verstehen und ein Selbst herauszubilden. Diesem Selbst stellt Locke dann in einem abschließenden Schritt noch einmal den Begriff der Person gegenüber. Wörtlich heißt es:

---

gewiesen und gefragt, für wen er diesen Mann halte. Der Vogel antwortete: ‚Für irgendeinen General.' Man brachte ihn ganz nah an den Prinzen heran, der ihn fragte: ‚D'ou venez-vous?' Er antwortete: ‚De Marinnan.' Der Prinz: ‚A qui estes-vous?' Der Papagei: ‚A un portugais." Der Prinz : ‚Que fais tu lá?' Der Papagei: ‚Je garde les poulles.' Der Prinz lachte und sagte : ‚Vous gardez les poulles ?' Der Papagei erwiderte : ‚Oui moi ; et je sçais bien faire.' .

[201] Vgl. zu diesem Problemkreis auch: D. P. Behan, Locke on Persons and personal identity, in: Canadian Journal of Philosophy 1979, S. 53- 75, U. Thiel, Lockes Theorie der personalen Identität, Bonn 1983, S. 139 ff. und D. Teichert (2000), S. 151, die den in den folgenden Ausführungen betonten moralischen Aspekt des Personenbegriffs bei Locke ebenfalls hervorheben.

[202] Locke, Versuch über den menschlichen Verstand, 1. Band, 2. Buch, S. 429.

[203] Locke, Versuch über den menschlichen Verstand, 1. Band, 2. Buch, S. 434.

[204] Locke, Versuch über den menschlichen Verstand, 1. Band, 2. Buch, S. 38/60/70.

> „Der Name für dieses Selbst ist meines Erachtens das Wort der Person. Überall, wo jemand das findet, was er sein „Ich-Selbst“ nennt, kann meiner Meinung nach ein anderer sagen, es sei dieselbe Person vorhanden. Es ist ein juristischer Ausdruck, der sich auf Handlungen und ihren Lohn bezieht; er findet also nur bei vernunftbegabten Wesen Anwendung, für die es Gesetze geben kann... .“[205]

Locke weicht hiermit von seinem ursprünglichen Ansatz ab. Zwar gilt John Locke trotz dieser Zweideutigkeiten auch heute noch als ein typischer Vertreter eines „minimalistischen“ Personenbegriffs[206]. Es ist jedoch mehr als fraglich, ob sich der Personenbegriff von John Locke tatsächlich allein auf das Vorhandensein von Selbstbewusstsein reduzieren lässt. Wenn es Locke um moralische Verantwortlichkeit geht, dann zeigt sich vielmehr ein komplexes Hintergrundverständnis, welches mit dem Begriff der Person zu einer Einheit verwoben wird. Es deutet sich damit bereits eine Entwicklung an, die bei Kant, für den der Personenbegriff ein zentraler metaphysischer Baustein seiner praktischen Philosophie ist, einen ersten Höhepunkt findet.

V. Der Personenbegriff bei Dennett und Frankfurt

Die zuletzt dargestellten Gedanken leiten zu verschiedenen Denkansätzen über, deren gemeinsames Kennzeichen darin besteht, dass deutlich strengere Anforderungen an die Zuschreibung von Personalität gestellt werden.

Wichtige zeitgenössische Lehrmeinungen stammen insoweit aus der angelsächsischen analytischen Philosophie:

Daniel Dennett versucht den Begriff der Person durch sechs (notwendige) Bedingungen, deren kumulatives Vorliegen gegeben sein müsse, zu erfassen.[207] Dennett formuliert dies wie folgt:

> „The first and most obvious theme is that persons are rational beings [...]. The second theme is that persons are beings to which states of consciousness are attributed or to which psychological or mental or intentional predicates are ascribed [...]. The third theme is that whether something counts as a person depends in some way on an attitude taken toward it, a stance adopted with respect to it. [...] The fourth theme is that the object toward which this personal stance is taken must be capable of reciprocating in some way. [...]. The fifth theme is that persons must be capable of verbal communication. This condition handily excuses nonhuman animals from full personhood and the attendant moral responsibility, and seems at

---

205 Locke, Versuch über den menschlichen Verstand, 1. Band, 2. Buch, S. 436.

206 Vgl. D. Birnbacher (1997), S. 9 (13).

207 D. Dennett, Conditions of Personhood, in: Daniel Dennett, Brainstorms: philosophical essays on mind and psychology, 4th edition, Cambridge 1988, S. 266- 285.

> least implicit in all social contract theories of ethics. [...] The sixth theme is that persons are distinguishable from other entities by being conscious in some special way: there is a way in which we are conscious in which no other species is conscious. Sometimes this is identified as self-consciousness of one sort or another. [...][208]

Für Dennett ergibt sich hieraus eine Einteilung von Lebewesen in „intentionale Systeme" verschiedener Ordnungen. Ein solches ist zunächst einmal ein System, dessen Verhalten einer Interpretation zugänglich ist, die Voraussagen zulasse, indem man dem System Meinungen, Wünsche oder andere intentionale Merkmale zuschreiben könne. Dennett versteht dies zunächst einmal in einem denkbar allgemeinen Sinne (Bsp.: „Die Pflanze will mehr Licht") und erhebt insoweit lediglich den Anspruch, „personalisierende" Verwendungsweisen bestimmter sprachlicher Ausdrücke zu umschreiben. Während insoweit auch Pflanzen und sogar Maschinen noch die ersten drei der sechs von ihm aufgestellten Bedingungen erfüllen[209], kann die vierte Bedingung der Reziprozität nur noch von Menschen und Tieren erfüllt werden. Reziprozität meint hierbei die allgemeine Fähigkeit, Meinungen, Wünsche und andere Intentionen hinsichtlich eines anderen intentionalen Systems zu haben. Bezüglich der Tiere geht Dennett davon aus, dass deren Verhalten zu komplex sei, um es lediglich unter Zuhilfenahme der ersten beiden Kriterien erklären zu können. Dennett rekurriert hierbei auf Täuschungsverhalten bei Tieren. Dieses lege nahe, dass sie Folgerungen über das Verhalten anderer intentionaler Systeme anstellen. Dennett bezeichnet höher entwickelte Tiere daher als „intentionale Systeme zweiter Ordnung".[210]

All dies beschreibt nach Dennett das Phänomen der Personalität aber nur unzureichend, da der Aspekt der Selbstreflexion noch nicht berücksichtigt sei. Dieser müsse als integraler Bestandteil eines „vollen" Selbstbewusstseins angesehen werden. Um dies zu erfassen, fügt Dennett die verbleibenden Bedingungen und insbesondere die sechste in seine Konzeption ein[211]. Nur durch ein über sich

---

[208] D. Dennett (1988), S. 266 (269 f.).

[209] Diese Schlußfolgerung mag zunächst angesichts des von Dennett verwendeten Vokabulars unverständlich erscheinen, begründet sich aber daraus, dass Dennett mit einem sehr weiten Begriff von Rationalität arbeitet. Während in der Alltagssprache rationales Handeln typischerweise mit Abwägen, Überlegen oder anderen Prozessen assoziiert wird, geht es Dennett um etwas anderes. Das bereits angeführte Beispiel „Die Pflanze will mehr Licht" zeigt, dass es durchaus möglich und auch umgangssprachlich üblich ist, den Begriff der Rationalität im Sinne Dennetts zu verwenden. vgl. auch Teichert (2000), S. 280.

[210] D. Dennett (1988), S. 269 (274 f.).

[211] Dennett geht ausdrücklich davon aus, dass die vierte, fünfte und sechste der von ihm formulierten Bedingungen einander bedingen und stufenartig aufeinander aufbauen. Dennett ist hierfür von C. Rovanne kritisiert worden. Rovanne versucht statt dessen zu zeigen, dass die drei letztgenannten Bedingungen miteinander verflochten sind und in wechselseitiger Abhängigkeit zueinander stehen (vgl. C. Rovanne, The Personal stance, in: Philosophical Topics 22

selbst reflektierendes Bewusstsein wird wirkliches moralisches Handeln erst möglich, was aber gerade für Personen typisch sei. Der Begriff der Person wird hierdurch zu einem Ideal, dessen Verwirklichung letztlich sogar beim Menschen immer nur unterstellt, niemals aber hinreichend bewiesen werden könne. Der Personenbegriff ist daher notwendigerweise ein normativer Begriff. Während beim Menschen volle Personalität in diesem Sinne aber immerhin noch möglich ist, scheiden Tiere auf dieser Ebene aus und verwirklichen dementsprechend nur Grundformen von Personalität.

Dennett beruft sich hier ausdrücklich auf den Philosophen Harry Frankfurt, der im Jahr 1971 einen grundlegenden Aufsatz mit dem Titel „Freedom of the will and the concept of a Person" veröffentlicht hat.[212] Für Frankfurt sind Personen von bloßen Triebwesen abzugrenzen. Sein Versuch einer Abgrenzung setzt daher bei einer näheren Untersuchung der Struktur des menschlichen Willens an. Frankfurt geht insoweit von dem Begriff der Wünsche aus und unterteilt diese in verschiedene Kategorien. Zunächst geht er davon aus, dass nicht nur Menschen Wesen sind, die Wünsche und Motive haben und zwischen verschiedenen Präferenzen wählen könnten.[213] Vielmehr liege jeder Handlung ein Wille zugrunde, der auf ein bestimmtes Ziel gerichtet sei. Mit anderen Worten ließe sich also sagen, dass dem Handlungswillen eines Wesens immer ein „effektiver" oder „handlungswirksamer" Wille zugrunde liegt. Frankfurt bezeichnet diese als „Wünsche erster Stufe"[214].

Möchte nun aber jemand einen bestimmten Wunsch haben, macht er ihn sich also zu eigen, dann hat er „einen Wunsch zweiter Stufe". Frankfurt illustriert dies am Beispiel des Arztes, der sich wünscht, das Verlangen eines drogenabhängigen Patienten nach der Droge zu verstehen.

Um Wünsche zweiter Stufe geht es grundsätzlich auch dann, wenn jemand möchte, dass ein bestimmter Wunsch auch der eigene Wille sei.[215] Für diese speziellen Wünsche führt Frankfurt den Begriff der „Volitionen zweiter Stufe" ein[216]. Erst ihr Vorhandensein mache ein Lebewesen zu einer Person, die sie von bloßen Triebwesen abgrenze. Kennzeichen eines Triebwesens ist hiernach, dass es sich durch seine Wünsche treiben lässt. Hiermit behauptet Frankfurt nicht, dass Triebwesen keinen Verstand hätten. So setze beispielsweise das Umsetzen verschiedener sich widersprechender Wünsche erster Stufe auch für ein Triebwesen voraus, dass es eine Entscheidung über die Priorität seiner Wünsche tref-

---

(1994), S. 351- 396. Eine detaillierte Auseinandersetzung mit der Kritik Rovannes findet sich bei Teichert (2000), S. 284 ff..

[212] H. Frankfurt, Freedom of the Will and the Concept of a Person, in: Journal of Philosophy 68 (1971), S. 5-20.

[213] H. Frankfurt (1971), S. 5 (6).

[214] H. Frankfurt (1971), S. 5 (7).

[215] H. Frankfurt (1971), S. 5 (9).

[216] H. Frankfurt (1971), S. 5 (10).

fe. Was den Triebhaften aber von der Person unterscheide sei, dass er nicht über die Wünschbarkeit seiner Wünsche reflektiere und damit die Frage übergehe, was sein Wille sein solle. Personen sind demzufolge Wesen, für die ihr Wille zum Problem werden kann. Frankfurt verdeutlicht seine Unterscheidung am Beispiel zweier Drogenabhängiger. Ein Drogensüchtiger, der mit seiner Sucht kämpfe und von dieser loszukommen suche, habe zunächst einmal verschiedene Wünsche erster Stufe. Da er seiner Sucht aber nicht neutral gegenüberstehe, habe er zudem auch noch eine Volition zweiter Stufe. Dies unterscheide ihn von einem triebhaft Süchtigen, der zwar auch konfligierende Wünsche erster Stufe bezüglich der Einnahme von Drogen haben könne und zwischen diesen ggf. in einer konkreten Situation abwägen müsse. Der triebhaft Süchtige thematisiere für sich aber nicht, welche Wünsche überhaupt Teil des Abwägungsprozesses sein sollten.[217]

Für Frankfurt realisiert sich Willensfreiheit, indem der Wille und seine Volitionen zweiter Stufe in Einklang gebracht werden.[218] Nur als Person kann der Mensch diese Stufe erreichen. Damit ist klar, dass für Frankfurt Tiere keine Personen sind. Er räumt ein, dass bei einem derartigen Verständnis des Personenbegriffs, sowohl in der deutschen als auch in der englischen Sprache ein geeignetes Wort für Wesen fehle, die zwar über mentale Zustände verfügten, denen aber Volitionen zweiter Stufe fehlten. Dieses Dilemma durch eine Ausweitung des Personenbegriffs lösen zu wollen, stellt für Frankfurt indes eine „Vergewaltigung" der Sprache dar.[219]

VI. Der Ansatz Taylors

Frankfurts Personenbegriff wurde von Charles Taylor weiterentwickelt. Taylor knüpft zunächst ausdrücklich an der Unterscheidung von Volitionen erster und zweiter Stufe an.[220] Die Besonderheit des menschlichen Seins ist nach Taylor hierdurch jedoch noch nicht hinreichend beschrieben. Während Frankfurt die Fähigkeit, zu den eigenen Wünschen Stellung zu nehmen, als für den Menschen konstitutiv ansieht, geht Taylor davon aus, dass mit diesem Befund für das richtige Verständnis des Person-Seins noch nicht viel gewonnen ist. Taylor ist stattdessen der Auffassung, dass außerdem die Bewertungssysteme, aufgrund derer Menschen zu ihren Volitionen zweiter Ordnung gelangen, eine entscheidende Rolle spielen. Frankfurt verkenne – so Taylor –, dass ein Wunsch für eine Person bereits deswegen vorzugswürdig sein kann, weil er dieser als angenehm er-

---

[217] H. Frankfurt (1971), S. 5 (12).
[218] H. Frankfurt (1971), S. 5 (15).
[219] H. Frankfurt (1971), S. 5 (5).
[220] Vgl. zum folgenden Charles Taylor, Was ist menschliches Handeln?, in: Charles Taylor, Negative Freiheit?: Zur Kritik des neuzeitlichen Individualismus, 1. Aufl., Frankfurt a.M. 1992, S. 9- 51.

scheine. Derartige „schwache Wertungen“[221] seien aber eine unzureichende Erklärung der conditio humana. Für Taylor ist das „menschliche Tier ein selbstinterpretierendes Subjekt“[222]. Die Besonderheit der menschlichen Lebenssituation besteht dementsprechend darin, dass Handlungsziele in ein Verhältnis zu Werten gesetzt werden, die der Person Antworten auf die Frage geben, wie das Leben sinnvoll zu gestalten sei. Menschen – so Taylor – nehmen in ihrem Leben daher auch „starke Wertungen“ vor. Taylor nimmt an, dieser Schritt sei unausweichlich. Er betont, dass sogar der utilitaristische Nutzenmaximierer um diesen Schritt nicht herumkomme, da sein Handeln auf der Prämisse aufbaue, dass die Nutzenmaximierung ein sinnvoller Lebensplan sei.

Ohne „starke Wertentscheidungen“ ist der Mensch demnach handlungsunfähig und daher letztlich als Subjekt undenkbar.

Person-Sein geht damit mit dem Vorhandensein eines individuellen Handlungsrahmens einher, der einen notwendigen Bezug zu Moral und Ethik aufweist. In Abgrenzung zur Ontologie Sartres betont Taylor aber, dass die starken Wertungen des Individuums von einem intersubjektiven Bezugsrahmen abhängig sind.[223] Wertungen setzen, wie Taylor meint, sprachliche Artikulation voraus. Und aus dieser folgt die Rückbindung des Individuums an die Gemeinschaft, deren Sprache es sich bedient.

Zusammenfassend ist festzuhalten: Taylor geht in zweierlei Hinsicht über Frankfurt hinaus. Zum einen betont er das Faktum der Intersubjektivität, zum anderen präzisiert er dessen Volitionen zweiter Stufe und weist nach, dass es gerade die ethische Dimension menschlichen Handelns ist, welche den Menschen aus dem Tierreich hervorhebt.

VII. Der Personenbegriff im deutschen Idealismus

Ebenso wie bei Dennett ist der Personenbegriff bei Frankfurt und Taylor also normativ und auf ein Ideal hin ausgerichtet. Diese Betrachtungsweise führt zurück zu den Klassikern des deutschen Idealismus. Über Kant, Fichte und Hegel lässt sich sagen, dass ihre Philosophien Prototypen normativer Personenbegriffe enthalten. Auch eine zeitgenössische Abhandlung über den Personenbegriff kommt daher an diesen philosophischen Fixsternen nicht vorbei.

1. Immanuel Kant

Kant greift die bereits bei Locke zentralen Fragen der persönlichen Identität und der moralischen Zurechenbarkeit erneut auf. Im Unterschied zu Locke trennt Kant die Problemfelder jedoch ausdrücklich.

---

[221] Ch. Taylor (1992 a), S. 9 (11).
[222] Ch. Taylor (1992 a), S. 9 (49).
[223] Ch. Taylor (1992 a), S. 9 (36 ff.)

Das Problem der personalen Identität zählt zu den zentralen Themen der „Kritik der reinen Vernunft".

Ebenso wie Locke geht Kant zunächst davon aus, dass personale Identität nicht als das Produkt einer immateriellen Substanz erklärt werden könne und bezieht gegenüber der Frage, ob es eine unsterbliche Seele gibt, daher eine neutrale Position.

Im Unterschied zu Locke ist Kant aber nicht der Auffassung, dass Bewusstseinsstrom und empirisches Ich die Identität des Subjekts hinreichend erklären. [224] Das empirische Bewusstsein ist – so Kant – veränderlich und daher „ohne Bezug auf die Identität des Subjekts."[225] Die Einheitlichkeit des Subjekts werde vielmehr allein dadurch gewährleistet, dass ein einheitsstiftendes Element den empirischen Erfahrungen vorausgehe. Kant formuliert dies so:

> „Also nur dadurch, dass ich ein Mannigfaltiges gegebener Vorstellungen in einem Bewusstsein verbinden kann, ist es möglich, dass ich mir die Identität des Bewusstseins in diesen Vorstellungen selbst vorstelle, d.i. (= das ist) die analytische Einheit der Apperzeption ist nur unter der Voraussetzung irgend einer synthetischen möglich."[226]

Kant geht deshalb davon aus, dass jegliches Denken durch ein „Ich denke" begleitet werde.[227] Ein einfaches Beispiel verdeutlicht, was Kant hier ausdrückt: ein Subjekt, welches anfängt, über seine personale Identität zu reflektieren und sich damit selbst zum Gegenstand macht, setzt gleichwohl sein eigenes Subjekt-Sein voraus. Es kommt damit zu einer Subjekt-Objekt-Differenz (auch als transzendentale Differenz bezeichnet). Neben das empirische Ich tritt ein transzendentales Ich. An zentraler Stelle heißt es hierzu:

> „Zum Grunde derselben [einer transzendentalen Seelenlehre] können wir aber nichts anderes legen, als die einfache und für sich selbst an Inhalt gänzlich leere Vorstellung: Ich, von der man nicht einmal sagen kann, dass sie ein Begriff sei, sondern ein bloßes Bewusstsein, das alle Begriffe begleitet."[228]

---

224 Kant, KrV, IV, S. 229 (A 364); vgl. zum Personenbegriff Kants auch F. Ricken, Homo noumenom und homo phaenomeom. Ableitung, Begründung und Anwendbarkeit der Formel von der Menschheit als Zweck an sich selbst, in: Otfried Höffe, Grundlegung zur Metaphysik der Sitten. Ein kooperativer Kommentar, 3. Auflage, Frankfurt a.M. 2000, S. 234- 252 und G. Geismann, Kant und ein vermeintes Recht des Embryos, in: Kant- Studien 2004, S. 443- 469 (insb. 453).

225 Kant, KrV, III, S. 109/110 (B 134).

226 Kant, KrV, III, S. 109/110 (B 134).

227 Kant, KrV, III, S. 108/109 (B 133).

228 Kant, KrV, IV, S. 218/219 (A 346/ B 404/405).

Der Begriff der Person selbst spielt damit in der theoretischen Philosophie Kants keine Rolle. Scherer spricht insoweit vom Scheitern des Personenbegriffs in der theoretischen Vernunft.[229]

Eine Schlüsselstellung kommt dem Personenbegriff indes in der Praktischen Philosophie zu. Kant definiert die Person in der Einleitung der „Metaphysik der Sitten" als „dasjenige Subjekt, dessen Handlungen einer Zurechnung fähig sind."[230] Weiter heißt es:

> „Die moralische Persönlichkeit ist also nichts anders, als die Freiheit eines vernünftigen Wesens unter moralischen Gesetzen (die psychologische aber bloß das Vermögen, sich der Identität seiner selbst in den verschiedenen Zuständen seines Daseins bewusst zu werden), woraus dann folgt, dass eine Person keinen anderen Gesetzen als denen, die sie ... sich selbst gibt, unterworfen ist."[231]

Kennzeichen der Person ist mithin die Autonomie, die ein Vernunftwesen aus der Naturkausalität heraustreten lässt und Selbstgesetzgebung ermöglicht. Personen zeichnen sich demzufolge durch eine Doppelnatur aus: Sie sind empirische Wesen und damit selbstverständlich den Gesetzen der Natur unterworfen, gleichzeitig – und erst dies begründet letztlich ihr Person-Sein – gehören sie aber einer „intelligiblen Welt" an.[232] Das Person-Sein ist damit etwas nicht Empirisches, vielmehr ist es einer Ideen- Dimension zugehörig. Der Begriff der Person begegnet dem Leser hier also als ein transzendentallogisches Konstrukt, welches der Mensch als empirisches Wesen niemals vollständig zu verwirklichen in der Lage ist.[233] Trotz des Empirie-Problems ist der Mensch aber Person. Der Grund hierfür besteht laut Kant in der bereits angedeuteten transzendentalen Differenz, welche den Menschen dazu zwinge, sich sein Dasein als personenhaftes Sein vorzustellen.[234]

---

[229] Vgl. G. Scherer, Artikel „Person", in: Historisches Wörterbuch der Philosophie, Band 7 (P- Q), Basel 1989, Sp. 300- 320 (307).

[230] Kant, MdS (RL), VI, S. 223 (AB 22).

[231] Kant, MdS (RL), VI, S. 223 (AB 22).

[232] Kant, KpV, V, S. 5 (A 7).

[233] Bei Scherer heißt es hierzu: „Unter den Bedingungen der Sinnenwelt wird sie [die Person] sich aber zu einer unendlichen Aufgabe, obwohl sie als Person immer schon existent ist." (vgl. G. Scherer (1989), S. 307).

[234] Vgl. beispielsweise Kant, GMdS, IV, 428/ 429 (BA 66) und ferner Kant, KpV, V, S. 156 (A 278): „Diese Achtung erweckende Idee der Persönlichkeit, welche uns die Erhabenheit unserer Natur (ihrer Bestimmung nach) vor Augen stellt, indem sie uns zugleich den Mangel der Angemessenheit unseres Verhaltens in Ansehung derselben bemerken lässt, und dadurch den Eigendünkel niederschlägt, ist selbst der gemeinsten Menschenvernunft natürlich und leicht bemerklich."

Nähere Ausführungen zum kantischen Freiheitsverständnis können an dieser Stelle dahinstehen und werden auf die Auseinandersetzung mit seiner Rechtslehre (vgl. hierzu insb. 5. Kapitel I 1) verschoben. Einiger knapper Ausführungen bedürfen aber noch die Schlussfolgerungen, die Kant mit dem Personenstatus verbindet. Bereits in der „Grundlegung zur Metaphysik der Sitten" heißt es hierzu, dass Personen einen absoluten Wert hätten, da die vernünftige Natur als Zweck an sich selbst existiere.[235]

Für die hier zur Diskussion stehende Problematik einer etwaigen Personalität von Tieren heißt dies, dass Kant die entsprechende Frage nachdrücklich verneinen würde. Spuren von Selbstbewusstsein sowie protolinguistische Fähigkeiten wären für ihn schlichtweg irrelevant. Was zählt ist allein die Frage, ob ein Wesen ein Dasein im Angesicht der transzendentalen Differenz führt.[236] Ob ein Lebewesen den hierfür notwendigen geistigen Entwicklungsstand aufweist, ist letztlich eine empirische Fragestellung, die sich nach dem Stand der Wissenschaft aber nur für den Menschen positiv beantworten lässt.

2. Johann Gottlieb Fichte

Der deutsche Idealismus seit Kant hat – um mit Ludwig Siep zu sprechen – versucht, die bei Kant entstandene „Kluft zwischen der intelligiblen Persönlichkeit und der Person" zu schließen.[237]

In der „Grundlage des Naturrechts" knüpfen Fichtes Überlegungen zunächst an Kants theoretischer Philosophie an: Auch er weist die Annahme Lockes, dass sich die Person aus dem Selbstbewusstsein und diese wiederum aus den gemachten Erfahrungen begründe, zurück.

„Wie konnte man doch annehmen, daß durch Verknüpfung mehrerer Vorstellungen, in derer keiner das Ich läge, wenn nur die mehreren zusammengesetzt würden, ein Ich entstünde", konstatiert Fichte.[238]

Und weiter heißt es: „Erst nachdem das Ich da ist, kann in demselben etwas verknüpft werden; dasselbe muß sonach vor aller Verknüpfung, ..., *für das Ich*, da sein.[239]" Dementsprechend sucht Fichte das „Ich" anders zu erklären. Für ihn ist das „Ich" in der Wechselwirkung von „Anschauen" und „Wollen"[240]. In diesen Prozessen setzt sich das „Ich" selbst und ist in seiner Beschaffenheit durch sie bedingt. Oder mit den Worten Fichtes: „es ist, was es handelt, und wenn es nicht handelt, so ist es nichts."[241]

---

[235] Kant, GmdS, IV, 428/ 429 (BA 66)

[236] Da das Person-Sein etwas nichtempirisches ist, scheint auch die Vorstellung gradueller Persönlichkeit mit der kantischen Philosophie unvereinbar zu sein.

[237] L. Siep (1992), S. 98.

[238] Fichte, GdN, III, S. 20f.

[239] Fichte, GdN, III, S. 20f.

[240] Fichte, GdN, III, S. 21f.

[241] Fichte, GdN, III, S. 22f.

Durch „Anschauen" und „Wollen" tritt das „Ich" also gewissermaßen in Interaktion mit seiner Umgebung und „macht durch sein Handeln das Objekt", worunter Fichte wiederum die Form des Handelns des Ich versteht.[242]

Die Zitate deuten bereits das Programm der „Grundlage des Naturrechts" an. Fichte fragt nach den Bedingungen, unter denen endliche Vernunftwesen überhaupt sein können.[243] Eine der Bedingungen von Personalität erblickt Fichte nun auch und vor allem im Verhältnis des einzelnen zu seinen Mitmenschen.

Eine entscheidende Stelle, der zweite Lehrsatz in der „Grundlage des Naturrechts", greift das Thema der Intersubjektivität auf:

> „Das endliche Vernunftwesen kann eine freie Wirksamkeit in der Sinnenwelt sich selbst nicht zuschreiben, ohne sie auch anderen zuzuschreiben, mithin auch andere endliche Vernunftwesen außer sich anzunehmen."[244]

Fichte bricht hier mit der cartesischen Tradition der frühen Subjektphilosophie und führt den Einzelnen aus seiner Isolation heraus. Während Descartes die Beziehung des Einzelnen zu seinen Mitmenschen nur durch holprige Hilfskonstruktionen zu erfassen vermochte, erhebt Fichte die „Interpersonalität" zu einem Thema der Philosophie und sieht erst durch sie die menschliche Person als konstituiert an. Den Ausgangspunkt der Herleitung der „Interpersonalität" formuliert Fichte bereits im ersten Lehrsatz. Dieser lautet: „Ein endliches vernünftiges Wesen kann sich selbst nicht setzen, ohne sich eine freie Wirksamkeit zuzuschreiben."[245] Wie aber gelangt ein menschliches Wesen zur „freien Wirksamkeit" und damit zu der Fähigkeit, sich selbst Zwecke zu setzen?

---

[242] Fichte, GdN, III, S. 22f.

[243] Im Unterschied hierzu hat Fichte in der „Grundlage der gesamten Wissenschaftslehre" von 1794 einen Schritt früher angesetzt. In der „Wissenschaftslehre" geht es ihm nicht um das „empirische", sondern um das „absolute" Ich. Fichte bricht insoweit mit dem „cogito, ergo sum" Descartes'. Für Fichte besteht der oberste Grundsatz der Subjektphilosophie allein im „Ich bin" (Fichte, Grundlage der gesamten Wissenschaftslehre, III, S. 94, 99 f.). Fichte weiß indes, dass die Subjektphilosophie zu einer Kluft zwischen dem Individuum und seiner Umwelt geführt hat. Dieses Problem bleibt indes in der „Wissenschaftslehre" noch ungelöst und wird erst im „Naturrecht" zu einer Kernfrage für Fichte.
vgl. zur Ich-Konzeption Fichtes in der „Grundlage der Wissenschaftslehre" auch die ausführliche Darstellung bei Ch. Iber, Subjektivität, Vernunft und ihre Kritik: Prager Vorlesungen über den deutschen Idealismus, Frankfurt a.M. 1999, S. 27 ff sowie die kurze Zusammenfassung bei R. Zaczyk, Das Unrecht der versuchten Tat, Berlin 1989, S. 154- 157.

[244] Fichte, GdN, III, S. 29f.

[245] Fichte, GdN, III, S. 16f.

Um hier nicht in einen Zirkel zu geraten, muss Fichte etwas voraussetzen, was der Ich-Werdung vorgeht.[246] Und genau dies versucht Fichte mit dem bereits eingangs erwähnten zweiten Lehrsatz. Um die dort postulierte Abhängigkeit eines endlichen Vernunftwesens von anderen Vernunftwesen zu begründen, führt er die „Aufforderung" als kommunikativen Akt in die Argumentation ein: „Die Aufforderung zur freien Selbsttätigkeit ist das, was man Erziehung nennt. Alle Individuen müssen zu Menschen erzogen werden, außerdem würden sie nicht Menschen."[247] Durch den Bezug auf andere Vernunftwesen vergewissert sich der Mensch somit seiner eigenen Vernünftigkeit und erlangt erst dadurch ein voll entwickeltes Selbstbewusstsein.

Letztlich setzt Fichte an dieser Stelle seines Personalitätskonzepts voraus, dass es verschiedene Stadien des Selbstbewusstseins gibt. Das Modell der Aufforderung macht nämlich nur dann Sinn, wenn der Aufgeforderte in der Lage ist, auf diese zu reagieren. Und um die vernunftgesteuerte Reaktion geht es Fichte ja auch. Diese setzt aber bereits eine gewisse Vorstellung vom eigenen „Ich" voraus.[248] Wie jedoch diese „Basisstufe des Ich" wiederum konstituiert ist, wird von Fichte nicht erörtert. Im Rahmen einer Abhandlung, deren Gegenstand allein das vernünftige Selbstbewusstsein ist, ist dieser Aspekt freilich nicht weiter relevant.

Mit dem Begriff der „Person" setzt Fichte das intersubjektiv konstituierte Subjekt in ein Verhältnis zu seiner Umwelt. Der Gedanke wird wie folgt entwickelt.

Im vierten Lehrsatz stellt Fichte zunächst Folgendes fest:

> „Das vernünftige Wesen kann sich nicht, als wirksames Individuum, setzen, ohne sich einen materiellen Leib zuzuschreiben, und denselben dadurch zu bestimmen."[249]

In der Begründung geht Fichte zunächst davon aus, dass Freiheit die Zuschreibung einer Sphäre durch das „Ich" erfordert. Das Geistige, also das Wollen von Zwecken, reicht insoweit nicht. Hieran ist folgender Schluss geknüpft:

---

[246] Vgl. auch die prägnante Formulierung von A. Honnett: „Der Philosoph, ..., gerät bei seiner Deduktion des Selbstbewußtseins endlicher Individuen in einen Zirkel, soldange er sich dabei auf deren bloß eigene Bewußtseinsleistungen beschränkt; denn zu unterstellen, daß ein Individuum sich seiner freien Zwecksetzungen im selben Augenblick auch reflexiv zu vergewissern vermag und damit zum Bewußtsein der eigenen Subjektivität gelangt, führt zwangsläufig in den Regreß eines immer wieder neu vorauszusetzenden Punktes der obersten Selbstsetzung; ... (A. Honneth, Transzendentale Notwendigkeit von Intersubjektivität, in: Jean-Christoh Merle (Hrsg.), Grundlage des Naturrechts, Berlin 2001, S. 63- 80 (71)).

[247] Fichte, GdN, III, S 39f.

[248] Vgl. A. Honneth (2001), S. 63 (78).

[249] Fichte, GdN, III, S. 57.

> „Indem es diese [eine Sphäre] sich zuschreibt, begrenzt es sich, und wird aus dem absolut formalen ein bestimmtes materiales Ich, oder eine Person.“[250]

Zusammenfassend lässt sich sagen: Im „Naturrecht“ fragt Fichte nach den Seins-Bedingungen endlicher Vernunftwesen. Mit der Intersubjektivität kommt insoweit ein Faktor ins Spiel, der in Kants theoretischer Philosophie noch nicht zu finden ist. Dem Begriff der „Person“ kommt hierbei eine wichtige Schlüsselfunktion zu: Durch die Zuschreibung einer Sphäre gibt er dem Ich Gestalt und konstituiert damit das praktische Verhältnis endlicher Vernunftwesen.

3. Hegel

Auch Hegel bedient sich des Personenbegriffs vor allem in seiner praktischen Philosophie. Während der Personenbegriff in den Schriften Hegels, die das Wesen des Subjekts zu erklären suchen, keine wesentliche Rolle spielt, ist er einer der zentralen Bausteine seiner Rechtsphilosophie. Der Personenbegriff wird damit ausschließlich in einem normativen Kontext gebraucht. Und im Gegensatz zu Fichte trennt Hegel den Begriff der Person auch in diesem Zusammenhang von der ansonsten in seinem System so wichtigen Intersubjektivität vollständig ab.[251]

Als Grundbegriff des Rechts ist der Begriff der Person notwendigerweise allgemein und formal. In den „Grundlinien der Philosophie des Rechts“ von 1821 formuliert Hegel:

> „Die Persönlichkeit fängt erst da an, insofern das Subjekt nicht bloß ein Selbstbewusstsein überhaupt von sich hat als konkretem, auf irgendeine Weise bestimmtem, sondern vielmehr ein Selbstbewusstsein von sich als vollkommen abstrakten Ich, in welchem alle konkrete Beschränktheit und Gültigkeit negiert und ungültig ist.“[252]

Zum Ausdruck kommt hier eine Beziehung zwischen Subjekt und Person. Hegel spricht insoweit von einer „einfachen Beziehung auf sich in seiner Einzelheit“, die das Subjekt zur Person mache.[253]

Diese grundsätzliche Beziehung auf sich selbst ist es, aufgrund derer „der Geist sich als abstraktes und zwar freies Ich zum Gegenstand und Zwecke hat.“[254]

---

[250] Fichte, GdN, III, S. 57f..

[251] Vgl. auch V. Hösle, Hegels System. Der Idealismus der Subjektivität und das Problem der Intersubjektivität, Band 2: Philosophie der Natur und des Geistes, Hamburg 1987, S. 491, der insoweit auf den handschriftlichen Zusatz Hegels zu § 38 der „Grundlinien“ verweist.

[252] Hegel, RhP, VII, § 35, S. 93.

[253] Hegel, RhP, VII, § 35, S. 93

Diese in der Person zum Ausdruck kommende „Einzelheit der Freiheit im Fürsichsein" greift die kantische Autonomie wieder auf. Entsprechend heißt es: „Als diese Person weiß ich mich frei in mir selbst und kann von allem abstrahieren, da nichts vor mir als die reine Persönlichkeit steht... ."[255]

Diese Persönlichkeit enthält für Hegel die Rechtsfähigkeit und begründet das Rechtsgebot, den Anderen als Rechtsperson zu respektieren.[256] Hieraus ergeben sich praktische Implikationen: „Die Person muss sich eine äußere Sphäre ihrer Freiheit geben, um als Idee zu sein."[257] Dies betrifft zunächst den Körper, der als „reale Möglichkeit alles weiter bestimmten Daseins" bezeichnet wird.[258] Da der Mensch – im Gegensatz zum Tier – im Besitz der Fähigkeit, sich selbst zu verstümmeln, sei, habe er als Person auch die Freiheit, sein leibliches Dasein nicht zu wollen.[259] Wörtlich heißt es hierzu: „Aber als Person habe ich zugleich mein Leben und Körper, wie andere Sachen, nur, insofern es mein Wille ist."[260]

Im Personenbegriff Hegels begegnet dem Leser der Mensch daher einerseits als reales und auch endliches Sinnenwesen und andererseits als Vernünftiger. Pathetisch formuliert Hegel: „„... es liegt in ihr [der Person] diese Einheit des Unendlichen und schlechthin Endlichen, der bestimmten Grenze und des durchaus Grenzenlosen."[261]

Zusammenfassend ist zu den Personenbegriffen des deutschen Idealismus folgendes festzuhalten: Trotz aller Unterschiede, die im Detail bestehen, besteht ihr gemeinsames Substrat darin, dass der Personenbegriff eine Idee darstellt, die in engem Bezug zur Vorstellung von der Vernunftnatur des Menschen steht. Das Personsein ist damit nichts empirisch naturgegebenes, sondern ein kategorialer Begriff. Als solcher wird der Begriff im deutschen Idealismus zu einem Grundbaustein der praktischen Philosophie.

VII. Weiterführende Überlegungen

Die Darstellung unterschiedlicher Konzeptionen des Personenbegriffs hinterlässt zunächst ein verworrenes Bild. Die verschiedenen Konzeptionen könnten kaum unterschiedlicher sein.

Zur typischen Argumentationsweise moderner Philosophen gehört, dass die Ergebnisse einzelner Konzeptionen auf ihre intuitive Richtigkeit hin überprüft werden. Das besondere Dilemma des Streits um den Personenbegriff besteht in-

---

[254] Hegel, RhP, VII, § 35, S. 94.
[255] Hegel, RhP, VII, § 35, S. 95.
[256] Hegel, RhP, VII, § 36, S. 95
[257] Hegel, RhP, VII, § 41, S. 102.
[258] Hegel, RhP, VII, § 47, 110.
[259] Hegel, RhP, VII, § 47 S. 111
[260] Hegel, RhP, VII, § 47, S. 110.
[261] Hegel, RhP, VII, § 35,

des darin, dass intuitive Erwägungen nicht zu einer wirklichen Klärung des Problems beitragen.

Ein gutes Beispiel hierfür bildet der Umgang mit Tieren. Gerade hier zeigt es sich, wie schwer es ist, den Personenbegriff zu fassen. Argumentationen, die gänzlich unvereinbar zu sein scheinen, lassen sich hier – jeweils mit guten Gründen – gleichermaßen entwickeln:

Einerseits könnte man sich im Sinne eines maximalistischen Verständnisses der Person darauf berufen, dass es kontraintuitiv erscheint, in Tieren Personen zu erblicken. Und in der Tat mutet die These ja auch auf den ersten Blick befremdlich an. Es ließe sich also behaupten, dass der minimalistische Personenbegriff einen künstlichen Bruch mit gewachsenen Strukturen, die von der Alltagssprache bis hin zur Philosophie reichen, provoziert. Aber ist dies wirklich so? Indem Menschen Tieren Namen geben, sie in häusliche Gemeinschaften integrieren und mit ihnen in Interaktion treten, wird eine strikte Dichotomie von Person und Sache aufgebrochen. Haustiere werden ganz selbstverständlich wie Personen behandelt.[262] Legt nicht damit gerade auch der alltägliche Umgang mit Tieren einen minimalistischen Personenbegriff nahe? Intuitive Erwägungen führen nicht wirklich weiter.

Sicherlich ist den Vertretern eines minimalistischen Persönlichkeitsbegriffs darin beizupflichten, dass eine unvoreingenommene Betrachtung für die simple Formel Person= Mensch und damit gegen die Inkorporation hochfliegender moralischer Ideale zu sprechen scheint. Mit Hilfe intuitiver Erwägungen lässt sich aber auch für maximalistische Personenbegriffe argumentieren. Hier sei zunächst einmal an das bereits erwähnte Argument erinnert, dass die moralisierende Verwendung des Begriffs der Person der Alltagssprache nach wie vor nicht fremd ist. Und auch wenn der Blick allein auf die identitätspsychologische Frage gerichtet wird, wird der empirisch minimalistische Ansatz durch intuitive Erwägungen eher erschüttert als bestätigt. Hierzu sei zunächst noch einmal an den Aufsatz „Willensfreiheit und der Begriff der Person" von Harry Frankfurt erinnert. Frankfurt spricht vom „Zerfall der Person" dann, wenn ein ungelöster Widerspruch zwischen Wünschen zweiter Stufe besteht und das menschliche Individuum hieran zu zerbrechen drohe.[263] In sprachlicher Hinsicht ist es daher vollkommen unbedenklich, wenn man den „Zerfall einer Person" mit dem Verlust von Fähigkeiten und Begabungen gleichsetzt, welche die Idee vom Menschen als selbständig und verantwortungsbewusst handelndem Individuum ausmachen. Deutlich wird dies zum Beispiel dann, wenn man über einen Alzheimer-Patienten sagt, dass er seine Persönlichkeit verliert. Auch spricht man in der All-

---

[262] Dies übersieht Frankfurt, wenn er behauptet, dass man der Sprache „Gewalt" antun würde, sofern man den Begriff der Person auch auf Tiere verwendete (vgl. H. Frankfurt (1971), S. 5 (5)).

[263] H. Frankfurt (1971), S. 5 (16).

tagssprache ungezwungen von „Persönlichkeitsstörungen". All dies impliziert einen Personenbegriff, der normativ und nicht bloß empirisch ist.

Weitere Zweifel an einem minimalistischen Verständnis des Personenbegriffs drängen sich auf, wenn man die Fälle „multipler Persönlichkeit" betrachtet. Nach der Ansicht Lockes müsste man in diesen Fällen tatsächlich vom Vorhandensein verschiedener Personen ausgehen. Aber ist dies wirklich plausibel? Der Einwand liegt nahe, dass hier eine gravierende Schwäche einer ausschließlich mentalistischen Position offenbar wird. Auch wenn ein Individuum sich tatsächlich als zwei Personen wahrnimmt, so wird es gleichwohl von anderen lediglich als eine Person wahrgenommen und die „multiple Persönlichkeit" als krankhafter Zustand angesehen.[264] Verweilt man also im Denken Lockes, so stehen sich Innen- und Außenperspektive unversöhnlich gegenüber. Erst eine Normativierung des Personenbegriffs kann hier einen Ausweg bieten.

Weitere Beispiele unterstreichen das allzu simple Identitätsverständnis der Vertreter eines minimalistischen Personenbegriffs: Als Beginn der eigenen Identität sieht man für gewöhnlich den Zeitpunkt der eigenen Geburt an. Persönlichkeit als identitätsstiftendes Konstrukt meint dann aber etwas anderes als das Vorhandensein von Selbstbewusstsein, welches eben nicht bis zur eigenen Geburt zurückreicht. Das Identitätskonzept, welches der minimalistischen Begriffsbestimmung zugrunde liegt, erweist sich damit erneut als problematisch.

Auch der gewichtige Einwand, dass Locke die Bedeutung der Intersubjektivität für die Herausbildung der Identität nicht sieht, kann nur schwer widerlegt werden. Die Minimalisten unterschlagen damit die vielschichtigen Interdependenzen zwischen Bewusstsein, Identität und Intersubjektivität. Was als Argument für einen minimalistischen Begriff dann noch verbleibt, ist allein die elementare Selbsterfahrung des eigenen Ich als Person.

Es ist wohl unmittelbar einsichtig, dass die normativen Konsequenzen der philosophischen Debatte für den Juristen von außerordentlichem Interesse sind. Eines der Standardargumente, denen der Leser einschlägiger Texte immer wieder begegnet, fragt insoweit, ob die Vertreter eines anspruchsvollen Personenkonzepts (im folgenden als maximalistischer Personenbegriff bezeichnet) nicht gezwungen seien, Menschen mit schwerwiegenden Über-Ich-Defiziten den vollen Personenstatus abzusprechen.[265] Gerade dieses Argument wird dann verwendet, um auf normative Anforderungen an den Personenbegriff zu verzichten. Ganz so einfach liegen die Dinge indes nicht.

Ein möglicher Streitentscheid bedarf vielmehr einer Ausrichtung an bestimmten Leitfragen, welche die Überlegungen in sinnvolle Bahnen zu lenken vermögen.

---

[264] Vgl. R. Spaemann, Über das Identifizieren von Personen, in: Identität, Leiblichkeit, Normativität: neue Horizonte anthropologischen Denkens, hrsg. Von Anette Barkhaus u.a., 2. Auflage, Frankfurt a.M. 1999, S. 222- 228 (insb. 224).

[265] So u.a. D. Birnbacher (2001), S. 301 (313).

Noch einmal soll deshalb auf Harry Frankfurt Bezug genommen werden. Frankfurt behauptet, dass das philosophische Vokabular durch ein minimalistisches Personenverständnis unnötig verkleinert werde. Hierdurch wiederum vergrößere sich die Wahrscheinlichkeit, Untersuchungsfelder zu vernachlässigen, die typischerweise erst durch ein maximalistisches Verständnis des Personenbegriffs erfasst werden.[266] Damit ergibt sich die folgende Leitfrage: Was droht durch ein minimalistisches Verständnis des Personenbegriffs im Rechtsdenken verloren zu gehen?

Hiermit wird klar, weshalb das Problem des Personenbegriffs auch für den Juristen so interessant ist. Es geht nicht primär um die Frage, welche rechtspolitischen Ergebnisse die eine oder andere Definition tatsächlich oder vermeintlich impliziert. Es soll insoweit gar nicht bestritten werden, dass der Rechtsstatus von Kleinkindern, geistig Schwerstbehinderten, irreversibel Komatösen und eben auch von Tieren bei einem maximalistischen Personenverständnis Probleme bereitet. Aber diese Probleme sind lösbar (vgl. insoweit das sechste Kapitel der Arbeit).

Das eigentliche Problem ist ein wesentlich grundlegenderes: Man muss fragen, welches Personenverständnis benötigt wird, um das Bestehen von Rechtsordnungen überhaupt hinreichend erklären zu können. Oder mit anderen Worten: Welches philosophische Hintergrundverständnis ist erforderlich, um das Phänomen Recht angemessen zu verstehen? Die Frage, ob ein bestimmter Personenbegriff dem Recht zugrunde liegt, betrifft daher die Suche nach der Struktur und der Idee des Rechts. Sich hier von den tatsächlichen oder vermeintlichen Ergebnissen bei der Beantwortung einzelner normativer Fragen leiten zu lassen, birgt das Risiko in sich, vorschnell an den Grundfesten des Rechts zu rütteln und normative Folgeprobleme zu schaffen, deren Reichweite kaum absehbar sein dürfte. Erst wenn die grundsätzliche Stellung des Personenbegriffs innerhalb der Rechtsphilosophie geklärt ist, ist der Ausgangspunkt bestimmt, von dem aus hinreichend präzise nach einer sinnvollen Lösung der Problemfälle gefragt werden kann.

Die These, dass Rechtsordnungen unmittelbar mit dem Personenbegriff verbunden sind, ist indes alles andere als unkontrovers. Birnbacher hat beispielsweise unlängst seine Ansicht bekräftigt, dass der Personenbegriff untauglich sei, um das Problem der Zuschreibung von Rechten zu lösen.[267] Stattdessen favorisiert er im Rahmen seines utilitaristischen Ansatzes die Zuschreibung von Rechten aufgrund bestimmter Interessen, die sich bereits aus der Empfindungsfähigkeit eines Lebewesens ergeben könnten.[268] Der Personenbegriff würde dann, e-

---

[266] H. Frankfurt (1971) S. 5 (5).

[267] D. Birnbacher (2001), S. 301 (316).

[268] D. Birnbacher (2001), S. 301 (316).
Im Übrigen sind es nicht nur Vertreter eines minimalistischen Personenbegriffs, die für eine Relativierung des Personenbegriffs bei der Zuschreibung von Rechten eintreten. Für einen

benso wie bei Singer, lediglich den Zweck erfüllen, ein Lebewesen zu beschreiben, welches aufgrund seiner biologischen Verfassung Interessen von bestimmter Qualität hat. Was diese These aber zu übersehen scheint, ist die Tatsache, dass auch der Utilitarismus einen bestimmten Personenbegriff benötigt, um eine nach utilitaristischen Prinzipien geordnete Rechtsordnung konstruieren zu können.

Es wurde bereits angedeutet, welche Bedeutung der Personenbegriff in der Philosophie des deutschen Idealismus hat. Diese erfasst auch das Recht. Exemplarisch hierfür sind die subjektiv-idealistischen Rechtsphilosophien Kants und Fichtes. Die Begründung des Rechtsverhältnisses im subjektiven Idealismus nimmt ausdrücklich Bezug auf die Idee des Menschen als moralischem Individuum und damit auf einen anspruchsvollen Begriff der Person. Mit Kant und Fichte hat somit die Entwicklung eines modernen Vernunftrechts ihren Anfang genommen, welches aus einem bestimmten Selbstverständnis des Menschen heraus die Idee des Rechts zu erklären sucht.

Die Frage nach dem „richtigen“ Verständnis des Personenbegriffs ist daher auch die Frage nach der Überzeugungskraft des vernunftrechtlichen Standpunkts. Der weitere Gang der Arbeit besteht daher darin, zunächst die Rechtsmodelle des subjektiven Idealismus darzustellen und von der Gegenposition des Positivismus abzugrenzen, der das Recht ohne metaphysisches Hintergrundverständnis zu erklären sucht.

Wie in der Einleitung der Arbeit bereits angedeutet wurde, wird es im dann darum gehen, ob sich das Vernunftrecht in der Auseinandersetzung mit den Gegenpositionen des Kommunitarismus und des Utilitarismus behauptet.

In der Auseinandersetzung mit ersterem wird die Frage nach den normativen Konsequenzen des Faktums der Intersubjektivität entscheidungsrelevant. Die abschließende Auseinandersetzung mit dem Utilitarismus betrifft die Überlegung, ob die wesentlichen Inhalte modernen Rechtsdenkens auch dann noch erklärbar sind, wenn dem Recht anstelle des maximalistischen Personenbegriffs ein empiristisches Verständnis zugrunde gelegt wird.

---

anspruchsvollen Personenbegriff hat sich beispielsweise unlängst S. Ausborn-Brinker ausgesprochen. In ihrem Werk „Person und Personalität“ heißt es bezüglich der Frage nach dem Zusammenhang von Personalität und Rechten: „ Es ist nicht anzunehmen, dass nicht nur Personen Rechte haben, sondern dass nur Personen anderen Entitäten Rechte zusprechen und ihnen gegenüber einhalten können (S. 284).“ Eine ähnliche Position hat D. Teichert in „Personen und Identitäten“ vertreten. Teichert folgt in seinem Personenverständnis Dennett. Trotz seines insoweit maximalistischen Personenbegriffs heißt es bei ihm wörtlich: „Die Grenzen von Personalität koinzidieren keineswegs mit den Grenzen der recht verstandenen Würde eines Lebewesens (D. Teichert (2000), S. 290).“ Hieran anknüpfend scheint Teichert das Vorhandensein von Würde mit affektiven Zuständen wie Bewusstsein und Schmerzempfinden verknüpfen zu wollen..

5. Kapitel: Das Rechtsverhältnis

I. Das Rechtsverhältnis im deutschen Idealismus

Die Rechtsphilosophien Immanuel Kants und Johann Gottlieb Fichtes repräsentieren das Rechtsdenken des deutschen (subjektiven) Idealismus. Mit Kant und Fichte wird das klassische (materiale) Naturrechtsdenken endgültig aufgegeben. Der Versuch, Lösungen rechtlicher Probleme aus dem Sittengesetz gewinnen zu können, wird damit endgültig überwunden.

Gleichwohl zeichnen sich beide Philosophien dadurch aus, dass sie eingebettet sind in umfassende philosophische Systeme. Das Wesen des Rechts ist hierbei nur ein Anliegen dieser beiden Denker. Ihr Anspruch geht weiter, es geht um nichts Geringeres als darum, die Stellung des Menschen in der Welt gedanklich zu fassen. Gefragt wird nach dem Wesen der Subjektivität. Im Rahmen der Erörterung der Personenbegriffe des deutschen Idealismus wurde dies bereits ansatzweise deutlich.

Die transzendentale Fragestellung kommt an den normativen Systemen, die das Leben des Menschen beeinflussen, nicht vorbei. Unweigerlich stellt sich dabei die Frage nach den Wechselwirkungen zwischen Subjektivität einerseits und Normativität andererseits.

Den hier bestehenden Beziehungszusammenhang herauszuarbeiten, ist das zentrale Anliegen der subjektphilosophischen Rechtsbegründung.

Obwohl Fichte seine „Grundlage des Naturrechts nach Prinzipien der Wissenschaftslehre" bereits im Jahr 1796 und damit kurz vor der „Metaphysik der Sitten" von Kant publiziert hat, wäre Fichtes System gleichwohl ohne die Vorüberlegungen Kants unmöglich gewesen. Fichte bewegt sich in mancherlei Hinsicht auf Pfaden, die ihm durch Kant bereitet worden sind. Die nachfolgende Darstellung konzentriert sich daher zunächst darauf, die Herleitung des Rechtsverhältnisses in der kantischen Rechtsphilosophie nachzuzeichnen.

1. Das Rechtsverhältnis bei Kant

Zu Beginn der Darstellung ist zu bemerken, dass die nachfolgenden Ausführungen bewusst einigermaßen knapp gehalten sind. Dies mag den einen oder anderen Einwand wecken, ist aber gleichwohl vertretbar, da es an dieser Stelle lediglich um einen Einstieg in die kantische Rechtslehre gehen soll. Detail- bzw. Problemfragen können daher ohne weiteres auf die Auseinandersetzung mit den im weiteren Verlauf der Arbeit zu erörternden Gegenpositionen verschoben werden.

Einleitend sei nunmehr nochmals an den Personenbegriff Kants erinnert. Der Terminus Person bezeichnet für ihn „dasjenige Subjekt, dessen Handlungen der Zurechnung fähig sind (s.o.)". Kant geht zudem davon aus, dass der Mensch gezwungen ist, sich sein Dasein auf diese Art vorzustellen. Menschsein setzt damit laut Kant auch voraus, ein freies Wesen zu sein.

Die Freiheit begegnet hier als Idee. Es geht ihm nicht um ein empirisches Abwesendsein von Zwang, sondern um die im Idealzustand bestehende Fähigkeit des Individuums, sein Handeln allein an den Prinzipien der Vernunft auszurichten. Dieses Verständnis von Freiheit durchzieht die Kantische Philosophie wie ein roter Faden und prägt seine Moral- und Rechtsphilosophie gleichermaßen. In der „Grundlegung zur Metaphysik der Sitten“ heißt es wörtlich:

> „Ein jedes Ding in der Natur wirkt nach Gesetzen. Nur ein vernünftiges Wesen hat das Vermögen, nah der Vorstellung der Gesetze, d.i. nach Prinzipien, zu handeln, oder einen Willen.“[269]

Wenn Kant hier vom Willen spricht, dann meint er also den freien Willen.[270] Diese Idee der Freiheit hebt den Menschen aus der Natur hervor und macht ihn zu einem „Gliede einer intelligiblen Welt.[271]“

Und weiter stellt Kant klar, dass Vernunft an sich nicht ohne die Prämisse der Freiheit denkbar ist. Er bringt dies zum Ausdruck, indem er sagt, dass man sich unmöglich eine Vernunft denken könne, „die mit ihrem eigenem Bewußtsein in Ansehung ihrer Urteile anderwärts her eine Lenkung empfinge.“[272]

Der Mensch ist damit – auch dies klang bei der Erörterung des Personenbegriffs bereits an – für Kant ein Wesen, welches eine Doppelnatur hat. Einerseits ist er in der Sinnenwelt verhaftet, andererseits ist er Vernunftwesen. Freiheit und Vernunft sind es aber, welche die conditio humana ausmachen: Die Freiheit macht ihn zu etwas Einzigartigem und ermöglicht es ihm, sein Handeln am Postulat des kategorischen Imperativs auszurichten.

Während man bei der Kant-Lektüre zunächst den Eindruck gewinnen kann, dass Kant ein allzu optimistisches Menschenbild und damit eine anthropologische Prämisse zum Ausgangspunkt seiner Überlegungen macht, ist bei näherem Hinsehen genau das Gegenteil der Fall. Kant versucht sein System gerade nicht von empirischen Voraussetzungen abhängig zu machen[273]. In der Grundlegung wird dies besonders deutlich, wenn Kant beispielsweise davon spricht, dass

> „niemand selbst der ärgste Bösewicht, wenn er nur sonst Vernunft zu gebrauchen gewohnt ist, der nicht, wenn man ihm Beispiele der Redlichkeit in Absichten, der Standhaftigkeit in Befolgung guter Maximen, der

[269] I. Kant, GdMS, IV, S. 412/413 (BA 37).
[270] Vgl. auch R. Harzer, Der Naturzustand als Denkfigur moderner praktischer Vernunft: zugleich ein Beitrag zur Staats- und Rechtsphilosophie von Hobbes und Kant, Frankfurt a.M. 1994, S. 84. Harzer spricht insoweit von einem „engen Willensbegriff“.
[271] Kant, GdMS, IV, S. 453/454 (BA 111).
[272] Kant, GdMS, IV, S. 448/449 (BA 101).
[273] Vgl. W. Naucke/ R. Harzer, Rechtsphilosophische Grundbegriffe, 5. Auflage, München 2005, RN 147 ff.

> Teilnehmung und des allgemeinen Wohlwollens [...] vorlegt, nicht wünsche, dass er auch so gesinnt sein möchte."[274]

Ein ontologischer Ansatz wird hier zurückgewiesen und stattdessen vom Subjekt ausgehend argumentiert. Noch deutlicher wird dies, wenn es heißt:

> „Er beweist hierdurch also, daß er mit einem Willen, der von Antrieben der Sinnlichkeit frei ist, sich in Gedanken in eine ganz andere Ordnung der Dinge versetze, als die seiner Begierden im Felde der Sinnlichkeit, ..."[275]

In praktischer Hinsicht ergibt sich hieraus die eingangs bereits angedeutete These, dass der Mensch sich Freiheit zuschreiben muss, ja nicht anders als „unter der Idee der Freiheit handeln kann."[276]

Die Begründung des Rechts in der „Metaphysik der Sitten" knüpft hieran an.[277] Kant will zeigen, dass Staat und Recht ein Postulat der praktischen Vernunft darstellen. Versuche, den Staat als bloßes Produkt individuellen Egoismus zu deuten, erteilt er mit diesem Programm eine Absage. Auch frühere eigene Ausführungen zur Staatsbegründung werden in ihrer Bedeutung relativiert. Wenige Jahre vor der „Metaphysik der Sitten" hatte es in der Schrift „Zum ewigen Frieden" noch geheißen, das Problem der Staatserrichtung sei auch für ein „Volk von Teufeln" lösbar, sofern sie denn wenigstens Verstand hätten.[278] Dieses Problem interessiert ihn in der „Metaphysik der Sitten" nicht, vielmehr geht es um das Aufspüren einer tieferen Legitimation.

Im Einzelnen können Kants Gedanken wie folgt nachgezeichnet werden:
In der „Metaphysik der Sitten" trennt Kant zwischen einer Rechts- und einer Tugendlehre. In beiden Systemen nimmt wiederum der Begriff der Freiheit eine zentrale Rolle ein. Gegenstand der Tugendlehre sind die Gesetze der inneren

---

274 Kant, GdMS, IV, S. 454 (BA 112).
275 Kant, GdMS, IV, S. 454/455 (BA 113).
276 Kant, GdMS, IV, S. 454/455 (BA 113).
277 Vgl. aus der umfangreichen Literatur zur Kantischen Rechtslehre vor allem auch F. Kaulbach, Studien zur späten Rechtsphilosophie Kants und ihrer transzendentalen Methode, Würzburg 1982, W. Kersting, Sittengesetz und Rechtsgesetz – Die Begründung des Rechts bei Kant und den frühen Kantianern, in: Reinhard Brandt (Hrsg.), Rechtsphilosophie der Aufklärung: Symposium Wolfenbüttel 1981, Berlin 1982, S. 148- 177, R. Dreier: Rechtsbegriff und Rechtsidee. Kants Rechtsbegriff und seine Bedeutung für die gegenwärtige Diskussion, Frankfurt a.M. 1986, O. Höffe, Kategorische Rechtsprinzipien. Ein Kontrapunkt der Moderne, 1. Auflage, Frankfurt a.M. 1994.
278 Kant, Zum ewigen Frieden, VIII, S. 366 (B 61).

Freiheit[279]; hingegen fragt die Rechtslehre Kants nach den „formalen Bedingungen der äußeren Freiheit."[280]

Zunächst zur Tugendlehre: Kant setzt bei den Zwecken und Maximen an, die der Mensch mit seinem Handeln *tatsächlich* zu verfolgen vermag, verwirft diese jedoch als Ausgangspunkte der Ethik. Ihnen liegt regelmäßig Selbstsucht zugrunde und Kant kann deshalb folgern:

> „Also wird in der Ethik der *Pflichtbegriff* auf Zwecke leiten und die Maximen in Ansehung der Zwecke, die wir uns setzen sollen, nach moralischen Gründen begründen müssen."[281]

Ethik basiert damit auf Pflicht. Mit anderen Worten lässt sich also sagen, dass der Mensch nur dann ethisch handelt, wenn sein Handeln ausschließlich auf Zwecke gerichtet ist, die sich gleichzeitig als Pflicht darstellen. Und einige Seiten später konkretisiert Kant diesen Gedanken, indem er zwei derartige Zwecke identifiziert: Die „eigene Vollkommenheit" und zum anderen die „fremde Glückseligkeit".[282] Keinesfalls ist es die eigene Glückseligkeit, die ein ethisches Handeln legitimiert. Kant wörtlich:

> „Denn eigene Glückseligkeit ist ein Zweck, den zwar alle Menschen (vermöge des Antriebs ihrer Natur) haben, nie aber kann dieser Zweck als Pflicht angesehen werden, ohne sich selbst zu widersprechen. Was ein jeder schon unvermeidlich von sich selbst will, das gehört nicht unter den Begriff der Pflicht; denn diese ist eine Nötigung zu einem ungern genommenen Zweck."[283]

Nicht nur wird hier dem Egoismus eine deutliche Absage erteilt, vielmehr wird auch der Bezug der Ethik zur Freiheit besonders deutlich.

Ethisches Handeln ist für Kant jedoch nicht allein eine Sache des rationalen Verstandes. Kant fragt auch nach den subjektiven Bedingungen der Moralität und bestimmt als solche das moralische Gefühl, das Gewissen, die Liebe des Nächsten und die Achtung für sich selbst.[284] Während das Vorliegen dieser subjektiven Bedingungen der Moralität sicherlich förderlich ist, sind sie gleichwohl keine objektive Bedingung derselben. Am Beispiel der Nächstenliebe bringt Kant dies auf den Punkt:

---

[279] Kant, MdS (RL), VI, S. 213/214 (AB 6/7).
[280] Kant, MdS (TL), VI, S. 380/381 (A 4).
[281] Kant, MdS (TL), VI, S. 3827383 (A 8).
[282] Kant, MdS (TL), VI, S. 385/386 (A 13).
[283] Kant, MdS (TL), VI, S. 385/386 (A 13).
[284] Kant, MdS (TL), VI, S. 399 (A 35).

> „Liebe ist eine Sache der Empfindung, nicht des Wollens, und ich kann nicht lieben weil ich will, noch weniger aber weil ich soll (zur Liebe genötigt werden); mithin ist eine Pflicht zu lieben ein Unding.“[285]

Verbindlich ist aber die Pflicht, welche aus der allgemeinen Fähigkeit des Menschen zum Wohlwollen folgt:

> „Anderen Menschen nach unserem Vermögen wohlzutun ist Pflicht, man mag sie lieben oder nicht, und diese Pflicht verliert nichts an ihrem Gewicht, wenn man gleich die traurige Bemerkung machen müßte, daß unsere Gattung, leider! dazu nicht geeignet ist, daß wenn man sie näher kennt, sie sonderlich liebenswürdig befunden werden dürfte. – Menschenhaß aber ist jederzeit hässlich, wenn er auch, ohne tätige Anfeindung, bloß in der gänzlichen Abkehrung vom Menschen (der separatistischen Misanthropie) bestände. Denn das Wohlwollen bleibt immer Pflicht, selbst gegen den Menschenhasser, den man freilich nicht lieben, aber ihm doch Gutes erweisen kann.“[286]

Der Gegenstand der Ethik ist damit positiv wie negativ bestimmt. Und in Abgrenzung zur Tugendlehre gelingt Kant dies ebenfalls für das Rechtsverhältnis. Die Moral selbst setzt der Rechtslehre hierbei Grenzen.

Einerseits bildet die moralische Natur des Menschen zwar den Boden des Rechts. Besonders deutlich wird dies an folgendem Zitat aus der Einleitung zur „Metaphysik der Sitten“:

> „Wir kennen unsere eigene Freiheit ... nur durch den moralischen Imperativ, ..., aus welchem nachher der Begriff des Rechts, entwickelt werden kann.“[287]

Andererseits sind Recht und Moral streng voneinander zu trennen. So wie kein Mensch die Liebe durch einen Vernunftakt als Zweck seines Handelns zu setzen im Stande ist, vermag die Gesellschaft es nicht, dem Menschen durch Regeln zur positiven Annahme bestimmter Zwecke zu zwingen. Erzwingen lassen sich nur Handlungen, nicht aber die moralische Haltung. Geklärt ist damit, dass Recht und Moral trotz ihres gleichen Ursprungs wesensverschieden sind.

Unbeantwortet ist bisher aber die Frage geblieben, wie sich der Gegenstand des Rechts positiv bestimmen lässt. Den Ausgangspunkt einer positiven Be-

---

[285] Kant, MdS (TL), VI, S. 401 (A 39).
[286] Kant, MdS (TL), VI, S. 401/402 (A 40).
[287] Kant, MdS (RL), VI, S. 239 (AB48).

gründung des Rechts bildet für Kant der Naturzustand.[288] In Anknüpfung an Hobbes stellt Kant bereits in der „Kritik der reinen Vernunft“ fest, der Naturzustand

> „sei ein Stand des Unrechts und der Gewalttätigkeit, und man müsse ihn notwendig verlassen, um sich dem gesetzlichen Zwange zu unterwerfen, der allein unsere Freiheit dahin einschränkt, daß sie mit jedes anderen Freiheit und eben dadurch mit dem gemeinen Besten zusammen bestehen könne.“[289]

Im Naturzustand tritt das triebhafte Vermögen des Einzelnen nach „Belieben zu tun oder zu lassen“ klar zutage. In der „Metaphysik der Sitten“ bezeichnet Kant dieses allgemeine Begehrungsvermögen als „Willkür“.[290] Gleichzeitig behält Kant aber auch die Vernunftnatur des Menschen im Auge und folgert aus dieser das „angeborne Recht der Freiheit“.[291]

Hiermit ist der eigentliche Grundstein zur Begründung des Rechtsverhältnisses gelegt: Zwischen der Vernunftnatur des Menschen einerseits und der Tendenz zur Willkür andererseits besteht ein Spannungsverhältnis, welches Kant durch die Begründung ursprünglicher und kategorischer Rechtspflichten aufzulösen versucht.

Die erste Rechtspflicht heißt: „Sei ein rechtlicher Mensch“. Diese ist zunächst als Pflicht des Einzelnen gegenüber sich selbst gedacht, die es gebietet, sich anderen nicht zum bloßen Zweck zu machen.[292] Es folgen die äußere Rechtspflicht, niemandem Unrecht zu tun (neminem laede) und schließlich die dritte Rechtspflicht: „Tritt in einen Zustand, worin jedermann das Seine gegen jeden anderen gesichert werden kann.“[293] Diese Rechtspflichten bilden gewissermaßen den transzendentalen Unterbau der bekannten und hier bereits an anderer Stelle erwähnten Rechtsdefinition Kants:

> „Das Recht ist ... der Inbegriff der Bedingungen, unter denen die Willkür des anderen nach einem allgemeinen Gesetze der Freiheit zusammen vereinigt werden kann... .“[294]

---

[288] Vgl. zum Terminus des Naturzustandes auch die einleitenden Ausführungen bei: H. Hofmann, Artikel „Naturzustand“, in: Historisches Wörterbuch der Philosophie, Bd. 6: Mo-O, Basel 1984, Sp. 654- 657.
[289] Kant, KdrV, III, S. 492 (A 752, B 780).
[290] Kant, MdS (RL), VI, S. 213 (AB 5).
[291] Kant, MdS (RL), VI, S. 237 (AB 45).
[292] Kant, MdS (RL), VI, S. 213 (AB 5).
[293] Kant, MdS (RL), VI, S. 236/237 (AB 44).
[294] Kant, MdS (RL), VI, S. 230/231 (AB 33).

Das Rechtsverhältnis ist damit wie folgt bestimmt: Es ist ein äußeres Verhältnis, welches die Willkür des Einzelnen zur Willkür des Anderen zum Gegenstand hat.

Im Rechtszustand werden somit die Freiheit, die sich nur durch Autonomie realisieren lässt, und die natürliche, mit Konfliktpotentialen einhergehende Neigung des Menschen zur „Vergesellschaftung" zu einer Synthese geführt. Diese Synthese ist ein Produkt praktischer Vernunft, zu dem Kant durch Anwendung des kategorischen Imperativs gelangt. Hieraus ergibt sich für die Zulässigkeit von Zwang folgende Konsequenz: Wenn das Recht eine Spezialform des kategorischen Imperativs darstellt, dann muss die Zwangsausübung selbst Bestandteil eines allgemeinen Gesetzes sein. Zwang ist somit nur da zulässig, wo Individuen ihr Handeln an Maximen ausrichten, die nicht verallgemeinerbar sind.[295]

Ein weiterer Gesichtspunkt des Rechtsverhältnisses wird nunmehr deutlich. Da das Recht – Kant zufolge – im einzelnen Subjekt seinen Grund hat, präsentiert es sich nicht bloß als Instrument staatlicher Herrschaft, sondern gleichsam als autonome Erfindung eines jeden Einzelnen.

Diese Setzung des Rechts „von unten" begrenzt das Naturzustandstheorem und zeigt deutliche Grenzen auf. Das stets mitzudenkende Postulat der Freiheit verbietet es nämlich, diese im Rechtszustand aufzugeben. Eine Aufgabe des Prinzips der Freiheit in einem totalitären Staat wäre für Kant nichts anderes als die Rückkehr des Naturzustandes.

Weiteren materiellen Gehalt bekommt das Rechtsverhältnis, indem Kant an die Seite der Freiheit zwei weitere Prinzipien stellt, die a priori ein Rechtssystem ausmachen: Das Prinzip der Gleichheit und das Prinzip der Selbständigkeit.

Mit der Einführung des Gleichheitsprinzips wird das Rechtsverhältnis dahingehend konkretisiert, dass das Unterwerfen unter Gesetze stets wechselseitig ist. Den Anderen rechtlich verpflichten zu können setzt a priori auch die Bereitschaft voraus, sich selbst verpflichten zu lassen.[296] Die praktischen Konsequenzen, die sich aus dem Gleichheitsprinzip für die Verfassung eines Staatswesens ergeben, sind enorm. Kant selbst hat beispielsweise den Erbadel als „Anomalie", ja gar als „Gedankending ohne alle Realität" bezeichnet.[297] Und auf allgemeinerer Ebene ergibt sich aus dem Gleichheitsprinzip das Postulat allgemeiner Gesetze.[298]

Letztlich tritt noch das Prinzip der Selbständigkeit hinzu. Die Interpretation Kants erreicht hier eine problematische Stelle. In der „Metaphysik der Sitten" bezeichnet Kant die Selbständigkeit zunächst als ein „unabtrennliches Attribut"

---

[295] Vgl. insoweit bezogen auf das kantische Privatrecht W. Kersting, Wohlgeordnete Freiheit: Immanuel Kants Rechts- und Staatsphilosophie, 1. Auflage, Frankfurt a.M. 1984, S. 128.

[296] Vgl. Kant, Zum ewigen Frieden, VIII, S. 350 (BA 21).

[297] Kant, MdS (RL), VI, S. 329 (A 192/ B 221/222).

[298] Vgl. z.B. W. Kersting (1984), S. 375 unter Verweis auf Kant, MdS (RL), VI, S. 329 (A 192/ B 221/222).

der Staatsbürgerschaft und definiert diese als Fähigkeit, „seine Existenz ... seinen eigenen Rechten und Kräften... verdanken zu können.“[299] Ein Gedanke, der noch unterstrichen wird, wenn Kant im Zusammenhang mit dem angeborenen Recht der Freiheit von der Qualität des Menschen, „sein eigener Herr zu sein“, spricht.[300] Problematisch wird die Selbständigkeit allerdings dadurch, dass Kant meint, zwischen aktiver und passiver Staatsbürgerschaft unterscheiden zu müssen. Nur wer sich als selbständig erwiesen hat, ist demzufolge aktiver Staatsbürger, wer sich hingegen in einem Abhängigkeitsverhältnis befindet, der wird für Kant zum Bürger zweiter Klasse. Als solcher ist er zwar frei und gleich. Das Recht als Staatsbürger zur Stimmgebung befugt zu sein, enthält Kant dem Unselbständigen aber vor. Gesellen, Dienstboten, Unmündige, aber auch Frauen sind hiernach nicht Staatsbürger, sondern bloße Staatsgenossen.

Auch in der Schrift „Über den Gemeinspruch“ begegnet dem Leser das Problem der Selbständigkeit. Dort heißt es: „Es ist, ich gestehe es, etwas schwer, die Erfordernis zu bestimmen, um auf den Stand eines Menschen, der ihm sein eigener Herr ist, Anspruch machen zu können.“[301] Die Antwort auf dieses Problem gibt Kant selbst, indem er kurz darauf das Innehaben von Eigentum und damit ökonomische Unabhängigkeit als Basis der Selbständigkeit formuliert. Der Textbefund wirkt aus heutiger Sicht befremdlich und eine Konzeption von Staatsbürgerschaft, die weite Bevölkerungsteile ausgrenzt, ist sicher nicht akzeptabel. Dementsprechend bereitet das von Kant formulierte Selbständigkeitsprinzip auch heutigen Kantinterpreten noch Probleme. Sonderbar mutet nach Ansicht mancher Interpreten zudem an, dass Kant mit der Begrenzung voller Staatsbürgerschaft auf empirische Voraussetzungen rekurriert und damit seinen von der praktischen Vernunft geprägten Ausgangspunkt aufzugeben scheint.[302]

Bei näherer Betrachtung sind diese Bedenken jedoch weniger schwerwiegend, als es auf den ersten Blick scheint.

Zunächst kann festgehalten werden, dass der aus der Selbständigkeit resultierende Status des Einzelnen als Staatsbürger, der ihn zur Mitgesetzgebung berechtigt, sich sehr wohl in die transzendentale Rechtslehre einfügt, da er ganz offensichtlich eine der Konstitutionsbedingungen vernünftigen Rechts bezeichnet. Theorie und Praxis werden hierdurch miteinander versöhnt. Im Einzelnen ist hiermit Folgendes gemeint:

Von der Bedingung a priori ist zunächst der Weg zu einer republikanischen Staatsform eindeutig vorgezeichnet. Auch dürfte nicht zu bezweifeln sein, dass Bürger ihrer Rolle als Mitgesetzgeber nur dann gerecht werden können, wenn demokratische Strukturen nicht nur auf dem Papier existieren, sondern auch die soziostrukturellen Voraussetzungen einer funktionierenden Demokratie gewähr-

---

[299] Kant, MdS (RL), VI, S. 314, (A 166/ B 196).
[300] Kant, MdS (RL), VI, S. 238 (AB 45).
[301] Kant, Gemeinspruch, VIII, S. 295 (A 245).
[302] Vgl. W. Kersting (1984), S. 381 ff.

leistet sind. Kant war offensichtlich der Auffassung, dass diese nicht erfüllt sind, wenn ein Individuum sich in ökonomischer Abhängigkeit befindet. Verallgemeinert man diesen Schluss, so wird im Selbständigkeitsprinzip der Gedanke ausgedrückt, dass in einem real existierenden Rechtssystem die Sorge um die Selbstachtung der Individuen eines der Anliegen des positiven Rechts sein muss. Das Prinzip der Selbständigkeit führt damit unmittelbar zu dem modernen Begriff der „positiven Freiheit".[303] Bereits diese knappen Ausführungen zeigen, dass dem Selbständigkeitsprinzip wichtige Gedanken zugrunde liegen und es sich daher als unverzichtbar erweist.

Gerade im Selbständigkeitsprinzip findet der Leser daher einen Schlüssel, um zu einer Aktualisierung der kantischen Rechtslehre zu gelangen. Nun liegt sicherlich der fragende Einwand nahe, ob all dies noch wirklich kantisch ist. Verschiedene Textstellen sprechen aber für die gewählte Interpretation: Zum einen führt Kant bereits unmittelbar nach der Einführung des Selbständigkeitsprinzips aus, dass im Staat für den Abhängigen die Möglichkeit bestehen müsse, sich zu dem aktiven Zustand empor arbeiten zu können,[304] zum anderen meint Kant, dass es durchaus legitim sei, Armut durch staatliche Gesetzgebung zu bekämp-

---

[303] Vgl. zum Begriff der „positiven Freiheit" E. Tugendhat (1993), S. 359. Ganz im hier aufgezeigten Sinn auch W. Bartuschat, Zur kantischen Begründung der Trias „Freiheit, Gleichheit, Selbständigkeit" innerhalb der Rechtslehre, in: Götz Landwehr (Hrsg.), Freiheit, Gleichheit, Selbständigkeit: Zur Aktualität der Rechtsphilosophie Kants für die Gerechtigkeit in der modernen Gesellschaft, Göttingen 1999, S. 11- 25 und S.W. Holtmann, Kantian Justice and Poverty Relief, in: Kant- Studien 2004, S 86- 106. Vgl. ferner G. Luf, Freiheit und Gleichheit: die Aktualität im politischen Denken Kants, Wien 1978, K. Kühl, Eigentumsordnung als Freiheitsordnung: zur Aktualität der Kantischen Rechts- und Eigentumslehre, München 1984 (insb. S. 281 ff) sowie bereits M. Kriele, Einführung in die Staatslehre, Reinbek 1975 (z. B. S. 335).
Siehe zudem auch R. Dworkin, Bürgerrechte ernstgenommen, 1. Auflage, Frankfurt 1984, S. 19, der diesen Befund wie folgt umschrieben hat: „Die Handlungsfreiheit des Individuums findet a priori Schranken in der Mitmenschlichkeit."
Vgl. aus der psychologischen Literatur zudem auch: E. Fromm, Die Furcht vor der Freiheit, 11. Auflage, München 2003. Fromm betont, dass auch in freiheitlich verfassten Gesellschaften die freie Entfaltung des Individuums keineswegs gesichert sei, da in vielerlei Hinsicht eine „Flucht ins Konformistische" drohe. Während Fromm dies einerseits auf psychologische Ursachen zurückführt, betont er andererseits auch die Bedeutung des sozioökonomischen Kontexts, der nur allzu häufig einer humanen Selbstverwirklichung im Wege stehe und mit psychologischen Anlagen in eine Symbiose trete. Der hieraus resultierende Konformismus gefährdet nach Fromm letztlich auch die freiheitliche Ordnung (vgl. insb. S. 137 ff.).
[304] Kant, MdS (RL), VI, S. 315/316 (A 169/ B 199/200). Siehe ferner Kant, Gemeinspruch, VIII, S. 292 (A 239). Dort heißt es: „Jedes Glied desselben muß zu jeder Stufe eines Standes in demselben (die einem Unterthan zukommen kann) gelangen dürfen, wozu ihn sein Talent, sein Fleiß und sein Glück hinbringen können ...".

fen.[305] Die Integration der „positiven Freiheit" bereitet demnach weniger Probleme als es zunächst den Anschein hat.

Man hat also den Eindruck, dass die Trennung von aktiver und passiver Staatsbürgerschaft im Denken Kants einen Systembruch darstellt, der den Blick auf den eigentlich wertvollen Gehalt seines Selbständigkeitsprinzips unnötig verstellt.

Eine Stärkung erfährt die hier gewählte Kant-Interpretation letztlich auch durch eine konsequente Rückbesinnung auf das Naturzustandstheorem. Durch das Eintreten in den Staatsverband ist dieser eben nicht vollständig verlassen. Naturzustandsähnliche Situationen können vielmehr auch im Staatsverband auftreten. Die soziale Frage des 19. und 20. Jahrhunderts bildet insofern ein ohne weiteres einleuchtendes Beispiel. Es kann nicht im Sinne Kants sein, vor derartigen Phänomenen einfach die Augen zu verschließen. Es überzeugt daher, wenn vorgeschlagen wird, den Naturzustand nicht allein zur Begründung des ursprünglichen Kontrakts heranzuziehen und diesen statt dessen als eine allgemeine „Denkfigur moderner praktischer Vernunft" aufzufassen.[306]

Die zuletzt gemachten Ausführungen bewahren Kant damit vor dem Vorwurf, dass seine Rechtslehre einen Anachronismus darstelle, mit dem heutige Probleme des Rechts nicht zu lösen seien.[307] Hier darf zunächst nicht vergessen werden, in welcher historischen Situation Kant sich befunden hat. Die Arbeiterfrage des 19. Jahrhunderts oder die Umweltkrise des 20. Jahrhunderts konnten ihm nicht bekannt sein. Fertige Lösungen kann man bei ihm daher nicht erwarten. Die Frage kann somit allein sein, ob in seiner Grundlegung des Rechtsverhältnisses bereits die Elemente angelegt sind, die ein Erfassen neuer Problemlagen und eine Weiterentwicklung der kantischen Philosophie möglich machen.[308] Diese Frage ist, wie nunmehr klar sein dürfte, eindeutig positiv zu beantworten.

---

[305] Wörtlich heißt es: „Dem Oberbefehlshaber steht indirekt, d.i. als Übernehmer der Pflicht des Volkes, das Recht zu, dieses mit Abgaben zu seiner (Des Volkes) eigenen Erhaltung zu belasten, als da sind: das Armenwesen, die Findelhäuser und das Kirchenwesen, sonst milde, oder fromme Stiftungen genannt. ... Von Staatswegen ist also die Regierung berechtigt, die Vermögenden zu nötigen, die Mittel der Erhaltung derjenigen, die es, selbst den notwendigsten Naturbedürfnissen nach, nicht sind, herbei zu schaffen..." (Kant, MdS (RL), VI, S. 326 (A 187/ B 217)).

[306] So die Kernthese von R. Harzer in „Der Naturzustand als Denkfigur moderner praktischer Vernunft".

[307] W. Kersting spricht beispielsweise davon, dass Kant einen Weg zu einer vermittelnden Position zwischen Freiheitlichkeit und Sozialstaatlichkeit nicht aufgezeigt habe (W. Kersting (1984), S. 61).

[308] Einen Versuch, die soziale Frage mit der kantischen Staatslehre zu versöhnen, findet sich bei G. Luf. Luf hat sich dafür ausgesprochen das Gleichheitsprinzip nicht als bloß formal-abstrakte Rechtskategorie aufzufassen. Er begründet dies mit der Notwendigkeit einer möglichst weitgehenden Gewährleistung von Autonomie und folgert hieraus, dass das Gleichheitsprinzip auch für soziale Fragestellungen offen sein müsse (G. Luf (1978), S. 147). Und

2. Das Rechtsverhältnis bei Fichte

In der Grundlegung des Rechtsverhältnisses bei Kant springt ein wesentlicher Punkt sofort ins Auge: Die Zwangsbefugnis des Rechts wird hergeleitet, um im Konfliktfall Freiheit wiederherzustellen. Das so bestimmte Rechtsverhältnis fußt in der Individualität des Einzelnen. Freiheitssphären werden vorausgesetzt und das Recht tritt in Aktion, wenn Freiheitssphären miteinander kollidieren. Hier liegt ein zentraler Unterschied zur Rechtsphilosophie Fichtes,[309] der im Folgenden herausgearbeitet werden soll. Fichte verlangt dem Rechtsverhältnis etwas anderes ab, er will zeigen, dass die Freiheit durch das Rechtsverhältnis mitkonstituiert wird. Zaczyk hat in seiner grundlegenden Arbeit zum Strafrecht in der Rechtslehre Fichtes diesen Anspruch prägnant zusammengefasst:

> „Das Recht ist nicht ein gedachtes, erfundenes Regelwerk, das einem sonst chaotischen, ungeregelten Dasein übergestülpt wird. Vielmehr ist das Recht vom einzelnen und seinem Verhältnis zum anderen gar nicht wegzudenken, sondern wird lebendig in diesem Verhältnis selbst."[310]

Bei der Darstellung seines Personenbegriffs zeigte sich bereits, dass Fichte die Individualität als durch wechselseitige Abhängigkeiten bedingt ansieht. Aus dem Wesen der Intersubjektivität heraus begründet er auch das Recht.

Dieser Schritt soll im Folgenden nachgezeichnet werden:

„Der Begriff des Rechts soll ein ursprünglicher Begriff der reinen Vernunft sein", stellt Fichte bereits in der Einleitung des Naturrechts fest.[311] Und auch der im Titel seines Werkes enthaltene Zusatz „nach Prinzipien der Wissenschaftslehre" verweist bereits auf die von Fichte beabsichtigte transzendentale Deduktion des Rechtsbegriffs.

Im Gegensatz zu Kant, dessen Rechtslehre im Naturzustandstheorem ihren Ausgangspunkt findet, wählt Fichte jedoch einen anderen Ansatz und fragt ohne Umwege nach der Wechselwirkung zwischen Rechtsverhältnis und Subjektivität. Dementsprechend heißt es im bereits erwähnten ersten Lehrsatz: „Ein endliches Wesen kann sich selbst nicht setzen, ohne sich eine freie Wirksamkeit zu-

---

auch der hier eher kritische Kersting, räumt ein, dass sich aus dem „Geist der vernunftrechtlichen Freiheit" sehr wohl ein „vernunftrechtliches Sekundärprinzip" ableiten lasse (W. Kersting (1984), S. 64).

[309] Vgl. zur Entwicklung von Fichte's Rechtsdenken W. Kersting (1982), S. 148-177. Kersting weist hier unter anderem darauf hin, dass der frühe Fichte in der „Kritik aller Offenbarung- ebenso wie die ersten Kantianer – noch den Versuch unternommen hat, das Recht aus dem Sittengesetz abzuleiten. Nach Vorarbeiten im „Beitrag" hat Fichte erst in der Grundlage des Naturrechts" endgültig mit dieser Vorgehensweise ausdrücklichgebrochen.

[310] R. Zaczyk, Das Strafrecht in der Rechtslehre Fichtes, Berlin 1981, S. 49.

[311] Fichte, GdN, III, S. 8.

zuschreiben.“ Die Selbstzuschreibung freier Wirksamkeit ermöglicht Distanz zur Welt, löst mithin das Vernunftwesen aus dem Seinshorizont und ermöglicht es dadurch erst. Dieser Gedanke wird von Fichte durch die nachfolgenden Lehrsätze gewissermaßen „aufgefächert“ und hierbei in seine notwendigen Bedingungen zerlegt.

Die erste Implikation dieses Gedankens enthält in § 2 des Naturrechts der Folgesatz: „Durch dieses Setzen seines Vermögens zur freien Wirksamkeit setzt, und bestimmt das Vernunftwesen eine Sinnenwelt außer sich.“[312] An etwas späterer Stelle kommt Fichte im Naturrecht noch einmal auf diesen Befund zurück und fasst ihn mit den folgenden Worten plastisch zusammen: „Die Realität der Welt ... ist eine Bedingung des Selbstbewusstseins; denn wir können uns selbst nicht setzen ohne etwas außer uns zu setzen, dem wir die gleiche Realität zuschreiben müssen, die wir uns selbst beilegen.“[313]

In den nunmehr folgenden Lehrsätzen wird die Deduktion entscheidend weitergeführt. Zunächst noch einmal der an anderer Stelle bereits erwähnte zweite Lehrsatz: „Das endliche Vernunftwesen kann eine freie Wirksamkeit in der Sinnenwelt sich selbst nicht zuschreiben, ohne sie auch anderen zuzuschreiben, mithin auch andere endliche Vernunftwesen außer sich anzunehmen.“

Mit anderen Worten: Wo ein endliches Vernunftwesen ist, da sind mehrere. Die im Rahmen der Personenbegriffe bereits erwähnte Aufforderungslehre Fichtes bildet hier die notwendige theoretische Basis (s.o.). Klar ist, dass diese Aufforderung von einem anderen Vernunftwesen kommen muss, welches sich selbst wiederum eine freie Wirksamkeit in der Sinnenwelt zuschreibt.

Das Rechtsverhältnis selbst wird daran anschließend im dritten Lehrsatz eingeführt. Fichte fasst diesen wie folgt:

> „Das endliche Vernunftwesen kann nicht noch andere endliche Vernunftwesen außer sich annehmen, ohne sich zu setzen, als stehend mit denselben in einem bestimmten Verhältnisse, welches man das Rechtsverhältnis nennt.“[314]

Hier will Fichte Folgendes zum Ausdruck bringen: Mehrere Vernunftwesen können überhaupt nur dann sein, wenn sie ihre Freiheit als wechselseitig beschränkt ansehen. Instruktiv schreibt er:

> „Würde es [das erkennende Subjekt] nicht erkennen, daß ein freies Wesen außer ihm wäre, so erfolgte etwas nicht, was nach den Gesetzen der Vernunft hätte erfolgen müssen, und das Subjekt wäre nicht vernünftig. Oder

[312] Fichte, GdN, III, S. 23.
[313] Fichte, GdN, III, S. 40 f..
[314] Fichte, GdN, III, S. 41.

> erfolgte diese Erkenntnis in ihm zwar, aber es beschränkte nicht zufolge derselben seine Freiheit, um dem anderen auch die Möglichkeit, frei zu handeln übrigzulassen; so könnte der andere den Schluß nicht machen, daß es ein vernünftiges Wesen wäre, weil der Schluß lediglich durch die geschehene Selbstbeschränkung notwendig wird."[315]

Dieser Schritt macht das eigentlich Neue der Konzeption Fichtes aus. Indem das Recht als der Subjektivität innewohnend gedacht wird, wird das Spannungsverhältnis zwischen Autonomie und Gemeinschaftlichkeit überwunden. Das Rechtsverhältnis stellt sich als Verhältnis „gegenseitiger Anerkennung", bedingt durch die „Wechselwirkung von Intelligenz und Freiheit", dar.[316]

Vergleicht man die Deduktion Fichtes mit der von Kant, so stellt sich das Recht bei Fichte damit in einem neuen Licht dar.

Um es zusammenzufassen: Das Recht wird nicht mehr bloß als Institut gedacht, mit dem Freiheitskonflikte einer Schlichtung zugeführt werden, vielmehr wird die Realisierung einer positiv verstandenen Freiheit als dem Recht immanentes Anliegen erkannt. Die Konsequenzen dieses Verständnisses sind äußerst weitreichend. Einiges findet sich hierzu bereits bei Fichte selbst.

An das erste Hauptstück der „Grundlage des Naturrechts" schließt sich der mit der Überschrift „Deduktion der Anwendbarkeit des Rechtsbegriffs" betitelte zweite Teil an. In diesem wendet sich Fichte den einzelnen Individuen als „Polen des Rechtsverhältnisses"[317] zu. An dieser Stelle gewinnt nunmehr der Begriff der Person eine zentrale Bedeutung für das Verständnis des Rechtsverhältnisses. Fichte zerlegt diesen in seine Bestandteile und kann hieraus die Anwendbarkeit des Rechtsbegriffs deduzieren.

Letztlich knüpft Fichte damit an die bereits im Zusammenhang mit dem zweiten Lehrsatz entwickelte Aufforderungslehre an. Diese erfährt in der Deduktion der Anwendbarkeit des Rechtsbegriffs ihre praktische Ausgestaltung. Die hierfür notwendigen Bedingungen stellt Fichte in zwei weiteren Lehrsätzen dar. Der vierte Lehrsatz betrifft – wie bereits erwähnt – die Zuschreibung eines materiellen Leibes und impliziert damit das Vorhandensein einer fortdauernden Freiheitssphäre. Dies ist aber wiederum abhängig von einer Fortdauer der Subjektivität auf der Gegenstandsseite.[318] Und genau dies setzt die Zuschreibung eines

---

[315] Fichte, GdN, III, S. 43 f..
[316] Fichte, GdN, III, S. 54 f..
[317] Vgl. R. Zaczyk (1981), S. 35.
[318] Vgl. zu dieser Problematik auch G. Zöller, Leib, Materie und gemeinsames Wollen als Anwendungsbedingungen des Rechts (zweites Hauptstück: §§ 5-7), in: J. C. Merle (Hrsg.), Grundlage des Naturrechts, Klassiker auslegen, S. 97- 112 (99).

Körpers voraus, der den „Umfang aller möglichen freien Handlungen der Person“[319] bestimmt. Hieran schließt sich dann der fünfte Lehrsatz an:

> „Die Person kann sich keinen Leib zuschreiben, ohne ihn zu setzen, als stehend unter dem Einflusse einer Person außer ihr, und ohne ihn dadurch weiter zu bestimmen.“[320]

Das Individuum erfährt die Welt und die Personen, die es umgeben, gewissermaßen „am eigenen Leib.“

Damit ist zum einen seine Personalität positiv bestimmt, als endliches Vernunftwesen ist die Person aber gleichzeitig verletzlich. Die intersubjektive Verfasstheit des Subjekts entpuppt sich damit als Segen und Risiko zugleich.

Vom Standpunkt der Vernunft ist indes klar, dass die Einflussnahme einer Person niemals die Personalität des anderen zerstören darf, da andernfalls eine der Bedingungen der eigenen Subjektwerdung entfiele. Fichte selbst thematisiert dies vor allem in der „Deduktion des Urrechts“, welche das erste Kapitel der eigentlichen Rechtslehre bildet. Einleitend formuliert er: „Das was zunächst und für die bloß spekulative Untersuchung Bedingungen der Persönlichkeit sind, wird zu Rechten lediglich dadurch, dadurch dass andere Wesen gedacht werden, die nach dem Rechtsgesetze dieselben nicht verletzen dürfen.“[321] Und kurz darauf definiert er das Urrecht wie folgt:

> „Das Urrecht ist daher das absolute Recht der Person, in der Sinnenwelt nur Ursache zu sein. (Schlechthin nie bewirktes.)“[322]

Horstmann hat dies unlängst wie folgt kommentiert: „Wenn nun das Urrecht bzw. die Urrechte die Summe der Bedingungen darstellen soll, die zusammen den Begriff der freien Persönlichkeit ausmachen, ist das Urrecht eigentlich nichts anderes als eine Explikation des Begriffs der Person, ...“[323]

Ein wenig unklar bleibt bei Fichte allerdings zunächst, was hieraus folgen soll. Fichte selbst bezeichnet das Urrecht als „bloße Fiktion“.[324] Und wenn er feststellt, dass es einen „Stand der Urrechte“ nicht gebe, dann scheint er das Urrecht endgültig in den Bereich der Theorie zu verweisen. Andererseits wird einiges klarer, wenn man sich vergegenwärtigt, worin genau die hier angesprochene

---

[319] Fichte, GdN, III, S. 59 f..
[320] Fichte, GdN, III, S. 61 f.
[321] Fichte, GdN, III, S. 111.
[322] Fichte, GdN, III, S. 113.
[323] R.-P. Horstmann, Theorie des Urrechts (§§ 8-12), in: J.C. Merle (Hrsg.), Grundlage des Naturrechts. Klasiiker auslegen, Berlin 2001, S. 113- 123 (115).
[324] Fichte, GdN, III, S. 112f..

Fiktion besteht. Bereits vor der Deduktion des Urrechts findet sich insoweit folgender Satz, der von zentraler Bedeutung ist:

> „Zu einer Handlung, die die Freiheit und Persönlichkeit eines anderen unmöglich macht, hat keiner das Recht; zu allen übrigen hat es ein jeder."[325]

Betrachtet man die soeben präsentierten Textstellen und Gedanken im Zusammenhang, so drängt sich der Gedanke auf, dass sich aus der Rechtsphilosophie Fichtes das Postulat eines unantastbaren Kernbereiches der Persönlichkeit ergibt und hiermit eine apriorische Bedingung einer jeden positiven Rechtsordnung bestimmt ist.

Dies wird bestätigt, wenn es in der Analyse des Urrechts (§ 11) heißt:

> „Alles jetzt Deduzierte zusammengefasst, fordert die Person durch ihr Urrecht eine fortdauernde Wechselwirkung zwischen ihrem Leibe und der Sinnenwelt, bestimmt und bestimmbar, lediglich durch ihren frei entworfenen Begriff von derselben."[326]

Und aus dem hier zentralen Begriff der Kausalität folgt für Fichtes Deduktion zweierlei:

> „1. das Recht auf die Fortdauer der absoluten Freiheit und Unantastbarkeit des Leibes (d.i., daß auf ihn unmittelbar nicht eingewirkt würde.)
> 2. das Recht auf die Fortdauer unseres Einflusses in die gesamte Sinnenwelt."[327]

Dies impliziert letztlich, dass dort, wo sich eine positive Rechtsordnung als System der Unterdrückung präsentiert, das Rechtsverhältnis endet und statt dessen ein „Unrechtsverhältnis" entsteht.[328]

Die Grundlinien des Rechtsverhältnisses bei Fichte sind damit im wesentlichen nachgezeichnet. An der Deduktion des Rechtsbegriffs (§§ 1-4), der Anwendbarkeit des Rechtsbegriffs (§§ 5-7) und der Deduktion des Urrechts (§§ 9-11) wird das grundsätzlich Neue an Fichtes Konzeption eines Vernunftrechts hinreichend deutlich.

Festzuhalten ist: Mit der Entdeckung der Intersubjektivität und ihrer Fruchtbarmachung für die Rechtslehre hat Fichte den subjektiven Idealismus in eine neue Richtung gelenkt und diesen auf eine holistische Basis gestellt. Im Rahmen

---

[325] Fichte, GdN, III, S. 93
[326] Fichte, GdN, III, S. 119.
[327] Fichte, GdN, III, S. 119.
[328] So auch R. Zaczyk (1981), S. 46.

der Diskussion des kommunitaristischen Gegenmodells wird hierauf zurückzukommen sein.

3. Zusammenfassung und Ausblick

Die somit zum Abschluss gebrachte Darstellung der beiden idealistischen Konzeptionen vom Rechtsverhältnis hat Folgendes ergeben: Bei allen Unterschieden, die sich im Detail gezeigt haben, verbindet beide gleichwohl die Betonung der zentralen Rolle des Subjekts bei der Begründung des Rechtsverhältnisses.

Mehrere Implikationen treten insoweit klar zutage. Zum einen sind beide Philosophien tatsächlich auf das engste mit einem maximalistischen und idealistischen Personenbegriff verknüpft. Zum anderen ist die Kategorie des Normativen im subjektiven Idealismus mit einer ganzen Reihe von Fragestellungen untrennbar verbunden. Diese betreffen u.a. den Geltungsanspruch des Rechts, das Problem der Gerechtigkeit, das Vorhandensein unveräußerlicher Rechte und damit letztlich die Tiefenstruktur des Rechtsbegriffs. Tatsächliche oder vermeintliche Alternativen zum Rechtsverhältnis müssen sich hieran messen lassen.

II. Alternativen zum Rechtsverhältnis

1. Der Rechtspositivismus

Mit dem Erstarken der Naturwissenschaften im 19. Jahrhundert ist das metaphysische Rechtsdenken des deutschen Idealismus kontrovers geworden. Das Auftreten des Positivismus hat insoweit eine diametral andere Auffassung vom Wesen des Rechts hervorgebracht. Der nun folgende Blick auf die Reine Rechtslehre Kelsens verdeutlicht dies.

a) Die Reine Rechtslehre bei Hans Kelsen

Trotz aller Unterschiede, die sich in den folgenden Ausführungen zeigen werden, springt zunächst ein gemeinsamer Anspruch ins Auge. Bereits der Titel „Reine Rechtslehre“[329] suggeriert eine Nähe zu Kant. Auf der ersten Seite der „Reinen Rechtslehre“ erläutert Kelsen, was er hiermit meint:

> „Wenn sie als eine „reine“ Lehre vom Recht bezeichnet, so darum, weil sie nur eine auf das Recht gerichtete Erkenntnis sicherstellen und weil sie

[329] Siehe zur Einführung in die Reine Rechtslehre auch: K. Adomeit, Der Rechtspositivismus im Denken von Hans Kelsen und Gustav Radbruch, JZ 2003, S. 161- 166, A. Kley/ E. Tophinke, Hans Kelsen und die reine Rechtslehre, JA 2001, S. 169- 174, C. Jabloner, Wie zeitgemäss ist die reine Rechtslehre, Rechtstheorie 1998, S. 1- 21, W. Schild, Theorie und Praxis bei Hans Kelsen, in: Rechtstheorie 1979, S. 199- 230 sowie H. Dreier, Rechtslehre, Staatssoziologie und Demokratietheorie bei Hans Kelsen, 1. Auflage, Baden-Baden 1986.

> aus dieser Erkenntnis alles ausscheiden möchte, was nicht zu dem exakt als Recht bestimmten Gegenstande gehört."[330]

Dies erinnert natürlich an Kant und dessen erkenntnistheoretischen Anspruch, die apriorischen Bedingungen der Erkenntnis zu erkennen.

Außerdem rekurriert Kelsen ausdrücklich auf Kants Methode der Transzendentallogik und spricht im Zusammenhang bezüglich seiner Lehre von der Grundnorm ausdrücklich als einer analogen Vorgehensweise.[331]

Gleichwohl bricht Kelsen mit Kant bereits zu Beginn seiner Darstellung, indem er die „Reine Rechtslehre" als eine „Theorie des positiven Rechts" bezeichnet.

Ausdrücklich grenzt er sich von Kant ab und schreibt: Im Bereich der praktischen Vernunft, „wo ja das Schwergewicht der christlichen Lehre ruht, ist ihr metaphysischer Dualismus, den Kant auf dem Gebiete der theoretischen Philosophie so nachdrücklich bekämpfte, in dessen Lehrsystem auf der ganzen Linie eingebrochen. Hier hat Kant seine transzendentale Methode verlassen... Und so kommt es, dass Kant, dessen Transzendentalphilosophie ganz besonders berufen ist, einer positivistischen Rechts- und Staatslehre die Grundlage zu bieten, als Rechtsphilosoph in den ausgetretenen Gleisen der Naturrechtslehre geblieben ist."[332]

Im Hintergrund steht hier letztlich Kritik am Begriff der praktischen Vernunft an sich. Im „Problem der Gerechtigkeit" behauptet Kelsen, dieser sei theologisch-religiösen Ursprungs.[333] Als Beleg verweist er auf Thomas von Aquin, dessen *ratio practica* untrennbar mit der Vorstellung einer im Menschen waltenden göttlichen Vernunft verbunden sei.

Kelsen stellt hierzu fest:

> „Wenn die Vernunft, aus der die Naturrechtslehre ihre gerechten Normen zu deduzieren glaubt, die göttliche Vernunft im Menschen und nicht dessen empirische Vernunft ist, kann eine solche Lehre nicht als rationalistisch bezeichnet werden."[334]

---

[330] H. Kelsen, Reine Rechtslehre: mit einem Anhang: das Problem der Gerechtigkeit, 2. Auflage, Wien 1960, S. 1.

[331] H. Kelsen, RR, S. 205.

[332] H. Kelsen, Die philosophischen Grundlagen der Naturrechtslehre und des Rechtspositivismus, in: H. Klecatsky, Die Wiener Rechtstheoretische Schule, Wien 1968, S. 281- 350 (349).

[333] H. Kelsen, Das Problem der Gerechtigkeit, S. 415.

[334] H. Kelsen, Das Problem der Gerechtigkeit, S. 418.

Die praktische Vernunft erweist sich daher für ihn als „logisch unhaltbar“[335]. Und an Kant richtet er den Vorwurf, dieser wolle „das theologische Dogma der Freiheit des Willens“[336] mit der praktischen Vernunft retten.

Indem Kelsen den Begriff der praktischen Vernunft verwirft, weist er auch bereits jegliche Bemühungen zurück, den Rechtsbegriff mit dem Begriff der Gerechtigkeit zu verknüpfen. Gerechtigkeit stellt sich für Kelsen als spekulatives Phänomen dar, welches sich mit seinem Anspruch von einer „reinen“ Lehre nicht verträgt. Im Kern läuft die Kritik am Rechtsdenken des subjektiven Idealismus somit auf den Vorwurf der Unwissenschaftlichkeit hinaus.

Kelsen sucht dementsprechend nach einer anderen Erklärung des Rechts.

Rechtserkenntnis betrifft, so sein Ausgangspunkt, die normative Deutung menschlichen Verhaltens.[337] Den Gegenstand des Rechts bestimmt Kelsen daher zunächst wie folgt: „Mit „Norm“ bezeichnet man: dass etwas sein oder geschehen, insbesondere dass sich ein Mensch in bestimmter Weise verhalten soll.“[338] Das „Sollen“ wird hiermit also zur zentralen Kategorie des Rechts.

Von diesem wird in einem Folgeschritt die Kategorie des „Seins“ abgegrenzt. Eindringlich stellt er fest:

> „Denn die Norm ist ein Sollen, der Willensakt, dessen Sinn sie ist, ein Sein, darum muss der Sachverhalt, der im Falle eines solchen Aktes vorliegt, in der Aussage beschrieben werden: der eine will, dass sich der andere in bestimmter Weise verhalten soll. Der erste Teil bezieht sich auf ein Sein, die Seins-Tatsache des Willensaktes, der zweite Teil auf ein sollen, auf eine Norm als den Sinn des Aktes.“[339]

Dieser Unterschied zwischen „Sein“ und „Sollen“ ist für Kelsen eine transzendentallogische Prämisse, die „unserem Bewusstsein unmittelbar gegeben“[340] ist. Ein rechtlich relevantes „Sollen“ ist nun, wie Kelsen weiter ausführt, nur dann gegeben, wenn das „Sollen“ eingebettet ist in eine Ordnung, die einem zunächst nur subjektiven Anspruch eine objektive Geltung verschafft. Und in der Geltung realisiert sich die „spezifische Existenz“ einer Norm.[341]

---

[335] H. Kelsen, Das Problem der Gerechtigkeit, S. 419.
[336] H. Kelsen, Das Problem der Gerechtigkeit, S. 420.
[337] H. Kelsen, RR, S. 3 f..
[338] H. Kelsen, RR, S. 4
[339] H. Kelsen, RR, S. 5.
[340] H. Kelsen, RR, S. 5.
[341] H. Kelsen, RR, S. 10.

Hieran anknüpfend führt Kelsen aus, dass ein Minimum an tatsächlicher Wirksamkeit innerhalb eines bestimmten raum-zeitlichen Geltungsbereichs eine der Geltungsbedingungen des Rechts darstelle.[342]

Von hier aus führt eine direkte Linie zur Bestimmung des für Kelsen wesentlichen Elementes einer jeden Rechtsordnung: der Möglichkeit des Zwanges. Rechtsordnungen „gebieten ein bestimmtes menschliches Verhalten, indem sie an das entgegengesetzte Verhalten einen Zwangsakt knüpfen, der gegen den sich so verhaltenden Menschen (oder seinen Angehörigen) gerichtet ist", führt Kelsen aus.[343]

Aufgrund dieser Betonung des Zwangscharakters erinnert Kelsens Ansicht stark an die Imperativtheorie von Austin.[344] Er sieht jedoch, dass ein Befehl aus sich selbst noch keine Bindungskraft schöpfen kann, dass es insoweit also noch weiterer Präzisierungen bedarf. Die alte augustinische Frage nach dem Unterschied zwischen dem Befehl eines Straßenräubers und dem einer staatlichen Ordnung taucht hier wieder auf.

Kelsen stellt hierzu zunächst fest, in subjektiver Hinsicht bestehe ein Seinsunterschied zwischen dem Befehl eines Straßenräubers und dem Befehl eines Rechtsorgans nicht, da von beidem ein psychischer Zwang ausgehe.[345] Eine Differenz ergebe sich aber in objektiver Hinsicht, da allein der Befehl eines Rechtsorgans auch als normatives Sollen gedeutet werden könne, während dem Befehl eines Straßenräubers nur der subjektive Sinn anhafte. Der Grund für diese Unterscheidung liegt laut Kelsen in der bereits vorgestellten Möglichkeit einer normativen Deutung, die nur dann möglich ist, wenn ein faktischer Befehl in eine Rechtsordnung eingegliedert ist. Kelsen hierzu wörtlich:

> „Handelt es sich um den vereinzelten Akt eines einzelnen Individuums, kann dieser schon darum nicht als ein Rechtsakt, sein Sinn nicht als eine Rechtsnorm angesehen werden, weil Recht... nicht eine einzelne Norm, sondern ein System von Normen, eine soziale Ordnung ist, und eine besondere Norm als Rechtsnorm nur insofern anzusehen ist, als sie einer solchen Ordnung angehört."[346]

---

342 H. Kelsen, RR, S. 10 f..

343 H. Kelsen, RR, S. 34 f..

344 Ein guter Überblick über die Rechtsphilosophie von John Austin findet sich bei P. Koller, Theorie des Rechts: eine Einführung, Wien 1992, S. 130 ff. und Austin, Rechtsnormen als Befehle des politischen Machthabers, in: Recht und Moral, N. Hoerster (Hrsg.), Stuttgart 1987, S. 16-20.

Vgl. zu den Unterschieden zwischen der Zwangstheorie Austins und der Kelsens auch M. Pawlik, Die reine Rechtslehre und die Rechtstheorie H.L.A. Harts: ein kritischer Vergleich, Berlin 1992, S. 73 ff..

345 H. Kelsen, RR, S. 46

346 H. Kelsen, RR, S. 48.

Freilich muss Kelsen aufgrund dieser Überlegung einräumen, dass nach seiner Differenzierung die Bewertung der „systematischen Tätigkeit einer organisierten Bande“[347] anders auszufallen habe. Wenn eine solche in der Lage ist, innerhalb eines bestimmten territorialen Geltungsbereichs eine Zwangsordnung zu etablieren, so besteht nach Ansicht von Kelsen kein wesentlicher Unterschied mehr zu einem Staat im klassischen Sinne. Das Postulat der Gerechtigkeit wird damit endgültig als Bestandteil des Rechtsbegriffs verworfen. Apodiktisch heißt es:

> „Denn wenn man keinen a priori gegebenen, und das heißt absoluten Moralwert voraussetzt, hat man keine Möglichkeit, zu bestimmen, was unter allen Umständen für gut und böse, gerecht und ungerecht gehalten werden muss.“[348]

Als Konsequenz für das Selbstverständnis der Rechtswissenschaft ergibt sich hieraus nach Ansicht von Kelsen, dass diese das Recht nicht zu legitimieren, sondern lediglich die normative Ordnung zu erkennen und beschreiben habe.[349]

In diese Bestimmung des Rechts mischen sich auch politische Motive. Kelsen unterstellt den Naturrechtlern, dass ihre Art der Argumentation auf „eine unkritische Legitimierung der ... staatlichen Zwangsordnung hinausläuft.“[350]

Die Moral als einheitsstiftendes Element einer Rechtsordnung wird damit verworfen. Ein solches entdeckt Kelsen stattdessen im sog. Stufenbau der Rechtsordnung, dem als erkenntnistheoretische Voraussetzung eine hypothetische Grundnorm zugrunde gelegt wird. Die Idee vom Stufenbau der Rechtsordnung besagt letztlich nichts anderes, als dass eine Norm nur dann gelten kann, wenn sie durch eine Norm höherer Stufe legitimiert wird.[351]

Nun drängt sich bei dieser Betrachtung sofort der Einwand auf, dass die Rechtserkenntnis letztendlich in einen unendlichen Regress führt. Um diesem Vorwurf zu entgehen, bedarf es einer Grundnorm als hypothetischer Voraussetzung:

> „Als höchste Norm muss sie vorausgesetzt sein, da sie nicht von einer Autorität *gesetzt* sein kann, deren Kompetenz auf einer noch höheren Norm beruhen müsste. Ihre Geltung kann nicht mehr von einer höheren Norm abgeleitet, der Grund ihrer Geltung nicht mehr in Frage gestellt werden.“[352]

---

[347] H. Kelsen, RR, S. 48.
[348] H. Kelsen, RR, S. 67.
[349] H. Kelsen, RR, S. 71.
[350] H. Kelsen, RR, S. 71.
[351] Vgl. H. Kelsen, RR, S. 204 f., 212, 228ff..
[352] H. Kelsen, RR, S. 197.

Um es noch einmal zu betonen: Kelsen geht es mit der Grundnorm nicht darum, eine soziologische oder ethische Prämisse der Rechtsgeltung zu formulieren, sondern eine quasi- transzendentallogische. Entsprechend seines positivistischen Ansatzes formuliert er wie folgt:

> „Eine Rechtsnorm gilt nicht darum, weil sie einen bestimmten Inhalt hat, das heißt: weil ihr Inhalt aus dem einer vorausgesetzten Grundnorm im Wege einer logischen Schlussfolgerung abgeleitet werden kann, sondern darum, weil sie in einer bestimmten, und zwar in letzter Linie in einer von einer vorausgesetzten Grundnorm bestimmten Weise erzeugt ist."[353]

Versucht man Kelsens Gedanken zu präzisieren und der Grundnorm einen Gehalt zu geben, so wird man mit ihm sagen können, dass der Inhalt der Grundnorm allein darin besteht, dass eine Zwangsordnung sein soll.[354]

Ein abschließender Blick auf die Verwendung der Begriffe des Rechtsverhältnisses, der Person und des subjektiven Rechts in der „Reinen Rechtslehre" unterstreicht die funktionalistische Wende, die hier vollzogen wurde.

Das Rechtsverhältnis wird von Kelsen als Verhältnis zwischen Rechtssubjekten, in dem sich das Subjekt einer Rechtspflicht und das Subjekt einer korrespondierenden Berechtigung gegenüberstehen, definiert.[355] Dies erinnert an die heute im Verwaltungs- und Zivilprozessrecht gängige Definition vom Rechtsverhältnis als sich aus einer rechtlichen Regelung und einem konkreten Sachverhalt ergebender Beziehung zwischen mehreren Rechtssubjekten oder einem zwischen Rechtssubjekt und einem Rechtsobjekt.[356] Der Begriff des Rechtsverhältnisses stellt sich damit als technischer Hilfsbegriff dar, mit dessen Hilfe Rechtsdogmatik Ordnungsbegründungen zu schaffen sucht.[357]

Selbiges gilt auch für den Personenbegriff. Kelsen stellt fest:

---

[353] H. Kelsen, RR, S. 200f..

[354] Vgl. auch H. Kelsen, RR, S. 203.

[355] Vgl. H. Kelsen, RR, S. 167ff.

[356] Vgl. statt vieler W. Schmitt Glaeser, Wolfgang/ H.-D. Horn, Verwaltungsprozessrecht, 15. Auflage, Boorberg 2000, RN 328.

[357] Vgl. zu diesem positivistischen Verständnis des Rechtsverhältnisses auch N. Achterberg, Rechtsverhältnisse als Strukturelemente der Rechtsordnung. Prolegomena zu einer Rechtsverhältnistheorie, in: Rechtstheorie 9 (1978), S. 385- 410.
Ferner bereits: G. Jellinek, System der subjektiven öffentlichen Rechte, 2. Aufl., Tübingen 1919, S. 41. Dort heißt es: „Das Leben des Menschen vollzieht sich in ununterbrochenen Beziehungen zu äußeren Dingen und anderen Menschen. Diese Beziehungen sind Lebensverhältnisse. Werden diese von der Rechtsordnung anerkannt und geregelt, so werden sie zu Rechtsverhältnissen erhoben."

„Die Person als „Träger“ von Rechtspflichten und subjektiven Rechten ist nicht etwas von den Rechtspflichten und subjektiven Rechten Verschiedenes, als deren Träger die Person dargestellt wird ... sondern nur der Inbegriff, die Einheit dieser Elemente.“[358]

Und weiter heißt es: „Die sogenannte physische Person ist somit nicht ein Mensch, sondern die personifizierte Einheit der ein und denselben Menschen verpflichtenden und ermächtigenden Rechtsnormen.[359] Die physische Person ist damit letztlich nichts anderes als eine juristische Person.

Und als technische Konstruktion ist der Terminus „Person“ letztlich gar nicht notwendiger Teil einer Rechtsordnung, sondern laut Kelsen nur ein Produkt der das Recht beschreibenden Wissenschaft.[360]

Funktionell auch das Verständnis der subjektiven Rechte bei Kelsen. Kelsen selbst spricht im Zusammenhang mit dem subjektiven Privatrecht ausdrücklich von einem Recht im „technischen Sinne“ und versteht hierunter die „einem Individuum gewährte Rechtsmacht“. Und entsprechend seiner positivistischen Konzeption werden auch die Grund- und Freiheitsrechte als verliehene Rechtsmacht verstanden.[361]

In der Bestimmung der Grundbegriffe der Dogmatik setzt sich die Abkehr von Kant und Fichte fort. Das positivistische Gegenkonzept wird hierdurch komplettiert.

b) Kritik des Rechtspositivismus

Für den Juristen ist der Positivismus verlockend. Sein Anliegen ist bei Kelsen klar, nüchtern und präzise formuliert. Und doch muss gefragt werden, ob die „Reine Rechtslehre“ eine angemessene Explikation vom Begriff des Rechts leistet. Die eingangs aufgeworfene Frage nach dem Zusammenhang von Recht, Metaphysik und Personenverständnis wird daher zur Frage nach dem Rechtsbegriff selbst.

Das vernunftrechtliche Rechtsprojekt steht und fällt insoweit mit dem von Kelsen geäußerten Vorwurf einer vermeintlichen Unwissenschaftlichkeit. Im Folgenden wird es daher zum einen darum gehen, diesen Vorwurf zu entkräften, zum anderen gilt es herauszuarbeiten, ob und in welchem Umfang die vernunftrechtliche Perspektive dem positivistischen Gegenmodell überlegen ist.

---

[358] H. Kelsen, RR, S. 177.
[359] H. Kelsen, RR, S. 178.
[360] Vgl. H. Kelsen, RR, S. 194.
[361] H. Kelsen, RR, S. 130 ff (insb. 149).

aa) Transzendentale Freiheit als Denknotwendigkeit der praktischen Philosophie

Dies führt zum ersten wichtigen Punkt, nämlich dem bereits erwähnten Einwand Kelsens, dass Kant in der praktischen Philosophie seinen transzendentalen Ansatz aufgegeben habe und letztlich doch auf den ausgetretenen Pfaden des klassischen Naturrechts wandele. Wie gewichtig ist dieser Einwand? Ist Kants Orientierung am Freiheitsbegriff tatsächlich nichts anderes als ein „theologisches" Konstrukt?

Will man diesen Einwand widerlegen, so muss man mit Kant zeigen können, dass sich seine Moral- und Rechtsphilosophie in das transzendentalphilosophische Gesamtgebäude einfügen. Es geht also – wie Kaulbach meint – um ein praktisches Pendant zu dem „Ich denke" der theoretischen Vernunft.[362]

Kant selbst unterscheidet mehrere Ebenen: In der theoretischen Philosophie der „Kritik der reinen Vernunft" wird die Freiheit als Denkmöglichkeit thematisiert. Die praktische Philosophie kreist hingegen um den Gedanken, dass sich das Individuum in der Praxis notwendigerweise als frei erfährt. Das an anderer Stelle der Arbeit bereits angedeutete Freiheitsproblem wird also entscheidungserheblich.

In der „Kritik der reinen Vernunft" greift Kant das Problem der Freiheit wie folgt auf: In der dritten Antinomie[363] des 2. Hauptstücks versucht er zunächst den Beweis dafür zu liefern, dass es Freiheit gibt. Die Thesis lautet:

> „Die Kausalität nach Gesetzen der Natur ist nicht die einzige, aus welcher die Erscheinungen der Welt insgesamt abgeleitet werden können. Es ist noch eine Kausalität durch Freiheit zu Erklärung derselben anzunehmen notwendig".[364]

Begründet wird die Thesis mit dem Argument, dass die Suche nach den naturgesetzlichen Determinanten zwingend unvollständig sei, da sie in einen unendlichen Regress führe. Der nach naturwissenschaftlicher Erkenntnis Suchende sieht sich daher früher oder später mit der Unzulänglichkeit des eigenen Verstandes konfrontiert. Als Vernunftidee muss „mithin transzendentale Freiheit, ohne welche selbst im Laufe der Natur die Reihenfolge der Erscheinungen auf der Seite der Ursachen niemals vollständig wäre",[365] angenommen werden.

Diesem Gedanken wird anschließend eine Antithesis gegenübergestellt. Den Ausgangspunkt bildet insoweit folgender Satz: „Es ist keine Freiheit, sondern

---

[362] F. Kaulbach (1982), S. 12

[363] Vgl. aus der reichhaltig vorhandenen Sekundärliteratur die übersichtliche Darstellung von Luf in G. Luf (1978) , S. 14 ff.

[364] Kant, KrV, III, S. 308 (A 444/B 472).

[365] Kant, KrV, III, S. 308+310 (A 446/B 474); vgl. auch Kant, KrV, III, S. 363 (A 533/B 561).

alles in der Welt geschieht nach Gesetzen der Natur."[366] Freiheit widerspricht hiernach naturgesetzlichen Ursachenzusammenhängen und würde, wenn sie als reale Größe auf Erscheinungen einwirken könnte, die Naturgesetze selbst ad absurdum führen.[367]

Der Widerspruch zwischen Thesis und Antithesis ist offensichtlich. Wichtig ist nun, dass Kant diesen Widerspruch als Schein entlarven will und dadurch versucht, zu einer Lösung des Problems zu gelangen. Der Unterscheidung von bloßer „Erscheinung" einerseits und dem „Ding an sich" andererseits misst er hierbei zentrale Bedeutung bei. Um eine Einheit des verstandesgemäß Erfahrenen herzustellen, bedarf es der Idee der Vernunft. Und hieraus wird gefolgert:

> „... weil sie [die Erscheinungen] an sich keine Dinge sind, ein transzendentaler Gegenstand zum Grunde liegen muß, der sie als bloße Vorstellungen bestimmt, so hindert nichts, dass wir diesem transzendentalen Gegenstande, außer der Eigenschaft, dadurch er erscheint, nicht auch eine Kausalität beilegen sollten, die nicht Erscheinung ist... ."[368]

Nun wird man sicherlich fragen können, ob hierdurch die Möglichkeit der Freiheit wirklich erwiesen ist. Ein Kritiker mag Kant beispielsweise entgegenhalten, dass seine Lösung des Problems auf einen metaphysischen Taschenspielertrick hinausläuft und letztlich beide Positionen einander unversöhnlich gegenüberstehen.[369]

Gleichwohl gibt es Argumente, die Kants Vorgehen stützen: Hervorzuheben ist hier vor allem ein Gedanke, der von Dieter Sturma als „ontologisches Unvollständigkeitsargument" bezeichnet wird. Sturma will zeigen, dass der in der Thesis formulierte Physikalismus seinen eigenen Anspruch verfehlt und nicht in der Lage ist, ein vollständiges Bild der Wirklichkeit zu liefern. Hierzu setzt Sturma bei den menschlichen Bewusstseinszuständen an. Wörtlich hießt es:

> „Bewusstseinszustände sind sicherlich auch Ereignisse, ihr Sinn besteht aber vor allem darin, für den, der sich in ihnen befindet, nicht *nur* Ereignis zu sein. Eine neutrale Betrachtungsweise, die allein dadurch zustande kommen kann, dass partikulare Perspektiven methodisch ausgeklammert werden, wird deshalb vom Ansatz her subjektive Zustände, in denen sich

---

[366] Kant, KrV, III, S. 309 (A 445/B 473).

[367] Kant, KrV, III, S. 309+311 (A 447/B 475).

[368] Kant, KrV, III, S. 366 (A 538/B 566)

[369] Vgl. zur Kritik die Nachweise bei D. Sturma, Perspektiven der Person. Der Zusammenhang von Reduktionismuskritik und Epistemologie der Freiheit, in: Gedenkschrift für Friedrich Kaulbach, Würzburg 1992, S. 113- 129 (118).

> perspektivische Reflexionsformen ausdrücken, konstruktiv und damit auch explikativ verfehlen."[370]

Für das einzelne Individuum begründen Bewusstseinszustände eine Perspektive, aus der die Welt notwendigerweise erfahren wird. An anderer Stelle der Arbeit war insoweit bereits von der transzendentalen Differenz die Rede. Und gerade dieses Phänomen überfordert die Ontologie: Zwar vermag der Physikalismus nach den naturwissenschaftlichen Bedingungen des Bewusstseins zu fragen, die Bedeutung der Erlebnisperspektive für das erkennende Subjekt wird hierdurch jedoch verkannt. Sturma spricht daher von einem „physikalistischen Fehlschluss"[371], den das Unvollständigkeitsargument offenbare. Dieser Fehlschluss ist es, der nach einer weiteren Perspektive verlangt. Und genau dieser Umstand – so Sturma – rechtfertigt die kantsche Thesis und ihre nachfolgende Auflösung.

Letztlich, und das ist der springende Punkt, werden durch die Freiheitsantinomie verschiedene Betrachtungsweisen möglich: die naturwissenschaftliche Betrachtung eines konkret gegebenen Gegenstandes einerseits sowie die transzendentale andererseits.

Mit der dritten Antinomie der „Kritik der reinen Vernunft" weist Kant somit die Kausalität aus Freiheit als Denkmöglichkeit aus.[372]

Würde die Begründung von Moral und Recht an die bloße Möglichkeit der Freiheit in spekulativer Weise anknüpfen, so wäre der Vorwurf Kelsens, dass Kant Rechtstheologie betreibt, sicherlich nicht unberechtigt. In der praktischen Philosophie geht Kant indes davon aus, dass die Idee der transzendentalen Freiheit für die Praxis konstitutiv ist. Für ihn ist klar, dass das Leben den Menschen dazu zwingt, mit sich selbst in einen Dialog zu treten. Er setzt also voraus, dass der Einzelne mit sich selbst zu Rate geht und hierbei auch moralische Fragen erörtert. Deutlich wird dies beispielsweise, wenn Kant folgende Frage stellt:

> „Fragt ihn [einen beliebigen Jemand] aber, ..., wenn sein Fürst ihm unter Androhung derselben unverzögerten Todesstrafe zumutete, ein falsches Zeugnis wider einen ehrlichen Mann, den er gerne unter scheinbaren Vorwänden verderben möchte, abzulegen, ob er da, so groß auch seine Liebe zum Leben sein mag, sie wohl zu überwinden für möglich halte? Ob er es tun würde oder nicht, wird er vielleicht sich nicht getrauen zu versichern; dass es ihm aber möglich sei, muss er ohne Bedenken einräumen. Er ur-

370 D. Sturma (1992), S. 113 (122).
371 D. Sturma (1992), S. 113 (124).
372 Vgl. ferner O. Höffe, Einführung in die Kritik der praktischen Vernunft, in: Klassiker auslegen. Kritik der praktischen Vernunft, O. Höffe (Hg.), Berlin 2002, S. 1- 23 (15).

teilt also, dass er etwas kann, darum weil er sich bewusst ist, dass er es soll, ..."[373]

Urteilen, Werten und sich selbst in Frage stellen sind für Kant demnach untrennbar mit dem Menschsein verbunden. Plakativ spricht Sturma insoweit von einem „Imperativ intelligenter Existenz".[374]

Dieses Faktum der Vernunft macht dem Menschen den kategorischen Imperativ bewusst. Er erkennt damit, was das moralische Handeln eines Vernunftwesens ausmacht, stellt sein Leben unter ein Postulat und überschreitet damit die Sphäre des Animalischen. Das Faktum der Vernunft beglaubigt den kategorischen Imperativ damit auch in tatsächlicher Hinsicht. Der Clou der kantschen Argumentation besteht nun darin, dass hierdurch wiederum die tatsächliche Möglichkeit von Freiheit beglaubigt wird.[375]

Zusammenfassend ist festzuhalten: Handelt ein Individuum in Kenntnis des Grundgesetzes der praktischen Vernunft, dann macht es die reine praktische Vernunft zu seiner eigenen Sache und begreift sich als autonomes Individuum. Dies begründet praktische Freiheit.[376]

In praktischer Hinsicht kann die Bedeutung des von Kant gezeigten Zusammenhangs kaum überschätzt werden. Eine der zentralen Implikationen seiner Argumentation besteht nämlich darin, dass sie menschliches Miteinander ermöglicht. Jemanden als frei zu behandeln heißt, ihn als Person ernst zu nehmen. Dies ermöglicht Intersubjektivität und begründet Zurechnung und Verantwortlichkeit.

---

[373] Kant, KpV, V, S. 30 (A 54).

[374] D. Sturma (1992), S. 113 (129).

[375] Instruktiv insofern John Rawls (vgl. J. Rawls, Geschichte der Moralphilosophie, Frankfurt a.M. 2002, S. 352.

[376] Unlängst ist durch die Diskussion neurowissenschaftlicher Befunde wieder eine intensive Debatte um den Freiheitsbegriff entbrannt. Vgl. hierzu beispielsweise G. Roth, Willensfreiheit, Verantwortlichkeit und Verhaltensautonomie des Menschen aus Sicht der Hirnforschung, in Festschrift für E.J. Lampe, Berlin 2003, S. 43- 63 (zu den praktischen Konsequenzen, die von Roth gezogen werden, insb. S.57).
Vgl. zu dieser Debatte auch O. Höffe, Der entlarvte Ruck. Was sagt Kant den Gehirnforschern?, in: Christian Geyer (Hrsg.), Hirnforschung und Willensfreiheit, Frankfurt a.M. 2004, S. 177- 182, M. Hochhuth, Die Bedeutung der neuen Willensfreiheitsdebatte für das Recht, in: JZ 2005, S. 745- 753; P. Bieri, Das Handwerk der Freiheit, München 2001 sowie H. Walter, Neurophilosophie der Willensfreiheit, 2. Auflage, Paderborn [u.a.] 1999. Bieri und Walter betonen jeweils, dass Individuen sich in der Regel dann frei fühlen, wenn sie sich mit ihren Entscheidungen identifizieren. Zum Verhältnis von physikalischer Determiniertheit und moralischer Freiheit formuliert Walter: „Unser Denken ist flexibel und anpassungsfähig, dank der Mechanismen, durch die es hervorgebracht wird. Durch die Sprache sind wir in der Lage, auch moralische Normen und Prinzipien neuronal zu repräsentieren und in unsere Überlegungen miteinzubeziehen. (S.353)".

Mit anderen Worten: die Kategorie der Normativität wird erst dadurch möglich, dass der Einzelne sein „Sein" in der Welt als ein „Sein in Freiheit" versteht.[377]

Zurück zum Vorwurf Kelsens, dass Kant im Bereich der praktischen Vernunft die Transzendentallogik zugunsten einer quasireligiösen Dogmatik aufgegeben habe. Richtig ist zweifelsohne, dass es in der praktischen Vernunft nicht um Erkenntniskategorien geht, die Wissen erst ermöglichen. Dies erklärt sich indes bereits aus den unterschiedlichen Fragestellungen von praktischer und theoretischer Philosophie.[378]

Gleichwohl zeigen die obigen Ausführungen, dass Kelsens Einwand in sich zusammenbricht: Er widerlegt das Faktum der Vernunft nicht und scheint zu übersehen, dass die praktische Philosophie Kants in keinen Widerspruch zur theoretischen Philosophie tritt. Kant selbst hat in der Kritik der praktischen Vernunft behauptet, dass man nicht jede Überzeugung, die sich nicht durch Erfahrungsbeispiele beweisen lasse, ablehnen dürfe. Entscheidend müsse vielmehr sein, ob eine Überzeugung für die praktische Vernunft notwendig ist und der theoretischen Vernunft zumindest nicht widerspricht (sog. Primat der praktischen Vernunft).[379]

Setzt man diesen Befund in ein Verhältnis zu den oben skizzierten Grundaussagen der beiden ersten Kritiken, so wird man Kant zugestehen müssen, dass er dem eigenen Anspruch durchaus gerecht wird, da er die eigenen erkenntnistheoretischen Vorgaben beachtet.

bb) Das transzendentallogische System und der Freiheitsbegriff der Rechtslehre

An dieser Stelle drängt sich ein weiterer Einwand auf. Dieser betrifft den Freiheitsbegriff der Rechtslehre. Die juridische Betrachtung fragt, um diesen Punkt in Erinnerung zu rufen, lediglich nach der äußeren Freiheit und nicht nach der Tugendhaftigkeit der Motive. Der Freiheitsbegriff der Rechtslehre und der Freiheitsbegriff der praktischen Vernunft sind folglich nicht deckungsgleich. Man kann daher fragen, ob sich hier ein Bruch im kantschen System auftut. Rechtliche Beziehungen scheinen, um mit Kaulbach zu sprechen, „physikalischen Verhältnissen" zu ähneln.

---

377 Vgl. auch F. Kaulbach (1982), S. 13.

378 Instruktiv G. Luf, Überlegungen zum transzendentallogischen Stellenwert der Grundnormkonzeption Kelsens, in: Festgabe Weinberger, Berlin 1984, S. 567- 581 (insb. S. 573).

379 Kant, KpV, V, S. 120 ff. (A 217) ff.; Zun Primat der praktischen Vernunft heißt es aaO. unter anderem: „Der spekulativen Vernunft aber untergeordnet zu sein, und also die Ordnung umzukehren, kann man der reinen praktischen gar nicht zumuten, weil alles Interesse zuletzt praktisch ist, und selbst das der spekulativen Vernunft nur bedingt und im praktischen Gebrauche allein vollständig ist."
Vgl. zudem auch J. Rawls (2002), S. 419.

Und noch schärfer lässt sich fragen: Wieso unternimmt Kant das Unterfangen, die metaphysischen Anfangsgründe der Rechtslehre zu bestimmen, wenn doch auch ein „Volk von Teufeln" des Staates bedarf. So einfach, wie der Einwand suggeriert, liegen die Dinge indes nicht.

Die moralische Begründung des Rechts in der „Metaphysik der Sitten" thematisiert etwas, was ein „Volk von Teufeln" nicht interessiert, nämlich dessen ethischen Geltungsanspruch. Erst die Verankerung des Rechts in der praktischen Vernunft eröffnet die Möglichkeit, das Recht nicht bloß als heteronome Notwendigkeit zu erfahren. Dies ermöglicht freiwillige Befolgung des Rechts und damit ethische Geltung.[380]

Kant bringt dies zum Ausdruck, wenn er in der Schrift „Zum ewigen Frieden" davon spricht, dass der Rechtsbegriff ohne „Freiheit und darauf gegründetes moralisches Gesetz" zu einem „sachleeren Gedanken" verkomme.[381] Die transzendentallogische Methode wird also auch in der Rechtslehre eindeutig fortgesetzt.[382]

cc) Erkenntnistheoretischer Wert der Reinen Rechtslehre

Umgekehrt kann man nun fragen, ob Positivisten wie Kelsen diesem Ansatz ein in erkenntnistheoretischer Hinsicht überlegenes Konzept entgegenstellen können. Um es noch einmal zu vergegenwärtigen: Kelsen geht bekanntlich davon aus, dass „Sein" und „Sollen" dem Bewusstsein unmittelbar als Kategorien gegeben sind (s.o.). Gleichwohl entfernt er sich von seinem Ausgangspunkt in der Reinen Rechtslehre ganz ungemein und ordnet stattdessen die Erkenntnis der Empirie unter. Er geht davon aus, dass das „Sein" unmittelbar empirisch erfahr-

---

380 Anders die Kant- Interpretation von Reich. Reich leugnet eine Verbindung von Recht und Autonomie und reduziert die Kantsche Rechtslehre auf das Zusammendenken äußerer Freiheitssphären (vgl. K. Reich, Rousseau und Kant, Tübingen 1936, S. 17 ff.). Kritisch hierzu formuliert Kersting: „Diese Interpretation verkennt die systematische Bedeutung des Begriffs der positiven Freiheit für die Grundlegung der praktischen Philosophie bei Kant und unterscheidet nicht hinreichend zwischen der Willensfreiheit als der Seins- und Geltungsgrundlage der Gesetze reiner praktischer Vernunft und der Willensfreiheit als Konstitutionsbedingung von Moralität. ... Beginnt das Problem der Willensfreiheit erst jenseits der Rechtslehre, dann gibt es in der Rechtslehre keine Berechtigung, von Recht, Pflicht und Verbindlichkeit zu reden, denn alle diese sittlichen Begriffe haben, wie Kant ausdrücklich sagt, in dem Vernunftbegriff der Freiheit ihren Geltungsgrund (vgl. W. Kersting (1984), S. 141)."

381 Kant, Zum ewigen Frieden, VIII, S. 372 (B 76/A 70/71)

382 Der Ableitungszusammenhang wird an folgender Stelle der „Einleitung in die Rechtslehre" klar: „Ein striktes (enges) Recht kann man also nur das völlig äußere nennen. Dieses gründet sich nun zwar auf dem Bewusstsein der Verbindlichkeit eines jeden nach dem Gesetze, aber die Willkür darnach zu bestimmen darf und kann es, wenn es rein sein soll, sich auf dieses Bewusstsein als Triebfeder nicht berufen,... . (Kant, MdS (RL), VI, S. 232 (A 36/B 35/36)". Kant differenziert hier ganz eindeutig zwischen konkreten Rechtsverhältnissen („striktes Recht") und der Rechtsidee, die einer Rechtsordnung zugrunde liegt

bar ist,[383] übersieht dabei aber, dass auch die Erfahrung der Wirklichkeit immer auf ordnungsgebende Strukturen des Geistes angewiesen ist.[384]

Dies ist problematisch, da hierdurch letztlich das „Sollen" dem „Sein" untergeordnet wird. Deutlich wird dies, wenn man sich Folgendes vergegenwärtigt: Während das „Sein" unmittelbar erfahrbar sein soll, ist das „Sollen" zweifelsohne eine Kategorie, die sich nicht auf die Empirie zurückführen lässt. Nach positivistischer Lesart muss das „Sollen" daher vom Willen vorausgesetzt werden, während das „Sein" tatsächlich ist.[385] Wenn nun aber gleichzeitig der Anspruch erhoben wird, dass das Recht ebenso präzise wie eine Naturwissenschaft sein soll, dann ist klar, dass letztlich die Unterordnung des „Sollens" unter das „Sein" vorprogrammiert ist, denn nur letzteres erweist sich hiernach als „real" und die Naturwissenschaft daher als überlegen. Die somit bestehende Inferiorität der Sollenswissenschaften kann nur dadurch behoben werden, dass auch sie die Vorgehensweise der Naturwissenschaften übernehmen, indem sie ihren Gegenstand reduzieren und sich an Kriterien der Funktionalität und Zweckmäßigkeit orientieren. Mit der Erkenntnistheorie, die transzendentallogisch nach Bewusstseinskategorien fragt, hat dies nicht mehr viel zu tun.

Und es kommt folglich einem Offenbarungseid gleich, wenn Kelsen einräumen muss, dass man das Recht auch überhaupt als „Sollen" leugnen könne.[386] Dem „theoretischen Anarchismus" hat er nichts entgegenzusetzen und in einem seiner späteren Werke heißt es:

> „Nur wenn man diese [normative Kategorie] voraussetzt, kann man zwischen rechtmäßigen und rechtswidrigen Gebotsakten unterscheiden, kann man zwischenmenschliche Beziehungen objektiv als Rechtsverhältnisse, d.h. als Rechtspflichten, Berechtigungen deuten. Dies ist jedoch nur eine mögliche, durch die Voraussetzung der [normativen Kategorie] ermög-

---

[383] Vgl. Bspw. H. Kelsen, Das Wesen des Staats, in: H. Klecatsky, Die Wiener Rechtstheoretische Schule, Wien 1968, S. 1713- 1741 (1720).

[384] Vgl. Kant, KrV, III, S. 110 (B 135/136): „Verbindung liegt nicht in den Gegenständen, und kann von ihnen nicht etwa durch Wahrnehmung entlehnt und in den Verstand dadurch allererst aufgenommen werden, sondern ist allein eine Verrichtung des Verstandes, der selbst nicht weiter ist, als das Vermögen a priori zu verbinden, und das mannigfaltige gegebener Vorstellungen unter Einheit der Apperzeption zu bringen, welcher Grundsatz der oberste im ganzen menschlichen Erkenntnis ist."
H. Dreier bringt dies auf den Punkt: „Nicht die Erkenntnis richtet sich nach den Objekten, die Objekte richten sich nach der Erkenntnis: das ist der Kern der in der Kritik der reinen Vernunft vollzogenen kopernikanischen Wendung Kants. (H. Dreier (1986), S. 62)". Vgl. zudem die kritischen Ausführungen zum Neopositivismus des Wiener Kreises bei A. Anzenbacher, Einführung in die Philosophie, 10. Auflage, Freiburg 2002, S. 176 ff.

[385] Besonders instruktiv: W. Schild, Die reinen Rechtslehren, Wien 1975, an dessen Aufarbeitung der Problematik die hier vorliegende Analyse angelehnt ist.

[386] H. Kelsen, RR, S. 36.

> lichte, durch sie bedingte, keine notwendige Deutung. Zwischenmenschliche Beziehungen können auch als bloße Machtverhältnisse, d.h. nach den Kausalgesetzen als Ursachen und Wirkungen, gedeutet werden."[387]

Was bringt nach alledem der positivistische Rechtsbegriff? Es ist sicher unmittelbar einleuchtend, dass hoheitlich ausgeübter Zwang nur dann Rechtscharakter haben kann, wenn er von einer dazu autorisierten Instanz ausgeübt wird. Die „Lehre vom Stufenbau der Rechtsordnung" arbeitet diesen Zusammenhang klar heraus, präsentiert hiermit aber trotzdem nicht mehr als eine recht banale Erkenntnis.

Vor dem „Leitziel allgemeiner sozialer Relevanz"[388] ist der positivistische Rechtsbegriff durchaus zweckmäßig. Eindringlich hat Bydlinski auf den Punkt gebracht, was dies heißt:

> „Der moderne Gesetzespositivismus ist keine juristische Methode, keine rechtsphilosophische Reflexion, sondern ein Stück moderner Machtorganisation."[389]

dd) Defizite des positivistischen Rechtsbegriffs

Der so bestimmte Gegenstand ist aber trotzdem in hohem Maße defizitär: Die in der praktischen Philosophie Kants so wichtige Frage nach den Bedingungen des Zusammenlebens tritt im Positivismus in den Hintergrund. Damit wird jedoch der Blick vor dem Ursprung und den Wurzeln des Rechts verschlossen. Am Anfang der Rechtsentwicklung steht eben nicht ein organisierter Staatsapparat, sondern reale Interaktion von Menschen, die sich selbst bereits a priori als mit geistigen Qualitäten ausgestattete Wesen verstehen. Der „Boden des Rechts" kann daher nicht im Funktionalismus realer Machtausübung, sondern allein „im Geistigen" gefunden werden.[390] Die subjektphilosophisch fundierte Überwindung des Naturzustandes hat diesen Befund klar im Blick, während er im Positivismus in der Bedeutungslosigkeit verschwindet.

Es ist zudem evident, dass es aus der Sicht des Einzelnen überhaupt keinen Unterschied macht, ob er in einem anarchischen System lebt oder aber in einer Gemeinschaft, die zwar vorgibt, eine Rechtsordnung zu sein, in Wirklichkeit aber Ausdruck einer gegen den Menschen gerichteten totalitären Willkürherrschaft ist. In beiden Fällen erlebt das Individuum den Naturzustand als Realität. An dieser Stelle sei daher an ein berühmtes Zitat Jellineks erinnert: „Die Opfer der spanischen Inquisition haben die Normen, auf Grund deren sie verurteilt

---

[387] H. Kelsen, Vom Geltungsgrund des Rechts, in: Festgabe für Alfred Verdross, F.A. Frhr. v.d. Heydte u.a. (Hrsg.), Wien 1960, S. 157- 165 (162).

[388] Vgl. F. Bydlinski, Juristische Methodenlehre und Rechtsbegriff, Wien 1982, S. 308

[389] F. Bydlinski (1982), S. 287.

[390] Vgl. an dieser Stelle auch Hegel, RhP, VII, § 4, S. 46.

wurden, schwerlich als Recht empfunden."[391] Regelungen, die sich aus der Sicht von Hoheitsorganen als zweckmäßige Normen darstellen, können für den Einzelnen gleichwohl ein Übel sein, welches gleich einer Naturgewalt über ihn hereinbricht.

Dieser Gedanke ist ebenso einfach wie überzeugend. Aus ihm heraus gewinnt das in der Sprache so tief verwurzelte Begriffspaar „Recht-Unrecht" seinen Sinn.[392] Es unterstreicht, weshalb die Kategorie des „Rechts" an die Perspektive des Einzelnen gebunden ist. Der an Funktionalität ausgerichtete Rechtsbegriff der Positivisten übersieht hier ein wichtiges Faktum menschlichen Lebens: Während Naturgewalten dem Mensch lästig und manchmal unerträglich sind, vermögen allein Menschen einander zu erniedrigen. Für die Betroffenen kann dies weitaus schlimmer sein. Die auf den ersten Blick objektiv anmutende Frage nach der Funktionalität von Zwangsakten verschließt hiervor die Augen und ignoriert damit die Bedeutung der Intersubjektivität für menschliches Zusammenleben.

Will man dieses Problem bewältigen, dann bedarf der positivistische Rechtsbegriff einer Korrektur. Kelsen selbst hat dies versucht, indem er annahm, dass jedes Rechtssystem den Menschen notwendigerweise Freiräume lassen müsse, wenn es auf Dauer eine im wesentlichen effiziente Ordnung sein wolle.[393] Doch diese Überlegung löst das Problem nicht, da die Rechtlosstellung ganzer Bevölkerungsgruppen bei gleichzeitigem Fortbestand einer Herrschaftsordnung immer noch als Möglichkeit erscheint.

Erst eine Verbindung von Rechtsbegriff und Gerechtigkeitsidee erlaubt es, die spezifische Situation und Problematik des Einzelnen in der Gemeinschaft zu erfassen. Denn erst diese Verbindung macht es möglich, von einer Verbindlichkeit

---

[391] G. Jellinek, Allgemeine Staatslehre, 3. Auflage, Berlin 1922, S. 334, Anm. 1.

[392] Bezüglich des Sprachgebrauchs hat N. Hoerster eingewandt, dass die Vorsilbe „Un" lediglich eine negative Bewertung zum Ausdruck bringe (vgl. N. Hoerster, Richtigstellung über den Rechtspositivismus, ARSP 1993, S. 416-420 (418)). Genauso gut lässt sich aber auch argumentieren, dass mit der Vorsilbe „Un" eine Negation zum Ausdruck gebracht wird.
Von positivistischer Seite ist auch angeführt worden, dass das Begriffspaar „Recht – Unrecht" ein spezielles Phänomen der deutschen Sprache sei, da sich weder im Englischen noch in den romanischen Sprachen eine entsprechende Dichotomie finden lasse. Dies ist sicher richtig, führt in der Sache aber gleichwohl nicht weiter, da auch Vokabeln wie „law" und legality" eine gewisse „Erhabenheit des Rechts" zum Ausdruck bringen. Vgl. insoweit J. W. Harris, When and why does the *Grundnorm* change?, in: Cambridge Law Journal 29 (1971), S. 103-133): it cannot be denied that in practice words like "law" and "legality" do function as titles of honour. (S. 128)."
Wie sehr das Unrecht zumindest in der deutschen Sprache als eigenständiger Begriff präsent ist, belegt auch der Versuch Schopenhauers das Recht von einem positiven Unrechtsbegriff ausgehend zu bestimmen (vgl. Schopenhauer, Die Welt als Wille und Vorstellung, in: in: W. Frhr. von Löhneysen (Hrsg.), Sämtliche Werke Band I, Frankfurt a.M. 1986,§ 62, S. 457-478).

[393] H. Kelsen, RR, S. 215 ff.

des Rechts zu sprechen, die über eine bloß faktische Geltung hinausweist. Kant ist sich dieser Problematik bewusst und er löst sie, indem er das Recht als kategorischen Imperativ versteht. Hiermit ist der Anspruch verbunden, Freiheit und Zwang gleichermaßen als Ausdruck eines allgemeinen Gesetzes zu verstehen.[394]

Als Zwischenergebnis kann daher festgehalten werden:

Während der moralische Rechtsbegriff einerseits der staatlichen Herrschaft über den Einzelnen Grenzen auferlegt, ermöglicht er andererseits eine Zustimmung zum Recht, die grundsätzlicher Natur ist und über eine aus reiner Zweckmäßigkeit resultierende faktische Anerkennung der Rechtsordnung hinausweist.

ee) Das praktische Versagen der Reinen Rechtslehre

Letztlich erfasst der positivistische Rechtsbegriff auch die besondere Funktionsweise totalitärer Systeme nur unzureichend und versäumt es, die ihnen innewohnenden Widersprüchlichkeiten aufzudecken. Denn ein Rechtssystem, welches keinerlei Anspruch auf Richtigkeit erhebt, erscheint auch rein praktisch als denkunmöglich. Kelsen, der dies ja bekanntlich anders sieht (s.o.), vergisst hier einen entscheidenden Punkt: Sogar das verbrecherischste Regime wird seine Herrschaft früher oder später mit einem Anspruch auf Richtigkeit ausstatten müssen.[395] Der Anspruch auf Richtigkeit unterstreicht, dass ein Rechtssystem im Gegensatz zu bloßer Machtausübung eben immer ein „nach innen gerichtetes System"[396] ist. Auch rein faktisch bestätigt sich damit der vernunftrechtliche Gedanke, das Recht aus der Teilnehmerperspektive zu definieren.[397]

---

[394] Vgl. auch W. Kersting; Die verbindlichkeitstheoretischen Argumente der Kantischen Rechtsphilosophie, ARSP Beiheft 37 (1990), S. 62-74 (insb.73).

[395] Zu diesem Gedanken vgl. insbesondere auch den lehrreichen Aufsatz von R. Alexy, Zur Kritik des Rechtspositivismus, in: ARSP Beiheft, 37 (1990), S. 9- 23. Alexy unterscheidet sinnlose und prädatorische Ordnungen einerseits von Herrschaftsordnungen andererseits. Alexy gesteht ein, dass Regeln bereits in einer prädatorischen Ordnung denkbar sind. Während aber bei den beiden erstgenannten Kategorien der Anspruch auf Richtigkeit noch nicht auftaucht, ist Kennzeichen einer Herrschaftsordnung, dass sie sich in genau diesem Punkt unterscheidet.

Dass auch Unrechtsstaaten am Richtigkeitsanspruch des Rechts nicht vorbeikommen betont auch M. Kriele, Recht und praktische Vernunft, Göttingen 1979, S. 23.

[396] Vgl. O. Höffe Politische Gerechtigkeit. Grundlegung einer kritischen Philosophie von Recht und Staat, 3. Auflage, Frankfurt a.M. 2002, S. 161.

[397] Ein interessantes sprachtheoretisches Argument für die Verbindung von Recht und Gerechtigkeit findet sich bei O. Höffe (1994), S. 166. Höffe betont, dass der Ausdrücken wie „Recht", „right" und „droit" innewohnende Richtigkeitsanspruch sich auch daran zeige, dass es über lange Zeit eine Höherbewertung von „rechts" vor „links" gegeben habe. Als Beleg für seine These führt Höffe den Begriff „linkisch" an.

ff) Konsequenzen der Teilnehmerperspektive

An dieser Stelle liegt sicherlich der fragende Einwand nahe, was durch den vernunftrechtlichen Rechtsbegriff eigentlich wirklich gewonnen ist. Zwar hat sich gezeigt, dass dieser der grundsätzlichen Frage nach dem Wesen des Rechts eher gerecht wird als sein positivistisches Pendant. Die hier geführte Diskussion wäre indes ein Glasperlenspiel, wenn nicht auch eine praktische Relevanz bestünde.

Klassischerweise geht die Diskussion des Rechtsbegriffs Hand in Hand mit der Frage nach der Möglichkeit gesetzlichen Unrechts.[398]

Hierzu kann in aller Kürze festgehalten werden: Natürlich folgt aus dem hier dargelegten Verständnis des Rechtsbegriffs nicht, dass von einem totalitären Regime erlassene Normen der Betrachtung durch Rechtswissenschaftler entzogen werden. Vielmehr bleiben sie als vernunftwidrige Normen, deren geistige Basis eine Negation der Rechtsidee darstellt, juristischer Untersuchungsgegenstand.[399]

Praktische Relevanz hat der Streit um den Rechtsbegriff aber gleichwohl. Da der Positivismus das Recht nicht aus der Teilnehmerperspektive betrachtet, vermag er die Frage nach den notwendigen Strukturen des Rechts nur in soziologischer oder handlungstheoretischer Sicht zu thematisieren.[400] Im Gegensatz hierzu fragt das Vernunftrecht nach der „inneren Moralität des Rechts" und thematisiert die Frage, inwieweit elementare Rechtsnormen bereits unmittelbares Gebot der Selbstgesetzgebung sind. Die Positivierung von Grundrechten ist daher durch das Vernunftrecht eindeutig vorgezeichnet. Gleiches gilt für die Formulierung allgemeiner Rechtsprinzipien wie dem Grundsatz pacta sunt servanda.[401] Auch die in Art. 20 III GG ausgesprochene Bindung von vollziehender Gewalt

---

[398] Damit einher geht die Frage nach den Merkmalen eines Unrechtsstaates. Vgl. dazu die Aufarbeitung des Diskussionsstandes bei T. Claer, Negative Staatlichkeit. Von der „Räuberbande" zum Unrechtsstaat, Hamburg 2003, S. 239 ff..

[399] Vgl. statt vieler W. Schild (1975), S. 32.
Nicht überzeugend ist daher der Einwand Hoersters, dass die Arbeit des Rechtshistorikers erschwert würde, wenn er seinen Untersuchungsgegenstand zuvor auf Vereinbarkeit mit moralischen Normen zu überprüfen hätte (vgl. N. Hoerster, Zum begrifflichen Verhältnis von Recht und Moral, in: Neue Hefte für Philosophie 1979, S. 77- 88 (84).

[400] Vgl. insoweit H. Welzel, Naturrecht und materiale Gerechtigkeit, 2. Auflage, Göttingen 1955, S. 197: „Wer Handlungen normieren will, muss die ontologische Struktur der Handlung betrachten ..., widrigenfalls er das Regelungsobjekt verfehlt."

[401] Der Zusammenhang zwischen Rechtsidee und allgemeinen Rechtsprinzipien wird unter anderem betont bei A. Kaufmann, Das Verfahren der Rechtsgewinnung. Eine rationale Analyse, München 1999, S. 88.
Vgl. zum Problemkreis ferner U. Neumann, Positivistische Rechtsquellenlehre und naturrechtliche Methode, in: ARSP- Beiheft 37 (1990), S. 141- 151 sowie R. Dreier, Der Begriff des Rechts, in: NJW 1986, S. 890- 896.

und Rechtsprechung an das „Recht“ – und eben nicht bloß an das „Gesetz“ – ist Ausdruck der Gerechtigkeitsfunktion des Rechts.[402]

Bedeutung hat die vernunftrechtliche Betrachtung des Rechts schließlich auch in der Rechtsdogmatik. Bei Naucke heißt es:

> „Es sind die von Radbruch angeführten Überlegungen von Instanzgerichten, es sind die Entscheidungen des OGHSt, frühe Entscheidungen des BGH zum NS-Unrecht (...) und die späteren Entscheidungen des BGH zum DDR-Unrecht (...), die zeigen, wo die Diskussion um das gesetzliche Unrecht seinen juristischen Ort hat: in der Auslegungslehre, allgemein in der Methodenlehre, also im Allgemeinen Teil aller Rechtsgebiete, im Juristenamtsrecht, vor allem in der Lehre von der Unabhängigkeit der Justiz, der Juristen überhaupt, und in der Gesetzgebungslehre als Teil der Allgemeinen Staatslehre und des positiven Verfassungsrechts.“[403]

Ein praktisches Beispiel, welches die Ansicht Nauckes unterstreicht, ist der in der Rechtstheorie klassische Streit zwischen subjektiver und objektiver Auslegung.[404] Von Zippelius stammt insoweit die prägnante Feststellung, dass Auslegungstheorie an Staatsphilosophie nicht vorbei kommt.[405]

Besonders offensichtlich ist der Zusammenhang zwischen Rechtsbegriff und Rechtsdogmatik im Strafrecht. Der vernunftrechtliche Rechtsbegriff beeinflusst die Bildung strafrechtlicher Kategorien und damit das Straftatsystem selbst.[406] Gerade im Strafrecht zeigt sich damit, dass der Streit um den Rechtsbegriff keine bloß theoretische Fingerübung ist, er vielmehr von nachhaltiger praktischer Relevanz ist.

gg) Rechtsbegriff und Richterperspektive

Während die Untersuchung bisher vor allem am Verhältnis zwischen Individuum und hoheitlicher Macht orientiert war, soll abschließend daran erinnert

---

[402] Die Unterscheidung zwischen „Gesetz“ und „Recht“ ist nicht bloß Verfassungslyrik. Das Bundesverfassungsgericht hat anerkannt, dass die „fundierten allgemeinen Gerechtigkeitsvorstellungen der Gemeinschaft“ durch Art. 20 III Eingang in die Rechtsordnung finden (vgl. BVerfGE 34, 287). Praktische Relevanz hat dies zum Beispiel für die grundsätzliche Zulässigkeit richterlicher Rechtsfortbildung, die sich aus der Gerechtigkeitsfunktion des Rechts begründet (vgl. R. Zippelius, Juristische Methodenlehre, 9. Auflage, München 2005, S. 84).

[403] W. Naucke, „Gesetzliches Unrecht“: ein aktueller juristischer Grundbegriff, in: Festschrift für Ekkehart Stein, Tübingen 2002, S. 284- 296 (292).
Speziell zur Begründung und zu den Grenzen des Rückwirkungsverbotes vgl. W. Naucke, Die strafjuristische Privilegierung staatsverstärkter Kriminalität, Frankfurt a.M. 1996.

[404] Vgl. zu diesem R. Zippelius (2005), S. 21 ff..

[405] R. Zippelius (2005), S. 21 ff..

[406] Vgl. nur das Lehrbuch von M. Köhler, Strafrecht, Allgemeiner Teil, Berlin u.a. 1997.

werden, dass auch aus der Perspektive des Richters ein notwendiger Zusammenhang von Recht und Gerechtigkeit besteht. Hierfür spricht zum einen, dass auch dem Urteil des Richters ein Richtigkeitsanspruch innewohnt[407], der sich neben der Gewährleistung einer korrekten Anwendung des positiven Rechts auch auf die Gerechtigkeit erstreckt. Deutlich wird dies vor allem dann, wenn der Richter im Rahmen von Wertungen und Abwägungen auf allgemeine Prinzipien zurückgreifen muss. Nur an das Prinzip der Zweckmäßigkeit anzuknüpfen ist hier nicht denkbar. Immer steht der Richter auch vor der Aufgabe, Rechtsfrieden zwischen Individuen zu schaffen. Der aus der Gerechtigkeit erwachsende Verbindlichkeitsanspruch ist daher auch hier erkennbar.

Pawlik hat in diesem Zusammenhang zudem darauf hingewiesen, dass der Positivismus für den Rechtsanwender auch identitätstheoretisch unmöglich ist, wenn er sich zugleich als moralisches Subjekt begreifen will. Andernfalls würde – so Pawlik – der beruflichen Tätigkeit jegliche Relevanz für die praktische Identität des Rechtsanwenders abgesprochen. Als Folge würde die „Einheit der Biographie" zerstört und das Recht dem Entstehen pathologischer Biographien Vorschub leisten.[408]

hh) Ergebnis der Positivismuskritik[409]

Am Ende der Diskussion von Vernunftrecht und Positivismus kann festgehalten werden: Ein vernunftrechtliches Verständnis des Rechtsbegriffs ist keinesfalls unwissenschaftlich. Vielmehr ist es einem bloßen Funktionalismus aus den dargelegten Gründen vorzuziehen.

Die Reine Rechtslehre verstrickt sich in einen unauflösbaren Widerspruch. Sie tritt mit dem Anspruch an, metaphysische Fragestellungen zu überwinden. Was dabei passiert, ist, dass diese unerledigt liegen bleiben. Der Positivismus verschließt vor diesem Befund die Augen und verkennt damit seine eigene metaphysische Bedingtheit. Der positivistische Ausgangspunkt wird damit verfehlt.[410]

---

[407] Vgl. hierzu auch R. Alexy (1990), S. 9 (23).

[408] Vgl. M. Pawlik, Person, Subjekt, Bürger. Zur Legitimation von Strafe, Berlin 2004, S. 14.

[409] Ergänzend soll noch auf folgenden Punkt hingewiesen werden: Die dargestellten Argumente bezeugen auch, wie sehr sich die Debatte um den Rechtsbegriff innerhalb der vergangenen Jahrzehnte gewandelt hat. Nach den Erfahrungen des nationalsozialistischen Totalitarismus wurde in endlos erscheinenden Debatten die Frage diskutiert, ob der Positivismus der Entstehung von Unrechtsregimen Vorschub leiste. Bekannt ist, dass von H.L.A. Hart die Gegenfrage erhoben wurde, ob ein Naturrecht es denn tatsächlich schaffen könne, ein Unrechtsregime zu verhindern (vgl. H.LA. Hart, Der Begriff des Rechts, 1. Auflage, Frankfurt a.M. 1973, S. 289). So spannend dieses Problem auch sein mag, so sehr belegen die hier angeführten Argumente doch, dass letztlich andere Argumente entscheidend sind.

[410] Siehe abschließend auch A. Kaufmann, Das Schuldprinzip, 2. Auflage, Heidelberg 1976, S. 49 ff..

Der Versuch, das Recht ohne Rekurs auf ein vorpositives Verständnis der Person erklären zu wollen, ist daher nachdrücklich zurückzuweisen.

2. Vernunftrecht und kommunitaristische Liberalismuskritik

Mit der Zurückweisung des Rechtspositivismus ist die rechtsphilosophische Standortbestimmung freilich noch nicht abgeschlossen. Bevor es möglich ist, eine Konstruktion des Tierschutzrechts auf vernunftrechtlicher Basis zu unternehmen, ist daher eine Auseinandersetzung mit einigen weiteren Einwänden, die gegen das vernunftrechtliche Rechtsparadigma erhoben werden, nötig.

Eine intensive Kritik hat das liberale Staatsmodell in den letzten Jahren von Seiten des Kommunitarismus erfahren. Für die vorliegende Arbeit ist die Kritik der Kommunitaristen unter verschiedenen Gesichtspunkten interessant:

Auf der Grundlagenebene berührt die Kommunitarismus-Debatte die Frage nach dem Zusammenhang zwischen metaphysischem Vorverständnis, Personenbegriff und Rechtsbegriff.

Da im Kommunitarismus die Grenze zwischen Recht und Ethik zumindest teilweise negiert wird, berührt er darüber hinaus auch die Grundlagen des Tierschutzrechts. Ganz besonders deutlich wird dies, wenn von Seiten einzelner Autoren behauptet wird, dass der Tierschutz seine Basis in einem gewandelten Verständnis der Menschenwürde habe (dazu ausführlich S. 144 ff.).

Die aktuelle Kommunitarismusdebatte stellt sich als äußerst unübersichtliches Terrain dar. Die Unterschiede zwischen den vertretenen Ansätzen sind beträchtlich. Dementsprechend stellt auch die Aufarbeitung des Diskurses und die kritische Auseinandersetzung mit den Ansätzen der Kommunitaristen ein schwieriges Unterfangen dar.

Grundsätzlich wird man aber zwischen zwei verschiedenen Varianten des Kommunitarismus unterscheiden können:

Die erste der beiden Denkschulen versucht, in Anknüpfung an Rousseau eine Rückbesinnung auf den Republikanismus zu formulieren und richtet hierbei ihr besonderes Augenmerk auf das Verhältnis zwischen politischer Machtausübung einerseits und demokratischer Partizipation andererseits. Das liberale System wird gewissermaßen einer systeminternen Kritik unterzogen und eine Binnenkorrektur vorgeschlagen. Hauptvertreter dieser Schule sind unter anderem Benjamin Barber, Charles Taylor und Michael Sandel.[411]

Dieser gemäßigten Richtung, die sich nicht in grundsätzlicher Opposition zum vernunftrechtlichen Ansatz befindet, steht in Form eines „substantialisti-

---

[411] B. Barber, Strong democracy, Berkeley 1984; M. Sandel, Liberalism and the limits of justice, Cambridge 1982; Ch. Taylor (1992); Ch. Taylor, Wieviel Gemeinschaft braucht die Demokratie?, in: Ch. Taylor, Wieviel Gemeinschaft braucht die Demokratie? Aufsätze zur politischen Philosophie, Frankfurt a.M. 2002, S. 11- 29.

schen Kommunitarismus"[412] eine weitaus radikalere Denkrichtung gegenüber, die das liberale Rechtsmodell der Moderne grundsätzlich in Frage stellt. Angeknüpft wird insoweit an Gedanken aus den Werken von Aristoteles, Thomas von Aquin und Hegel. Kennzeichnend für diese Spielart des Kommunitarismus ist die Behauptung einer notwendigen Verbindung zwischen politischer Staatsbürgerschaft einerseits und ethischer Zugehörigkeit zu einem Volk oder einer Nation andererseits. Als Hauptvertretung dieser Denkrichtung ist der Amerikaner Alasdair MacIntyre („Der Verlust der Tugend") zu nennen.[413]

Gerade bei MacIntyre zeigt sich die Abkehr vom vernunftrechtlichen Rechtsparadigma mit besonderer Deutlichkeit. Zunächst zu dieser Variante des Kommunitarismus:

a) Substantialistischer Kommunitarismus: MacIntyre

Zentraler Punkt der Überlegungen MacIntyres ist die Annahme, dass das „Projekt Aufklärung" und damit letztlich die gesamte Moderne gescheitert sei. Moderne Gesellschaften zeichnen sich nach Ansicht MacIntyres dadurch aus, dass in ihnen ein Unterschied zwischen manipulativen und nicht-manipulativen Beziehungen nicht mehr bestehe. Menschliche Bindungen würden allein unter Zweck-Mittel Gesichtspunkten betrachtet. Leitbilder dieser Gesellschaft seien der konsumsüchtige Ästhet, der bürokratische Manager und der zum Egoismus erziehende Therapeut. Dieses vernichtende Urteil über das „Projekt Aufklärung" sucht MacIntyre mit einem angeblichen Scheitern der modernen Moralphilosophie zu begründen.

Moderne Moral ist für ihn daher nichts anderes als bloßer Emotivismus, der über irrationale Begründungen nicht hinausweist. Als gescheitert sieht er auch die Moralphilosophie Kants an. Der kategorische Imperativ ist für MacIntyre nichts anderes als eine leere Formel, der es an jeglicher Substanz fehle.[414] Dementsprechend sieht MacIntyre auch den Versuch, die Moral aus der Vernunft zu gewinnen, als gescheitert an. Faktischer Sieger der moralphilosophischen Debatten vergangener Jahrhunderte ist daher nach Ansicht MacIntyres Friedrich Nietzsche.[415] Dessen Kritik an jeglicher Moralbegründung gehe – so MacIntyre – in der modernen Gesellschaft eine faktische Allianz mit Weberschem Bürokra-

---

[412] R. Forst, Kontexte der Gerechtigkeit. Politische Philosophie jenseits von Liberalismus und Kommunitarismus, Frankfurt a.M. 1994, S. 161. Vgl. zur terminologischen Unterteilung ferner T. Maak, Kommunitarismus. Grundkonzept einer neuen Ordnungsethik, 2. Auflage, St. Gallen 1997.

[413] Vgl. aus den Werken MacIntyres vor allem: A. MacIntyre, Der Verlust der Tugend. Zur moralischen Krise der Gegenwart, 1. Auflage, Frankfurt a.M. 1995; A. MacIntyre, Die Anerkennung der Abhängigkeit. Über menschliche Tugenden, Hamburg 2001 sowie A. MacIntyre, Whose Justice? Which Rationality?, London 1988.

[414] A. MacIntyre (1995), S. 70.

[415] A. MacIntyre (1995), S. 156.

tismus ein. Von der politischen Kultur der Gegenwart zeichnet MacIntyre dementsprechend ein düsteres Bild: Politik ist für ihn „Bürgerkrieg mit anderen Mitteln“[416]. Der Hobbessche Naturzustand ist damit nicht bloß ein hypothetischer Zustand, sondern Wesenszug der modernen Gesellschaft.[417]

Als einzigen Ausweg aus diesem Dilemma sieht MacIntyre eine Hinwendung zu Aristoteles und Thomas von Aquin. Entscheidend ist hier die Annahme, dass allein das teleologische Denken des Aristoteles gegenüber der Moralkritik Nietzsches bestehen könne. Zur Verständlichmachung dieses Gedankens bedarf es der näheren Betrachtung einiger Passagen der Argumentation MacIntyres. Moral besteht für ihn traditionellerweise aus drei Elementen:

Ausgangspunkt jeder Moral sei der Naturzustand des Menschen (1), dem ein Soll-Verständnis des Menschen gegenübergestellt werde (2), welches aus einem bestimmten telos der menschlichen Natur gewonnen werde. Zu diesen beiden Elementen treten dann nach Auffassung MacIntyres die moralischen Gebote, welche vom „Ist“ zum „Soll“ führen (3).[418] MacIntyre meint nun, dass gerade das Weglassen des zweiten Elementes, also der Vorstellung von einer bestimmten Natur des Menschen, die eigentliche Ursache für das Dilemma moderner Moralphilosophie sei. Aus einem Ist- Zustand – so seine Annahme – könne man ohne ein finales Element nicht einen bestimmten Katalog moralischer Normen gewinnen. Moderne Moralphilosophie widerspricht sich daher nach Ansicht MacIntyres selbst. Wenn Moral sein soll, dann bedarf es also – so die Schlussfolgerung – einer finalen Sicht des Menschen. Die Vorstellung, Moral könne allgemeingültig sein, ist demzufolge eine Illusion. Moral ist nach dieser Auffassung notwendigerweise an das „sozial Lokale“ gebunden.[419]

Um von hier aus zu einer neuaristotelischen Sichtweise der Moral zu gelangen, führt MacIntyre in seine Argumentation nun eine zentrale Prämisse ein: Das Individuum und seine Identität sind für ihn notwendigerweise durch die Gemeinschaft konstituiert. MacIntyre wörtlich:

> „In vielen prämodernen, traditionellen Gesellschaften identifiziert sich der einzelne über seine Zugehörigkeit zu einer Reihe gesellschaftlicher Gruppen und wird darüber hinaus von anderen identifiziert. Ich bin Bruder, Vetter, Enkel, Mitglied dieses Haushalts, jener Dorfgemeinschaft, dieses Stammes. Das sind keine Eigenschaften, die zufällig zum Menschen gehören, die entfernt werden müssten, um „das wahre Ich“ zu entdecken. Sie sind Teil meines Wesens und definieren – zumindest teilweise, manchmal ganz – meine Bindungen und Pflichten. Individuen erben einen bestimmten Raum innerhalb miteinander verknüpfter sozialer Beziehungen; fehlt

[416] A. MacIntyre (1995), S. 337.
[417] A. MacIntyre (1995), S. 263.
[418] A. MacIntyre (1995), S. 79.
[419] A. MacIntyre (1995), S. 170.

> ihnen dieser Raum, sind sie niemand oder bestenfalls Fremde oder Außenseiter.“[420]

Das Individuum konstituiert sich demzufolge durch elementare Gruppenzugehörigkeiten und seine hiermit im Zusammenhang stehende Geschichte. Das Selbst ist damit nichts anderes als eine „soziale Schöpfung“[421].Hieran schließt sich die Folgerung an, dass der einzelne Mensch in seiner Eigenschaft als Individuum nicht imstande sei, „gut“ und „tugendhaft“ zu leben.[422]

Die Schlussfolgerungen, die aus diesem Befund gezogen werden, betreffen das Zusammenleben der Menschen und damit die Sphäre des Rechts. Das praktische Verhältnis der Menschen wird hiernach wie folgt bestimmt:

Das Ideal einer politischen Gemeinschaft bilden für MacIntyre die antiken Gesellschaften, da in ihnen die aktive Bürgerschaft als konstitutiver Bestandteil des Mensch-Seins angesehen worden sei.[423] Diese Form des politischen Zusammenlebens erfordere – so MacIntyre – das Vorhandensein freundschaftlicher Bande unter den Staatsbürgern.[424] Für die Rechtsphilosophie entscheidend ist, dass dieses Verständnis von Bürgerschaft nicht allein Verbotsregeln, die ein friedliches Zusammenleben gewährleisten sollen, als erforderlich ansieht, sondern vielmehr auch das Vorhandensein gemeinsamer Tugenden fordert, welche die Verbote ergänzen.[425]

Offenkundig ist, dass MacIntyre hier Farbe bekennen muss und gemäß des selbst erhobenen Anspruchs eine Definition des „guten Lebens“ als Bezugspunkt der Tugend schuldet. Er gelangt in „Verlust der Tugend“ zu folgender Feststellung:

> „Das gute Leben für den Menschen ist das Leben, das in der Suche nach dem guten Leben für den Menschen verbracht wird, und die für die Suche notwendigen Tugenden sind jene, die uns in die Lage versetzen, zu verstehen, worin darüber hinaus und worin sonst noch das gute Leben für den Menschen besteht.“[426]

---

[420] A. MacIntyre (1995), S. 54.
[421] A. MacIntyre (1995), S. 174.
[422] A. MacIntyre (1995), S. 293.
[423] A. MacIntyre (1995), S. 183
[424] Freilich meint MacIntyre hiermit nicht das Vorhandesein einer auf emotionaler Zuneigung basierenden Beziehung. Entsprechend des antiken Sprachgebrauchs ergebe sich Freundschaft vielmehr bereits aus der gemeinsamen Sorge um gemeinsame Güter und Interessen (vgl. A. MacIntyre (1995), S. 210).
[425] A. MacIntyre (1995), S. 203.
[426] A. MacIntyre (1995), S. 293.

Von hier aus gelangt MacIntyre zu der zentralen Folgerung, dass die Basistugenden der Gerechtigkeit, Tapferkeit und Ehrlichkeit conditio sine qua non eines jeden gesellschaftlichen Zusammenlebens seien, ihre gesellschaftliche Ausgestaltung aber kontextabhängig und damit variabel sei.[427]

Durch die Verknüpfung von Bürgerschaft und Tugend wird der Begriff des Staatsbürgers ethisch angereichert. Eine strenge Grenze von Recht und Ethik besteht folglich nicht.

Die Konsequenzen, die sich hieraus ergeben, sind weitreichend. Während es einerseits heißt, dass Freiheit „die Voraussetzung für die Ausübung der Tugenden und das Erreichen des Guten“ sei,[428] wird andererseits das Vorhandensein von Rechten, die dem Individuum allein aufgrund seines Mensch-Seins zustehen, in Frage gestellt.[429] Menschenrechte – so MacIntyre – sind kontextbezogen und bedürfen der Einbindung in eine historisch gewachsene Gemeinschaft.

Dies führt zu einem neuralgischen Punkt in der Theorie MacIntyres. Einerseits kann er aufgrund der Zurückweisung des kantisch-universalistischen Standpunktes Moral, Ethik und Gerechtigkeit nur als historisch gewachsene Produkte verstehen, andererseits ist ihm selbstverständlich bewusst, dass aus dem Konflikt und Diskurs mit Gegenmodellen ein besonderer Legitimationsdruck erwächst. MacIntyre geht dieser Frage in „Whose Justice Which Rationality“ nach. Er erkennt insoweit an, dass Traditionen Rationalitätsstandards innewohnen, die eine Überprüfung ermöglichen. Eine spezielle Tradition gerät hiernach in eine „epistemologische Krise“, wenn sie damit scheitert, ethische Fragen innerhalb des ihr eigenen Systems konsequent zu bewältigen. An dieser Stelle beginnt für MacIntyre notwendigerweise der Dialog mit anderen Traditionen.[430] Letztlich müssen Moral und Ethik sich daher auch gegenüber dem einzelnen Individuum rechtfertigen lassen.[431]

Zusammenfassend lässt sich demnach festhalten, dass Ethik und Moral für MacIntyre einerseits historisch bedingt sind, andererseits aber vernünftige Gründe bestehen müssen, die eine Rechtfertigung gegenüber Individuen ermöglichen. Diesen Anspruch löst aus Sicht MacIntyres allein der Thomismus ein, auf dessen Basis er ein christlich geprägtes Naturrecht formuliert.

---

[427] A. MacIntyre (1995), S. 258.

[428] A. MacIntyre (1995), S. 213

[429] A. MacIntyre (1995), S. 98 f. Eine ähnliche Position hat unlängst G. Jakobs bezogen. Wörtlich heißt es bei ihm: "Um Rechte geht es bei der Konstitution der Person nur nachrangig, nämlich soweit die Person sie benötigt, um ihren Pflichten zu genügen." (G. Jakobs, Norm, Person, Gesellschaft. Vorüberlegungen zu einer Rechtsphilosophie, Berlin 1997, S. 38). Die Folgen dieses Paradigmenwechsels lassen sich unter anderem daran ablesen, dass Jakobs der Auffassung ist, es sei dem Einzelnen zumutbar, „seine Existenz zu opfern, wenn sich die Ordnung der Gruppe nicht anders halten lässt (S. 93).“

[430] A. MacIntyre (1988), S. 362 ff.

[431] A. MacIntyre (1988), S. 388.

b) Zur Kritik des substantialistischen Kommunitarismus

Die Logik MacIntyres wirkt zunächst bestechend, entpuppt sich bei näherem Hinsehen aber als Rhetorik.

Überzeugend ist zunächst seine Betonung der intersubjektiven Verfassung von Personen. Es kann schlichtweg nicht bestritten werden, dass Identitäten maßgeblich durch die Gesellschaft geformt werden. Trotzdem besteht gerade hier eine wesentliche Schwachstelle in der kommunitaristischen Sichtweise der Legitimation von Staat und Gemeinschaft. Das insoweit entscheidende Argument wird in der wissenschaftlichen Debatte gemeinhin als „kommunitaristischer Fehlschluss" betitelt. Es beinhaltet den Vorwurf, dass es nicht zwingend ist, von einer intersubjektiven Konzeption des Selbst auf eine kommunitaristische Verfasstheit politischer Gemeinschaften zu schließen.[432]

Dies belegt auf eindrucksvolle Weise bereits die Staatsphilosophie Fichtes, der trotz des von ihm erkannten Faktums der Intersubjektivität an einem subjektphilosophischen Ansatz festhält.

Auch George Herbert Mead, der sich intensiv mit der Frage der Intersubjektivität beschäftigt hat, hat sich gegen eine einseitige Lesart der Intersubjektivität gewandt.[433] Zum Verhältnis von Identität und Subjektivität betonte Mead, dass Personen die Möglichkeit zur Reflexion haben und es sich bei dieser um einen genuin subjektiven Prozess handelt. Personen haben die Möglichkeit, sich von der sie umgebenden Gemeinschaft zu distanzieren. Eine Person kann den Punkt erreichen – heißt es bei Mead – „wo sie sich der ganzen Umwelt in den Weg stellt;...".[434] Dies zeige, dass Personen durch die Gemeinschaft nicht zwingend gebunden seien.

Gerade dieser Umstand ist für die Begründung von Moral und Recht entscheidend. Sicher ist richtig, dass Normen als empirische Erscheinungen durch Kontexte bedingt sind. Über die Frage der Geltung ist hiermit aber noch nichts ausgesagt. Diese wird gerade in Konfliktsituationen akut, also in Situationen, in denen sich der Einzelne nicht bloß als Teil der Gemeinschaft erfährt, sondern aus faktischen Zusammenhängen und Bindungen heraustritt, sich seiner Subjektivität bewusst wird und nach vernünftigen Gründen fragt. Hieran zeigt sich, welche Bedeutung dem Individualismus bei der Begründung des Staates zukommt.

Höffe hat diesen Punkt zu illustrieren versucht, indem er von einem legitimationstheoretischen Individualismus spricht, der sich von einem handlungstheoreti-

---

[432] Vgl. bspw. R. Forst (1996), S. 35 ff.

[433] G.H. Mead (1973), S. 207 ff.

[434] G.H. Mead (1973), S. 210.

schen Individualismus abgrenze und die Bedeutung der Intersubjektivität für die Konstitution von Identitäten grundsätzlich anerkenne.[435]

Eine ähnliche Differenzierung findet sich bereits bei Kant. Wenngleich in der kantischen Philosophie die Frage der Rechtfertigung für den Einzelnen zentral ist, so ist seine Philosophie doch trotzdem alles andere als solipsistisch. Einen intersubjektiven Gehalt weist bereits der kategorische Imperativ auf. Nach diesem befinden sich Menschen in einem praktischen Verhältnis zueinander, welches eine Perspektivenübernahme voraussetzt.[436] In der praktischen Philosophie Kants denkt der Einzelne daher immer auch an sein Gegenüber. Auch schließt der kategorische Imperativ nicht aus, dass moralische Erkenntnis insbesondere auch im Diskurs mit anderen erfolgt. Individualistisch ist die Vernunftphilosophie nur hinsichtlich der Beziehung zwischen den Normen einerseits und dem Gewissen des Einzelnen andererseits. Hier eine Einheit und damit Geltung herzustellen, kann auch der intersubjektiv verfassten Person nicht durch andere abgenommen werden.[437]

Die These, dass die Frage nach der Richtigkeit von Normen insbesondere im Konfliktfall virulent wird, beinhaltet im übrigen keineswegs einen Rückfall in eine negative Sozialanthropologie. Es geht nicht um eine hobbesianische Skepsis an der menschlichen Natur, vielmehr ist das Auftreten von Konflikten schlichtweg ein Faktum menschlicher Existenz, ohne welche Moral und Recht als Kategorien nicht denkbar sind.[438]

Es kann demnach festgehalten werden, dass MacIntyres identitätstheoretische Prämisse nicht weit führt, da sich aus seiner sozialtheoretischen Kritik der sittlichen Freiheit kein überzeugendes Argument gegen das liberale Staatsmodell im

---

[435] O. Höffe (1994), S. 384 ff. und O. Höffe, Erwiderung, in: Wolfgang Kersting (Hrsg.), Gerechtigkeit als Tausch? Auseinandersetzungen mit der politischen Philosophie Otfried Höffes, 1. Aufl. Frankfurt a.M. 1997, S. 331- 356.
Dieser Punkt wird auch von Ch. Taylor anerkannt. Taylor räumt ein, dass der prozedurale Liberalismus nicht notwendigerweise eine „atomistische Ontologie" impliziere, vielmehr sei ohne weiteres eine Verknüpfung von Liberalismus und Holismus möglich. Vgl. Ch. Taylor, Aneinander vorbei: Die Debatte zwischen Liberalismus und Kommunitarismus, in: Axel Honneth (Hrsg.), Kommunitarismus. Eine Debatte über die moralischen Grundlagen moderner Gesellschaften, Frankfurt a.M. 1993, S. 103- 130 (insb. 123).
Zusammenfassend: D. von der Pfordten, Normativer Individualismus und das Recht, in: JZ 2005, S. 1069- 1080.

[436] Dies wird insbesondere in der zweiten Formel des kategorischen Imperativs deutlich. Siehe Kant, Grundlegung zur Metaphysik der Sitten, IV, S. 428/ 429 (BA 66): „Der praktische Imperativ wird also folgender sein: Handle so, dass du die Menschheit sowohl in deiner Person, als in der Person eines jeden andern jederzeit zugleich als Zweck, niemals bloß als Mittel brauchest."

[437] D. von der Pfordten spricht insoweit davon, dass sich das „Handlungsinteresse der Individuen" in einem „tatsächlichen Rechtfertigungsverlangen" manifestiere (D. von der Pfordten (2005), S. 1069 (1079)).

[438] Ausführlich hierzu O. Höffe (2002), S. 217 ff.

allgemeinen und seine subjektphilosophische Variante im besonderen herleiten lässt.[439]

MacIntyres Argumentation bricht zudem vollends zusammen, wenn er die sittliche Freiheit als Voraussetzung ethischen Handelns doch wieder einführen will (s.o.). Spätestens dann, wenn es heißt, dass Individuen nach Gründen fragen und MacIntyre die bereits erwähnten Rationalitätsstandards wieder einführt, ist endgültig unklar, worin nach seiner Konzeption eigentlich die Bedeutung der intersubjektiven Bedingtheit von Personen für die kommunitaristische Staatslegitimation bestehen soll.

Bereits aufgrund der nicht überzeugenden Vermengung von identitätstheoretischen Fragestellungen mit dem Problem der Staatsbegründung vermag der substantialistische Kommunitarismus nicht zu überzeugen. Als berechtigt erscheint daher auch die harsche Kritik, die MacIntyre in der Literatur zumindest teilweise hervorgerufen hat. Bei Maak heißt es beispielsweise, dass der substantialistische Kommunitarismus eine „neuaristotelische Polisromatik" betreibe.[440]

Jenseits der unberechtigten Kritik am vernunftrechtlichen Personenbegriff[441] bleibt mit der Behauptung, dass Staatsbürgerschaft ethische Zugehörigkeit vor-

---

[439] Die hier angeführten Argumente sind nicht nur gegen MacIntyre gerichtet. Vielmehr findet sich MacIntyres Gedanke in einer ganzen Reihe von kommunitaristisch ausgerichteten Publikationen. Beispielsweise nimmt auch Sandel an, dass es der Deontologie immer um ein „ungebundenes Selbst" gehe (vgl. M. Sandel, Die verfahrensrechtliche Republik und das ungebundene Selbst, in: A. Honneth (Hrsg.), Kommunitarismus, Frankfurt a.M 1993, S. 18-35 (insb. 24 ff).
Soweit hierbei gegen Kant argumentiert wird, fällt immer wieder die einseitige Betrachtung des kategorischen Imperativs auf, der von Kommunitaristen zumeist auf die erste von Kant in der Grundlegung gewählte Formel reduziert wird. Der hieraus abgeleitete Formalismusvorwurf überzeugt nicht. Es kann schlichtweg nicht angenommen werden, dass Kant mit dem formellen Gesetz der Moral eine Möglichkeit schaffen wollte, beliebige aber allgemein formulierte Normen zu legitimieren. Vielmehr ist immer zu bedenken, dass Kant in seiner praktischen Philosophie nach den tatsächlichen Bedingungen von Subjektivität und Vernunft fragt. Zur Begründung eines sich selbst zerstörenden Egoismus kann der kategorische Imperativ daher nicht herangezogen werden. Gerade aus diesem Grund ist auch die zweite Formel des kategorischen Imperativs, welche die Unverfügbarkeit der Person bestimmt, so wichtig.

[440] T. Maak (1997), S. 30. Speziell zur Kritik an MacIntyres Ansatz vergleiche auch die instruktiven Äußerungen von M. Haus in Kommunitarismus. Einführung und Analyse, Wiesbaden 2003.

[441] Vgl. hierzu auch den Aufsatz von W. Schild, Person als Begriff – Zur Begriffslehre von Karl Larenz, in: Festschrift für G. Otte, München 2005, S. 329- 350 (insb. 333 ff.). Am Problemfall des Verräters macht Schild auf ein zentrales Defizit im „konkreten Ordnungsdenken" von Karl Larenz aufmerksam. Ähnlich wie einige der heutigen Kommunitaristen ging Larenz davon aus, dass die Rechtsstellung des Menschen sich nicht bereits aus seiner Subjektivität ergebe, sondern durch die Rollen bedingt sei, die er im tatsächlichen Leben ausfülle. Der Personenbegriff verliert damit im konkreten Ordnungsdenken seinen Sinn. Übrig bleibt allein der Organismus, dessen Teil der einzelne Mensch ist. Zum Problemfall des Verräters führt Larenz

aussetze, ein primär pragmatisches Argument, welches zumindest für einen schwachen Kommunitarismus sprechen könnte, übrig.

c) Kommunitaristische Kritik am ethisch neutralen Verständnis der Staatsbürgerschaft im Liberalismus

In zumindest einem Punkt sind auch gemäßigte Kommunitaristen der Ansicht, dass es dem liberalen System an Substanz fehle. Dieser betrifft – schlagwortartig gesprochen – die Rolle des Patriotismus in der liberalen Gesellschaft und findet seinen konkreten Niederschlag im Konzept der Staatsbürgerschaft.

Beispielsweise ist Charles Taylor der Ansicht, dass eine patriotische Verbindung der Bürger zum Staat erforderlich sei, um den Bestand einer staatlichen Ordnung auf Dauer zu gewährleisten. Dieser Gedanke wird von der Befürchtung getragen, dass der Liberalismus notwendigerweise zu einer Entfremdung der Individuen führe, welche letztlich den Fortbestand der politischen Gemeinschaft bedrohe. Der bereits auf der theoretischen Ebene erhobene Vorwurf des Solipsismus wird damit auf der praktischen Ebene wieder aufgegriffen.

Eindringlich formuliert Taylor:

> „Das reine aufgeklärte Selbstinteresse wird niemals Menschen stark genug bewegen, um eine wirkliche Bedrohung für potentielle Despoten und Putschisten darzustellen. Auch wird es leider nicht genügend Leute geben, die sich von universalen Prinzipien leiten lassen, von partikularen Identifikationen freie, moralische Bürger einer stoischen oder kantischen Kosmopolis, um diese Missetäter zu stoppen."[442]

Die liberale Gesellschaft steht – so der Vorwurf – auf tönernen Füßen und zehrt, sofern sie der Entfremdung nicht Einhalt gebietet, von Voraussetzungen, die sie selbst gefährdet.

Diese Argumentation ist alles andere als neu. In der Sache gehen die Überlegungen auf Hegel und dessen Annahme, dass bloße Individuen noch nicht in der Lage seien, eine Gemeinschaft zu konstituieren, zurück. Eine politische Gemeinschaft setzt hiernach voraus, dass die natürlichen Differenzen zwischen den

---

in einer Abhandlung aus dem Jahre 1935 aus, dass dieser „durch seinen Verrat das Band [zerschneidet], das ihn an die Gemeinschaft und diese an ihn bindet". Der Verräter verliert damit seine Rechtsstellung und wird vogelfrei. Der Einzelne kann demnach seine Gliedstellung in der Gemeinschaft verneinen. Dann ist aber offensichtlich, dass auch das Gegenteil – ein positives Bejahen der Rollen – möglich ist. Auch das konkrete Ordnungsdenken kommt damit – so Schild - nicht um die Kategorie des „freien Subjektes" herum. Mit dieser Einsicht bricht das konkrete Ordnungsdenken letztlich aber wie ein Kartenhaus in sich zusammen. Vgl. auch K. Larenz Rechtsperson und subjektives Recht. Zur Wandlung der Rechtsgrundbegriffe, in: Karl Larenz (Hrsg.), Grundfragen der neuen Rechtswissenschaft, Berlin 1935, S. 225- 260.

[442] Ch. Taylor (1993), S. 103 (122).

Individuen überwunden und durch gemeinschaftlichen Bindungen zu einer sittlichen Synthese geführt werden.[443]

Die Durchschlagkraft dieser These muss differenziert beurteilt werden. Während es unzweifelhaft sein dürfte, dass der Einwand als Argument gegenüber einem neoliberalen Staatsverständnis einiges an Überzeugungskraft besitzt, weist er über das vernunftrechtliche Staatsverständnis doch nicht hinaus. Die Ausführung dieser Behauptung erfordert zunächst eine nähere Betrachtung des kommunitaristischen Bürgerbegriffs.

Eine der klarsten Ausarbeitungen liefert hierzu Charles Taylor. Um des beschriebenen Entfremdungsproblems Herr zu werden, mahnt Taylor zum einen eine Politik der Beteiligung an, tritt darüber hinaus aber auch für einen „liberalen Nationalismus" ein.[444] Hiermit meint er Folgendes: Taylor geht davon aus, dass der Liberalismus, wenn er fortbestehen wolle, der Anreicherung durch ein substantialistisches Gut bedürfe. Nun geht Taylor – insoweit auf liberaler Linie – davon aus, dass grundsätzlich auch die „Herrschaft der Gerechtigkeit" als derartiges Gut in Betracht kommt. Entscheidend ist nun aber die Befürchtung, dass dieses alleine nicht ausreiche, um den Selbsterhalt einer liberalen und vielfältigen Gesellschaft zu schützen. Er folgert daher, dass neben der Gerechtigkeit eine „Basis-Treue" gegenüber der staatlichen Gemeinschaft als normatives Prinzip in den Liberalismus zu integrieren sei. Hier kommt demzufolge der Patriotismus ins Spiel. Dieser sei der staatlichen Neutralität gegenüber verschiedenen Lebensweisen vorgelagert und bildet daher ihre Grenze. Taylor illustriert diesen Gedanken anhand von Beispielsfällen:

Eines seiner Beispiele betrifft den Fall, dass religiös-apolitische Eltern in der Erziehung ihrer Kinder zumindest implizit die Unterstützung aktiver Bürgerschaft verurteilen und sich damit von der historisch gewachsenen politischen Gemeinschaft abwenden. Hier, wendet Taylor ein, würden die Grundlagen der liberalen Gesellschaft unterwandert, weshalb eine Grenze staatlicher Neutralität erreicht sei.

Ein weiterer Fall bringt diesen Gedanken noch stärker zum Ausdruck. Anhand der amerikanischen Gesellschaft entwickelt er die These, liberale Gesellschaften basierten auf historischen Leitbildern, die der Geschichte der jeweiligen Gemeinschaft entstammten. Diese sind für Taylor gewissermaßen „sakrosant". Er führt aus, dass die Grenze der Neutralität beispielsweise dann erreicht sei,

---

[443] Vgl. bspw. Hegel, RhP, VII, § 156, S. 305: „Der Geist hat Wirklichkeit, und die Akzidenzien derselben sind die Individuen. Beim Sittlichen sind daher immer nur die zwei Gesichtspunkte möglich, dass man entweder von der Substantialität ausgeht oder atomistisch verfährt und von der Einzelheit als Grundlage hinaufsteigt: dieser letztere Gesichtspunkt ist geistlos, weil er nur zu einer Zusammensetzung führt, der Geist aber nichts Einzelnes ist, sondern Einheit des Einzelnen und Allgemeinen.".

[444] Zusammenfassend hierzu M. Haus (2003), S. 127.

wenn „Einwände gegen den frommen Ton“ erhoben würden, mit der die amerikanische Gesellschaft die Hauptfiguren ihrer Geschichte präsentiere.[445]

Taylor grenzt sich mit diesen Überlegungen deutlich von dem Versuch ab, die soziostrukturelle Basis demokratischen Zusammenlebens allein durch eine Stärkung demokratischer Partizipation sichern zu wollen und gelangt stattdessen zum Leitbild eines „patriotisch-liberalen Regimes“, welches legitimerweise eine Loyalität dem Staat gegenüber verlangen dürfe.[446]

Taylor hat sicher Recht, wenn er – wie im ersten Beispielsfall – betont, dass religiös fundierte Ablehnung und Verurteilung einer pluralen Gesellschaft für ein System, welches vielfältigen Lebensstilen offen gegenübersteht und diese zu schützen sucht, eine schwer zu tolerierende Provokation darstellt. Man wird aber gleichwohl fragen müssen, ob der von ihm gewählte Ausweg aus der beschriebenen Situation wirklich überzeugt.

An seiner Argumentation stört vor allem die starke Betonung der geschichtlichen Dimension. Die Treue gegenüber den historisch gewachsenen Leitbildern der liberalen Gesellschaft ist letztlich vage und grenzt sich nicht hinreichend von der diskreditierten Idee der Volksgemeinschaft ab. Zu real ist hier das Risiko, dass unter Verweis auf historische Verbundenheit politische Konformität erzwungen wird.

Das von Taylor aufgezeigte Problem soll hierdurch keineswegs verharmlost werden, der zuletzt gebrachte Einwand möchte lediglich darauf hinweisen, dass eben auch die Tugend des Patriotismus einer klaren Grenze bedarf.

Auf vernunftrechtlicher Basis scheint hier eine klarere Grenzziehung möglich zu sein. An der Argumentation Kants lässt sich zeigen, dass sich ein Individuum, welches die staatliche Trennung von Recht und Ethik ablehnt, in einen inhärenten Widerspruch verwickelt. Will ein Subjekt den Naturzustand verlassen, so kommt es an der Trennung von Recht und Ethik nicht vorbei, da anderenfalls der Naturzustand nur zwischen den Individuen beendet würde, die ohnehin den gleichen Wertekanon teilen. Gerade aus diesem Grund negiert die Ablehnung von Freiheit, Gleichheit und Selbständigkeit den kategorischen Imperativ des Rechts. Dieser Gedanke verdeutlicht, dass sich „streitbare Demokratie“ – um die es den Kommunitaristen ja zu gehen scheint – auch auf vernunftrechtlicher Basis begründen lässt. Gegenüber der Idee eines „liberalen Nationalismus“ spricht für die vernunftrechtliche Konzeption hier vor allem die größere konzeptuelle Klarheit.[447]

---

[445] Ch. Taylor (1993), S. 103 (124).

[446] Ch. Taylor (1993), S. 103 (125); vgl. zur Patriotismus- Konzeption Taylors auch Ch. Taylor, Nationalismus und Moderne, in: Ch. Taylor, Wieviel Gemeinschaft braucht die Demokratie? Aufsätze zur politischen Philosophie, Frankfurt a.M. 2002, S. 140- 165.

[447] Vgl. hierzu auch E.-W. Böckenförde, Die Entstehung des Staates als Vorgang der Säkularisation, in: Säkularisation und Utopie, Ernst Forsthoff zum 65. Geburtstag, Stuttgart [u.a.]

Der Kommunitarist wird nun freilich einwenden, dass ein bloßer „Verfassungspatriotismus“ keine hinreichend verbindende Kraft darstellt (vgl. bspw. das auf S. 120 f. hervorgehobene Zitat Taylors). Dieser Einwand ist sicher ernst zu nehmen, gleichwohl scheinen hier Zweifel an der kommunitaristischen These angebracht zu sein. Genauso gut dürfte sich anhand aktueller politischer Debatten nämlich zeigen lassen, dass die von Taylor angemahnte Fähigkeit zur politischen Entrüstung aus der Wahrnehmung von Ungerechtigkeiten erwächst.[448] In einer Zeit globaler Vernetzung ist die „kantische Kosmopolis“ weit weniger weltfremd als die apodiktische Behauptung Taylors dies suggeriert.

Letztlich wird damit der Anspruch, mit einem ethisch angereicherten Staatsbürgerbegriff eine conditio sine qua non moderner Rechtsgemeinschaften zu formulieren, nicht eingelöst.

Was von der abgeschwächten Form des Kommunitarismus übrig bleibt, ist die Forderung, sich auf die republikanischen Wurzeln moderner Demokratie zurückzubesinnen. Ausgehend vom „Faktum der Pluralität“ plädiert beispielsweise Barber für ein Gemeinschaftsverständnis, welches sein grundlegendes Paradigma nicht in neoaristotelischer Manier im Wert der Freundschaft erblickt, sondern sich statt dessen dem Ideal „friedlicher Nachbarschaft“ verpflichtet fühlt. Recht stellt sich hiernach als gemeinsame Konsenssuche dar, die Entfremdungserscheinungen durch radikal-demokratische Praxis zu überwinden sucht.[449]

Neben anderen wird man Kant sicher als einen der Urväter republikanischen Denkens bezeichnen können. Ein grundsätzlicher Widerspruch zwischen der zuletzt angedeuteten Variante eines abgeschwächten Kommunitarismus und der vernunftrechtlichen Staatsphilosophie besteht daher nicht.

d) Trennung von Recht und Ethik als „Etikettenschwindel“ der modernen Gesellschaft

Abschließend bedarf ein weiteres Hauptthema der Kommunitarismusdebatte der Erörterung. Viele Kommunitaristen fragen, ob im Liberalismus nicht eine Art „Etikettenschwindel“ betrieben wird und sich hinter der Trennung von Recht und Ethik nicht doch eine bestimmte Auffassung des „Guten“ verbirgt.[450] Das

---

1967, S. 75- 94. Der in diesem Aufsatz enthaltene Satz „Der freiheitliche, säkularisierte Staat lebt von Voraussetzungen, die er selbst nicht garantieren kann“ (S. 93) ist mittlerweile ein berühmt- berüchtigter Gemeinplatz, vergessen wird aber meist, dass Böckenförde mit dieser Behauptung nicht den Liberalismus als solchen kritisieren wollte. In prägnanter Weise spricht er vom Staat als einer „Chance der Freiheit“, den jeder anerkennen müsse. Dies ist im wesentlichen deckungsgleich mit den hier im Anschluß an Kant formulierten kategorischen Basisprinzipien des Rechts.

[448] Vgl. hierzu die instruktiven Gedanken von J. Habermas in: Der gespaltene Westen, 1. Auflage, Frankfurt a.M. 2004.

[449] B. Barber (1984), S. 219.

[450] Vgl. bspw. A. MacIntyre (1988), S. 345: "The starting points of liberal theorizing are never neutral as between conceptions of the human good; they are always liberal starting

liberale Staatsmodell sei hiernach – so der Vorwurf – ebenso parteiisch wie eine Rechtsgemeinschaft, die sich offen zu bestimmten historisch gewachsenen Vorstellungen des guten Lebens bekenne. Mit anderen Worten: Der staatstheoretische Liberalismus sei ebenso wie jede andere Form menschlichen Zusammenlebens bestimmten transzendenten Strukturen verhaftet.

Verschiedene Einwände gilt es insoweit zu bedenken: Für eine liberale Verfassung und die Trennung von Recht und Ethik zu argumentieren heißt nicht – wie Rainer Forst richtig feststellt –, auch für „individualistische Lebenspläne" zu streiten.[451] Gerade hieran zeigt sich, dass der Liberalismus es mit der von ihm propagierten Trennung von Recht und Ethik ernst meint und den Leitprinzipien in einem liberalen System eine gänzlich andere Bedeutung beizumessen ist, als den Basiswerten kommunitaristischer Modelle.

Zudem stört an dem Argument des Etikettenschwindels die zumindest implizit geäußerte Voreingenommenheit gegenüber der transzendentalen Methode. Eine genaue Differenzierung zwischen transzendenten Prämissen einerseits und transzendentalen Strukturen andererseits sucht man bei den angloamerikanischen Kommunitaristen zumeist vergebens.

An dieser Stelle liegt freilich der Einwand nahe, dass die hier geäußerte Kritik gar zu sehr an der Oberfläche verharrt. Man könnte insoweit argumentieren, dass die liberale Trennung von Recht und Ethik das Entstehen einer Marktgesellschaft begünstigt, die den Menschen zum bloßen homo oeconomicus umformt und daher faktisch atomisierte, individualistische Lebensformen zur verbindlichen Form eines „guten" Lebens erklärt.[452]

An der liberalen Trennung von Recht und Ethik wird dementsprechend kritisiert, dass diese zu viele politischen Fragestellungen von vornherein in den Bereich des Privaten verbanne und damit letztlich einen gesellschaftlichen statusquo zementiere.[453] Hierin – so der Vorwurf – zeige sich, dass der Liberalismus letztlich eben doch ein tendenziöses Konzept sei.

---

points. And the inconclusiveness of the debates within liberalism as to the fundamental principles of liberal justice reinforces the view that liberal theory is best understood, not at all as an attempt to find a rationality independent of tradition, but as itself the articulation of an historically developed and developing set of social institutions and forms of activity, that is, as the voice of a tradition." Siehe ferner K. Baynes Liberale Neutralität, Pluralismus und deliberative Politik, in: B. van den Brink/ W. van Reijen, Bürgergesellschaft, Recht und Demokratie, 1. Auflage, Frankfurt 1995, S. 432- 465 (434).

[451] R. Forst (1996), S. 52.

[452] Vgl. T. Maak (1997), S. 18.

[453] Ganz in diesem Sinne wird auch von feministischer Seite argumentiert, dass es untunlich sei, das Spannungsverhältnis zwischen privaten und öffentlichen Angelegenheiten einer abstrakten Lösung abstrakt auflösen zu wollen. Anhand konkreter Gerechtigkeitsfragen zeige sich vielmehr, dass Privatheit und Öffentlichkeit fließende Konzepte darstellen, die durchaus einem Wandel unterliegen können (vgl. zum Beispiel C. Pateman, Feminist Critiques of the

Dieser Einwand wiegt schwer; für einen wohlverstanden Liberalismus ist er aber gleichwohl auflösbar: Bereits die Diskussion des kantischen Selbständigkeitsprinzips hat gezeigt, dass ein Liberalismus, der seinen Geltungsanspruch nicht aufgeben will, am Problem der positiven Freiheit nicht vorbeikommt. In einer Zeit multikultureller Lebensentwürfe kann dies nur bedeuten, dass ein Rechtssystem unterschiedliche Identitäten anzuerkennen hat, um Chancengleichheit zwischen den Subjekten zu gewährleisten und Entfremdungserscheinungen entgegenzuwirken.[454]

Für das Verständnis des Neutralitätsprinzips ergibt sich hieraus, dass Neutralität zwar einerseits Unparteilichkeit gegenüber den verschiedenen Formen des guten Lebens bedeutet, das Neutralitätsprinzip selbst aber von den Basisprinzipien abhängt und insofern selbst kein neutrales Prinzip ist.[455] Aus diesem Gedanken folgt zweierlei: Einerseits bedürfen kollektive Ziele der Rechtfertigung durch Prinzipien, andererseits fallen aber auch ethisch aufgeladene Problemstellungen in den Bereich des Rechts, soweit die praktische Gewährleistung der Basisprinzipien eine positive Regelung erfordert. Alles andere stellt – wie Habermas pointiert festgestellt hat – eine Verkürzung des kantischen Rechtsbegriffs dar.[456]

Public/ Private Dichotomy, in: S.I. Benn/ G.F. Gaus (Hrsg.), Public and Private in Social Life, London 1983, S.281- 303).

[454] Siehe zu dieser Problematik auch J. Habermas, Faktizität und Geltung, Beiträge zur Diskurstheorie des Rechts und des demokratischen Rechtsstaats, 1. Auflage, Frankfurt 1992, S. 375 ff.

[455] Instruktiv hierzu Th. Maak (1997), S. 18.

Das hier beschriebene Verhältnis zwischen kollektiven Zielen und individuellen Rechten betrifft zudem die in rechtstheoretischer Hinsicht kontroverse Frage, ob das Recht eine Werteordnung darstellt. Ausgehend von einem deontologischen Grundverständnis ist diese Frage freilich zu verneinen.

Für ein prinzipienorientiertes Rechtsdenken spricht insofern auch, dass wertorientiertes Rechtsdenken die Grundrechte ihres binären Geltungsanspruchs beraubt und sich hierdurch die Gefahr irrationaler Urteile erhöht (siehe J. Habermas (1992), S. 310- 317).

Vgl. zu dieser Problematik ferner St. Smid, Einführung in die Philosophie des Rechts, München 1991, S. 43 ff. sowie E.-W- Böckenförde, Zur Kritik der Wertbegründung des Recht, in: ARSP- Beiheft 37 (1990), S. 33- 46.

Prägnant formuliert Smid: „Die Orientierung an den Werten ist eine Forderung der Ausrichtung von Entscheidungen an Mehrheiten. (S. 44)“ Ebenso wie Habermas weist Smid zudem darauf hin, dass Grundwerte die Kontinuität des Rechts und die Gleichbehandlung wesentlich gleicher Sachverhalte nicht gewährleisten können.

Vgl. zum Versuch einer Verteidigung des Wertdenkens im Recht G. Robbers, Zur Verteidigung einer Wertorientierung in der Rechtsdogmatik, ARSP-Beiheft 37 (1990), S. 162- 172.. Robbers konstatiert unter anderem, dass eine Verabsolutierung von Werten einem modernen Wertordnungsdenken fremd sei (S. 167). Gleichzeitig räumt aber auch Robbers ein, dass vom Wertordnungsdenken die Gefahr einer zu starken Einbindung des Einzelnen in „Wertverwirklichungskonzepte des Gesetzgebers“ ausgeht (S. 166).

[456] Vgl. J. Habermas (1992), S. 305.

Weitere Ausführungen zum richtigen Verständnis des Neutralitätsbegriffs können an dieser Stelle dahingestellt bleiben. Da gerade der zuletzt genannte Gedanke den Schlüssel zur Auflösung des Spannungsverhältnisses zwischen dem Anliegen des Tierschutzes einerseits und dem freiheitlichen Rechtsparadigma andererseits bereitstellt, wird im nächsten Kapitel der Arbeit erneut von dieser Problematik die Rede sein.

Dabei wird sich zeigen, dass ein zeitgemäßes Verständnis der liberalen Trennungsthese, welches auf den Schutz selbstbestimmter Identitäten abzielt, durchaus in der Lage ist, das Spannungsverhältnis zwischen Tierschutz und Freiheit aufzulösen.

3. Rechtsverhältnis und Interesse – Der Utilitarismus

In der Auseinandersetzung mit dem Kommunitarismus hat das freiheitliche Rechtsverständnis des subjektiven Idealismus damit eine erneute Bestätigung gefunden. Damit hat sich auch die Ausgangsthese weiter erhärtet:

Die Rechtsordnung als Freiheitsordnung korrespondiert mit einer bestimmten Vorstellung vom Begriff der Person. In der Auseinandersetzung mit dem Positivismus hat sich gezeigt, dass ein anspruchsvolles Personenkonzept, welches nicht allein das empirische Sein betrachtet, sondern den Menschen als Vernunftwesen versteht, das Geltungsproblem des Rechts löst und die Gerechtigkeitsperspektive integriert. Das so bestimmte Recht ist freiheitlich verfasst und trennt Recht, Moral und Ethik. Die Diskussion kommunitaristischer Einwände hat zudem ergeben, dass in den für das Recht typischen Konfliktsituationen die sittliche Freiheit des Menschen unweigerlich an Bedeutung gewinnt und nicht durch historisch-substantialistische Personenkonzepte zu ersetzen ist.

Ein weiterer Gegenspieler des subjektiven Idealismus ist bislang unerörtert geblieben: der Utilitarismus.

Ebenso wie die im vorangegangenen Abschnitt erfolgte Diskussion des Kommunitarismus ist auch die Auseinandersetzung mit dem Utilitarismus aus mehreren Gründen zwingend erforderlich: Einerseits stellt sich ein theoretisches Problem, welches die Tauglichkeit des Utilitarismus als Gerechtigkeitstheorie betrifft, andererseits ist gerade der Utilitarismus von enormer Bedeutung für die Tierschutzdebatte. Beide Punkte sind eng miteinander verknüpft:

Auf der eher theoretischen Ebene stellt sich die Frage, ob das Problem des Geltungsanspruchs des Rechts für einen Utilitaristen zu bewältigen ist. Sollte sich herausstellen, dass dies nicht der Fall ist, so wird man den Utilitarismus als Gerechtigkeitstheorie getrost verwerfen können. Es geht hierbei also wiederum um die Frage nach dem Zusammenhang zwischen Personenbegriff und Recht.

Der Personenbegriff des Utilitarismus ist es aber, und dies führt zum zweiten Punkt, der den Utilitarismus für die Tierschutzdebatte so interessant macht. Gerade weil das klassische Vernunftrecht die Tiere aus dem Recht herausnimmt und das Verhältnis zu ihnen allein in der Tugendlehre verortet, suchen Tierschützer nach einer Alternative, die eine zwanglose Integration der Tiere in die Rechtsgemeinschaft ermöglicht. Seit Benthams berühmten Obiter Dictum über die Leidensfähigkeit der Tiere bietet der Utilitarismus sich hier als vermeintlicher Heilsbringer an.[457]

In der sich nunmehr anschließenden Auseinandersetzung mit dem Utilitarismus[458] besteht zunächst die Schwierigkeit einer angemessenen Darstellung. Der Utilitarismus steht keineswegs für ein geschlossenes System, vielmehr umfasst er eine Reihe zum Teil erheblich divergierender Richtungen, die allein durch einen gemeinsamen Grundgedanken verbunden werden. Eine Darstellung des Utilitarismus muss daher genau an diesem gemeinsamen Punkt ansetzen. Den Ausgangspunkt bilden daher die „Klassiker" des Utilitarismus: Jeremy Bentham und John Stuart Mill.

a) Das Nützlichkeitsprinzip bei Bentham und Mill

Für Bentham folgt das Nützlichkeitsprinzip aus einem psychischen Hedonismus: Menschliches Leben steht hiernach unter dem Diktat von Schmerzvermeidung einerseits und der Suche nach Lust und Befriedigung andererseits. Nützlich ist demzufolge eine Handlung, die Glück, Befriedigung und Zufriedenheit befördert.[459] Seine moralische Relevanz gewinnt dieser Gedanke für Bentham durch eine Verallgemeinerung: „gut" ist hiernach, was den von einer Handlung Betroffenen nützt. Auf den Punkt wird dies gebracht, wenn es bei Mill heißt, Handlungen seien „insoweit und in dem Maße richtig, als sie die Tendenz haben, Glück zu befördern, und insoweit moralisch falsch, als sie die Tendenz haben, das Gegenteil von Glück zu bewirken."[460]

---

[457] Vgl. Bentham, Principles of Morals and Legislation, Kap. 17: „ Der Tag mag kommen, an dem die übrigen Geschöpfe jene Rechte erlangen werden, die man ihnen nur mit tyrannischer Hand vorenthalten konnte. Die Franzosen haben bereits entdeckt„ dass die Schwärze der haut kein Grund dafür ist, jemanden schutzlos der Laune eines Peinigers auszuliefern. Es mag der Tag kommen, da man erkennt, dass die Zahl der Beine, der Haarwuchs oder das Ende des os sacrum gleichermaßen unzureichende Gründe sind, ein fühlendes Wesen demselben Schicksal zu überlassen. Was sonst ist es, das hier die unüberwindbare Trennlinie ziehen sollte? Ist es die Fähigkeit zu denken, oder vielleicht die Fähigkeit zu sprechen? Aber ein ausgewachsenes Pferd oder ein Hund sind unvergleichlich vernünftigere und mitteilsamere Lebewesen als ein Kind, das erst einen Tag, eine Woche oder selbst einen Monat alt ist. Doch selbst vorausgesetzt, sie wären anders, was würde es ausmachen? Die Frage ist nicht: können sie denken oder: können sie sprechen?, sondern können sie leiden? (verwendet wird die Ausgabe Bentham, The works of Jeremy Bentham, hrsg. Von J. Bowring, New York 1962; die deutsche Übersetzung des Zitates ist entnommen aus P. Singer, Praktische Ethik, Stuttgart 1994, S. 84.).

[458] Einführend A. Hügli/ B.-Ch. Han: Artikel „Utilitarismus", in: Historisches Wörterbuch der Philosophie, Band 11: U-V, Basel 2001, Sp. 504-510.

[459] Bentham, Band 1, Principles of Morals and Legislation, S. 1 ff.

[460] Mill, Der Utilitarismus, Stuttgart 1976, S. 11. Zur Einführung in die utilitaristische Ethik siehe auch B. Gesang, Eine Verteidigung des Utilitarismus, Stuttgart 2003 sowie den Reader

Für beide Denker ist folgenorientiertes Denkens letztlich eine Selbstverständlichkeit, der universale Gültigkeit zugesprochen wird. Nichts verdeutlicht dies mehr, als die apodiktischen Feststellung Mills, dass auch die kantische Ethik von teleologischen Erwägungen abhängig sei, ja sogar auf diesen basiere.[461]

b) Das Grundproblem des Utilitarismus: Nutzenoptimierung und Interessenvergleich

Die wenigen Ausführungen zum Nützlichkeitsproblem führen bereits zu einem ersten und bislang unbewältigten Problem des Utilitarismus, nämlich der Frage, wie ein Interessenvergleich vorzunehmen ist.

Bleibt der Utilitarismus hier seinem empirischen Ansatz treu, so gerät er in ein Dilemma, da ein vollständiges Erfassen der relevanten Daten und damit auch eine umfassende Folgenabwägung bereits faktisch unmöglich ist. Der Anspruch, einen „interpersonalen Glücksvergleich" durchzuführen, kann somit von den Utilitaristen nicht eingelöst werden.[462] Der Versuch, die objektiven Glücksbe-

---

zum Utilitarismus von O. Höffe (O. Höffe (Hrsg.), Einführung in die utilitaristische Ethik, 2. Auflage, Tübingen 1992).

[461] Vgl. Mill, Der Utilitarismus, S. 8. Dort heißt es wörtlich: „ Sobald er [Kant] es jedoch unternimmt, aus dieser Regel [der ersten Fassung des kategorischen Imperativs] einige konkrete moralische Pflichten herzuleiten, mißlingt ihm in geradezu grotesker Weise der Nachweis, daß darin alle vernünftigen Wesen nach den denkbar unmoralischsten Verhaltensnormen handeln, irgendein Widerspruch, irgendeine logische Unmöglichkeit liegt. Was er zeigt, ist eigentlich das, daß die *Folgen* einer allgemeinen Befolgung dieser Norm derart wären, daß jedermann von ihnen verschont bleiben wollte." Dementsprechend nimmt Mill an, dass Kants Prinzip dahingehend zu verstehen sei, „daß wir unser Verhalten nach einer Regel ausrichten sollen , die alle vernünftigen Wesen zum Nutzen ihres Gesamtinteresses annehmen können. (S. 91)"

Hier unterläuft Mill ein kapitaler Fehler, der sich indes durch eine ganze Reihe ethischer Texte zieht. Mit dem Verallgemeinerungsverfahren der ersten Formel des kategorischen Imperativs geht es Kant eben nicht darum zu zeigen, dass ein bestimmter Zustand um seiner Folgen willen zu vermeiden sei. Derartige Klugheitsregeln führen über hypothetische Imperative nicht hinaus. Mill übersieht damit, dass es Kant mit dem Kategorischen Imperativ um die innere Widerspruchslosigkeit von Regeln geht. Vgl. hierzu O. Höffe: „Wer wissen will, wie er bei einem Geldverleiher Vertrauen findet, insbesondere wie er sich am besten ein unverdientes Vermögen erschleicht, der braucht „Scharfsinn" und „Erfahrung im Weltlauf". Auch braucht er Erfahrung, um zu wissen, ob er sich aus der Notlage mit Geld befreien kann. Dagegen braucht er nicht mehr die Erfahrung, um zu wissen, daß es in einem falschen Versprechen zwei begriffsinterne aber inkompatible Zwecksetzungen gibt. (O. Höffe, Kants nichtempirische Verallgemeinerung: zum Rechtsbeispiel des falschen Versprechens, in: O. Höffe (Hrsg.), Grundlegung zur Metaphysik der Sitten. Ein kooperativer Kommentar, 3. Auflage, Frankfurt a.M. 2000, S. 206- 233 (232))".

[462] B. Gesang hat unlängst einen diesbezüglichen Versuch unternommen. Gesang sucht nach verschiedenen Ansatzpunkten, die man als objektivierende Maßstäbe zur Bestimmung der Intensität von Präferenzen heranziehen könne. Er schlägt hier folgende Kriterien vor:

- objektive Merkmale wie bspw. den Speichelfluss(!)

dingungen aus der Empirie zu gewinnen, ist daher von vornherein zum Scheitern verurteilt. Wenn der Utilitarist überhaupt zu Entscheidungen gelangen will, dann muss er also seine Methode um weitere Prinzipien ergänzen, was aber zwangsläufig zu einer Relativierung des eigenen Anspruchs führt.

Mill versucht diesem Problem zu entgehen, indem er die Geltung von Tugenden postuliert und damit Regeln in sein System integriert, die das Individuum bei der Auswahl der moralisch richtigen Handlungen entlasten sollen.[463]

Die Zweifel an Mills Lösungsversuch des Problems betreffen verschiedene Ebenen:

Zunächst ist fraglich, ob Mill das moralphilosophische Problem der Überforderung des Einzelnen im Utilitarismus wirklich löst. Als „Faustformeln" fungierende Tugenden ersparen im Regelfall zwar eine Folgenabwägung, gerade in Zweifelsfällen bleibt das Problem des Interessenvergleichs aber mit unverminderter Dringlichkeit bestehen.

Auch den Regelutilitaristen gelingt es nicht, dieses Problem zu lösen. Wenn sie meinen, das Prinzip der Nutzenoptimierung gelte nur bei der Erarbeitung von Regeln, nicht aber bei der ethischen Bewertung von Handlungen, dann verschieben sie das Problem lediglich auf die Ebene der Normbegründung. Hier stellt sich dann die Frage, welches Maß an Nutzenoptimierung der Regelutilitarist bei

---

- Analyse sichtbaren Verhaltens (Freude, Enttäuschung)
- Messung von Entscheidungszeiten zur Feststellung der Entschlossenheit einer Person
- Messung von Gütern, die eine Person einsetzen würde, um ein Gut zu erhalten. (vgl. zum ganzen B. Gesang (2003), S. 25).

Dieser Kriterienkatalog spricht Bände! Es mag möglich sein, auf diese Art und Weise einzelne einfache Bewertungsfragen zu klären. Wie aber Lebenspläne zu bewerten sind, und um diese Frage kommt der Utilitarist nicht herum, ist vollkommen unklar. Gesangs Kriterien scheinen bei einer konsequenten Anwendung einer Profanisierung des Lebens Vorschub zu leisten.

463 Vgl. Mill (1976), S. 33 und auch S. 65.
Trotz der Tatsache „dass Mill das utilitaristische Prinzip durch Regeln einschränken will, ist er gleichwohl dem Handlungsutilitarismus zuzuordnen. Als Handlungsutilitarist wird nach geläufiger Definitionspraxis ein Utilitarist bezeichnet, der den ethischen Wert einer Handlung ganz im Sinne Nützlichkeitsprinzips bemisst. Regeln haben im Handlungsutilitarismus daher lediglich die Bedeutung von „Faustformeln", die eine Orientierungshilfe liefern sollen, letztlich aber immer unter dem Vorbehalt der Nutzenoptimierung im Einzelfall stehen. Zahlreiche Stellen in Mills Text belegen, dass auch er einem derartig funktionalistischen Verständnis von Regeln zuneigt. Im Gegensatz hierzu geht der Regelutilitarismus von Folgendem aus: Das Prinzip der Nutzenoptimierung soll allein bei der Bestimmung der Regeln maßgeblich sein. Hingegen ist eine einzelne Handlung bereits dann als „gut" zu bewerten, wenn sie einer auf diese Art und Weise bestimmten Regel entspricht. Ein Abweichen von Regeln soll daher in der regelutilitaristischen Variante allein in Notstandssituationen zulässig sein. (vgl. zu dieser Einteilung auch D. Birnbacher/ N. Hoerster, Texte zur Ethik, 11. Auflage, März 2000, S. 201.

der Abfassung seiner Regeln aufzugeben bereit ist. Überzeugende Kriterien hierfür sucht man in den utilitaristischen Texten vergebens. Klar ist allenfalls, dass Regeln ein gewisses Abstraktionsniveau haben müssen, welches sie deutlich von Einzelfallgesetzen abgrenzt. Gerade hier sind aber Zweifel am Regelutilitarismus geboten, da aufgrund des Grundprinzips der Nutzenoptimierung ein stetiger Druck zur Erfassung aller nur denkbaren Einzelfälle besteht.[464] Der regelutilitaristische Versuch, Nutzenoptimierung im Einzelfall mit mehr oder weniger pauschalen Handlungsprinzipien zu vereinen, kommt insofern einer Quadratur des Kreises gleich und vermag letztlich nicht zu überzeugen.

Ungeachtet dieser moralphilosophischen Frage schlägt das Problem des Interessenvergleichs aber jedenfalls auf rechtlicher Ebene voll durch. Auf dieser gilt das utilitaristische Prinzip uneingeschränkt. Mill hierzu wörtlich: „Allein diejenigen, die durch ihr Handeln auf die Gesellschaft als ganze Einfluss nehmen können, müssen sich ein so umfassendes Ziel [die Vermehrung des Glücks aller] setzen."[465]

Das Problem des Interessenvergleichs führt hier zu einem Folgeproblem: Zumindest in seiner Funktion als Staatsbürger wird der Mensch im Utilitarismus überfordert. In demokratischen Gesellschaften ist der Einzelne bekanntlich an den demokratischen Prozessen beteiligt. Spätestens bei der Wahlentscheidung müsste – Mill zufolge – also auch das einzelne Individuum utilitaristisch denken. Hier zeigt sich ein elementarer Widerspruch: Weswegen sollen im Bereich der sozialen Interaktion Tugenden derart wichtig sein, wenn vom Einzelnen in seiner Rolle als Staatsbürger gleichzeitig strikt utilitaristisches Denken verlangt wird?

Zudem wird man sagen können, dass der Utilitarismus den Staatsbürger hilflos der Empirie ausliefert. Für den Bürger heißt dies, dass er stets und ständig auf gesellschafts- und naturwissenschaftliches Expertenwissen angewiesen ist, ohne Prinzipien zur Hand zu haben, die eine kritische Würdigung der Empirie ermöglichen. Es ist daher berechtigt, wenn Spaemann gerade aufgrund dieses Umstandes annimmt, dass dem Utilitarismus trotz seiner sozialreformerischen Wurzeln ein antidemokratisches Element innewohnt.[466]

c) Menschenbild und Utilitarismus

Berechtigt erscheint ferner der Einwand, dass der Utilitarismus, um überhaupt praktikabel zu sein, der Ergänzung durch materielle Wertlehren bedarf. Betrachtet man die Reaktion der Utilitaristen auf dieses Problem, so könnten die Reaktionen kaum unterschiedlicher ausfallen.

---

[464] So im Ergebnis auch M. Henke, Utilitarismus und Schuldprinzip bei der schuldunabhängigen Strafe im angelsächsischen Rechtskreis, Bonn 1990, S. 198 ff..

[465] Mill (1976), S. 33.

[466] R. Spaemann, Teleologische und deontologische Moralbegründung, in: R. Spaemann, Grenzen. Zur ethischen Dimension des Handelns, Stuttgart 2001, S. 238- 248 (244).

Im Gegensatz zu Bentham beantwortet Mill die Frage, worin Nützlichkeit denn eigentlich bestehe, dahingehend, dass diese über Lust und Unlust hinausgehe und auch das „Angenehme“ und „Gefällige“ umfasse.[467] Die Einführung qualitativer Differenzierungen und die Höherschätzung subtiler geistiger Freuden ergibt sich für Mill hieraus recht zwanglos. Wörtlich heißt es:

> „Die Menschen haben höhere Fähigkeiten als bloß tierische Gelüste und vermögen, sobald sie sich dieser einmal bewusst geworden sind, nur darin ihr Glück zu sehen, worin deren Betätigung eingeschlossen ist.“[468]

Bei Mill findet sich dementsprechend eine Wertschätzung antiker Tugenden und Ideale.

Welche Richtung der Utilitarismus indes auch nehmen kann, zeigt die „Ökonomische Analyse des Rechts“. Von dem Bemühen ausgehend, den Utilitarismus praktikabel zu machen und auf interpersonelle Glücksvergleiche zu verzichten, wird der Allokation von Wirtschaftsgütern von den Anhängern dieser Spielart des Utilitarismus ein Ausschließlichkeitsanspruch beigemessen. Wörtlich heisst es bei Richard Posner: „I continue to believe that wealth maximization should guide public policy in all spheres.“[469] Der Utilitarismus geht hier mit der Vorstellung vom Menschen als „homo oeconomicus" eine Allianz ein. Ob ein derartiges Konzept dem selbsterhobenen Anspruch, wirtschaftlichen Wohlstand zu mehren, gerecht wird, mag hier dahinstehen. Entscheidend spricht aber gegen diese Ansicht, dass der gesamte Bereich sozialer Beziehungen einem Nutzenvorbehalt unterworfen wird. Dies geht am Faktum der Intersubjektivität vorbei, beschreibt menschliches Handeln nur unzureichend und würde bei konsequenter Anwendung der Entfremdung Vorschub leisten.

Und eine wiederum gänzlich andere Wendung nimmt der Utilitarismus in den Werken von Peter Singer. Singer radikalisiert den klassischen Utilitarismus, indem er das Gleichheitsprinzip zu einem umfassenden Paradigma erhebt. Der Wert der Freiheit tritt demgegenüber in den Hintergrund.[470] Mit dem Utilitarismus eines John Stuart Mill hat dies in seinen praktischen Konsequenzen nicht mehr allzu viel zu tun.

Gerade der Vergleich der zuletzt erwähnten Extrempositionen zeigt, dass die utilitaristische Methode letztlich nichts anderes als eine „leere Hülse“ ist, die der Anreicherung durch eine bestimmte Vorstellung vom Menschen bedarf, um ü-

---

[467] Mill (1976), S. 11.
[468] Mill (1976), S. 15.
[469] R. Posner, Economic analysis of law, 5. Auflage, New York 1998, S. 780.
[470] Ganz in diesem Sinne die Analyse der „Praktischen Ethik“ Singers bei J. Hruschka, Utilitarismus in der Variante von Peter Singer, JZ 2001, S. 261- 271.

berhaupt praktikabel zu sein. Dem Utilitarismus wohnt damit eine Tendenz zur Beliebigkeit inne und man fühlt sich an Kants Kritik an der „alten" Metaphysik erinnert, die über „Vernünftelei" nicht hinausreicht und richtige Ergebnisse nur mehr oder weniger zufällig zu erzielen vermag.[471]

Bereits diese Einwände gegen den Utilitarismus wiegen schwer. Sie betreffen jedoch eher die moralphilosophische Perspektive. Was im Folgenden daher noch zu zeigen ist, ist die spezifisch rechtsphilosophische Problematik utilitaristischen Denkens.

d) Zur rechtsphilosophischen Problematik utilitaristischen Denkens

Auf der Ebene des Rechts steht und fällt der Utilitarismus letztlich mit dem Geltungsanspruch des Rechts, also der Frage, unter welchen Bedingungen ein Individuum eine Rechtsordnung als für ihn gültig anerkennen kann. In der Auseinandersetzung mit dem Positivismus ist gezeigt worden, dass die positive Beantwortung dieser Frage davon abhängig ist, das Recht als nach innen gerichtetes System zu verstehen, welches das einzelne Subjekt als Teilnehmer und nicht als bloßen Untertan anerkennt. Einen konkreten Ausdruck findet dieser Gedanke in der Idee kategorisch gültiger subjektiver Rechte. Man wird daher fragen müssen, ob der Utilitarismus in der Lage ist, die subjektiven Rechte hinreichend zu erklären. Sollte dies nicht der Fall sein, dann ist der Utilitarismus als Gerechtigkeitstheorie in der Tat nicht zu halten.

An diesem Punkt ist Skepsis angebracht. Gerade das Problem der subjektiven Rechte von vielen Interpreten als entscheidende Schwäche des Utilitarismus angesehen. Der genaue Vorwurf, der dem Utilitarismus hier gemacht wird, besteht in folgendem Gedanken: Wenn das größte Glück der größten Zahl das alleinige Gerechtigkeitskriterium darstellt, dann tritt die Verteilung dieses Gesamtwohls in den Hintergrund und eine auf dem Rücken einzelner Gesellschaftsmitglieder ausgetragene Maximierung des Kollektivnutzens wird möglich oder könnte unter bestimmten Umständen gar als geboten erscheinen.[472]

Die Überprüfung dieses Einwandes hat zunächst an den Primärquellen anzusetzen:

Bentham weist die Idee vorpositiver subjektiver Rechte mit der polemischen Behauptung, diese seien nichts anderes als „nonsense on stilts"[473], zurück.

Eine ganz ähnliche Sichtweise findet sich unter den heutigen Utilitaristen beispielsweise bei Peter Singer.[474]

---

[471] Kritik am Zustand der Metaphysik äußert Kant bereits in der Einleitung zur Kritik der reinen Vernunft. Vgl. beispielsweise Kant, KrV, III, S. 40 ff. (B 20 ff.)

[472] Statt vieler O. Höffe (2002), S. 75.

[473] Bentham, Band 2, Anarchical Fallacies, S. 501

[474] P. Singer (1994), S. 130.

Rechte sind bei Bentham und Singer tatsächlich nichts anderes als Klugheitsregeln. Der in dem oben dargestellten Einwand enthaltene Vorwurf, dass der Utilitarismus auf einen „Kollektivegoismus“ hinausläuft, wird auf diese Weise nicht entkräftet.

Auch in den Schriften Mills findet sich letztlich keine Lösung. Zwar ist Mill konsequenter Vertreter eines politischen Liberalismus und betont in seiner 1859 verfassten Schrift „Über Freiheit“ die Trennung von Recht und Tugend. Wörtlich heißt es:

> „Die Menschen gewinnen mehr dadurch, dass sie einander gestatten, so zu leben, wie es ihnen richtig erscheint, als wenn sie jeden zwingen, nach dem Belieben der übrigen zu leben.“[475]

Dementsprechend ist der moderne Staat für Mill den Grundrechten verpflichtet. Auch ist der längste Abschnitt seines Hauptwerkes über den Utilitarismus dem Gerechtigkeitsproblem gewidmet. Und trotz der Zweifel, die er am Gerechtigkeitsbegriff hegt,[476] scheint Mill sogar einem ursprünglichen Zusammenhang zwischen Rechtsgeltung und Gerechtigkeit zu erkennen.[477] Dies alles vermag jedoch nicht darüber hinwegzutäuschen, dass der Zusammenhang zwischen Recht und Gerechtigkeit auch für Mill ein bloß funktioneller ist. Für den Utilita-

---

[475] Mill, Über Freiheit, Stuttgart 1974.

[476] Mill illustriert seine diesbezügliche Auffassung unter anderem an der Frage, ob es gerecht oder ungerecht sei, „dass in einem genossenschaftlichen Industriebetrieb die geschickteren oder erfahreneren Arbeiter ein Anrecht auf bessere Bezahlung haben.“ Bezüglich der verschiedenen insoweit vertretenen Gerechtigkeitsstandpunkte gelangt er zu folgendem Ergebnis: „Jeder ist von seinem eigenen Standpunkt her unwiderlegbar; und solange die Gerechtigkeit die einzelne Grundlage bleibt, muß jede Bevorzugung des einen oder anderen völlig willkürlich sein.“ (Mill, (1976), S. 101).

Ebenso wie die modernen Soziobiologen verortet Mill das Gerechtigkeitsgefühl in der Natur. An einer Stelle heißt es: „Und das Gerechtigkeitsgefühl scheint mir dasselbe zu sein wie das Bedürfnis der Tiere, eine Verletzung oder Schädigung, die sie selbst oder die ihnen Nahestehenden erlitten haben, zu vergelten, ausgedehnt – kraft der menschlichen Fähigkeit zu erweiterter Sympathie und des menschlichen Begriffs eines wohlverstandenen Eigeninteresses – auf die Gesamtheit aller.“ (S. 93).

[477] Hierzu Mill wörtlich: „Andere Völker dagegen – insbesondere die Griechen und Römer, die wußten, daß ihre Gesetze ursprünglich von Menschen gemacht worden waren und immer noch gemacht wurden – gaben ohne weiteres zu, daß dieselben Menschen auch schlechte Gesetze machen können und daß sie kraft Gesetzes dieselben Dinge tun und aus denselben Motiven tun könnten, die ungerecht genannt würden, wären sie nicht vom Gesetz gutgeheißen. Daher heftete sich das Gefühl der Ungerechtigkeit nicht an alle Verstöße gegen das Gesetz, sondern nur an Verstöße gegen solche Gesetze, die gelten *sollten* (darin eingeschlossen die, die gelten sollten, es tatsächlich aber nicht tun), sowie auch an die Gesetze selbst, die dem, was Gesetz sein sollte, widerstreiten.“ (J.S.Mill (1976), S. 82).

risten ist Gerechtigkeit somit letztlich nichts anderes als ein soziologisches Phänomen.

Gleichwohl gibt Mill mit seiner Annahme, dass die Trennung von Recht und Ethik gesellschaftlichen Nutzen verspricht, die Richtung vor, die eine moderne utilitaristische Gerechtigkeitstheorie einschlagen könnte. Wenn sich zeigen ließe, dass Mills oben genannte Prämisse empirisch richtig ist, dann wäre das Geltungsproblem zumindest entschärft.

Diesem Ansatz entsprechend versuchen moderne Utilitaristen, das Problem subjektiver Rechte mit spieltheoretischen Erwägungen in den Griff zu bekommen. Immer wieder wird hier das Argument des „abnehmenden Grenznutzens" betont, welches nach Ansicht der Utilitaristen willkürlichen Ungleichbehandlungen vorbeugt. In der Sache ist hiermit gemeint, dass jemand, der nur wenige Güter besitzt, aus diesen einen überproportional großen Nutzen ziehe, während derjenige, der bereits über viele Güter verfüge, aus einer zusätzlichen Befriedigung seiner Interessen keinen oder nur einen geringen zusätzlichen Gewinn ziehe. Einen Menschen seiner „elementaren Rechte" zu berauben würde hiernach also zu Kosten führen, denen kein entsprechender Gewinn gegenübersteht. Utilitaristen glauben daher, dass ihrer Methode ein Korrektiv immanent ist, welches in der Lage ist, die Position des Einzelnen zu sichern und unerträgliche Einzelfälle zu verhindern.[478]

Zu überzeugen vermag diese Ansicht allerdings nicht. Spieltheoretische Ansätze stellen die subjektiven Rechte nur auf eine äußerst unsichere Basis. Es sind – um mit Rawls zu sprechen – „ungewisse Voraussetzungen", auf die der Utilitarist zurückgreifen muss, um die Grundrechte zu sichern, und es ist für einen Utilitaristen „reiner Zufall", wenn Nutzenmaximierung nicht um den Preis der Freiheit einer Minderheit erfolgt.[479] Das Hauptproblem utilitaristischen Denkens wird damit offenbar: Das Nutzenprinzip sichert nur den Status des Durchschnittsbürgers. Die Diskriminierung von Minderheiten bleibt indes eine reale Möglichkeit. Bei einem bloß funktionalen Verständnis subjektiver Rechte gibt es letztlich keinen Ausweg aus diesem Problem.[480]

---

[478] Vgl. zum Argument des abnehmenden Grenznutzens unter anderem P. Singer (1994), S. 73 sowie B. Gesang (2003), S. 52.
Singer selbst möchte den Status von Person zudem dadurch aufwerten, dass er in die Interessenabwägung auch zukünftige Interessen – wie sie nur Personen haben können – mit einbezieht. Singer bezeichnet die von ihm vertretene Variante des Utilitarismus daher als Präferenz- Utilitarismus. Gewonnen ist hierdurch freilich nicht viel, da auch die Präferenzen einer Person lediglich als ein Faktor unter vielen in die Interessenabwägung eingehen (vgl. P. Singer (1994), S. 128 ff..

[479] J. Rawls, Eine Theorie der Gerechtigkeit, Frankfurt a.M. 1975, S. 44, 240. Vgl. auch E. Tugendhat, Vorlesungen über Ethik, Frankfurt a.M. 1993, S. 324 f..

[480] a.A. B. Gesang (2003). Gesang meint, den Utilitarismus im Problemfeld der Menschenrechte rehabilitieren zu können. Er führt hierzu unter anderem folgende Überlegung an: „Wenn eine Minderheit „für die Mehrheit geopfert wird" wird, dann gibt es viele, die eventu-

Ein solches Ergebnis ist nicht nur kontraintuitiv und anachronistisch, es zeigt auch, dass der Utilitarismus die Menschen als Personen letztlich nicht ernst nimmt.[481]

Festzuhalten bleibt daher: Obwohl Bentham, Mill und viele andere Utilitaristen für eine liberale Rechtsordnung stehen, vermag der Utilitarismus eine freiheitliche Rechtsordnung gleichwohl nur unzureichend zu begründen. Das Geltungsproblem des Rechts wird aufgrund der im Utilitarismus nur unzureichend begründeten Position des Einzelnen nicht nur nicht gelöst, sondern sogar verschärft: Da es an kategorischen Prinzipien fehlt, wird die Grenze zwischen Recht und Moral nur unzureichend gezogen. Das Recht verkommt vielmehr zu einem „Tummelplatz der Interessen". Dem Risiko einer unzureichend begründeten Ethisierung des Rechts wird hierdurch Vorschub geleistet.

---

ell davon profitieren und einige, die darunter vehement leiden. Anstrebenswert wäre eine utilitaristisch idealere Präferenzlage, in der alle profitieren, weil niemand das Interesse hat, die Minderheit zu opfern. Die Nutzensumme wäre hier jedenfalls größer, als wenn man höchst intensive Interessen von Minderheiten übergehen muss. Daher bietet der Utilitarismus *immer* einen Anreiz, die Realisierung einer idealen Präferenzlage anzustreben, in der es keine Opfer gibt. Gleichgültig welche Konstellation verspricht, die Nutzensumme sehr hoch ausfallen zu lassen: Solange es Opfer in dieser Konstellation gibt, könnte man diese verbessern, indem man die Opfer vermeidet. Opfer leiden, und Leiden verringert immer die Glücksbilanz. *Jede Präferenzlage, in der es Opfer gibt, kann der humane Utilitarist deshalb als ethisch suboptimal kritisieren.".(S. 65).*

Intuitiv wirkt dieser Gedanke überzeugend, gleichwohl löst Gesang das Problem nicht. Erhöht eine Maßnahme den Durchschnittsnutzen, dann ist der Schutz von Minderheiten im Utilitarismus weder faktisch noch normativ gesichert. Faktisch bereits deshalb nicht, weil der Utilitarismus eine Optimierungsstrategie darstellt und dieser Umstand die Gefahr begründet, im Namen der gesellschaftlichen Wohlfahrt bestimmte „Kollateralschäden" zu marginalisieren. Normativ überzeugt an der Ansicht Gesangs nicht, dass er in den Utilitarismus ein Element einführen will, welches im utilitaristischen Programm einen Fremdkörper darstellt. Der Gedanke eines unantastbaren Kernbereichs an subjektiven Rechten ist ein kategorisches Prinzip. Meint ein Utilitarist es hiermit ernst, dann hört er auf, Utilitarist zu sein. Bleibt er hingegen dabei, die Präferenzen des Einzelnen der Empirie zu entnehmen, dann ist im Rahmen einer teleologischen Theorie nicht klar, weshalb diese dem Zugriff der Mehrheit entzogen sein sollen.

[481] J. Rawls bringt dies auf den Punkt. „Der Fehler des Utilitarismus ist die Verwechslung der Unparteilichkeit mit Nicht-Person-Sein." (J. Rawls (1975), S. 217).

Rawls selbst lässt das utilitaristische Denken freilich nicht vollends hinter sich und versucht zu zeigen, dass sich die Parteien des Urzustandes aufgrund von Nützlichkeitserwägungen auf die Geltung der Gerechtigkeitsprinzipien einigen. Ob dies richtig ist, ist mehr als zweifelhaft. Vgl. hierzu insbesondere die Kritik von O. Höffe (1994), S. 306 ff. Überzeugend ist Höffes Einwand, dass Rawls von einer falschen entscheidungstheoretischen Prämisse ausgehe. Die Entscheidung im Urzustand sei – so Höffe – keine „Entscheidung unter Unsicherheit", sondern eine „Entscheidung unter Risiko", in der ein Nutzenmaximierer den entscheidungsrelevanten Situationsfaktoren gewisse Wahrscheinlichkeitswerte zuordnen könne und daher nicht zwingend zur Geltung der Gerechtigkeitsprinzipien gelange.

Als Gerechtigkeitstheorie ist der Utilitarismus daher zurückzuweisen. Zwar kommt eine moderne Rechtsordnung an Effizienzfragen nicht vorbei, mit Höffe wird man aber sagen müssen, dass nur bei der Wahl zwischen gerechtigkeitsindifferenten Alternativen das zusätzliche Kriterium der Nutzenmaximierung heranzuziehen ist.[482]

e) Zusatz: Das Spannungsverhältnis zwischen utilitaristischem Denken und rechtsstaatlichem Strafrecht

Die voranstehenden Ausführungen haben zu zeigen versucht, dass der Utilitarismus seinen kollektivistischen Ausgangspunkt nicht zu überwinden vermag, und die Position des einzelnen Individuums nicht hinreichend gesichert wird.

Dass dies ein nicht bloß theoretischer Einwand ist, utilitaristisches Denken vielmehr stets aufs Neue die Gefahr begründet, das interpersonale Verhältnis der freien Subjekte zu verkennen, lässt sich insbesondere anhand einiger Beispiele aus dem Bereich des Strafrechts belegen:[483]

1. Problem: Strafe ohne Schuld

Zunächst sei hier das Schuldprinzip genannt, dessen Geltung sich vom utilitaristischen Standpunkt letztlich nicht begründen lässt.[484]

Wiederum besteht das Problem in der „kollektiv-funktionalistischen" Tendenz des Utilitarismus. Zwar ist unter den klassischen Utilitaristen zumindest Mill ein ausgewiesener Anhänger einer absoluten Schuldtheorie. Auch geht bereits Bentham davon aus, dass ein Schuldprinzip, welches die Bestrafung Unschuldiger ausschließe, Bestandteil des Strafrechts sein müsse.[485] Zur Lösung des vieldiskutierten Lehrbuchfalles der Bestrafung eines Unschuldigen, die zur Beschwichtigung der Öffentlichkeit erfolgt, tragen ihre Ansichten aber gleichwohl nur wenig bei und auch die Erben Benthams und Mills scheitern nach wie vor an dieser Problematik.

Vom utilitaristischen Standpunkt aus wird man freilich einwenden, bereits das Nützlichkeitsprinzip selbst schließe eine Bestrafung Unschuldiger aus. Der Utilitarist wird sagen, eine Missachtung des Schuldprinzips desavouiere das der Rechtsordnung entgegengebrachte Vertrauen. Sicher ist hieran richtig, dass von groben Verletzungen des Schuldprinzips eine gesellschaftlich destabilisierende Wirkung ausgehen würde. Dieser Punkt ist aber nicht viel mehr als eine Binsenweisheit. Aus ihm kann nicht geschlossen werden, dass sich eine Bestrafung Unschuldiger als stets ineffizient erweist. Genau diesen Beweis müsste der Utilitarismus jedoch antreten, um das Schuldprinzip utilitarismusintern begründen zu

---

[482] Prägnant O. Höffe (1994), S. 157.

[483] Weitestgehend ausgeblendet werden an dieser Stelle die speziellen Probleme der präventiven Straftheorien. Vgl. hierzu die Ausführungen im neunten Kapitel der Arbeit (unter V.).

[484] Äußerst instruktiv zum ganzen M. Henke (1990), insb. S. 18- 212.

[485] Siehe hierzu Bentham, Band 1, Principles of Penal Law, S. 397.

können. Hier sind weitere Zweifel angebracht: Zunächst ist klar, dass die Bestrafung eines Unschuldigen überhaupt nur dann destabilisierend wirken kann, wenn diese auch an die Öffentlichkeit dringt.

Ferner ist denkbar, dass sich eine zielgerichtete Verletzung des Schuldprinzips in gewissem Umfang als effizient erweisen könnte. Es braucht nicht viel Phantasie, um sich auszumalen, dass ein staatliches System versucht sein könnte, mit der Bestrafung von Unschuldigen einen Konformitätsdruck zu erzeugen, der sich unter gegebenen Umständen als „nützlich“ erweisen mag.[486] Dies mag Spekulation sein, zu Spekulationen dieser Art lädt der Utilitarismus aufgrund seines empiristischen Ansatzes aber geradezu ein.

Aber auch dann, wenn man diesen Extremfall beiseite lässt und nur versucht, typische Schuldausschließungsgründe wie den (unvermeidbaren) Verbotsirrtum oder die Schuldunfähigkeit aufgrund psychischer Störungen utilitaristisch zu begründen, stößt man auf Probleme. Benthams Versuch, die Schuldausschließungsgründe damit zu erklären, dass die Verhängung von Strafen in den genannten Fällen sinnlos sei, ist nicht unproblematisch.[487] Henke hat diesbezüglich auf den im angelsächsischen Rechtskreis recht bekannten Fall Tait hingewiesen. Dieser aus Australien stammende Fall betraf einen Sachverhalt, in dem ein schuldlos handelnder Täter vom Gericht in bewusster Missachtung dieses Befundes für schuldig befunden wurde, um einem Vertauensverlust der Bevölkerung in die Justiz entgegenzuwirken.[488] Es zeigt sich also, dass ein konsequent utilitaristisch-generalpositives Denken eine Missachtung des Schuldprinzips durchaus zulässt. Ferner greift auch hier das Argument, dass sich eine Erhöhung des Konformitätsdrucks durch Missachtung von Schuldausschließungsgründen vom utilitaristischen Standpunkt als durchaus rational erweisen könnte.[489]

2. Problem: Die Fälle des kleineren Übels

Das Spannungsverhältnis zwischen Zweckdenken und interpersonalem Verhältnis zeigt sich in einem weiteren Problembereich, der Rechtspolitik und Strafrechtsdogmatik gleichermaßen berührt. Gemeint sind die Fälle, in denen eine Person ein Unrecht begeht, um ein vermeintlich größeres Unrecht zu verhindern. Vom utilitaristischen Standpunkt wird man sagen müssen, dass es in Fällen dieser Art an einem strafwürdigen Unrecht fehlt.

---

[486] In diesem Sinne H.P-. Glassmann, Why don't we teach riminal law?, in: The Journal of Legal Education 1962/63, S. 37- 46:" The surest method of securing conformity to a rule of conduct is to impose liability for every violation of the rule, whether intentional, reckless, negligent or in the exercise of reasonable care. The fear of punishment will constrain the citizen to be circumspect... . (S. 42)".

[487] Siehe hierzu Bentham, Band 1, Principles of Penal Law, S. 397.

[488] Ausführliche Sachverhaltsschilderung bei M. Henke (1990), S. 67.

[489] Vgl. auch M. Henke (1990), S. 57 ff.

Rechtspolitisch ist dieser Fall unlängst in der Debatte um das Luftsicherheitsgesetz relevant geworden.

Gerade am Problem des – nunmehr für verfassungswidrig erklärten[490] – Luftsicherheitsgesetzes zeigt sich, in welchem Maße utilitaristisches Denken einfache Lösungen für Fälle nahe legt, die sich bereits aufgrund der Natur ihres Gegenstandes einer einfachen Lösung entziehen: Man stelle sich hierzu die Situation vor, dass Terroristen ein Passagierflugzeug kidnappen und quasi als Waffe gegen zivile Ziele einsetzen. Nach dem Wortlaut der einschlägigen Ermächtigungsgrundlage (§ 14 III Luftsicherheitsgesetz) – die sich nicht allein auf terroristische Angriffe beschränkt – ist in Situationen dieser Art der Abschuss des Passagierflugzeuges ausdrücklich erlaubt. Am interpersonalen Verhältnis geht dies aus folgendem Grund vorbei: Der Fall betrifft die klassische Situation eines Dilemmas, da auch derjenige, dessen Leben ohnehin verloren ist, gleichwohl Rechtssubjekt ist.[491] Wenn der Utilitarist hier Anerkennungsverhältnisse aufgrund von Nützlichkeitserwägungen aufkündigt, so verfällt er in einen Kollektivismus, stellt den Lebensschutz unter einen grundsätzlichen Vorbehalt und tritt den Weg zurück in den Naturzustand an.

Angemessener erscheint stattdessen eine Lösung des Falles über die Figur des übergesetzlichen entschuldigenden Notstandes. Durch das Festhalten am Rechtswidrigkeitsurteil wird insoweit einerseits dem Anerkennungsanspruch der unschuldigen Opfer Respekt erwiesen, gleichzeitig wird aber durch die Entschuldigung der schwierigen ethischen Lage des Täters entsprochen. Dem aufgezeigten Dilemma wird dieser Ansatz eher gerecht als utilitaristisches Denken dies vermag.[492]

---

[490] BVerfG, 1 BvR 357/05 vom 15.2.2006.

[491] In diesem Zusammenhang hat Küper richtigerweise darauf hingewiesen, dass die Redewendung „ein Leben sei ohnehin verloren“ die betreffenden Sachverhalte nur oberflächlich erfasst, da die Verkürzung des Lebens infolge der Tötungshandlung unterschlagen werde. Küper erinnert insoweit daran, dass das Tötungsverbot dem Schutz des Lebens „ohne Rücksicht auf seine je unterschiedliche Zukunft“ diene (W. Küper, Tötungsverbot und Lebensnotstand, JuS 1981, S. 785- 794).

[492] Die Frage, ob eine Ermächtigungsnorm wie § 14 III Luftsicherheitsgesetz auch nichtutilitaristisch begründbar ist, kann hier außer Betracht bleiben, da im konkreten Fall zumindest der parlamentarische Diskurs ein beredtes Beispiel für teleologisch- utilitaristisches Denken abgeliefert hat. Vgl. zu der Fragestellung nach der Reichweite von Bürgerpflichten aber die weiterführenden Gedanken bei M. Pawlik, § 14 III des Luftsicherheitsgesetzes – ein Tabubruch, in: JZ 2004, S. 1045- 1055. Zu Recht kritisch W. Höfling/ S. Augsberg, Luftsicherheit, Grundrechtsregime und Ausnahmezustand, in: JZ 2005, S. 1080- 1088.
Deutlich wird der utilitaristische Ansatz des Luftsicherheitsgesetzes bei Manfred Baldus, Streitkräfteeinsatz zur Gefahrenabwehr im Luftraum – Sind die neuen luftsicherheitsgesetzlichen Befugnisse der Bundeswehr kompetenz- und grundrechtswidrig?, in: NVwZ 2004, S. 1278- 1285. Baldus bezeichnet das Problem zwar ebenfalls als moralisches Dilemma, spricht sich aber ausdrücklich für eine Verrechnung von Menschenleben aus, die auf ein möglichst positives „soziales Gesamtergebnis“ abzielt. Der antiutilitaristischen Gegenposition wirft er

Ähnliche Fälle beschäftigen die Strafrechtsdogmatik bereits seit langem. Exemplarisch sind der aus der NS-Zeit stammende „Euthanasiefall"[493] oder auch der von Welzel gebildete sog. „Weichenstellerfall".[494] Getreu dem Motto „Der Zweck heiligt das Mittel" haben sich einige Autoren dafür ausgesprochen, in diesen Fällen von einer Rechtfertigung auszugehen und strafrechtliches Unrecht zu verneinen.[495] Auch dies geht indes an der Komplexität des interpersonalen Verhältnisses vorbei und verlangt daher nach einer anderen Lösung.[496]

Die beiden zuletzt erörterten Probleme zeigen, dass sich der Utilitarismus gerade im Strafrecht als gefährlich erweist. Indem Regeln einem übergeordneten Nutzenprinzip unterworfen werden, werden Einfallstore geöffnet, die rechtsstaatliche Kategorien zu unterwandern drohen. Das insoweit aufgezeigte Defizit des Utilitarismus beschränkt sich im übrigen nicht auf die hier erörterten Beispiele, vielmehr liegt die Vermutung nahe, dass eine ganze Reihe von Grundbegriffen eines rechtsstaatlichen Strafrechts durch utilitaristisch-funktionales Denken nur unzureichend begründbar sind. Die Vorstellung, dass ein Staat aus Gründen der Staatsraison Prinzipien wie das Analogieverbot, das Gesetzlichkeitsprinzip oder die Beschränkung auf ein Tatstrafrecht aufgeben könnte, liegt angesichts vielfältiger historischer Erfahrungen eben durchaus nahe. Der Hinweis, dass eine vollständige Desavouierung dieser Prinzipien keinen Nutzen verspricht, ist zu pauschal, um die insoweit bestehenden Bedenken aus der Welt zu räumen.

f) Ergebnis

Die metaphysisch-minimalistische Vorstellung vom Menschen als Nutzenmehrer gewährleistet die Begründung einer freiheitlichen Rechtsordnung keinesfalls. Es steht zwar außer Frage, dass Erfahrung, Nutzenabwägung und induktives Denken den Rechtsdiskurs auf vielfältige Weise zu bereichern vermögen, der Utilitarismus scheitert aber gleichwohl an seiner Prinzipienlosigkeit: Durch Erfahrung und induktives Denken versucht er Spielregeln zu formulieren und Handlungen zu koordinieren, gleichzeitig ist sein Ideal der optimalen Nutzenabwägung für den Bestand von Regeln aber stets eine Bedrohung.

---

eine fatalistische Haltung vor, die zu einer Vermehrung der Opferzahlen führe. An diesem pauschalen Vorwurf, der die nach alter Rechtslage bereits bestehende Entschuldigungsmöglichkeit außer Betracht lässt, zeigen sich die Probleme utilitaristischen Denkens recht eindeutig.

[493] BGH NJW 1953, S. 513; OGHSt 1, 321.

[494] H. Welzel, Das deutsche Strafrecht: eine systematische Darstellung, 11. Auflage, Berlin 1969, S. 185.

[495] Umfangreiche Nachweise bei C. Roxin, Strafrecht Allgemeiner Teil, Band 1 Grundlagen, der Aufbau der Verbrechenslehre, 4. Auflage, München 2006, § 16 RN 36.

[496] Ausführlich C. Roxin (2006), § 22 RN 142- 169.

III. Fazit: Die Alternativlosigkeit des Rechtsverhältnisses

Erneut bestätigt sich damit das vernunftrechtliche Rechtsparadigma als überzeugendes Hintergrundverständnis modernen Rechtsdenkens.

Es erweist sich damit auch, dass das Recht – wie eingangs nahegelegt wurde – tatsächlich auf das Engste mit der Vorstellung vom Menschen als sittlichem Individuum – und damit einem maximalistischen Personenbegriff – verbunden ist.

Ein zentrales Zwischenergebnis der Arbeit kann damit formuliert werden: Freiheitliches Recht ruht auf einer „Metaphysik der Freiheit“ und ist ohne diese nicht zu haben.

6. Kapitel: Tierschutz als Aufgabe des Rechts einer Freiheitsordnung

Nach den nunmehr geleisteten Vorarbeiten kann versucht werden, Konsequenzen für das Problem des Tierschutzes abzuleiten.

I. Tiere als Rechtssubjekte

Zunächst ist klar, dass rechtspolitischen Planspielen, welche zumindest für einzelne Tiere Rechtssubjektivität einfordern,[497] eine Absage zu erteilen ist. Entscheidend ist hierfür nicht die pragmatische Frage, ob durch Rechtspersonalität tatsächlich ein höheres Schutzniveau im Tierschutzrecht erreicht würde. Auch kommt es nicht darauf an, dass Tiere etwaige Rechte nicht selbst geltend machen könnten. Diese Argumente sind allenfalls Scheinargumente.

Ausschlaggebend ist vielmehr, dass derartige Programme allein auf positivistische Machbarkeit fixiert sind, damit aber gleichzeitig den Blick auf die philosophischen Grundlagen des Rechts verstellen. Trotz der zahlreichen Gemeinsamkeiten von Mensch und Tier sind sie in für das Recht entscheidender Hinsicht ungleich. Dies ist keine bloß rhetorische Floskel, vielmehr liefern die philosophischen Grundlagen des Rechts den Bezugspunkt, aus dem sich die Ungleichheit ergibt.[498] Nach hier vertretener Auffassung geht es bei einer Rechtsordnung eben nicht um Interessenmaximierung, sondern um transzendentallogisch fundierte Abgrenzung von Einflusssphären.

Die wohl fundierteste Kritik dieser Auffassung findet sich bei Caspar. Caspar weist die Symmetriethese, nach der nur der Rechtssubjektivität und die Mög-

---

[497] In jüngerer Vergangenheit wurde diese Forderung unter anderem in von E. Loeper/ W. Reyer, Das Tier und sein rechtlicher Status, in: ZRP 1984, S. 205- 212 erhoben. Grundlegend: T. Reagan, The case for Animal Rights, London 1983.
Aus der Aufsatzsammlung zum "Great Ape Project" sei exemplarisch verwiesen auf: G.L. Francione, Personalität, Eigentum und Rechtsfähigkeit, in: P. Singer/ P. Calieri (Hrsg.), Menschenrechte für die großen Menschenaffen, München 1994, S. 379- 393.
Tendenziell bejahend auch: B. Schöne-Seifert: Juridische Rechte für Naturwesen – Anmerkungen zu Dieter Birnbachers Kritik, in: J. Nida-Rümelin/ E. D. von der Pfordten (Hrsg.), Ökologische Ethik und Rechtstheorie, Baden-Baden 1995, S. 75-80 sowie H. Holzhey, Das Tier ist keine Sache. Rechtsethische Postulate zu einer Neubewertung des Tiers, in: A.F. Goetschel (Hrsg.), Recht und Tierschutz, Bern [u.a.] 1993, S. 201- 212. Vgl. abschließend auch G. Küpper, Recht und Ethik im Umwelt- und Tierschutz, Baden- Baden 2002.

[498] Ähnlich wie hier T. Schmidt (1996). Vgl. ferner M. Schlitt, Haben Tiere Rechte?, in: ARSP 1992, S. 225- 241 (237) sowie M. Schlitt, Umweltethik, Philosophisch-ethische Reflexionen – theologische Grundlagen – Kriterien , Paderborn [u.a.] 1992, S. 80 ff.
Vgl. zur Kritik an ökozentrischen Begründungsansätzen ferner R. Wolf, Gerechtigkeit und Umweltschutz. Von subjektiv-rechtlichen Begründungsansätzen zu kollektiv-rechtlichen Begründungsansätzen, in: ARSP-Beiheft 56 (1994), S. 163- 189.

lichkeit der Verpflichtung einander bedingen, unter anderem mit folgenden Argumenten zurück:

Autonomie als „Realgrund einer individuellen Verpflichtungsfähigkeit" sei zwar notwendige Bedingung der Selbstgesetzgebung, über Rechtsinhaberschaft sei hiermit indes noch keine Aussage getroffen. Caspar wirft der kantianischen Tradition vor, sie sei auf einen veralteten Begriff des Rechtssubjekts fixiert, der durch gesellschaftliche Entwicklungen schon lange überholt sei. Kennzeichen der modernen Gesellschaft sei es – so Caspar –, dass private und moralische Autonomie zunehmend entkoppelt seien. Dies habe zu einem neuen Verständnis des subjektiven Rechts geführt, welches seine „formal-dienende Funktion bei der Verfolgung von Zwecken" betone. Als Resultat dieser Entwicklung sei der Anwendungsbereich des subjektiven Rechts gestiegen.[499]

Trotz dieser ernstzunehmenden Einwände überzeugt Caspars Kritik letztlich doch nicht. Man gewinnt den Eindruck, dass hier von einem „Sein" auf ein „Sollen" geschlossen wird. Sicherlich ist es rein faktisch so, dass in der Entwicklung der Rechtskultur die von Caspar beschriebene Entwicklung zu verzeichnen ist.[500] Hieraus ergibt sich jedoch noch keine Legitimation dieser Entwicklung. Gerade die Kommunitarismusdebatte belegt, wie der Funktionalismus zu einem Legitimitätsproblem des Rechts geworden ist, welches nach einer Lösung verlangt.

Zudem ist auch das reale Rechtsdenken keineswegs allein funktionalistisch. Insbesondere die Entwicklung der Menschenrechtsdebatte im 20. Jahrhundert stellt sich als „Kontrapunkt in der modernen Rechtskultur"[501] dar. Die Auseinandersetzung mit dem Utilitarismus hat zudem gezeigt, dass es gerade dieser Teil modernen Rechtsdenkens ist, der letztlich nicht ohne ein anspruchsvolles Personenkonzept auskommt.

Eines der Kennzeichen der modernen Rechtskultur ist damit gerade ihre Widersprüchlichkeit, d.h. ihre Zerrissenheit zwischen Funktionalismus einerseits und Geltungsanspruch andererseits. Dieser Zustand führt zu einem fragilen Spannungsverhältnis. Dieser Umstand wird aber übersehen, wenn behauptet wird, dass prinzipielle Einwände gegen die Idee der Tierrechte bereits durch ein gewandeltes Verständnis der subjektiven Rechte ausgeräumt seien.

Die Idee der Tierrechte verstellt den Blick auf diesen Ausgangspunkt, indem sie das Spannungsverhältnis einseitig zugunsten des Funktionalismus auflöst. Ihr wohnt daher das Risiko inne, das reale Recht unnötig von der ihm zugrunde lie-

---

499 J. Caspar, Tierschutz im Recht der modernen Industriegesellschaft. Eine rechtliche Neukonstruktion auf philosophischer und historischer Grundlage, S. 136 f. Ähnlich im Ergebnis auch A. Kaufmann, Gibt es Rechte der Natur?, in: Festschrift für G. Spendel, Berlin 1992, S. 59- 73 (72): "Zwar können Pflichten nur Vernunftwesen haben, doch keineswegs nur gegenüber Vernunftwesen."

500 Vgl. die Beschreibung der Entwicklung bei J. Habermas (1992), S. 112 ff.

501 O. Höffe (1994), S. 11.

genden Idee zu trennen und diese damit zu verwässern.[502] Besonders deutlich wird dies, wenn argumentiert wird, dass es zum Wesen des Menschen gehöre, das „do-ut-des-Prinzip" zu überbieten und es deshalb geboten sei, das Symmet-

---

[502] Gegen diese Position ist eingewandt worden, dass sie inkonsistent sei, da auch Kindern und geistig Schwerstbehinderten die sittliche Vernunft fehle, sie aber gleichwohl als Rechtspersonen behandelt würden (vgl. bspw. Feinberg, in: Birnbacher (Hrsg.), Ökologie und Ethik, S. 140- 179 (145) sowie J. Caspar (1999), S. 136). Dieser berechtigte Einwand ist letztlich doch nicht überzeugend.

Bei Kindern folgt dies bereits aus dem Potentialitätsargument, wonach Kinder zwar keine aktuellen, aber zumindest doch potentielle Personen sind. Hiergegen ist zwar von Birnbacher eingewandt worden, dass man zwischen der Anlage, dem Besitz und der Ausübung von Fähigkeiten unterscheiden müsse. Wenn sich Personalität aber durch Fähigkeiten konstituiere, dann reiche die bloße Anlage eben nicht aus, um einen Personenstatus zu begründen. Prägnant heißt es: „Wer die Anlage zu Denkfähigkeit und Selbstbewusstsein hat, hat die Fähigkeit, diese Fähigkeiten zu erwerben. Aber damit hat er die entsprechende Fähigkeit noch nicht. Menschen oder menschliche Wesen, die wie – normale menschliche Embryonen oder Föten – die Anlage zur Personalität haben, sind damit noch nicht Personen" (vgl. D. Birnbacher (1997), S. 9- 25 (17).

Hiergegen lässt sich einwenden, dass menschliches Miteinander hinsichtlich des Umgangs mit Kindern unter einer notwendigen Fiktion steht: Kinder sind als Personen zu behandeln, damit sie überhaupt zur Person werden können.

Etwas schwieriger ist das Problem sicherlich dann aufzulösen, wenn – wie im Falle einiger Schwerstbehinderungen – die Entwicklung der Vernunftnatur unmöglich scheint. Gleichwohl ist es zwingend, auch in diesen Fällen die Rechtsfähigkeit des Individuums zu bejahen. In seiner Auseinandersetzung mit der Tierrechtsidee hat unlängst Th. Schmidt darauf hingewiesen, dass eine praktikable Grenzziehung, die Rechtsfähigkeit von aktueller Vernunftfähigkeit abhängig macht, unmöglich ist (S. 58).

Die Rechtsfähigkeit geistig Schwerstbehinderter ergibt sich mithin daraus, dass das Verlassen des Naturzustandes nur dann gelingt, wenn staatliche Stellen nicht darüber zu entscheiden haben, welcher Mensch Rechtsperson ist. Ganz in diesem Sinne formulierte J. Ebbinghaus bereits 1957: „Soll der Mensch im Staate seines Rechts sicher sein, so darf die Frage, ob er eine Person oder eine Sache sei, überhaupt nicht aufgeworfen werden können. Ist eine solche Frage aber natürlicherweise möglich und (mit möglichen Rechtsfolgen) gesetzlich zulässig, so wird dadurch jeder Staatsbürger seiner Person beraubt. Er unterliegt dann in der Möglichkeit seines Rechts selber einer durch positive Gesetze geregelten staatlichen Entscheidung – und das Recht des Staates ist dem Recht der Menschheit in der Person aller Staatsbürger vorgeordnet. Dann aber ist der Mensch dem Staate gegenüber an sich rechtlos und dieser hat den Charakter einer durch das allgemeine bedingten Gemeinschaft und folglich den einer Rechtsgemeinschaft verloren" (J. Ebbinghaus, Rechtsfähigkeit des Menschen, metaphysische Embryologie und politische Psychiatrie, in: Julius Ebbinghaus, Gesammelte Schriften, Band 2: Philosophie der Freiheit, Georg Geismann/ Hariolf Oberer (Hrsg.), Bonn 1988, S. 127- 139 (138)).

Vgl. zum Problemkreis ferner auch L. Honnefelder (1993), S. 246 (264). Honnefelder geht über den hier vertretenen eher pragmatischen Ansatz noch hinaus und geht stattdessen davon aus, dass die Würde der Person auf die Gattungsnatur bezogen werden müsse, da die Solidarität mit den schwächsten der Gesellschaft integraler Bestandteil eines wohlverstandenen Personenverständnisses sei.

rieverhältnis von Pflichten und Rechten aufzubrechen.[503] Das Recht wird hier ethisiert und die sittliche Freiheit, welche Voraussetzung jedweden ethischen Handelns ist, untergraben.[504]

Der Forderung, Tieren Rechtssubjektivität einzuräumen, fehlt also die Rückbindung an die Idee des Rechts. Mit anderen Worten: Sie stellt eine Fiktion dar, die davon ablenkt, wer wirklich Person im Sinne des Rechts ist.

Nur am Rande sei angemerkt, dass damit letztlich auch den Tieren nicht wirklich geholfen ist.

II. Tierschutz als ethisches Recht

Rechtsstaatlich bedenklich ist jedoch nicht allein die letztlich wohl doch eher utopische Forderung nach einer Zuerkennung von Rechtssubjektivität. Zweifel bestehen vielmehr bereits gegenüber dem geistigen Unterbau, auf welchen Gesetzgebung und herrschende Lehre das gegenwärtig geltende Tierschutzrecht zu stützen versuchen. Das geltende Recht wird in der Literatur gemeinhin als „ethisches Recht" bezeichnet.[505] Regelmäßig wird dieser Ausdruck affirmativ gebraucht. Bei Lorz heißt es gar fettgedruckt: „Der Tierschutz im Sinne des Grundgesetzes ist ethischer Tierschutz und nur dieser."[506] Was ist hiermit gemeint? Lorz und andere sind insoweit der Auffassung, dass die Idee ethischen Tierschutzes dem Gedanken Ausdruck verleihe, dass das Tier um des Tieres wegen geschützt werden müsse. Zur Begründung dieser Annahme wird auf eine „wesensmäßige Einheit von Mensch und Tier" verwiesen.[507]

Ethischer Tierschutz ist also Ausdruck ökozentrischen Denkens und markiert insoweit eine bewusste Abkehr von anthropozentrischen Prämissen. Von Loeper spricht in prägnanter Weise vom Erreichen einer „neuen evolutionären Entwicklungsstufe des Menschen", die ihren Ausdruck in artübergreifender Menschlichkeit finde und eine bewusste Abwendung von der „Arroganz des Humanismus" bedeute.[508]

Eine Variante des ökozentrischen Tierschutzes ist der pathozentrische Tierschutz. Auch hiernach ist Tierschutz ethisches Recht. Eindringlich heißt es daher in der Habilitation von Caspar: „Die durch Tierschutzvorschriften gezogenen gesetzlichen Schranken im Umgang mit Tieren dienen nun wiederum nicht

---

[503] S. Battisti, Naturrecht- Recht der Natur?, in: Festschrift für Emerich Coreth, Innsbruck [u.a.] 1989, S. 282- 292 (292).

[504] Das Risiko einer Remythologisierung des Rechts betont auch Birnbacher (vgl. D. Birnbacher, Juridische Rechte für Naturwesen – Eine ohilosophische Kritik, in: J. Nida-Rümelin; D. v.d. Pfordten (Hrsg.), Ökologische Ethik und Rechtstheorie, Baden-Baden1995, S. 63- 73.

[505] E. von Loeper, in: H.-G. Kluge, TierSchG, Einf, RN 48, 60; A.Hirth/ C. Maisack/ J. Moritz, TierSchG, Einführung, RN 21f.; A. Lorz, TierSchG, RN 21; A.F. Goetschel (1997), S. 906 (914).

[506] A. Lorz, aaO.

[507] A. Lorz, aaO.

[508] vgl. E. von Loeper in: H.-G. Kluge, TierSchG, Einf. insb. RN 44 und 51.

selbst der Absicherung konfligierender Rechte Dritter oder der Offenhaltung und Stabilisierung von Freiheitssphären, wie dies bei anderen gesetzlichen Vorschriften des öffentlichen Rechts von der Straßenverkehrsordnung bis hin zur Bauordnung der Fall ist. Als Legitimationsgrund für die Freiheitseinschränkung kommt hier allein das ethische Anliegen des Tierschutzes in Betracht."[509]

Von zentraler Bedeutung in der Argumentation Caspars ist der vor allem an die Kantianer gerichtete Vorwurf, dass sie bei selbstkritischer Reflexion eingestehen müssten, weit hinter den in diesem Jahrhundert erreichten Stand auf dem Gebiet der Tierschutzgesetzgebung zurückzufallen.[510]

Die These vom „ethischen Recht" sieht sich grundlegenden Einwänden ausgesetzt:

Die Redewendung vom Erreichen einer neuen ethischen Evolutionsstufe des Menschen, die im ethischen Tierschutzrecht ihren Ausdruck finde, ist schwammig. Sie wirkt geradezu religiös. Der Verdacht liegt nahe, dass das Recht hier die Aufgabe einer sittlichen Erziehung des Menschen übernehmen soll. Mit einem derartigen Erziehungsauftrag fällt indes die Grenze zwischen Recht und Ethik (siehe dazu auch S. 186 f.). Wieder zieht also der Einwand, dass man es mit Begründungsstrukturen zu tun hat, die den Blick von der Rechtsidee weglenken.[511] Es kehrt damit ein aus der Auseinandersetzung mit dem Utilitarismus bekanntes Problem wieder: Das Recht wird zum Tummelplatz für Zivilreligionen. Der Geltungsanspruch des Rechts droht hierdurch unterwandert zu werden.

Öko- bzw. pathozentrischer Tierschutz erweist sich damit als rechtsphilosophisch fragwürdig.

---

[509] J. Caspar (1999), S. 36.

[510] J. Caspar (1999), S. 134 f.. Caspar weist zum Beispiel darauf hin, dass ein Kantianer wie C. Krijnen es als „intrikate Frage" bezeichnet, inwieweit Tugendpflichten des Menschen in Ansehung der Tiere, gleichwohl einer Verrechtlichung zugänglich sind." Vgl. C. Krijnen, Haben Tiere Rechte?, ARSP 1997, S. 369- 397 (395).

[511] Aus dem gleichen Grund sind auch diejenigen zu kritisieren, die vor der Reform des Art. 20 a GG versucht haben, den verfassungsrechtlichen Rang des Tierschutzes aus der Menschenwürde herzuleiten (vgl. OVG Hamburg, NVwZ 1994, 492 (594); K. Brandhuber, Kein Gewissen an deutschen Hochschulen?, in: NJW 1991, S. 725- 732 (728). Der Einwand, dass der Mensch seine Selbstachtung und Würde gefährdet, wenn er Tiere schlecht behandelt, erfasst zwar das tugendethische Problem, geht an der rechtlichen Fragestellung aber vorbei. Entscheidend ist insoweit, dass hier versucht wird, durch Zwang auf die Gesinnung des Menschen Einfluss zu nehmen. Durch eine derartiges Vorgehen wird aber nicht Autonomie gewährleistet, sondern Sozialmoral durchgesetzt. Letztere hat ihre verfassungsrechtliche Erwähnung indes in Art. 2 I GG gefunden.
Seelmann bringt dies auf den Punkt: „Der Gegenstand des Erzwungenen, die Würde als Selbstbeschränkung, ginge gerade durch den Akt des Erzwingens verloren. Was also Würde im engeren und emphatischen Sinn ausmacht, ist als Ergebnis vom Recht nicht zu erfassen... (K. Seelmann, Person und Menschenwürde in der Philosophie Hegels, in: Festschtrift für Alessandro Baratta, Lecce 2002, S. 169- 184 (178))".

III. Anthropozentrischer Tierschutz

Geklärt ist somit, dass für das Tierschutzrecht nach einer anthropozentrischen Basis zu suchen ist. Das Problem besteht nun aber darin, dass auch anthropozentrische Ansätze einer kritischen Prüfung nicht ohne weiteres stand halten, da sie in der Regel nicht über utilitaristische Zweckmäßigkeitserwägungen hinausweisen. Den Vertretern eines ökozentrischen Tierschutzes ist es zu verdanken, dass Probleme dieser Sichtweise herausgearbeitet wurden. Dies soll nun zunächst durch eine knappe Zusammenfassung der wichtigsten von Anthropozentrikern vorgebrachten Argumente für ein Tierschutzrecht veranschaulicht werden:

Innerhalb der anthropozentrischen Begründungen nehmen ökonomische Gesichtspunkte einen besonderen Stellenwert ein. Der Tierwelt als Ganzem wird ein Wert zugesprochen, da es um den Erhalt möglichst langfristiger Nutzungsmöglichkeiten gehe.[512] Tiere stellen – diesem Ansatz zufolge – „mittelbar einen positiven ökonomischen Faktor“ [513] dar. Der utilitaristische Gehalt, der diesem Gedanken innewohnt, ist hier ganz eindeutig.

Ein weiteres Problem ist unmittelbar einsichtig: Der „ökonomische Tierschutz“ gewährleistet eigentlich nur einen bloßen „Artenschutz“, der das einzelne Tier allenfalls reflexhaft mitumfasst. Diesem Defizit sehen sich auch die übrigen anthropozentrischen Motivtypen und Legitimationsformen des Tierschutzes ausgesetzt. Dies gilt zunächst für die ästhetische Begründung, also den Schutz von Tierarten aufgrund ideeller Motive wie der Schönheit und Besonderheit einzelner Tiere oder Arten. Aber auch der kulturelle Tierschutz, der das Abstellen und Bewahren bestimmter kultureller Erscheinungsformen in der kollektiven Beziehung zu Tieren meint, erscheint letztlich für eine Grundlegung unzureichend. Immer wieder stellen sich die gleichen Fragen und Probleme: Nützlichkeit ist ein relativer Begriff, der nur schwer zu fassen ist. Was zu einem bestimmten Zeitpunkt als ökonomisch sinnvoll erscheint, kann zu einem anderen Zeitpunkt sinnlos erscheinen. Kulturelle und ästhetische Vorlieben können sich verschieben.

Es soll an dieser Stelle nicht bestritten werden, dass derartige Gründe in der Praxis eine wichtige Rolle spielen. Zu kritisieren ist aber, dass anthropozentrischen Begründungen des Tierschutzes oftmals eine Tendenz zur Beliebigkeit innewohnt, die kaum in der Lage ist, eine solide Grundlegung zu ermöglichen.

Zudem ist auch durch anthropozentrisches Denken nicht ohne weiteres gewährleistet, dass die Grenze zwischen Recht und Ethik beachtet wird. Ein beredtes

---

[512] Vgl. statt vieler H. Plachter, Naturschutz, Stuttgart 1991, S. 4.
Eine gute Übersicht verschiedener anthropozentrischer Argumente findet sich bei F. Stegmann: Artenschutz-Strafrecht: der strafrechtliche Schutz wildlebender Tier- und Pflanzenarten im nationalen und internationalen Recht, Konstanz 2000, S. 63- 68.

[513] A. Lorz, TierSchG, Einführung RN 18.

Beispiel bietet hier der „Klassiker anthropozentrischen Tierschutzes“: Der Schutz des menschlichen Empfindens vor Belästigung durch Tierquälereien.

Zum einen ist dieses Argument bereits hinsichtlich seiner Reichweite kaum geeignet, ein modernes Tierschutzrecht zu begründen. Tierquälerei und andere aktuelle Problemlagen des Tierschutzrechts sind eben nur allzu häufig den Augen der Öffentlichkeit entzogen.[514] Schwerer wiegt jedoch noch ein anderer Einwand: Der Schutz des sittlichen Empfindens begründet in einer liberalen Gesellschaft noch kein hinreichendes Normierungsinteresse (siehe dazu auch S. 187 f.).

Dieses Argument wird auch nicht dadurch entkräftet, dass man stattdessen auf den Erhalt der öffentlichen Ordnung abstellt. Außer Frage steht zwar, dass Freiheitsausübung Rechtsfrieden voraussetzt. Wodurch ist aber gesagt, dass der Tierquäler und nicht der möglicherweise zum unberechtigten Moralisieren neigende Tierliebhaber für die Störungen des Rechtsverhältnisses verantwortlich ist, die durch Tierquälerei bedingt sind?

Ob die Interessen des Tierliebhabers legitim sind, kann erst beantwortet werden, wenn geklärt ist, wem die Störung des Rechtsverhältnisses anzulasten ist. Erst hiermit ist die Frage danach, wie eine freiheitliche Rechtsordnung verfasst sein soll, richtig gestellt. Der alleinige Verweis auf den Erhalt der öffentlichen Ordnung hilft insoweit nicht weiter. Als Argumentationstopos bringt der Hinweis auf den nötigen Erhalt der öffentlichen Ordnung lediglich vertragstheoretische Vorstellungen zum Ausdruck. Diesen ist aber vorzuwerfen, dass sie nur schwer begründen können, inwieweit staatlichem Handeln bei der Sicherstellung des Vertragszweckes, also dem Erhalt des Rechtsfriedens, Grenzen gesetzt sind (vgl. auch die Ausführungen im achten Kapitel der Arbeit).[515]

Letztlich soll auf ein weiteres Problem anthropozentrischer Ansätze hingewiesen werden. Dieses besteht darin, dass auch die ökologische Rechtstheorie in ihrem Verhältnis zum Tier an ihre Grenzen stößt. Bezüglich der Frage, inwieweit Umweltschutz mit dem freiheitlichen Rechtsprinzip in Einklang steht, wird regelmäßig argumentiert, dass Ökologie und Freiheit keinen prinzipiellen Wi-

---

[514] Siehe dazu auch J. Caspar (1999), S. 102 ff..

[515] In der Alltagssprache der Juristen heißt es „pacta sunt servanda“. Hier zeigt sich bereits die unterschwellige Tendenz, den Vertragszweck zu verabsolutieren und das Individuum, um dessentwillen der Vertrag eigentlich geschlossen wurde, zurücktreten zu lassen. Das Problem zeigt, dass ein Bedürfnis nach einer anderen Erklärung des Staates besteht. Kant sieht dies und spricht dem „ursprünglichen Vertrag“ nur eine untergeordnete Rolle bei der Erklärung des Staates zu. Gerade hier liegt eine der maßgeblichen Lehren der transzendentallogischen Staatsphilosophie.

Die moderne Kritik an der Lehre vom Gesellschaftsvertrag greift diesen Gedanken wieder auf. Vgl. hierzu statt vieler: R. Harzer (1994), S. 72 f., 94f.. Erhellend auch S. Smid (1991), S. 61 f..

Vgl. ferner R. Heger, Die Politik des Thomas Hobbes. Eine Studie zur Geschichte der klassischen bürgerlichen Staatstheorie, Frankfurt a.M. 1981, S. 93 ff..

derspruch darstellen, da die Sicherung der Freiheitsausübung ohne eine gesunde Umwelt langfristig nicht möglich sei.[516] Dieses Argument ist sicher richtig, bezieht sich aber gleichwohl nur auf den Bestand von Ökosystemen. Die Begründung von Rechtspflichten, deren Gegenstand das einzelne Tier ist, kann auf diese Weise nicht bewältigt werden.

IV. Anforderungen an eine Grundlegung

Was muss nun aber eine Grundlegung des Tierschutzes leisten, die diesen Problemen zu entsprechen versucht? Aus den Vorarbeiten der vorangegangenen Abschnitte ergeben sich insoweit verschiedene Anforderungen:

Zunächst kann festgehalten werden, dass ein tierschutzrechtliches Basisprinzip darüber hinausgehen muss, bloße Mehrheitsinteressen zu reflektieren. Recht – so das Ergebnis – kann seine Legitimität nicht bloß aufgrund von Mehrheiten gewinnen. Ein Recht, welches sich auf diesen Ansatz beschränkte, wäre letztlich einzig und allein ein „Recht des Stärkeren".[517] Um der Friedensfunktion des Rechts zu entsprechen, ist es stattdessen erforderlich, nach Begründungen zu suchen, die grundsätzlich konsensfähig sind und damit den Erfordernissen praktischer Vernunft genügen. Wie bereits an anderer Stelle angedeutet, ist dies nur dann der Fall, wenn Mehrheitsinteressen höherrangige Rechtsprinzipien widerspiegeln und der Konflikt zwischen Individual- und Gemeinschaftsinteresse hierdurch überwunden wird.

An dieser Stelle kommt das innerhalb des vorherigen Kapitels erarbeitete vernunftrechtliche Rechtsparadigma zum Zuge: In der „Rechtsordnung als Freiheitsordnung" treten – hieran sei noch einmal erinnert – Personen miteinander in Aktion, die es als ihr gemeinsames Projekt erachten, den Naturzustand zu verlassen. Für das Tierschutzrecht ergibt sich hieraus, dass eine Rückbindung des Interesses am Schutz der Tiere an die Rechtsprinzipien der Freiheit, Gleichheit und Selbständigkeit notwendig ist.

Auf den ersten Blick spitzt sich das Problem des Tierschutzes damit immer mehr zu. Im Folgenden soll versucht werden, zu zeigen, dass es möglich ist, diese Problemlage aufzulösen. Hierbei soll ein Mittelweg zwischen anthropo- und ö-

---

[516] K. Seelmann, Rechtsphilosophie, 2. Auflage, München 2001, § 11 RN 18.

[517] Instruktiv ist hierzu folgende Formulierung von St. Smid (1991), S. 15f.: „Das Recht eines Toleranzstaates rechtfertigt sich im übrigen auch nicht durch die Berufung auf die Entscheidung der Mehrheit gegenüber der Minderheit. Denn Recht bedeutet, dass die Minderheit vor den Machtansprüchen der Mehrheit bewahrt wird."

Mehrheitsinteressen können nicht beantworten, weshalb die Rechtsordnung auch und gerade gegenüber einer Minderheit Geltung beansprucht.

Vgl. neben den vorangegangen Kapiteln dieser Arbeit hierzu auch die lesenswerten Ausführungen bei W. Naucke, Konsens als Quelle richtigen Rechts: Richtiges Recht als Grenze des Konsenses in: H. Hattenhauer; W. Kaltefleiter (Hrsg.), Mehrheitsprinzip, Konsens und Verfassung, 1986, S. 47- 60.

kozentrischem Denken beschritten werden, der mit einem zeitgemäßen Verständnis staatlicher Neutralität im Einklang steht und in der These gipfelt, dass Tierschutz in der modernen Gesellschaft ein legitimes Interesse darstellt, welches die staatliche Gemeinschaft zum Schutz der Tiere verpflichtet.

V. Nachweis einer Beziehung zwischen dem Belang des Tierschutzes und den transzendentalen Rechtsprinzipien der Selbständigkeit und Gleichheit

Den Ausgangspunkt der Überlegungen bildet die Annahme, dass die Beziehung zum Tier in der modernen Industriegesellschaft für viele Menschen ein wichtiger Teil ihrer Identität ist. Paradigmatisch ist insoweit die Beziehung zum Haustier:

Der moderne Mensch hält Haustiere zu vielfältigen Zwecken, die weit über das hinausgehen, was der Mensch-Tier-Beziehung in der Vergangenheit zumeist ihr Gesicht verliehen hat. Wurden beispielsweise Hunde in früheren Zeiten meist aufgrund instrumenteller Zwecke, wie ihrer Eignung zur Jagd, gehalten, so sind sie heutzutage häufig wesentlich mehr, nämlich Gefährten, von denen der Mensch sich Treue, Freundschaft, Bindung und vieles mehr erhofft. Für andere Haustiere gilt entsprechendes.

Zwar sind Haustiere keine Personen im Sinne des kantischen Personenbegriffs und können intersubjektive menschliche Bindungen nicht ersetzen. Gleichwohl kommt der Bindung zum Tier ein Wert zu. Tiere sind eben auch keine bloßen Maschinen, vielmehr weisen sie – so zumindest die höheren Tiere – Spuren von Personalität auf. Sie stellen sich dem Menschen daher als „reales Du“[518] dar. Aufgrund dieses Umstandes vermag die Bindung zum Tier menschliche Bindungen zu ergänzen und zu bereichern. Zentrale Aspekte des menschlichen Miteinanders werden in der Beziehung zum Tier gespiegelt. Indem der Mensch diese sucht, bekommt er damit eine weitere Möglichkeit, sich in Empathie zu üben, Verzicht zu leisten und Verantwortung zu üben. Mit anderen Worten: Die Beziehung Mensch-Tier ist eine Spielwiese, auf der Verhaltensweisen eingeübt werden, die im intersubjektiven Miteinander von Menschen zu ihrer Vollendung gelangen.

Um entsprechender Kritik zuvorzukommen: es soll an dieser Stelle gar nicht bestritten werden, dass die Wirklichkeit nicht immer diesem Ideal entspricht. Aber der pauschale Vorwurf, die Bindung zum Tier sei vor allem Ausdruck

---

[518] H. Rheinz, Eine tierische Liebe. Zur Psychologie der Beziehung zwischen Mensch und Tier, München 1994, S. 150.
Vgl. hierzu auch H. Hendrichs (2003). Hendrichs weist darauf hin, dass die strukturellen und prozessualen Qualitäten außerbewusster Geistigkeit und Lebendigkeit der menschlichen Personalität analog sind und plädiert für einen „religionsartigen“ Bezug zur Gesamtwirklichkeit.(H. Hendrichs (2003), S. 17 (41 ff.)).

menschlichen Narzissmus, ist sicher falsch.[519] Auch wenn die Beziehung zum Tier ein Verhältnis ist, in dem Ungleichheit stets sichtbar ist,[520] so ist mit einem Haustier gleichwohl Interaktion möglich. Diese vermittelt dem Menschen das Gefühl, dass ihm Sympathie, Freundschaft und Vertrauen entgegengebracht werden.

Bei Martin Buber heißt es:

> „Der Mensch hat einst Tiere „gezähmt", und er ist jetzt noch fähig, diese eigentümliche Wirkung auszuüben. Er zieht Tiere in seine Atmosphäre und bewegt sie dazu, ihn, den Fremden, auf eine elementare Weise anzunehmen, und „auf ihn einzugehen". Er erlangt von ihnen eine, oft erstaunliche, aktive Erwiderung auf seine Annäherung, auf seine Anrede, und zwar im allgemeinen eine umso stärkere und direktere Erwiderung, je mehr sein Verhältnis ein echtes Du-Sagen ist. Tiere wissen ja nicht selten, wie Kinder, eine geheuchelte Zärtlichkeit zu durchschauen. Aber auch außerhalb des Zähmungsbezirks findet zuweilen ein ähnlicher Kon-

---

[519] Es kann nicht Aufgabe einer juristischen Arbeit sein, die Mensch-Tier-Beziehung in psychologischer Hinsicht zu untersuchen. Eine exzellente Darstellung liegt mit der Monographie von Hanna Rheinz zudem bereits vor.

Rheinz stellt die Vielschichtigkeit des Verhältnisses dar. Sie beschreibt eindrucksvoll wie Tiere nur allzu häufig für menschliche Zwecke mißbraucht werden und spart hierbei auch nicht mit Kritik an der Beziehung zwischen Menschen und Haustieren. Auch dem Vorwurf, dass Tierliebe menschlichen Narzissmus ausdrückt, geht sie nach. Rheinz gelangt zu einem differenzierten Bild, beurteilt die Potentiale der Mensch-Tier-Beziehung aber durchweg positiv.

Die folgenden Zitate bringen ihre Position prägnant auf den Punkt: „Ist das Scheitern der Beziehung Mensch:Mensch und die Erfolgsgeschichte der Beziehung Mensch:Tier wirklich einer ungenügenden Persönlichkeitsdifferenzierung anzulasten? Dem Wunsch, passiv, ohne großen Einsatz geliebt zu werden?... Nein! Ich möchte vielmehr die These aufstellen, dass die Beziehung zum Tier eine eigenständige emotionale Beziehungsform des Menschen ist, eine artüberschreitende Beziehung, die analog zur Beziehung Mensch:Mensch ihre Vorzüge und Bequemlichkeiten, aber auch ihre Tücken und Falltüren hat,..." (S. 148).

„Das Tier kann zum Menschen hinführen." (S. 148).

„Das Tier lockt den Menschen im Regelfall aus seiner Phantasiewelt heraus. Es zwingt zur Auseinandersetzung, stellt in eigener Person ein reales „Du" dar, ist mehr als ein unbelebtes Selbstobjekt." (S. 150).

Am Rande soll hier auch noch auf den Zusammenhang zwischen der Mensch-Tier-Beziehung einerseits und der psychischen und physischen Gesundheit des Menschen andererseits hingewiesen werden. Rheinz verweist darauf, dass Tiere in der Therapie von verhaltensgestörten Kindern und psychisch erkrankten Menschen assistieren (S. 26) und gelangt zu dem Urteil, dass man die Rolle der Tiere bei der Prävention von Krankheiten noch gar nicht abschätzen könne (S. 27).

Vgl. ferner J. Serpell, Das Tier und wir. Eine Beziehungsstudie, Zürich [u.a.] 1994.

[520] Vgl. J. Große: Tierblicke – Studien am Modell nach Sartre –, in: Information Philosophie 4/ 2005, S. 7- 13.

> takt zwischen Menschen und Tieren statt: Es handelt sich da um Menschen, die eine potentielle Partnerschaft zum Tier im Grunde ihres Wesens tragen – vorwiegend übrigens nicht etwa „animalische", sondern eher naturhaft geistige Personen."[521]

Aufgrund des an die Tiere gerichteten Anspruchs ist die Mensch-Tier-Beziehung an Bedingungen geknüpft: Der Mensch, der sich von seinem Haustier Zutraulichkeit, Sympathie oder gar Freundschaft erhofft, muss sein eigenes Verhalten dem Tier gegenüber gewissen Regeln unterwerfen. Diese erschöpfen sich nicht bloß in der regelmäßigen Fütterung. Vielmehr muss der Mensch dem Tier auch Aufmerksamkeit entgegenbringen sowie dieses fair und artgerecht behandeln. Tut er dies nicht, so scheitert die erhoffte Beziehung zum Haustier. Dieses reagiert verängstigt oder aggressiv und entwickelt ggf. sogar schwere neurotische Störungen.[522] Ein solches Tier ist nicht mehr in der Lage, den oben beschriebenen Ansprüchen des Besitzers zu genügen. Übrig bleiben dann nur Täuschung und Illusion sowie eine narzisstisch entartete Beziehung.

Indem aber ein Tierbesitzer sein Verhalten gewissen Regeln unterwirft, leitet er einen Prozess ein, der einer Verrechtlichung zumindest ähnlich ist. Zwar entsteht hierdurch kein Rechtsverhältnis im eigentlichen Sinne, da dieses – wie an anderer Stelle der Arbeit gezeigt – seinem Wesen nach eine ursprüngliche Gleichordnung der Akteure voraussetzt, aber gleichwohl erhält die Beziehung zum Tier Züge, die in mancherlei Hinsicht rechtsanalog sind.

Zwar liegt der Grund für die Selbstregulierung des Verhaltens gegenüber dem Tier letztlich allein im menschlichen Eigeninteresse. Dies ist jedoch unerheblich; was mit den vorstehenden Zeilen allein gesagt werden soll, besteht darin, dass derartige rechtsanaloge Strukturen zwischen Menschen und Tieren faktisch existent sind.

Der Ausgangspunkt der Überlegungen kann hiernach wie folgt zusammengefasst werden: Das Faktum der Intersubjektivität, welches seinen Ausdruck in der Formel „ohne du kein ich" findet, erfährt in der Beziehung zum Tier eine Ergänzung. Menschliche Selbsterkenntnis ergibt sich zumindest für einige Menschen eben auch aus der Beziehung zu Tier und Umwelt. Damit die aufgrund dieses Umstandes mögliche Beziehung zum einzelnen Tier glücken kann, bedarf es des Entschlusses, anstelle eines Willkürverhältnisses ein „Quasi-Rechtsverhältnis" zu begründen.

Mit der Bestimmung dieses Ausgangspunktes ist das Verhältnis zum Tier freilich noch nicht hinreichend erfasst: Was in der subjektiven Erfahrung im Umgang mit einzelnen Tieren seinen Beginn nimmt, bestimmt letztlich das Verhält-

---

[521] M. Buber, Ich und Du, Heidelberg 1979, S. 147.
[522] Vgl. Rheinz (1994), S. 18.

nis zur Tierheit insgesamt. Wer für sich erkennt, dass ihm ein einzelnes Tier als „reales Du" gegenübertritt, der begegnet Tieren insgesamt auf andere Art und Weise.

Was also mit der ethischen Frage, ob Tiere das eigene Leben bereichern, beginnt, beeinflusst das Selbstverständnis und damit die Identität. Der tierliebende Mensch erfährt sich selbst als in einem Zusammenhang mit der Natur stehend.

Für das Verhältnis zum Mitmenschen hat dies weitreichende Folgen. Kants Hinweis darauf, dass derjenige, der Tiere schlecht behandle, wohl auch schlecht zu seinen Mitmenschen sei, scheint intuitiv richtig zu sein.[523] Freilich betrifft dieser Gedanke eine primär moralphilosophische Frage. Darüber hinaus wird das Verhältnis zum Mitmenschen aber auch in einer Art und Weise beeinflusst, die – so die hier vertretene These – unmittelbar rechtliche Fragen aufwirft. Dazu nunmehr im Einzelnen:

In der Einleitung dieser Arbeit wurde bereits die Behauptung aufgestellt, dass das Verhältnis Mensch-Tier in der Industriegesellschaft schizophrene Züge trägt, da sich Versachlichung und Personalisierung in extremem Maße gegenüberstehen. Der vollständige Umfang dieses Widerspruchs ist jetzt deutlich: Einerseits werden freiwillig rechtsanaloge Strukturen geschaffen, andererseits können manche Erscheinungen industrieller Tiernutzung nur als Ausdruck eines durch und durch nichtrechtlichen Zustandes verstanden werden.

Für Menschen, welche die Beziehung zum Tier in ihre Identität aufgenommen haben, erwächst hieraus ein durchaus reales Problem. Ohne zu übertreiben wird man daher sagen können, dass die Mensch-Tier-Beziehung in der modernen Gesellschaft in einem Dilemma mündet.

Die Frage der Auflösung dieses Dilemmas stellt sich zunächst allein demjenigen, für den die Beziehung zum Tier Teil des ethischen Lebensentwurfs und der Identität ist.

In der Praxis dürfte die Verdrängung dieses Widerspruchs die wohl am häufigsten anzutreffende Reaktion auf den beschriebenen Zustand sein. Es ist freilich klar, dass dies keine wirkliche Lösung ist. Was aber ist die Alternative? Da es schlichtweg undenkbar ist, ein Verhältnis zu einzelnen Tieren aufzubauen, ohne sich auch in ein Verhältnis zur Tierheit insgesamt zu setzen, ist eigentlich nur eine Reaktion rational: Ein Arrangement mit dem status quo und die Aufgabe der Mensch-Tier-Beziehung als Bestandteil des individuellen Lebensentwurfs.

Um es auf den Punkt zu bringen: Ein Sich-Anpassen an den Zeitgeist einer Gesellschaft, die nur allzu häufig unter einem Diktat der Ökonomie zu stehen scheint, erscheint als einzig rationale Alternative.

Dieser Befund erschüttert. Ein Argument aus der Kommunitarismusdebatte kehrt insoweit wieder: Der liberalen Gesellschaft wohnt das Risiko inne, eine

---

[523] Kant, MdS- TL, VI, S. 443 (A 107, 108).

Trennung von Recht und Ethik zu propagieren, gleichzeitig aber Strukturen zu schaffen, die einzelne Lebensentwürfe massiv bevorzugen, während anderen Lebensweisen Steine in den Weg gelegt werden.[524]

Es verwundert nicht, wenn aus diesem Gefühl der strukturellen Unterlegenheit der Ruf nach Schaffung rechtlicher Strukturen erwächst. Nun liegt an dieser Stelle sicherlich der Einwand nahe, dass wer an der liberalen Trennung von Recht und Ethik festhalten will, keinen Bestandsschutz für einzelne Ethiken verlangen kann. Trotz seiner vermeintlichen Stringenz geht dieser Gedanke an dem aufgezeigten Problem aber vorbei. Es geht um etwas anderes:

Es ist – dies folgt aus der Bestimmung des Rechtsverhältnisses – eine der ureigensten Aufgaben der liberalen Demokratie, die Herausbildung von Autonomie und von Identitäten zu gewährleisten, sofern diese mit den Basisprinzipien des Rechts nicht kollidieren. Ohne das Bemühen, den Andersdenkenden in die Rechtsgemeinschaft zu integrieren, bleibt dieses Unterfangen indes unvollendet. Trennung von Recht und Ethik kann daher nicht bedeuten, dass ethisch aufgeladene Materien dem Zugriff des Gesetzgebers gänzlich entzogen wären, vielmehr kann ein zeitgemäßes Verständnis der Trennungsthese nur bedeuten, dass auf der Basis und im Bewusstsein beiderseitiger Anerkennung ein Ausgleich gegenläufiger Interessen gesucht wird

Entscheidend ist daher:
Der Mensch als Vernunftwesen muss wollen, dass auch seinem Gegenüber, in dem er ebenfalls ein Vernunftwesen erkennt, die Subjektwerdung gelingen kann.

Da die persönliche Beziehung zum Tier für einige Menschen ein Teil der Identität ist, muss daher jedes Vernunftwesen diesen Umstand anerkennen.[525]

Im praktischen Miteinander wird dieser Anforderung aber gerade dann nicht entsprochen, wenn kollektives Verhalten Zustände schafft, die einseitig sind und eine Missachtung gegenüber einzelnen Identitäten zum Ausdruck bringen. Derartige Zustände tangieren die transzendentalen Rechtsprinzipien der Gleichheit und Selbständigkeit. Man könnte insoweit also von einem inhärenten Widerspruch sprechen, in den sich eine Gesellschaft verwickelt, wenn sie einerseits

[524] Ein weiteres aktuelles Beispiel für dieses Problem liefert die Debatte über das Tragen religiöser Symbole durch Lehrkräfte im Schulunterricht. Ein generelles Verbot würde der identitätsstiftenden Bedeutung der Religion nicht gerecht werden und damit letztlich einen bestimmten areligiösen Lebensstil bevorzugen.

[525] Es ließe sich also folgender Syllogismus formulieren:

(1) Vernunftwesen wollen, dass anderen Vernunftwesen die Subjektwerdung gelingt.
(2) Die persönliche Beziehung zum Tier dient der Subjektwerdung einzelner Vernunftwesen
(3) Ein Vernunftwesen muss daher wollen, dass anderen Vernunftwesen ihre Beziehung zum Tier gelingen kann.

selbständige Lebensweisen propagiert, gleichzeitig aber Lebensweisen, welche Ausdruck der Autonomie des Subjekts sind, erschwert werden.

An diesen Überlegungen zeigt sich, dass die einzige Lösung der Situation darin bestehen kann, das Interesse von Tierschützern an einer rechtlichen Regulierung des kollektiven Umgangs mit Tieren anzuerkennen. Damit ist klar, dass der Tierschutz aufgrund seiner Bedeutung für individuelle Identitäten auch in einer liberalen Gesellschaft, die bemüht ist, Recht und Ethik zu trennen, ein legitimes Interesse darstellt.[526]

Um Missverständnisse zu vermeiden, muss freilich klargestellt werden, dass aus der hier vertretenen Argumentation nicht folgt, dass jeder Mensch nunmehr aktiv die Beziehung zum Tier suchen müsse. Jedes Vernunftwesen muss grundsätzlich selbst entscheiden, wie es die eigene Subjektivität herauszubilden sucht. Gleichzeitig ist daher auch anzuerkennen, dass viele Menschen die Beziehung zum Tier weder suchen noch als Bestandteil ihres Lebensplanes benötigen und dieses statt dessen allein als Ressource betrachten.

Eine liberale Demokratie, die um Integration verschiedener Lebenswelten bemüht ist, muss auch dies anerkennen.

Einschränkend wird man daher sagen müssen, dass in einem freiheitlichen Tierschutzrecht auch die Grenze bereits grundsätzlich vorgezeichnet ist: Die Grenze zwischen Recht und Ethik wäre überschritten, wenn dem gleichzeitig bestehenden Interesse an der Nutzung des Tieres die Anerkennung versagt würde. Freiheitliches Tierschutzrecht ist damit gleichzeitig zwei widerstreitenden Prinzipien verpflichtet: Dem Gebot des respektvollen Umgangs mit dem Tier bei gleichzeitiger Billigung seiner Nutzung als Ressource. Freiheitliches Tierschutzrecht steht damit unter einem „Gebot der humanen Nutzung", welches gleichzeitig seinen Grund und seine Grenze bildet.

Die hier vertretene Auffassung ist auf den ersten Blick durch und durch anthropozentrisch. Indem als Ausgangspunkt der Argumentation angenommen wird, dass das Recht der Idee der Selbstgesetzgebung freier Subjekte, die den Naturzustand verlassen wollen, entspringt, ist sie dies sicher auch. Gleichzeitig sollte durch die Betonung des personenanalogen Charakters der Mensch-Tier-Beziehung aber versucht werden, einen ökozentrischen Gesichtspunkt in die Begründung einzuflechten. Ihrem Selbstverständnis nach ist die hier vertretene Position daher die eines „anthropozentrischen Tierschutzes auf ökozentrischer Grundlage."

---

[526] Der wohl wichtigste Einwand gegen das hier vertretene Demokratieverständnis dürfte darin bestehen, dass die hier formulierte Position letztlich darauf hinausläuft, Gefühle zu schützen. Dieser Einwand ist ernst zu nehmen. Der Verfasser ist jedoch der Auffassung, dass liberale Denkfiguren, wie die Idee eines des Zugriffs der Gesellschaft entzogenen Persönlichkeitskernbereichs, geeignet sind, hier das nötige Gegengewicht zu liefern. Wo hier die Grenzlinien genau verlaufen, kann nicht abstrakt sondern allein in Form eines rationalen Diskurses bestimmt werden.

Hiermit ist auch der Anspruch verbunden, Defizite der klassischen Anthropozentrik zu überwinden. Beispielsweise ist es nach hier vertretener Ansicht auch möglich, die heimliche, von der Öffentlichkeit abgeschirmte Tierquälerei, als Rechtsproblem zu erfassen.

7. Kapitel: Freiheitliches Tierschutzrecht und geltendes Tierschutzrecht

Im vorhergehenden Kapitel wurde versucht, zu zeigen, dass Tierschutz auch in einer freiheitlichen Rechtsordnung Aufgabe des Rechts ist. Der Grund hierfür wurde darin erblickt, dass die Mensch-Tier-Beziehung in einer unmittelbaren Verbindung zur modernen Identität steht und der Nachweis einer Verbindung zu den Grundprinzipien der transzendentalen Rechtslehre möglich ist.

An dieser Stelle der Arbeit soll der Versuch einer Kommentierung ausgewählter Fragestellungen des geltenden Tierschutzrechts unternommen werden. Hierbei wird gefragt, ob das positive Recht mit dem soeben ermittelten Grundprinzip im Einklang steht. Die Diskussion von Reformvorschlägen schließt sich hieran unmittelbar an.[527]

Zunächst ist jedoch festzuhalten, dass bei der Ableitung von Konsequenzen Vorsicht geboten ist. Folgerungen für Einzelprobleme des positiven Rechts lassen sich aus dem freiheitsphilosophisch bestimmten Grundprinzip des Rechts nur eingeschränkt ableiten. Vieles liegt hier jenseits der Philosophie und ist letztlich eine Frage der Rechtspolitik.[528]

I. Zur Problematik des betäubungslosen Schlachtens

Zu den zuletzt am heftigsten diskutierten Problemen des Tierschutzrechts zählte in den letzten Jahren das betäubungslose Schlachten von Tieren – das sog. Schächten.

---

[527] In den Ergebnissen überschneiden sich die hier vorgeschlagenen Maßnahmen in vielen Bereichen mit Vorschlägen, die bereits von Johannes Caspar in verschiedenen Publikationen gemacht wurden. Wenngleich in dieser Arbeit nicht-anthropozentrische Ansätze zum Teil scharf kritisiert wurden und die Arbeit sich damit deutlich von Caspars Werk abgrenzt, verdankt der Verfasser den erhellenden rechtspolitischen Vorschlägen Caspars – trotz teilweise bestehender Differenzen –ausgesprochen viel.

[528] Die Grenzen der Rechtsphilosophie werden auch von Höffe betont: „Im Gegensatz zu einem überzogenen Rationalismus, der das positive Recht aus Vernunftgründen ableiten will, weiß Kant, dass die Philosophie auf einen kleinen Teil der grundlegenden Begriffs- und Prinzipienbestimmung eingeschränkt ist. Als erfahrungsunabhängige Wissenschaft kann die Rechtsphilosophie weder den Gesetzgeber noch den Richter oder Rechtsgelehrten ersetzen. Andererseits sind diese auf den Rechtsphilosophen angewiesen, nämlich auf die Begründung von Rechtsprinzipien a priori, an denen sich die Verfassung und die Gesetze als vernünftig, als gerecht ausweisen.“; vgl. O. Höffe, Immanuel Kant, 6. Auflage, München 2004, S. 210.
Vgl. auch W. Naucke/ R. Harzer (2005), RN 157: „Anders als in der Tradition der idealistischen oder theologischen Rechtsphilosophie sind die vielen Einzelheiten einer aktuellen Rechtsordnung außerhalb der Reichweite des wissenschaftlich gesicherten, gerechten Rechts zu finden.“.

Nach § 4 a I TierschG ist dieses grundsätzlich verboten. Wörtlich heißt es: „Ein warmblütiges Tier darf nur geschlachtet werden, wenn es vor Beginn des Blutentzugs betäubt worden ist."

Eine Ausnahme zu diesem Grundsatz enthält § 4 a II Nr. 2 TierschG, der die zuständige Behörde ermächtigt, Ausnahmegenehmigungen zu erteilen, soweit es erforderlich ist, den Bedürfnissen von Angehörigen bestimmter Religionsgemeinschaften zu entsprechen, denen zwingende Vorschriften ihres Glaubens das Schächten vorschreiben oder den Genuss von Fleisch nicht geschächteter Tiere untersagen.

Die Bestimmung des Verhältnisses zwischen Regel und Ausnahme beschäftigte in jüngerer Vergangenheit wiederholt die Gerichte.

1. BVerwG NVwZ 1996, 62 ff.

Unter den Leitentscheidungen ist zunächst ein Urteil des Bundesverwaltungsgerichts aus dem Jahr 1995 hervorzuheben.[529] Das Verfahren betraf die Erteilung einer Ausnahmegenehmigung für den Betreiber einer muslimischen Kantine, der in seinem Betrieb „Schlachtungen nach islamischen Ritus" durchführen wollte. Gegen die Versagung der Genehmigung beschritt der Kläger den verwaltungsgerichtlichen Rechtsweg. In seiner Entscheidung bekannte sich das Bundesverwaltungsgericht zu einem äußerst restriktiven Verständnis des in Art. 4 GG verbürgten Rechts der freien Religionsausübung. Das Gericht verneinte bereits das Vorliegen eines Grundrechtseingriffs und begründete dieses Ergebnis mit der Behauptung, dass das Schächtverbot eine religiöse Lebensgestaltung nicht verhindere, da dieses die Betroffenen nicht zum Verzehr nicht geschächteten Fleisches zwinge. Den Betroffenen stehe es vielmehr frei, nur pflanzliche Lebensmittel, Fisch oder importiertes Fleisch zu konsumieren.[530]

Zudem stellte das BVerwG fest, dass der Koran den in der Diaspora lebenden Muslimen den Verzehr nicht geschächteten Fleisches nicht untersage.[531] Entgegenstehende individuelle Auslegungen des Korans seien angesichts des Wortlautes von § 4 a II Nr. 2 TierSchG unbeachtlich, da in diesem von den zwingenden Vorschriften bestimmter Religionsgemeinschaften die Rede sei und es hiernach nicht auf individuelle religiöse Überzeugungen ankommen könne.

Die Argumentation des Bundesverwaltungsgerichts bedeutet letztlich, dass die Erteilung einer Ausnahmegenehmigung nach Ansicht des Gerichts nur für religiöse Kulthandlungen in Betracht kommt.

Diese Argumentation hat in der Folgezeit einiges an Kritik erfahren. Zu Recht wurde von Stimmen in der Literatur betont, dass religiöser Glaube die Lebensführung insgesamt betrifft und das Schächtverbot die Einhaltung religiöser Spei-

---

[529] BVerwG NVwZ 1996, 62 ff.

[530] BVerwG NVwZ 1996, 62 (63).

[531] BVerwG aaO.

sevorschriften nachhaltig erschwert. Ein Eingriff in das Recht der freien Religionsausübung sei daher anzunehmen.[532]

2. BVerfGE EuGRZ 2002, S. 92 ff.

Im Jahr 2002 nahm das Bundesverfassungsgericht zu der Kontroverse Stellung. In dem zu entscheidenden Fall ging es erneut um die Erteilung einer Ausnahmegenehmigung für einen muslimischen Schlachter. Das Bundesverfassungsgericht sah den Schutzbereich von Art. 2 I i.V.m. Art. 4 I, II GG als tangiert an.[533] Im Rahmen der Prüfung der verfassungsrechtlichen Rechtfertigung stellte das Gericht zunächst fest, dass § 4 a TierSchG verfassungsmäßig ist, widersprach im folgenden jedoch der vom Bundesverwaltungsgericht betonten Wortlautinterpretation und gelangte im Wege der verfassungskonformen Auslegung zu dem Ergebnis, dass Religionsgemeinschaften im Sinne von § 4 a II Nr. 2 TierSchG auch Gruppierungen innerhalb des Islam seien, die eine strikte Auslegung der Speisevorschriften praktizierten. Da nicht auszuschließen sei, dass der Beschwerdeführer Kunden bediene, die einer dieser Gruppierungen angehörten, seien seine Rechte durch das Versagen einer Ausnahmegenehmigung nachhaltig tangiert. Folglich gelangte das Bundesverfassungsgericht zu dem Ergebnis, dass die Erteilung entsprechender Ausnahmegenehmigungen für muslimische Metzger grundsätzlich geboten sei.

3. Rechtslage nach der Reform von Art. 20 a GG

In der politischen Öffentlichkeit löste das Urteil des Bundesverfassungsgerichts ein „Erdbeben" aus und führte letztlich dazu, dass die CDU/CSU-Fraktion im deutschen Bundestag ihren Widerstand gegen die Implementierung des Tierschutzes als Staatsziel in das Grundgesetz aufgab. Mit Gesetz vom 26.7.2002 wurde das Grundgesetz geändert und Art. 20 a GG um die Worte „und die Tiere" ergänzt.[534]

Die Frage nach der Rechtmäßigkeit des Schächtens stellt sich hiernach erneut. In der Literatur wird nunmehr die Auffassung vertreten, dass die Rechtspre-

---

[532] Vgl. aus der Literatur unter anderem J. Müller-Volbehr, Religionsfreiheit und Tierschutz: Zur Zulässigkeit religiös motivierten Schächtens, in: JuS 1997, S. 22- 227 (224); M. Mayer Religionsfreiheit und Schächtverbot, in: NVwZ 1997, S. 561- 563 (562).

[533] Art. 12 GG war nicht betroffen, da der Kläger nicht die deutsche Staatsbürgerschaft innehatte.

Umstritten ist, ob die Verstärkung des Schutzbereichs von Art. 2 I GG durch Art. 4 I, II GG methodisch überzeugend ist. Vgl. hierzu statt vieler K.-H. Kästner, Das tierschutzrechtliche Verbot des Schächtens aus der Sicht des Bundesverfassungsgerichts, in: JZ 2002, S. 491- 495.

[534] Art. 20 a GG lautet seitdem wie folgt:

„Der Staat schützt auch in Verantwortung für die künftigen Generationen die natürlichen Lebensgrundlagen und die Tiere im Rahmen der verfassungsmäßigen Ordnung durch die Gesetzgebung und nach Maßgabe von Gesetz und Recht durch die vollziehende Gewalt und die Rechtsprechung."

chung des Bundesverfassungsgerichts obsolet geworden sei. Bei Caspar und Schröter heißt es hierzu: „Eine verfassungskonforme Reduktion des Schächtverbots zugunsten der Glaubensfreiheit widerspräche Art. 20 a GG: Der Tierschutz würde massiv eingeschränkt, wo lediglich ein abgrenzbarer Bereich der Glaubensfreiheit – die Beachtung religiöser Speisevorschriften bei fleischlicher Ernährung – berührt wird. Dies aber liefe dem Grundsatz praktischer Konkordanz bei der Auflösung des Spannungsverhältnisses zwischen Tierschutz und Glaubensfreiheit zuwider."[535]

Diese Auffassung ist weder verfassungsrechtlich zwingend noch rechtstheoretisch unbedenklich.

Zwar ist es richtig, dass der Tierschutz durch die Aufnahme des Tierschutzes in das Grundgesetz eine Aufwertung erfahren hat, und es nunmehr auch möglich ist, vorbehaltlos gewährte Grundrechte aus Gründen des Tierschutzes einzuschränken.[536]

An der anthropozentrischen Struktur des Grundgesetzes hat sich hierdurch freilich nichts geändert. Der Wortlaut von Art. 20 a GG enthält jedenfalls kein ausdrückliches Bekenntnis zu einem ökozentrischen Tierschutz.[537] Auch ist eine ökozentrische Wende vom Gesetzgeber nicht beabsichtigt gewesen. Ferner spricht der verfassungsrechtliche Kontext, in den Art. 20 a GG eingebettet ist, eindeutig für ein anthropozentrisches Verständnis, da das freiheitliche Rechtsparadigma des Grundgesetzes in den Grundrechten und vor allem im Grundsatz der Menschenwürde einen ausdrücklichen Niederschlag gefunden hat.[538]

Als bloße Staatszielbestimmung belässt Art. 20 a GG dem Gesetzgeber zudem einen hohen Gestaltungsspielraum[539] und ist daher nicht in der Lage, einen pauschalen Vorrang des Tierschutzes zu begründen. Für die Beurteilung des Schächtens ist gerade dieser Gesichtspunkt entscheidend. Während einerseits der nunmehr verfassungsrechtlich abgesicherte Tierschutz für ein Verbot spricht, fällt andererseits ins Gewicht, dass mit der Religionsfreiheit ein Grund-

---

[535] J. Caspar/ M. Schröter (2003), S. 94.

[536] Nach h.M. hatte der Tierschutz vor dessen ausdrücklicher Aufnahme in das Grundgesetz keinen Verfassungsrang. In diesem Sinne etwa BVerwG, NVwZ 1998, 853 (855), VGH München, NVwZ-RR 1993, 190 ff.; M. Kloepfer, Tierversuchsbeschränkungen und Verfassungsrecht, in: JZ 1986, S. 205- 212.

[537] Im Gegensatz beispielsweise zur Schweizerischen Bundesverfassung, die in Art. 120 die „Würde der Kreatur" unter den Schutz des Staates stellt.

[538] Umstritten ist insoweit, ob das anthropozentrische Grundkonzept der Verfassung durch Art. 79 III GG der Ewigkeitsgarantie unterfällt. In diesem Sinne R. Scholz, in: Maunz/ Dürig, GG (III), Art. 20 a RN 40. Dagegen J. Caspar/ M. Schröter (2003), S. 26.

[539] R. Scholz, in: Maunz/ Dürig, GG (III), Art. 20 a RN 70.

recht betroffen ist, welches einen ganz zentralen Aspekt menschlicher Identität schützt.[540]

Das freiheitsphilosophische Vorverständnis verlangt hier eine Entscheidung zugunsten der Religionsfreiheit. Das Grundgesetz kennt keine Auslegungsregel „in dubio pro animale", vielmehr entspricht es der Struktur der Verfassung einerseits und der Natur des Rechts andererseits, in Zweifelsfällen eine Entscheidung zu Gunsten der Freiheit vorzunehmen.[541]

Weltanschauliche Neutralität des Staates in dieser Frage ermöglicht die Integration von Minderheiten, sichert die Friedensfunktion des Rechts und schützt den vorpositiven Geltungsanspruch des Rechts.

Das Schächten ist insofern ein gutes Beispiel dafür, dass ein perfekter Tierschutz in einer liberalen Gesellschaft gar nicht möglich sein kann, da für diese bei der Regulierung ethischer Fragen immer auch ihr eigenes Selbstverständnis auf dem Spiel steht.

Daher erhebt Art. 20 a GG auch nicht die Würde des Tieres zum Rechtsprinzip. Soweit dies in der Literatur behauptet wird,[542] wird der grundlegende Unterschied zwischen einem moralischen Verhältnis und einem Rechtsverhältnis verkannt und der Herausbildung eines Gesinnungsrechts Vorschub geleistet.

II. Zur Zulässigkeit von Tierversuchen

Regulierungspotentiale bestehen hingegen im Tierversuchsrecht.

In den §§ 7 ff. TierSchG hat der Gesetzgeber bestimmt, dass Versuche an Wirbeltieren grundsätzlich der Genehmigung durch die zuständige Behörde bedürfen. Die positivrechtliche Regelung ist differenziert und versucht verschiedene Gesichtspunkte zu beachten:

---

[540] Es sei hier daran erinnert, dass Art. 4 GG nach ständiger Rechtsprechung das „Recht des einzelnen, sein gesamtes Verhalten an den Lehren seiner religiösen oder weltanschaulichen Überzeugung auszurichten und seiner Überzeugung gemäß zu Handeln" gewährleistet; vgl. BVerfGE 32, 98 (106); 33, 23 (28); 41, 29 (49).

[541] In diesem Sinne auch M. Kloepfer, in: Bonner Kommentar, Art. 20 a RN 90.Vgl. ferner F. Wittreck, Religionsfreiheit als Rationalisierungsverbot, in: Der Staat 2003, S. 519- 555 (531). Sogar Isensee, welcher der Formel „in dubio pro libertate" eine grundsätzliche Wertlosigkeit attestiert, erkennt an, dass „im bipolaren Spannungsverhältnis zwischen einem Grundrechtssubjekt und dem Staat" im Zweifel für die Freiheit zu entscheiden ist (vgl. J. Isensee, Das Grundrecht auf Sicherheit. Zu den Schutzpflichten des freiheitlichen Verfassungsstaates, Berlin u.a. 1983, S. 47.

[542] Vgl. J. Caspar/ M. Schröter (2003), S. 41. Caspar und Schröter gehen von einer pathozentrischen Auslegung des Art. 20 a GG aus. Mithilfe des Rechtsprinzips „Würde der Kreatur" suchen sie einen Tierschutz verfassungsrechtlich abzusichern, der über einen Schutz des Integritätsinteresses der Tiere noch hinausgeht. Als relevante Fallgruppe wird die Massentötung von Tieren im Rahmen der BSE- Krise genannt. Da das Integritätsprinzip der Tötung schlachtreifer Tiere nicht entgegensteht, bemühen Caspar und Schröter das Achtungsprinzip um die von ihnen behauptete Rechtswidrigkeit von Massentötungen zur Marktbereinigung zu begründen.

Nach § 7 II TierSchG dürfen Tierversuche nur dann durchgeführt werden, wenn sie für einen der in der Norm genannten Zwecke unerlässlich sind. Zwecke im Sinne von § 7 II TierSchG sind unter anderem das Behandeln von Krankheiten, das Erkennen von Umweltgefährdungen oder auch die Prüfung von Stoffen oder Produkten auf ihre Unbedenklichkeit für die Gesundheit von Mensch oder Tier oder auf ihre Wirksamkeit gegen tierische Schädlinge. Ergänzt wird die Regelung durch § 7 III TierSchG; dessen Grundsatz zufolge dürfen Versuche an Wirbeltieren nur durchgeführt werden, wenn die zu erwartenden Schmerzen, Leiden oder Schäden der Versuchstiere im Hinblick auf den Versuchszweck ethisch vertretbar sind.

Ausnahmen vom hiermit korrespondierenden Genehmigungserfordernis des § 8 I TierSchG enthält der siebte Absatz der Norm, der einen in der Praxis weitreichenden Ausnahmenkatalog enthält. Derartige genehmigungsfreie Vorhaben unterliegen nach § 8 a TierSchG lediglich einer Anzeigepflicht.

Die Auslegung und Präzisierung des Genehmigungserfordernisses beschäftigte in der Vergangenheit regelmäßig die Gerichte. Durchgesetzt hat sich auch hier eine grundrechtsfreundliche Auslegung der Norm. Nach Ansicht des Bundesverfassungsgerichts ist das Genehmigungserfordernis im Sinne einer bloßen Plausibilitätskontrolle zu verstehen. Hiernach sind Wissenschaftler bezüglich der wissenschaftlich Bedeutung und ihrer ethischen Vertretbarkeit zwar darlegungspflichtig, den Behörden ist es aber verwehrt, ihre eigene Einschätzung der Sachlage an die Stelle der Einschätzung des antragstellenden Wissenschaftlers zu setzen.[543] Zur Begründung seiner Ansicht hat sich das Bundesverfassungsgericht in erster Linie auf den Wortlaut von § 8 III Nr. 1 lit. a TierSchG gestützt, der nicht von einer Nachweispflicht, sondern eben bloß von einer Darlegungspflicht spreche.

Diese Lösung des Bundesverfassungsgerichts ist verschiedentlich mit dem Argument kritisiert worden, dass das Bundesverfassungsgericht die Grenzen der verfassungskonformen Auslegung überschritten habe, da der vom Gesetzgeber intendierte Schutz der Versuchstiere vollständig in den Hintergrund trete.[544]

Seit der Reform des Art. 20 a GG im Jahr 2002 stellt sich verstärkt die Frage, ob an der Lösung des Bundesverfassungsgerichts festzuhalten ist. Zum einen wird argumentiert, die Plausibilitätslösung sei nunmehr bereits de lege lata überholt.[545] Gegen diese Auffassung wendet indes Kloepfer ein, ihr könne nicht gefolgt werden, da der Wortlaut von § 8 TierSchG letztlich eindeutig für eine bloße Darlegungspflicht spreche. Gleichzeitig betont Kloepfer aber, dass seit der Verfassungsnovelle des Jahres 2002 keine durchgreifenden Bedenken gegen ei-

---

[543] BVerfG, NuR 1995, 135 (136).

[544] Vgl. hierzu die Nachweise bei Caspar/ Schröter (2003), S. 72 und allgemein zur Grenze der verfassungskonformen Auslegung BVerfGE 18, 97 (111).

[545] A. Goetschel in: H.-G. Kluge, TierSchG, § 7 RN 32 a; J. Caspar/ M. Schröter (2003), S. 75.

ne Reform des Tierversuchsrechts und eine Erweiterung der Prüfungsbefugnisse der Genehmigungsbehörden mehr bestünden.[546]

Kloepfers Ansicht verdient Zustimmung. Der Verweis auf den eindeutigen Wortlaut und die damit einhergehende Beurteilung der geltenden Rechtslage überzeugt. Zutreffend ist auch die Annahme, dass die Einführung einer Nachweispflicht keinen durchgreifenden Einwänden ausgesetzt ist.

Das Vorverständnis der Rechtsordnung als Freiheitsordnung steht einer entsprechenden Reform des Gesetzes nicht entgegen. Die Einführung einer Nachweispflicht würde Industrie und Wissenschaft zu einer sorgfältigeren Prüfung der Notwendigkeit von Tierversuchen anhalten. Der hiermit einhergehende Eingriff schränkt die Wissenschaftsfreiheit nicht übermäßig ein, steht im Einklang mit dem Grundkonzept einer humanen Nutzung der Tiere und bringt das Spannungsverhältnis zwischen Tierschutz und Wissenschaft damit zu einem gerechten Ausgleich.[547]

III. Massentierhaltung und positives Recht

Die Frage der rechtlichen Anforderungen an Tierhalter hat der Gesetzgeber durch die Vorgaben des § 2 TierSchG durchaus differenziert geregelt. Die Norm schließt industrielle Massentierhaltung zwar nicht aus, bringt aber klar zum Ausdruck, dass ein hohes Schutzniveau gewollt ist. Tierhaltung soll hiernach artgemäßes Verhalten nicht unmöglich machen.

---

[546] M. Kloepfer, in: Bonner Kommentar zum Grundgesetz, Art. 20 a RN 85 f.. Zu der Frage, inwieweit Tierversuche durch Alternativmethoden ersetzbar sind, vgl. M. Fielenbach, Die Notwendigkeit der Aufnahme des Tierschutzes in das Grundgesetz. Dargestellt am Verhältnis des Tierschutzes zur Wissenschaftsfreiheit, Frankfurt a.M. 2005, S. 3 ff.

[547] Regulierungsbedarf besteht insbesondere auch bei der Verwendung von Tieren in der Hirnforschung. Der Deutsche Tierschutzbund hat vor wenigen Jahren in einer Studie darauf hingewiesen, dass die Bedeutung der Tierversuche im Bereich der Grundlagenforschung regelmäßig überschätzt wird und daher eindringlich Alternativen angemahnt (vgl. Deutscher Tierschutzbund e.V./ Bremer Tierschutzbund e.V., Nerv getroffen. Ein Jahrzehnt Hirnforschung an der Universität Bremen – Forschungsaussagen: Ethische Bewertung. Realität, Bonn 2001). Der Umgang mit dem Tier ist – wie zahlreiche Beispiele belegen – häufig achtlos und die zur Rechtfertigung vorgebrachten Erwägungen sind regelmäßig oberflächlich.

Zur ethischen Problematik der Hirnforschung an Tieren sei bemerkt: Die Verwendung von Tieren in der Hirnforschung gibt ein beredtes Beispiel für den insgesamt widersprüchlichen Umgang mit dem Tier in der modernen Gesellschaft ab. Geht es um die Zulässigkeit von Tierversuchen im allgemeinen, so wird der unterschiedliche geistige Status von Mensch und Tier herangezogen. Gleichzeitig verspricht die Hirnforschung aber, durch den Versuch am Tier gerade den menschlichen Geist besser verstehen zu können. Ob dieser Anspruch tatsächlich eingelöst wird, sei dahingestellt. Nun entspricht es zwar gerade der in dieser Arbeit geäußerten Auffassung, dass empirische Parallelen zwischen Mensch und Tier nicht ohne weiteres auch eine normative Bedeutung haben, man wird aber sagen können, dass hier zumindest der Anschein einer widersprüchliche Maximenbildung vorliegt, und daher die Rechtfertigung der Versuche gegenüber dem Anliegen des Tierschutzes schwer fällt.

Das Problem der totalen Verdinglichung des Tieres durch Industrie und Wirtschaft wird hierdurch adressiert und der Behandlung des Tieres als bloßer Ressource eine klare Absage erteilt. Der in der Norm zum Ausdruck kommende Kompromiss entspricht der hier vertretenen Konzeption, da sowohl dem Interesse an der Verrechtlichung der Mensch-Tier-Beziehung als auch dem gegenläufigen Interesse an der Verwendung des Tieres als Wirtschaftsgut entsprochen wird.

Das Problem der Norm liegt demzufolge weniger auf der theoretischen als vielmehr auf der praktischen Ebene. Zwar erklärt § 2 TierSchG ein hohes Schutzniveau zum Ziel, hiermit ist zunächst einmal aber noch nicht viel gewonnen, da die Norm aufgrund ihrer relativen Unbestimmtheit ohne entsprechende Nutzungsverordnungen (vgl. § 2 a TierSchG) nicht mehr als ein zahnloser Tiger ist. Genau auf dieser Ebene zeigen sich nun aber Regelungsdefizite. Beispielsweise fehlt es bislang an einer Regelung der Mastgeflügelhaltung durch den Verordnungsgeber. Zwar haben Geflügelwirtschaft einerseits und das zuständige Bundesministerium andererseits eine Vereinbarung getroffen, die einen Regelungsrahmen bereitstellt.[548] Dieser Zustand befriedigt jedoch nicht: Zu Recht ist verschiedentlich darauf hingewiesen worden, dass die getroffene Vereinbarung den Erkenntnissen der Ethologie über das artgemäße Verhalten von Mastgeflügel (Puten und Masthähnchen) nicht entspricht und somit ein Widerspruch zur Zielvorgabe des § 2 TierSchG besteht.[549]

Da verwaltungsrechtliche Durchsetzungsmöglichkeiten, wie z.B. Untersagungsverfügungen, angesichts dieser Rechtslage nicht möglich sind, wird die Selbstverpflichtung der Industrie allein durch den strafrechtlichen Schutz nach § 17 TierSchG flankiert. Man kann zweifeln, ob hierdurch ein effizienter Schutz der Tiere tatsächlich gewährleistet ist. Zudem ist es nicht unbedenklich, wenn allein auf den Schutz des Strafrechts gesetzt wird, da auf diese Weise der ultima ratio-Funktion des Strafrechts nicht entsprochen wird. Hierauf wird im abschließenden Kapitel der Arbeit noch zurückzukommen sein.

Am Rande soll noch auf folgendes hingewiesen werden: Der nunmehr beinahe weltweite Ausbruch der Vogelgrippe belegt, dass eine strenge rechtliche Regulierung der Massentierhaltung auch aufgrund handfester Nützlichkeitserwägungen unerlässlich ist. Der industrielle Umgang mit dem Tier hat Rahmenbedingungen geschaffen, die für die Verbreitung des Erregers äußerst günstig sind.[550] Dass sich dieser Zustand auch für den Menschen zu rächen droht, belegt den Handlungsbedarf.

---

[548] Siehe BT-Drucksache 14/5712, S. 116 ff.

[549] Mit weiteren Nachweisen J. Caspar/ M. Schröter (2003), S. 101.

[550] Siehe dazu auch J. Mason/ M. Finelli, Brave new farm?, in: Peter Singer (Hrsg.), In defense of animals. The second wave, Oxford [u.a.] 2006, S. 104- 122 (117f.).

IV. Reformpotentiale

Abschließend soll der Blick auf einige Reformmöglichkeiten gerichtet werden, die mit der hier vertretenen Variante anthropozentrischen Tierschutzes durchaus kompatibel sind.

1. Einführung der tierschutzrechtlichen Verbandsklage

Eines der traditionellen Dogmen des deutschen Prozessrechts ist (bzw. war) der Ausschluss der Popularklage. Entsprechend dieses Grundsatzes verlangt § 42 II VwGO, dass der Kläger im Verwaltungsprozess die Verletzung eigener Rechte geltend macht.

Die Verbandsklage[551] bricht mit diesem Dogma. Ihr wichtigster Anwendungsfall im deutschen Prozessrecht ist bislang die Klagemöglichkeit nach § 8 UWG. Berechtigt, Zuwiderhandlungen gegen die Vorschriften des UWG vor Gericht zu bringen, sind hiernach auch Verbraucherverbände und Verbände zur Förderung gewerblicher Interessen. Damit wird der Einsicht Ausdruck verliehen, dass allein die Öffnung des traditionellen, ausschließlich an subjektiven Rechten ausgerichteten Prozessrechts einen hinreichenden Vollzug des geschriebenen Rechts gewährleistet.

Die Verbandsklage hilft, den Vollzug von Normen zu sichern, die im demokratischen Miteinander entstanden sind, und wirkt damit der Bildung bloß symbolischen Rechts entgegen. Der Einwand, es fehle den Verbänden an der zur Wahrnehmung des Gesamtinteresses nötigen demokratischen Legitimation, überzeugt daher nicht.[552] Verfassungsrechtlich wird dieser Befund überdies durch die Rechtsbindung aller staatlicher Gewalt (Art. 20 III GG) gesichert.[553] Prinzipielle Einwände, die in einer freiheitlichen Rechtsordnung gegen die Verbandsklage sprächen, sind daher nicht erkennbar.

Für ihre Einführung im Tierschutzrecht sprechen verschiedene Erwägungen.[554] Zum einen stößt das Tierschutzrecht de lege lata in all den Bereichen an Grenzen, in denen der Gesetzgeber auf behördliche Genehmigungsverfahren bewusst verzichtet hat. Bestes Beispiel ist hier das Tierversuchsrecht, indem – wie Caspar unlängst betont hat – ca. 1/3 der durchgeführten Versuche nicht dem

---

[551] Vgl. allgemein zur Verbandsklage auch die umfassende Darstellung von A. Schmidt/ M. Zschiesche/ M. Rosenbaum, Die naturschutzrechtliche Verbandsklage in Deutschland, Berlin u.a. 2004.

[552] In diesem Sinne aber bspw. K. E. Heinz, Staatsziel Umweltschutz in rechtstheoretischer und verfassungstheoretischer Sicht, in: NuR 1994, S. 1- 8 (6).

[553] So auch W.-R. Schenke, in: Bonner Kommentar zum Grundgesetz, Art. 19 RN 154.

[554] Einen entsprechenden Vorstoß hat in der 13. Legislaturperiode bereits die Bundestagsfraktion von Bündnis 90/Die Grünen unternommen (vgl. BT-Drucksache 13/9323).

Genehmigungsvorbehalt des § 8 I TierSchG, sondern lediglich einer Anzeigepflicht unterliegen.[555]

Zudem sind die Defizite eines Systems, welches allein demjenigen, der in einem subjektiven Recht betroffen ist, ein Klagerecht einräumt, im Tierschutzrecht besonders offensichtlich, da ein Drittschutz der Normen in aller Regel nicht gegeben ist. Das Anliegen des Tierschutzes wird hierdurch strukturell benachteiligt. Zu Recht ist daher argumentiert worden, dass ohne die Einführung der Verbandsklage eine „Waffengleichheit" im Tierschutzrecht nicht gegeben ist.[556]

Letztlich besteht im Tierschutzrecht ein chronisches Vollzugsdefizit. Behörden sind mangels personeller Ausstattung nur allzu häufig die Hände gebunden. Dieser Zustand schadet der Geltung des positiven Rechts und damit letztlich der Rechtskultur. Gerade angesichts der Tatsache, dass in den Verbänden eine große Anzahl hoch motivierter freiwilliger Helfer aktiv ist, begründet die Erwartung, dass die Verbandsklage ein geeignetes Mittel ist, ein höheres Schutzniveau zu gewährleisten.

2. Tierschutzrechtlicher Ombudsmann

Bedenkenswert erscheint auch die Forderung nach Schaffung von tierschutzrechtlichen Ombudsmännern und -frauen. Mit diesen ist die Hoffnung verbunden, einen Vertreter öffentlichen Interesses zu kreieren, der zwar Teil der Verwaltung ist, diese aber gleichwohl kritisch begleitet und hierdurch zu einem höheren Rechtsschutzniveau beiträgt.

Zu den Aufgaben der Ombudsperson formulieren Caspar und Schröter:

> „... als staatliche und unabhängige Stelle soll sie auf die Korrektheit der Verfahren achten und etwa auf Begründungsdefizite aufmerksam machen und deren Verbesserung anregen. Dafür stehen ihr Informationsrechte gegenüber den verantwortlichen Stellen und Berichtsrechte zu den höhergeordneten Institutionen zur Verfügung. Zugleich kommt ihr damit die Aufgabe zu, Ansprechpartner für Bürger ... zu sein und im Sinne einer außergerichtlichen Schiedsstelle auf eine zufriedenstellende Einigung hinzuwirken."[557]

---

555 J. Caspar (1999), S. 511. Das an dieser Stelle diskutierte Problem kann durch die Einführung der Verbandsklage freilich nur dann gelöst werden, wenn die Verbandsklage in Form einer umfassenden objektiven Rechtskontrolle ausgestaltet ist und sich nicht auf ein gegen behördliche Verfügungen gerichtetes Beanstandungsrecht beschränkt.

556 In diesem Sinne J. Caspar/ M. Schröter (2003), S. 51.

557 J. Caspar/M. Schröter (2003), S. 52.

Ergänzend ist hinzuzufügen, dass es durchaus denkbar ist, den Ombudsmann auch mit Klagerechten auszustatten und damit eine weitere Form gerichtlich durchsetzbarer objektiver Rechtskontrolle zu schaffen.[558]

Ein derartig ausgestalteter Ombudsmann würde im Tierschutzrecht eine Fortentwicklung der in einigen Bundesländern vorhandenen Tierschutzbeauftragten darstellen.[559]

Zwar muss eingeräumt werden, dass die Figur des Ombudsmannes in ihrer Bedeutung hinter der Verbandsklage zurückbleibt;[560] dieser Umstand begründet jedoch kein prinzipielles Gegenargument. Vielmehr ist davon auszugehen, dass die Etablierung einer Rechtskultur, welche den Tierschutz auch in der Praxis ernst nimmt, eines Maßnahmenbündels bedarf. Daher kann gefolgert werden, dass sich Verbandsklage und Ombudsmann in einem sinnvollen Ergänzungsverhältnis zueinander befinden und sich rechtspolitische Forderungen nicht auf eines der beiden Rechtsinstitute beschränken sollten.[561]

3. Ausbau der Stellung von Kommissionen

Zu den Maßnahmen, die auf ein höheres Vollzugsniveau abzielen, gehört auch der Ausbau der Funktionen bereits nach geltendem Recht vorhandener Tierschutzkommissionen. De lege lata unterscheidet das Tierschutzgesetz zwei verschiedene Arten von Kommissionen:

§ 15 TierSchG bestimmt, dass die nach Landesrecht zuständigen Behörden Tierversuchskommissionen einsetzen, welche diese bei der Entscheidung über die Genehmigung von Tierversuchen unterstützen sollen. Zudem schreibt § 16 b TierSchG die Berufung einer Tierschutzkommission vor, die das zuständige Bundesministerium in Fragen des Tierschutzes beraten soll. Probleme bestehen hier in verschiedener Hinsicht:

Zunächst springt das problematische Wechselspiel zwischen § 8 und § 15 TierSchG sofort ins Auge. Solange der Gesetzgeber das Genehmigungserfordernis nicht aufwertet und Abstand vom Prinzip der bloßen Plausibilitätskontrolle nimmt, wird auch der Einfluss der Tierversuchskommissionen begrenzt bleiben.

---

558 Vgl. zu den hiermit einhergehenden Problemen aber auch die Analyse von T. Schomerus, Ein Ombudsmann mit Klagebefugnis statt Verbandsklage im naturschutzrecht?, in: NuR 1989, S. 171- 175.

559 Vgl. hierzu G. Erbel, Zur Frage der landesgesetzlichen Regelung der Stellung und der Aufgaben eines Tierschutzbeauftragten, in: DÖV 1992, S. 189- 193.

560 So die Bewertung von Caspar (1999), S. 505, der insbesondere betont, dass die Eingliederung des Ombudsmannes in die Verwaltung zu einer Abhängigkeit führt, die dem Anliegen des Tierschutzes zuwiderläuft. Ein ähnlicher Gedanke findet sich bereits bei T. Schomerus (1989), S. 171 (174).

561 Anders T. Schomerus (1989), S. 171 (174), der den Ombudsmann als Alternative zur Verbandsklage ansieht und dies damit begründet, dass weniger Zweifel an der demokratischen Legitimation bestünden.

Kritisiert wird in der Literatur zudem die Zusammensetzung der Kommissionen. Das Gesetz bestimmt hierzu, dass die Mehrheit der Kommissionsmitglieder die für die Beurteilung von Tierversuchen erforderlichen Fachkenntnisse der Veterinärmedizin, der Medizin oder einer naturwissenschaftlichen Fachrichtung haben muss (§ 15 I 3 TierSchG). Ergänzend heißt es in § 15 I 4 TierSchG, die Zahl der aus Vorschlagslisten der Tierschutzorganisationen bestimmten Mitglieder müsse ein Drittel betragen. Hieraus ergibt sich zweierlei: Der Wortlaut der Norm erlaubt es ohne weiteres, die Kommissionen auch zu mehr als einem Drittel mit Tierschützern zu besetzen, sofern diese die nach § 15 I 3 erforderlichen Qualifikationen mitbringen. Die Praxis – so die einhellige Bewertung durch die Kommentarliteratur – spricht indes eine andere Sprache. Regelmäßig befinden sich hier die Tierschützer in der Minderheit und sehen sich einer Mehrheit gegenüber, die aus Vorschlagslisten der Wissenschaftsorganisationen rekrutiert wird.[562] Da nach dem Wortlaut des Gesetzes ja auch die ethische Vertretbarkeit der Versuche zur Debatte steht, wäre es wünschenswert, wenn auch Geisteswissenschaftler in den Tierversuchskommissionen gehört würden.[563] De lege ferenda ist daher der Vorschlag von Caspar und Schröter sinnvoll, die Tierversuchskommissionen zu jeweils einem Drittel mit Experten aus der medizinischen und naturwissenschaftlichen Forschung, den Geisteswissenschaften und den Tierschutzorganisationen zu besetzen.[564]

Ferner erscheint der Einfluss der Tierversuchskommissionen auf das Verwaltungsverfahren als zu gering. Es ist keineswegs klar, ob das Fehlen des – ohnehin nur konsultativen – Votums der Kommission überhaupt einen formellen Fehler des Verwaltungsverfahrens begründet. Jedenfalls besteht in derartigen Fällen aber die Möglichkeit einer Heilung nach § 45 I Nr. 4 VwVfG.[565] Man wird daher wohl sagen können, dass die Beteiligung der Tierversuchskommissionen nach geltendem Recht von bloß untergeordneter Bedeutung ist.

Etwas anders stellt sich die Rechtslage in einigen Gebieten der Schweiz dar. So gestattet § 12 II des Züricher Tierschutzgesetzes den Mitgliedern der Tierversuchskommission die Erhebung einer Beschwerde vor dem zuständigen Verwaltungsgericht.[566] Denkbar erscheint es auch, den entscheidenden Behörden

---

562 A. Hirth/ C. Maisack/ J. Moritz, TierSchG, § 15 RN 2; H.-G. Kluge in: H.-G. Kluge, TierSchG, § 15 RN 5.

563 Vgl. zu dem schwierigen Kriterium der ethischen Überprüfung auch H.-G. Kluge, Grundrechtlicher Freiraum des Forschers und ethischer Tierschutz, in: NVwZ 1994, S. 869- 872. Kluge setzt sich unter anderem mit der Frage auseinander, was mit einer ethischen Überprüfung eigentlich gemeint ist. Da die Stellung des Tieres in der Moralphilosophie nach wie vor strittig ist, ist Kluge der Auffassung, man könne hier allein auf die jeweils herrschende Sozialmoral abstellen. Siehe hierzu aber auch J. Caspar (1999), S. 467 ff..

564 J. Caspar/ M. Schröter (2003), S. 55.

565 A. Hirth/ C. Maisack/ J. Moritz, TierSchG, § 15 RN 2 f..

566 Vgl. P. Saladin, Wahrnehmung des Tierschutzes im Verwaltungsverfahren, in: Antoine F. Goetschel (Hrsg.), Recht und Tierschutz. Hintergründe- Aussichten, Bern 1993, S. 37-58 (55).

zumindest eine Begründung abzuverlangen, sofern sie von einem Votum der Kommission abweichen wollen.[567]

V. Gesamtbetrachtung

Die hier angedeuteten Modernisierungspotentiale des Tierschutzrechts belegen vor allem eines: Auch ausgehend von einem anthropozentrischen Grundverständnis ist eine Verbesserung des Schutzniveaus möglich und wünschenswert. Insbesondere solche Maßnahmen, die auf eine Verringerung des Vollzugsdefizits abzielen, erfordern keine patho- bzw. ökozentrische Wende im Tierschutzrecht.

Schwieriger sind zwar die Fälle zu beurteilen, in denen es darum geht, Grundrechte im Namen des Tierschutzes zu beschränken. Bedenkt man aber, dass die Mensch-Tier-Beziehung für die Identität und das Selbstverständnis vieler moderner Menschen von herausgehobener Bedeutung ist, dann bestehen auch hier keine grundsätzlichen Hindernisse. Die Ausstattung des Tierschutzes mit Verfassungsrang trägt diesem Befund Rechnung.

Eine Grenze ist hier erst dann erreicht, wenn hochsensible Rechtsgüter, wie die Religionsfreiheit, zur Disposition stehen. Hier sollte sich die Rechtsordnung ihrer ursprünglichen Aufgabe, der Sicherung des Geltungsanspruchs, besinnen und der Trennung von Recht und Ethik höchste Bedeutung beimessen.

Die hiermit im Fall des Schächtens einhergehende Einbuße an Tierschutz sollte hingenommen werden. In anderen Bereichen des Tierschutzrechts bestehen Handlungspotentiale hingegen zur Genüge.

---

[567] In diesem Sinne Caspar/ Schröter (2003), S. 55.

8. Kapitel: Straftaten gegen Tiere?

Ausgeklammert blieb bislang die Frage nach der Rolle des Strafrechts im Tierschutz. Die Grundlegung der vorherigen Kapitel erlaubt noch keinen Schluss auf die Legitimität staatlichen Strafens. Zu kompliziert ist hier die Problemlage, als dass eine einfache Antwort möglich wäre. In keiner anderen Rechtsmaterie sind die Eingriffe in die Freiheitsrechte des Bürgers ebenso intensiv wie im Strafrecht. Dementsprechend lastet auf den Normen ein ganz besonderer Legitimationsdruck.

Dieser Problemstellung soll nunmehr nachgegangen werden.

Straftaten gegen Tiere sind in verschiedener Hinsicht denkbar: Zunächst ist hier an den „klassischen Tatbestand" der Tierquälerei zu denken, der das Zufügen grundloser Schmerzen erfasst.

§ 17 Nr. 1 TierSchG zeigt indes, dass mittlerweile auch das Leben von Tieren dem Schutz des Strafrecht unterstellt ist.

Ferner kennt die Rechtsordnung einen strafrechtlichen Artenschutz, dessen Normen, obwohl sie nicht dem Schutz des einzelnen Tieres dienen, gleichwohl in einem unmittelbaren Zusammenhang zum Tierschutzrecht stehen. Einen zumindest mittelbaren Schutz der Tiere bewirken letztlich auch die Strafnormen des Tierseuchengesetzes.[568]

Bereits die Zitate in der Einleitung dieser Arbeit haben gezeigt, dass in zahlreichen Publikationen zum Tierschutzstrafrecht bloße Lippenbekenntnisse zum ultima-ratio-Prinzip abgelegt werden (vgl. S. 4). Die Behauptung, sittliche Vorstellungen müssten nur in irgendeiner Form in die Rechtsordnung aufgenommen worden sein, um das Rechtsgut der öffentlichen Sicherheit zu konstituieren, ist ein selbstredendes Beispiel für diesen Befund.

Zwar muss eingeräumt werden, dass es den Urhebern dieser Zitate zumeist nur um eine Untersuchung des positiven Rechts und nicht um rechtstheoretische Fragestellungen geht. Angesichts einer jahrhundertealten Diskussion um den Sinn von Strafe und die Trennung von Recht und Moral ist es trotzdem erstaunlich, wenn derart unbefangen mit dem Strafrecht umgegangen wird.

Auch wird mit teilweise großem Eifer von diversen Autoren diskutiert, welches Rechtsgut der Tatbestand der Tierquälerei überhaupt schütze. Nun ist diese Fragestellung sicher berechtigt. Beschränkt sie sich aber auf eine Erforschung der gesetzgeberischen Intention, so ist der Gewinn an Erkenntnis gleichwohl

---

[568] Von vornherein außer Betracht bleiben hier Strafnormen, die sich reflexhaft auch auf Tiere erstrecken, aber auch andere Schutzobjekte erfassen. Insoweit ist natürlich in erster Linie an Eigentumsdelikte, wie die Sachbeschädigung (§ 303 StGB), zu denken, die aufgrund der Gleichstellung in § 90 a BGB natürlich auch Tiere als Tatobjekte erfassen. vgl. insoweit auch A. Lorz (1990), S. 567 ff.

begrenzt.[569] Muss – so der Einwand – nicht auch nach dem ursprünglichen Anliegen der Rechtsgutslehre gefragt werden? Und geht es dabei nicht auch um die Suche nach Prinzipien, die dem Strafeifer des Gesetzgebers Einhalt gebieten? Eine Norm des Nebenstrafrechts, wie der Tatbestand der Tierquälerei, zwingt geradezu dazu, nicht auf der Ebene des Positivismus zu verharren und die Frage nach der Legitimität des Tatbestandes mit einzubeziehen.

Wann also ist ein bestimmtes rechtswidriges Verhalten auch strafwürdig? Die Antwort auf diese Frage fällt nicht leicht. Fest steht aber, dass eine Pflicht zum Einsatz des Strafrechts nur in wenigen Ausnahmefällen besteht.[570] Umgekehrt wird man zudem sagen können, dass an der Strafwürdigkeit eines bestimmten Verhaltens jedenfalls dann Zweifel bestehen, wenn der Gesetzgeber vorschnell auf das Strafrecht zurückgreift, ohne über dessen Sinn und Zweck zu reflektieren und andere Sanktionsmöglichkeiten nur unzureichend bedenkt. Vor diesem Hintergrund fungiert die ultima-ratio-Funktion als „kriminalpolitische Leitlinie". Ob dieser Topos vom Gesetzgeber hinreichend bedacht wurde, ist der Leitgedanke der nachfolgenden Erörterungen.

I. Die relevanten Normen im Überblick

Die verschiedenartigen Anknüpfungspunkte für strafrechtlichen Tierschutz sind bereits angedeutet worden. Im Einzelnen stellt sich die positive Rechtslage wie folgt dar:

Eine strafrechtliche Absicherung des Artenschutzes sucht der Gesetzgeber vor allem durch § 66 des 2002 neu geregelten Bundesnaturschutzgesetzes (BNatSchG) zu erreichen. Die Norm, die von ihrer Konzeption her dem alten § 30 a BNatSchG ähnelt, stellt in ihrem ersten Absatz die gewohnheits- und gewerbsmäßige Begehung einzelner in § 65 BNatSchG aufgezählter Ordnungswidrigkeiten unter Strafe. Bei streng geschützten Arten stellt der Absatz 2 des § 66 BNatSchG zudem auch die gewöhnliche Begehung einzelner in § 65 BNatSchG erwähnter Ordnungswidrigkeiten unter Strafe. Ferner enthält § 66 Abs. 3 BNatSchG für den Fall der gewerbs- oder gewohnheitsmäßigen Begehung einen Qualifikationstatbestand. Fahrlässiges Handeln ist nach § 66 Abs. 4 BNatSchG strafbar.[571]

[569] Kritisch insoweit auch K. Kühl, Die Bedeutung der Rechtsphilosophie für das Strafrecht, Baden-Baden 2001, S. 34. Kühl stellt fest, dass den Verfassern von Monographien häufig die Kraft fehlt, aus aufwendigen Rechtsgutsdiskussionen die entsprechenden Folgerungen zu ziehen.

[570] Vgl. die zurückhaltenden Ausführungen des Bundesverfassungsgerichts in BVerfGE 88, 203.

[571] Im Einzelnen lautet der Wortlaut der Norm:

> (1) Mit Freiheitsstrafe bis zu drei Jahren oder mit Geldstrafe wird bestraft, wer eine in § 65 Abs. 1, 3 Nr. 1 oder 3 oder Abs. 4 bezeichnete vorsätzliche Handlung gewerbs- oder gewohnheitsmäßig begeht.

Zumindest reflexhaft soll Artenschutz auch durch die Regelungen der §§ 324 a, 325 und 326 StGB erreicht werden, welche die Gewässerverunreinigung, die Luftverunreinigung und den unerlaubten Umfang mit gefährlichen Abfällen unter Strafe stellen. In diesen Normen hat der Gesetzgeber bei der Formulierung der Tathandlungen unter anderem an die Gefährdung von Tieren bzw. des Bestands an Tieren angeknüpft. Um strafrechtlichen Artenschutz handelt es sich bei einem großzügigen Begriffsverständnis letztlich auch bei den Strafnormen des Bundesjagdgesetzes, die bei Verstößen gegen Schonzeiten gar Geld- oder Freiheitsstrafe von bis zu fünf (!) Jahren androhen (vgl. § 38 BJagdG).

Schutzobjekt des Tierseuchengesetzes sind nach § 1 Abs. 1 TierSG Haustiere und Süßwasserfische.[572][573] § 74 Abs. 1 TierSG stellt insoweit unter anderem die Verbreitung bestimmter anzeigepflichtiger Tierseuchen unter Strafe. Eine Strafschärfung enthält Abs. 2 der Norm für die Fälle der absichtlichen Gefährdung von Tierbeständen. Abs. 3 stellt den Versuch unter Strafe, und nach § 74 Abs. 4 ist auch die fahrlässige Begehung der in Abs. 1 bezeichneten Handlungen mit Strafe bewehrt.

---

(2) Mit Freiheitsstrafe bis zu fünf Jahren oder mit Geldstrafe wird bestraft, wer eine in § 65 Abs. 1, 3 Nr. 1 oder 3 oder Abs. 4 bezeichnete vorsätzliche Handlung begeht, die sich auf Tiere oder Pflanzen einer streng geschützten Art bezieht.

(3) Wer in den Fällen des Absatzes 2 die Tat gewerbs- oder gewohnheitsmäßig begeht, wird mit Freiheitsstrafe von drei Monaten bis zu fünf Jahren bestraft.

(4) Handelt der Täter in den Fällen des Absatzes 2 fahrlässig, so ist die Strafe Freiheitsstrafe bis zu sechs Monaten oder Geldstrafe bis zu einhundertachtzig Tagessätzen.

[572] § 74 TierSG lautet wie folgt:

(1) Mit Freiheitsstrafe bis zu zwei Jahren oder mit Geldstrafe wird bestraft, wer

1. unter Tieren eine anzeigepflichtige Seuche verbreitet,
2. entgegen § 6 Abs. 1 Satz 1 Tiere, tote Tiere, Teile, Erzeugnisse, Rohstoffe, Abfälle oder Gegenstände innergemeinschaftlich verbringt oder einführt,
3. einer nach § 7 Abs. 1a Nr. 2 erlassenen Rechtsverordnung zuwiderhandelt, soweit die Rechtsverordnung für einen bestimmten Tatbestand auf diese Strafvorschrift verweist.

(2) Führt der Täter in den Fällen des Absatzes 1 absichtlich eine Gefährdung von Tierbeständen herbei, so ist die Freiheitsstrafe von sechs Monaten bis zu fünf Jahren.

(3) Der Versuch ist strafbar.

(4) Wer fahrlässig eine der in Absatz 1 bezeichneten Handlungen begeht, wird mit Freiheitsstrafe bis zu einem Jahr oder mit Geldstrafe bestraft.

[573] Wenn Tiere hier als „Schutzobjekte" der Norm bezeichnet werden, soll hierdurch nicht behauptet werden, dass die physische Integrität der Tiere auch das geschützte Rechtsgut darstellt. Denkbar ist es vielmehr auch, das Vermögen als geschütztes Rechtsgut anzusehen. vgl. hierzu auch F. v. Liszt/ E. Schmidt, Lehrbuch des deutschen Strafrechts, 25. Auflage, Berlin 1927, S. 865 und die noch folgenden Ausführungen zum Schutzobjekt des § 17 TierSchG.

Der Vollständigkeit halber soll auch auf § 28 I Nr. 3 Fleischhygienegesetz hingewiesen werden, der es unter Strafe stellt, das Fleisch von Affen, Hunden oder Katzen zum Genuss für den Menschen zu gewinnen.

Im Zentrum des strafrechtlichen Tierschutzes steht freilich § 17 TierSchG.

Dieser lautet wie folgt:

> Mit Freiheitsstrafe bis zu drei Jahren oder mit Geldstrafe wird bestraft, wer
> 1. ein Wirbeltier ohne vernünftigen Grund tötet oder
> 2. einem Wirbeltier
>   a) aus Rohheit erhebliche Schmerzen oder Leiden oder
>   b) länger anhaltende oder sich wiederholende erhebliche Schmerzen oder Leiden zufügt.[574]

Indem sowohl an die Tathandlung des Tötens als auch an die des Zufügens von Schmerzen oder Leiden strafrechtlichen Folgen geknüpft werden, bekommt § 17 TierSchG eine doppelte Stoßrichtung: Während die Nr. 2 der Norm das klassische Verbot der Tierquälerei enthält, geht die Nr. 1 der Norm hierüber noch einmal hinaus. Wenngleich aus dem Wortlaut der Norm nicht unbedingt folgt,

---

[574] Zur Geschichte des Tatbestandes: Ein uneinheitliches Bild zeigte sich zunächst vor der Gründung des Reiches im Jahr 1871. Während in einigen der deutschen Kleinstaaten nur die öffentliche Tierquälerei verfolgt wurde, wurde in anderen Staaten, wie zum Beispiel dem Königreich Sachsen, ein anderer Ansatz verfolgt und auch die nichtöffentliche Tierquälerei pönalisiert.

Im Reichsstrafgesetzbuch von 1871 wurden diese Regelungen durch die Bestimmung des § 360 Nr. 13 StGB ersetzt. Hiernach machte sich strafbar, wer öffentlich oder in Ärgernis erregender Weise Tiere boshaft quälte oder roh misshandelte. Der Gesetzgeber hatte sich damit also für eine restriktive Lösung entschieden und einer Ausweitung des Tatbestandes eine deutliche Absage erteilt.

Zu einem Paradigmenwechsel kam es erst nach der Machtergreifung durch die Nationalsozialisten. Mit Gesetz vom 26. Mai 1933 wurde zunächst § 360 Nr. 13 StGB durch § 145 b RStGB des Gesetzes zur Abänderung strafrechtlicher Vorschriften ersetzt. Zum einen wurde durch § 145 b RStGB der Öffentlichkeitsbezug aus der Norm gestrichen, zum anderen wurde die Höchststrafe auf sechs Monate Gefängnis angehoben. Eine erneute Änderung der Gesetzeslage ergab sich durch das am 24.11.1933 beschlossene Reichstierschutzgesetz: Zwar wurde der Straftatbestand der Tierquälerei aus dem Kernstrafrecht wieder entfernt und in das Nebenstrafrecht (§ 1 Reichstierschutzgesetz) abgeschoben, in sachlicher Hinsicht erfuhr der Tatbestand aber nochmals eine Ausweitung. Die Tatbestandsvariante des „absichtlichen Quälens“ wurde durch „unnötiges Quälen“ abgelöst und das Strafmass auf maximal zwei Jahre angehoben.

Die bislang letzte Änderung erfolgte durch die Novellierung des Tierschutzgesetzes im Jahr 1972. Erneut wurde der Straftatbestand verschärft. Zum einen wurde die angedrohte Höchststrafe noch einmal erhöht, zum anderen wurde durch § 17 Nr. 1 TierSchG der Lebensschutz in das Strafrecht integriert.

dass das Leben von Tieren auch das geschützte Rechtsgut ist, so scheint die Norm auf den ersten Blick doch in diese Richtung zu gehen.

§ 17 TierSchG wird im folgenden den Hauptgegenstand der Untersuchung bilden. Dies geschieht aus gutem Grund: Die Norm stellt den Prototyp einer gegen Tiere gerichteten Straftat dar. Fragen, die sich bei der Untersuchung von § 17 TierSchG ergeben, haben daher grundsätzliche Bedeutung. Einige Probleme der Norm weisen zudem weit über den Tierquälereitatbestand hinaus und wären auch bei einer Analyse der anderen hier erwähnten Straftatbestände zu beantworten. Um dies an einem Beispiel zu verdeutlichen: Alle hier erwähnten Normen stehen in einem engen Verhältnis zum Verwaltungsrecht und ergänzen andere Normen des öffentlichen Rechts. In allen Fällen kann daher die eingangs gestellte Frage, inwieweit außerhalb des Kernstrafrechts überhaupt Strafgründe bestehen, gestellt werden. Und letztlich muss auch jeweils gefragt werden, inwieweit das Leben von Tieren überhaupt ein strafrechtlich geschütztes Rechtsgut sein kann.

II. Zur Bedeutung und Kriminologie des Deliktes

Zunächst aber ein Blick in die Rechtswirklichkeit:

Die quantitative Bedeutung der Straftaten gegen das Tierschutzgesetz ist zunächst einmal gering. In der polizeilichen Kriminalstatistik taucht der Straftatbestand der Tierquälerei gar nicht erst auf. Datenmaterial lässt sich daher allein der Strafverfolgungsstatistik entnehmen und bezieht sich lediglich auf Ab- und Verurteilungen.

In den Jahren 1986 bis 1995 kam es pro Jahr zu durchschnittlich etwa 600 Aburteilungen und 389 Verurteilungen wegen Verstößen gegen das Tierschutzgesetz.[575] Trotz der Stagnation beziehungsweise der leichten Rückläufigkeit der Gesamtkriminalität ist seitdem erstaunlicherweise ein leichter Anstieg der Ab- und Verurteilungen zu verzeichnen. Von 1996 bis einschließlich 2001 betrug die Zahl jährlicher Aburteilungen durchschnittlich 660 und es kam im jährlichen Mittel zu 486 Verurteilungen. Eine Ursachenanalyse dieser Entwicklung steht noch aus. Auffällig ist aber, dass insbesondere die Zahl der Verurteilungen um fast 25 % angestiegen ist, und auch bei der Verurteilungsquote eine leichte aber doch deutliche Steigerung zu verzeichnen ist.

Gleichwohl liegt der Anteil der Verurteilungen immer noch ein paar Prozentpunkte unter der Verurteilungsquote im Bereich der allgemeinen Strafverfolgung. Mehrere Gründe dürften hier ursächlich sein: Zum einen können Vorsatz und Unrechtsbewusstsein mitunter nur schwer nachgewiesen werden,[576] zum anderen scheint die strafrechtliche Praxis dem Tatbestand der Tierquälerei mit

---

[575] Eine ausführliche Darstellung des Datenmaterials für den Zeitraum von 1985 bis 1995 findet sich bei G. Greven (1988), S. 189 ff.

[576] So A. Hirth/ C. Maisack/ J. Moritz, TierSchG, Einführung, RN 35.

einer gewissen Skepsis gegenüberzutreten und den Tatbestand auf schwere Verstöße begrenzen zu wollen.[577]

Einigkeit besteht ferner darüber, dass der Zahl der Ab- und Verurteilungen eine Dunkelziffer gegenübersteht, die weit über das normale Maß hinausgeht. Schätzungen reichen insoweit gar bis zu einer Dunkelziffer von 1: 5000.[578] Der hierfür entscheidendste Grund dürfte darin liegen, dass Tierquälereien regelmäßig nicht in der Öffentlichkeit begangen werden.[579] Aber auch fehlende Kenntnis der Strafbarkeit der Tierquälerei, die „vermutete Erfolglosigkeit von Anzeigen" und die Überforderung der zuständigen Behörden dürften insoweit eine wichtige Rolle spielen.[580]

Die kriminologischen Ursachen der Tierquälerei sind noch nicht abschließend erforscht. In der Literatur sind lediglich vereinzelte Stellungnahmen zu finden, die zudem auch nur einzelne Aspekte des Problems beleuchten.[581]

Unter Berufung auf Freud ist von einer Autorin unlängst an tiefenpsychologische Erklärungsmodelle erinnert worden. Der Täter überwinde, so heißt es, durch die Tötungshandlung Angst vor Zerstörung und Vereinnahmung durch die Mutter (oder Frauen im allgemeinen). Die eigene Machtlosigkeit werde durch die Handlung rauschhaft überwunden, so dass sich die Tierquälerei als Ventil der eigenen Ohnmacht darstelle.[582] Die Beurteilung dieser Argumentation muss differenziert ausfallen. Einerseits spielt die Tiefenpsychologie für die Erklärung von Einzelfällen gewiss eine wichtige Rolle, und auch die Intuition spricht dafür, dass das Ausnützen der Machtlosigkeit des Tieres eine der spezifischen Ursachen von Tierquälerei ist.

Andererseits werden monokausale Erklärungsversuche der Vielschichtigkeit und Häufigkeit illegaler Tierquälerei sicher nur unzureichend gerecht. Wenn sich Kriminologie um ein Verständnis der Tierquälerei bemüht, muss sie nach den vielen Facetten der Mensch-Tier-Beziehung fragen.

---

[577] LG Darmstadt, NStZ 1984, S. 173, 175: „Die Kammer ist sich bewusst, dass das gewonnene Ergebnis für die Belange des Tierschutzes unbefriedigend ist. Sie weist aber darauf hin, dass ein ausreichender Tierschutz nur mit verwaltungsrechtlichen Mitteln, am besten durch eine Regelung der Materie im Verordnungswege, zu schaffen ist. Scheitert eine solche Lösung – an welchen Widerständen auch immer – kann das Strafrecht den Tierschutz allenfalls in extremen, nicht aber in einem „Normalfall" objektiv rechtswidriger Tierhaltung, wie er hier vorliegt, sicherstellen."

[578] K.D. Wiegand, Die Tierquälerei: ein Beitrag zur historischen, strafrechtlichen und kriminologischen Problematik der Verstöße gegen § 17 TierSchG, Lübeck 1979. S. 61.

[579] Vgl. G. Greven (1988), S. 190.

[580] G. Greven, aaO.

[581] Auf die unzureichende kriminologische Aufarbeitung der Tierquälerei hat auch Killias hingewiesen (vgl. M. Killias, Kriminologische Aspekte von Tierschutz und Tierquälerei, in: A.F. Goetschel (Hrsg.), Recht und Tierschutz, Bern [u.a.] 1993, S. 75- 89 (77).

[582] C. Berg, „Pferdeschlitzen" - Eine Form brutaler Tierquälerei, in: Kriminalistik 1996, S. 394- 400 (398).

Dass in vielen Fällen der Tierquälerei wirtschaftliche Motive eine Rolle spielen, liegt auf der Hand. Damit verschwimmt aber auch die Grenze zwischen illegaler Tierquälerei und legalen Formen der Tiernutzung, die mitunter ebenso quälerisch sind. Ursachenforschung müsste ihren Blick damit sicher auch auf diesen Umstand richten.[583]

Die bisher vorhandenen kriminologischen Stellungnahmen zur Tierquälerei beschränken sich in der Regel auf eine Beschreibung und einen Vergleich von Tatsituationen. Was die unmittelbaren Motive angeht, wird angeführt, dass Langeweile, ein negatives Lebensgefühl, Lust an Zerstörung, Stress, häusliche Probleme und ähnliche Gründe eine entscheidende Rolle spielten.[584]

Den Versuch einer umfassenden Beschreibung der Erscheinungsformen strafrechtlich abgeurteilter Tierquälerei hat Morié in seiner strafrechtlichen Dissertation aus dem Jahre 1983 unternommen: Morié hat darauf hingewiesen, dass die weitaus häufigsten Anlässe für Tierquälerei Zorn, Hass und Übermut sind.[585]

Ferner scheint mittlerweile weitgehende Einigkeit darüber zu bestehen, dass zwischen Gewaltdelikten einerseits und der Tierquälerei andererseits eine direkte Verbindungslinie besteht und in den Biographien von Gewaltverbrechern oftmals bereits in der Jugendzeit Gewaltbereitschaft gegenüber Tieren zu verzeichnen ist.[586]

---

583 Killias hat zu Recht darauf hingewiesen, dass die weit verbreitete Vorstellung vom Tierquäler als sadistisch Handelndem an der Wirklichkeit vorbeigeht. In den Mittelpunkt seiner Überlegungen stellt er stattdessen den Zusammenhang zwischen ökonomischen Sachzwängen einerseits und Neutralisationstechniken („denial of the victim") andererseits (vgl. M. Killias (1993), S. 77 (82).

584 U. Füllgrabe spricht daher davon, dass es sich bei Tierquälerei um eine Spezialform des Vandalismus handele und sieht die Tierquälerei letztlich in einem allgemeinen Werteverfall begründet (vgl. U. Füllgrabe, Zur Motivation der „Pferderipper", in: Kriminalistik 1996, S. 391- 393).

Vgl. ferner H.-G. Kluge, Tierschutzgesetz, Stuttgart 2002, vor § 17 RN 15 ff..

585 Vgl. R. Morié, Das Vergehen der Tierquälerei: eine strafrechtliche Untersuchung zu § 17 Tierschutzgesetz unter besonderer Berücksichtigung staatsanwaltschaftlicher und gerichtlicher Strafakten aus Niedersachsen in den Jahren 1974 bis 1981, Göttingen 1983, S. 130 ff. Morié hat insgesamt 144 Urteile analysiert und insgesamt 14 Erscheinungsbilder von Tierquälerei unterschieden. Zorn und Hass gaben insgesamt 38,19 % der Taten ihre Prägung. Danach folgten: Übermut (14,58 %), Verhinderung wirtschaftlicher Einbußen (13,89 %), Abschießen streunender Tiere (6,25%), Verwahrlosung der Tierunterkünfte (5,56%), Nahrungsentzug (5,56%), mangelhafte Tierbetreuung (4,17%), Reitsport (2,8%), sexueller Mißbrauch (2, 78%), Aussetzen von Tieren (1,39%), Verweigerung tierangemessener Unterkünfte (1,39%), beim Viehtreiben (0,69%), beim Tiertransport (0,69%).

586 Grundlegend I. Krumbiegel, Tierquälerei – ein Weg in den Abgrund, Hannover 1981. Vgl. darüber hinaus auch Ch. Berg (1996), S. 394 (394); tendenziell in dieselbe Richtung auch M. Killias (1993), S. 77 (88).

Es bestätigt sich damit die von Kant in der Metaphysik der Sitten geäußerte Annahme, dass Mitleidlosigkeit gegenüber Tieren zu einer allgemeinen Abstumpfung des Menschen führt.[587]

III. Das von § 17 TierSchG geschützte Rechtsgut

Gerade der letztgenannte Gesichtspunkt markiert den Ausgangspunkt der Debatte um die Strafwürdigkeit der Tierquälerei. Was für Kant allein eine Frage der Moral war,[588] wurde im 19. Jahrhundert zur Prämisse, die den Einsatz des Strafrechts legitimieren sollte. Bei Robert von Hippel heißt es:

> „Wo die durch den Gebrauch der Tiere herbeigeführte Abstumpfung des Mitleids für die Gesellschaft gefährlicher ist, als die durch Unterlassung des Gebrauchs erzeugte Schädigung menschlicher Interessen, da ist ein solches Verbot, andernfalls die Gestattung angezeigt."[589]

Nun ist aber klar, dass die Bestimmung strafwürdigen Verhaltens mehr ist als eine bloße Rechenaufgabe.

Damit beginnen die Probleme, welche der Tierquälereitatbestand aufwirft, bereits mit der Bestimmung seines Schutzzwecks. Eine Auswertung der juristischen Stellungnahmen zu dieser Frage bringt – um das Ergebnis vorwegzunehmen – keine klare Antwort. Vielmehr stehen sich äußerst unterschiedliche Ansätze gegenüber.

Im Folgenden wird es zunächst darum gehen, diese Ansätze darzustellen. Die sich anschließende Stellungnahme wird den Versuch unternehmen, das Spannungsverhältnis zwischen rechtsstaatlichem Strafrecht und strafrechtlichen Tierschutz herauszuarbeiten. Dabei wird auch eine nähere Auseinandersetzung mit den Wurzeln und Funktionen der Rechtsgutslehre geboten sein.

Ohne diesen Hintergrund bleibt der Rechtsgutsbegriff notwendigerweise „formal" und fungiert als bloße Ordnungskategorie. Beispielsweise heißt es bei Wessels/ Beulke: „Als Rechtsgüter bezeichnet man die Lebensgüter, Sozialwerte und rechtlich anerkannte Interessen des einzelnen oder der Allgemeinheit, die wegen ihrer besonderen Bedeutung für die Gesellschaft Rechtsschutz genießen. ... Rechtsgüter sind ideelle Sozialwerte."[590]

---

[587] Kant, MdS-TL, VI, S. 443 (A 109).

[588] Ebenso Fichte, GdN, III, S. 54/ 55.

[589] R. von Hippel, Die Tierquälerei in der Strafgesetzgebung des In- und Auslands, Historisch, dogmatisch und kritisch dargestellt, nebst Vorschlägen zur Änderung des Reichsrechts, Berlin 1891S. 130.

[590] J. Wessels/W. Beulke, Strafrecht AT, 34. Auflage, Heidelberg 2004, RN 7.

1. Die Integrität des Tieres als Rechtsgut

Auf den ersten Blick scheint § 17 TierSchG die Tiere selbst als Rechtsgut zu schützen: Der Wortlaut stellt das Tier in den Mittelpunkt der Norm; ferner spricht bereits § 1 TierSchG vom Tier als einem Mitgeschöpf, für dessen Leben und Wohlbefinden der Mensch verantwortlich ist.

Auch unter Berufung auf den Willen des Gesetzgebers wird daher von verschiedenen Stimmen in der rechtswissenschaftlichen Literatur vertreten, dass der Tatbestand die Tiere um ihrer selbst Willen schütze.[591]

Mit dieser ökozentrischen Sichtweise konkurrieren verschiedene andere Ansätze, die einen anthropozentrischen Ausgangspunkt miteinander teilen.

2. Umwelt/ Natur als geschütztes Rechtsgut

Dies gilt zunächst für eine Ansicht, die im Leben und der Unversehrtheit von Tieren kein eigenständiges Rechtsgut erblickt, Leben und körperliche Unversehrtheit von Tieren aber gleichwohl als Bestandteil des Schutzgutes „Umwelt" betrachtet. Der folgende Gedankengang wird zur Begründung dieser Auffassung angeführt: Tiere – so heißt es – seien Bestandteil der Umwelt. Diese fungiere für den Menschen als natürliche Lebensgrundlage, weshalb es übermäßige Nutzungen zu unterbinden gelte.[592]

Der Tatbestand der Tierquälerei ist hiernach ein Umweltdelikt. Für die Deliktsnatur ergibt sich zudem eine weitere wichtige Konsequenz. Wenn das einzelne Tier lediglich Schutzobjekt ist, seinem Leben und seiner Integrität aber kein selbständiger Wert zukommt, dann ist § 17 TierschG kein Erfolgsdelikt sondern ein abstraktes Gefährdungsdelikt.[593]

---

[591] G. Erbel, Rechtsschutz für Tiere - Eine Bestandsaufnahme anläßlich der Novellierung des Tierschutzgesetzes, in: DVBl. 1986, 1235- 1257 (1251f.).; E.v. Loeper/ W. Reyer (1984), 205 ff (208); G. Stratenwerth, Zukunftssicherung durch Strafrecht, in: ZStW 105 (1993), S. 679-696 (694).

Vgl. auch C. Roxin, Sinn und Grenzen staatlicher Strafe, in: JuS 1966, 377- 387 (383). Dort heißt es: „...Aber sollte es hier nicht doch um den Schutz eines Rechtsgutes, nämlich des Schmerzempfindens der Tiere gehen, dessen sich die Rechtsordnung aus einer Art von kreatürlicher Solidarität annimmt?".

Roxin hat diese Ansicht in der dritten Auflage seines AT- Lehrbuchs bekräftigt: „Vielmehr ist davon auszugehen, dass der Gesetzgeber in einer Art kreatürlicher Solidarität auch die höheren Tiere als Mitgeschöpfe, als „fremde Brüder" ansieht und als solche schützt." (C. Roxin, Strafrecht Allgemeiner Teil Band I. Grundlagen, der Aufbau der Verbrechenslehre, 3. Auflage, München 1997, § 2 RN 21).

[592] Morié (1983), S. 185 ff; Wiegand (1979), S. 126 ff.

[593] Zur Terminologie: Der hier vorgenommenen Zuordnung des Deliktes liegt die nachfolgende Differenzierung zugrunde: Gefährdungsdelikte sind solche, die mit einer bloßen Gefährdung des *Rechtsgutes* einhergehen. Dieser Sprachgebrauch weicht von der häufig anzutreffenden Annahme ab, dass sich der Unterschied zwischen Erfolgs- und Gefährdungsdelikten aus dem Grad der Beeinträchtigung des *Handlungsobjektes* ergebe (in diesem Sinne bspw. SK-Horn, vor § 306, RN 4, 15 und auch Wessels/Beulke, Strafrecht AT, RN 27 ff). Zu Recht

3. Schutz der Sittlichkeit

Ferner wird in juristischen Stellungnahmen zu § 17 TierSchG mitunter immer noch auf die Sittlichkeit als schützenswertem Rechtsgut verwiesen. So hält beispielsweise Lorz die sittliche Ordnung für ein schützenswertes Gut.[594] Unter Verweis auf den Willen des historischen Gesetzgebers ist diese Ansicht von Greven bekräftigt worden.[595] Ähnliche Positionen betonen die von der Tierquälerei ausgehende Verrohungsgefahr und meinen nach wie vor, dass dem Strafrecht die Aufgabe zufalle, derartigen Gefahren entgegenzuwirken.[596]

4. Rechtsgut der Allgemeinheit

Gerade weil offensichtlich ist, dass die vorstehende Ansicht aufgrund ihres vormodernen Strafrechtsverständnisses rechtsstaatlichen Bedenken ausgesetzt ist, sind in den vergangenen Jahrzehnten verschiedene Konzepte entstanden, die nach einer zeitgemäßen Lösung des Rechtsgutsproblems suchen:

a) Der öffentliche Friede

Als Instrument zur Wahrung öffentlichen Friedens wird das Verbot der Tierquälerei von Amelung angesehen. Amelungs Ansicht ruht auf der Prämisse, dass Tierquälereien zu Konflikten mit nicht absehbaren Folgen führen könnten.[597]

In die gleiche Richtung geht die Argumentation von Jakobs. Für ihn gehört § 17 TierSchG ebenso wie die Beschimpfung von Bekenntnissen (§ 166 StGB), der Verwandtenbeischlaf (§ 173 StGB), der Exhibitionismus (§ 183 StGB) und die Erregung öffentlichen Ärgernisses (§ 183 a StGB) zu einer Gruppe von Delikten, denen gemeinsam sei, dass sie den sozialen Frieden unmittelbar schützten.[598] Jakobs begründet seine Ansicht wie folgt:

> „Entscheidend dürfte sein, dass ein Verstoß gegen die bezeichneten Verbote höchst heterogene Ängste weckt, die von diffusen Vorstellungen über schädliche Weiterungen bis hin zur Abwehr solchen Verhaltens als eigene Möglichkeit reichen.“[599]

---

weisen indessen Stratenwerth/ Kuhlen darauf hin, dass unter Zugrundelegung dieser Terminologie typische Gefährdungsdelikte wie der § 306 a I Nr. 1 StGB eigentlich als Verletzungsdelikte einzuordnen wären (vgl. G. Stratenwerth/ L. Kuhlen, Strafrecht Allgemeiner Teil I, 5. Auflage, München 2004, § 8 RN 14).

[594] A. Lorz (1990), S. 581.

[595] G. Greven (1988), S. 26.

[596] H. Freiherr v. Lersner, Gibt es Eigenrechte der Natur?, in: NVwZ 1988, 988- 992 (989).

[597] K. Amelung, Rechtsgüterschutz und Schutz der Gesellschaft, Frankfurt a.M. 1972, S. 378.

[598] G. Jakobs, Strafrecht AT,2. Auflage, Berlin 1993, 2. Abschnitt RN 19.

[599] G. Jakobs (1993) 2. Abschnitt RN 20.

Worum es den genannten Autoren also geht ist der Schutz der Allgemeinheit. Für die strafrechtstheoretische Einordnung des Tatbestandes heißt dies wiederum, dass § 17 TierSchG zu einem abstrakten Gefährdungsdelikt wird.[600] Der tatbestandliche Erfolg, also die Beeinträchtigung des Tieres, ist hiernach bloßer Repräsentant des öffentlichen Friedens als eigentlich beeinträchtigtem Rechtsgut.

b) Die öffentliche Sicherheit

Auf Belange der Allgemeinheit wird auch in der schon mehrfach zitierten Monographie von Röckle abgestellt. Röckle geht ebenfalls davon aus, dass überindividuelle Interessen einen Bezug zum Rechtsgut des öffentlichen Friedens aufweisen. Er meint jedoch, dass § 17 TierSchG hierdurch nicht vollständig erklärt werde, da die Mensch-Tier-Beziehung, die ja den Gegenstand des Tierschutzgesetzes bilde, in diesem Erklärungsansatz unberücksichtigt bleibe. Röckle zieht hieraus den Schluss, dass das Rechtsgut vor diesem Hintergrund bestimmt werden müsse und schlägt zur Lösung des vermeintlichen Problems vor, auf die „öffentliche Sicherheit" als geschütztem Rechtsgut abzustellen.[601]

5. Kein Rechtsgut

Schließlich gibt es eine Ansicht, die grundsätzliche Zweifel am Vorhandensein eines Rechtsgutes hegt. Eine umfangreiche Begründung dieser Auffassung hat Gallas bereits in den sechziger Jahren des zwanzigsten Jahrhunderts unternommen.[602] Gallas bekennt sich zu einer anspruchsvollen Rechtsgutslehre, die positives Recht nicht bloß systematisieren, sondern auch bewerten will. Dem Rechtsgutsbegriff kommt hierbei die Funktion zu, eine Abgrenzung zu bloßen Moralverstößen zu ermöglichen: Während bei Moralverstößen allein ein Gesinnungsunwert gegeben sei, erfordere eine Rechtsgutsverletzung mehr, nämlich das Vorliegen eines gefährlichen und besonders verwerflichen Angriffs, der menschliche Güter auch tatsächlich beeinträchtigt.

Ein Rechtsgut der allgemeinen Sittlichkeit und des sittlichen Empfindens erkennt Gallas nicht an und führt als Argument unter anderem an, dass anderenfalls einer Denaturierung der Rechtsgutslehre Vorschub geleistet würde.

---

[600] Jakobs spricht gar von „extrem-abstrakten Gefährdungsdelikten. Vgl. G. Jakobs (1993), 2. Abschnitt RN 19.

[601] Vgl. zum ganzen, A. Röckle (1996), S. 95 f.
Zur Terminologie: Rückle versteht den Begriff der öffentlichen Sicherheit im polizeirechtlichen Sinne. Am Rande sei bemerkt, dass im Strafrecht ein engeres Verständnis dieses Begriffs üblich ist. Dazu zusammenfassend R. Hefendehl, Kollektive Rechtsgüter im Strafrecht, Köln 2002, S. 288.

[602] W. Gallas, Beiträge zur Verbrechenslehre, Berlin 1968, S. 4 ff..

Eine Gefahr für menschliche Güter wird – so Gallas – durch die Tierquälerei nicht begründet. Die Konsequenz kann daher nur lauten, dass ein Rechtsgut durch die Norm nicht geschützt wird.[603]

Das Vorhandensein eines Rechtsguts wird ebenfalls von Bloy in Frage gestellt.[604] Im Tierschutzgesetz dominiere der ethische Tierschutz, es fehle an einer Sozialschädlichkeit der Tierquälerei und § 17 TierSchG diene allein der Stärkung der Geltungskraft von Gesinnungsunwerten.[605]

6. Stellungnahme

Schon die soeben erfolgte Bestandsaufnahme zeigt, welchen Schwierigkeiten man bei der Bestimmung des durch § 17 TierSchG geschützten Rechtsguts begegnet.

---

603 Aus diesem Befund folgert Gallas aber gleichwohl nicht, dass der Tatbestand illegitim ist. Zu dieser auf den ersten Blick paradox erscheinenden Position gelangt er auf folgende Weise: Gallas bekennt sich zunächst zu einer relativen Vergeltungstheorie („Vorbeugung durch Vergeltung"), erkennt in dieser aber gleichzeitig die Schwäche, nicht beantworten zu können, welches Verhalten strafwürdig sei (S. 4f.). Er argumentiert nun zunächst ganz im Sinne Hegels und stellt fest, dass Kriminalunrecht über sonstiges Unrecht hinausgehen müsse (S. 5). Dieses „Mehr an Unrecht", so Gallas weiter, sei nur dann gegeben, wenn die Geltung der Rechtsordnung durch den Täter grundsätzlich negiert werde. Gallas illustriert diesen Punkt an folgendem Beispiel: Während auch die Nichterfüllung eines Vertrages das Rechtsgut Vermögen nachhaltig tangiere, verneine der säumige Schuldner gleichwohl nicht die Geltung der Rechtsordnung, da er mit der Möglichkeit einer Klage rechne und sich damit abfinde. Hier liege beispielsweise der Unterschied zu Diebstahl und Betrug, bei dem es dem Täter um eine Ausschaltung der Rechtsordnung gehe (S. 9). Strafrechtlicher Rechtsschutz muss daher grundsätzlich nur fragmentarisch sein.
Entscheidend in seiner Argumentation ist nun aber, dass Gallas die Geltung der Rechtsgutslehre in Grenzsituationen zur Disposition stellt. Für ihn gibt es Delikte, bei denen der moralische Unwertakzent als ein gegenüber der Gefährlichkeit der Tat für das geschützte Rechtsgut relativ selbständiges oder gar dominierendes Element erscheint (S. 12). Hauptbeispiele hierfür sind der Verwandtenbeischlaf und die Tierquälerei.
Zu einer ganz ähnlichen Konzeption bekannte sich die Bundesregierung im „Entwurf eines StGB" aus dem Jahr 1962. In der BT-Drucks. IV/650, 376 heißt es, es sei nicht ausgeschlossen, „bestimmte Fälle ethisch besonders verwerflichen und nach der allgemeinen Überzeugung schändlichen Verhaltens auch dann mit Strafe zu bedrohen, wenn durch die Tat kein unmittelbar bestimmtes Rechtsgut verletzt wird."

604 R. Bloy, Die Straftaten gegen die Umwelt im System des Rechtsgüterschutzes, in: ZStW 100, 485- 507 (491 ff.).

605 Unklar bleibt bei Bloy allerdings, welche normative Bewertung sich an diesen Befund anschließen soll. Es ist nicht klar, ob er sich für eine Abschaffung von § 17 TierSchG ausspricht oder ähnlich wie Gallas die Norm gleichwohl noch als legitim betrachtet. Freilich ist zuzugeben, dass es Bloy auch nicht um eine Stellungnahme zu dieser Frage geht, da der Schwerpunkt in seiner Abhandlung auf den eigentlichen Umweltdelikten liegt.

a) Wurzeln und Funktion der Rechtsgutslehre

Wie bereits angedeutet, erfordert die Beantwortung der Streitfrage grundsätzliche Überlegungen zu Zweck und Funktion der Rechtsgutslehre.

Betrachtet man die Entwicklung der Rechtsgutslehre, so wird deutlich, dass sich in der Strafrechtswissenschaft im Laufe der Zeit eine Lesart durchgesetzt hat, die von einer strafrechtsbegrenzenden Funktion des Begriffs der Rechtsgutsverletzung ausgeht.

Man mag zwar darüber streiten, inwieweit der liberale Gehalt der Rechtsgutslehre bereits in den die Rechtsgutslehre begründenden Publikationen des 19. Jahrhunderts[606] zu erkennen ist.[607] Zumindest zarte in diese Richtung gehende Ansätze sind aber bereits früh erkennbar.[608] Beispielsweise wird bei der Lektüre der einschlägigen Schriften Franz v. Liszts deutlich, dass er mit der Rechtsgutslehre nicht bloß den Willen des Gesetzgebers zu erklären versuchte. Diesem Anliegen entsprechend definierte er in einer der späteren Auflagen seines Lehrbuchs das materielle Unrecht als Angriff auf rechtlich geschützte Interessen und grenzte dieses von dem bloß formellen Unrecht des Regelverstoßes ab.[609]

Wenngleich der tatsächliche Erkenntnisgewinn dieses Ansatzes aufgrund seiner engen Verknüpfung mit der utilitaristischen Philosophie Iherings wohl eher fraglich sein dürfte,[610] so wird die strafrechtsbegrenzende Funktion der Rechtsgutslehre doch zumindest als Thema erkannt.

Mittlerweile darf die strafrechtskritische Interpretation der Rechtsgutslehre aber zum gesicherten Bestand der Strafrechtswissenschaft gezählt werden.[611] Exemplarisch sei auf Roxin verwiesen, bei dem es hierzu heißt:

---

[606] Vgl. aus dieser Zeit: P.J.A. Feuerbach, Lehrbuch des gemeinen in Deutschland gültigen peinlichen Rechts, 14. Ausgabe (ed. C.J.A. Mittermaier), Giessen 1847, §§ 19 ff. sowie J.M.F. Birnbaum, Über das Erforderniß einer Rechtsverletzung zum Begriffe des Verbrechens, mit besonderer Rücksicht auf den Begriff der Ehrenkränkung, in: ArchKrimR NF 1 (1834), 149- 194.

[607] Kritisch insoweit K. Amelung (1972), S. 10 ff.

[608] Im Ergebnis ebenso R.M. Thirolf, Kollision von Täterinteressen und Opferschutz bei § 142 StGB, Frankfurt a.M. 1992, S. 24.

[609] F. v. Liszt, Lehrbuch des deutschen Strafrechts, 12./13. Auflage, Berlin 1903, S. 140 f..

[610] Vgl. insoweit die ausführliche Kritik bei Amelung (1972), S. 87 ff.

[611] Deutlich wird dies beispielsweise bei einer Betrachtung des von der Wissenschaft erarbeiteten „Alternativ-Entwurf eines Strafgesetzbuches" aus dem Jahr 1966. Dort heißt es in § 2: „Strafen und Maßregeln dienen dem Schutz der Rechtsgüter". Hieran anknüpfend traten die Autoren des Entwurfs für eine weitgehende Liberalisierung des Sexualstrafrechts ein.
Vgl. zur Entwicklung der Rechtsgutslehre im 20. Jahrhundert auch R.M. Thirolf (1992), S. 22 ff. Thirolf zeichnet die verschiedenen Phasen nach, die es zu unterscheiden gilt: Während der Begriff des Rechtsgutes zusehends an liberalem Gehalt verkümmerte und schließlich von der Kieler Schule geradezu in sein Gegenteil verkehrt wurde, ist seit Ende der fünfziger Jahre eine Wiederentdeckung des Rechtsgutsbegriffs zu erkennen.

„...einfache Störungen der öffentlichen Ordnung sollten nicht als grober Unfug pönalisiert werden; es ist Sache der Polizei, ihnen abzuhelfen. Zu beanstanden ist auch die gesetzgeberische Methode, alle möglichen Gesetze ohne weitere Prüfung der Erforderlichkeit mit einem strafrechtlichen Schutzgürtel zu versehen, indem am Ende einfach dekretiert wird, wer gegen die vorstehenden Bestimmungen verstoße, werde bestraft." Und an anderer Stelle heißt es in derselben Publikation: „Die zweite Folgerung aus unserer Konzeption ist die, dass dem Gesetzgeber die Befugnis, ein nicht rechtsgüterverletzendes Verhalten allein um seiner Unmoral willen zu bestrafen, überhaupt fehlt."[612]

b) Konsequenzen

Die Konsequenzen, die sich aus diesem Vorverständnis für die Rechtsgutslehre ergeben, wurden von Autoren wie Hassemer deutlich herausgearbeitet: Dem strafrechtskritischen Anspruch der Rechtsgutslehre wird allein eine „personale Rechtsgutslehre" gerecht, welche die Legitimität staatlichen Handelns ausgehend vom Individuum bestimmt und auch bei Universalgütern stets danach fragt, ob personale Interessen berührt sind. Der spezifische Wert einer derart verstandenen Lehre besteht, wie Hassemer ausführt, darin, dass sie einen Argumentationstopos liefert, der Kriminalpolitik nachprüfbar macht.[613]

Hieraus ergibt sich eine erste praktische Folgerung: Rechtsgüter sind möglichst präzise zu fassen. Je allgemeiner ein Rechtsgut formuliert ist, desto mehr gerät die soeben beschriebene strafbegrenzende Funktion aus dem Blickwinkel. In der vorliegenden Problematik spricht bereits dieses Argument dagegen, das Verbot der Tierquälerei als Bestandteil eines allgemeinen Rechtsguts „Umwelt" zu deuten. Zwar ist richtig, dass der Umwelt als menschlicher Lebensbedingung ein personale Bezug innewohnt,[614] dieser Bezug wird aber bis zur Unkenntlichkeit verwässert, wenn man annimmt, dass auch das einzelne Tier als Schutzobjekt des § 17 TierSchG noch von ihr erfasst sei.

Aufgrund des Ausgangspunkts der personalen Rechtsgutslehre ist zudem unmittelbar einsichtig, dass auch das Leben und die Unversehrtheit der Tiere kein eigenständiges Rechtsgut zu begründen vermögen. Wer im Strafrecht öko- bzw. pathozentrisch bestimmte Rechtsgüter anzuerkennen bereit ist, löst sich von prinzipienorientiertem Rechtsdenken und ersetzt dieses durch einen wertorientierten Ansatz. Ein derartiger Paradigmenwechsel im Strafrecht ist jedoch mit

---

Siehe aber auch die kritischen Ausführungen bei H. Koriath, Zum Streit um den Begriff des Rechtsguts, in: GA 1999, S. 561- 583 (561), der bezweifelt, dass sich kriminalpolitische Fragen mit dem Rechtsgutsbegriff lösen lassen.

612 C. Roxin (1966), S. 377 (382).

613 NK- Hassemer, vor § 1, RN 274 ff; vgl. ferner W. Hassemer, Grundlinien einer personalen Rechtsgutslehre, in: Festschrift für Arthur Kaufmann, Heidelberg 1989, S. 85- 94.

614 NK- Hassemer, vor § 1, RN 279.

der soeben bestimmten rechtsstaatlichen Lesart der Rechtsgutslehre nur schwer vereinbar. Mit anderen Worten: Soll das freiheitliche Grundverständnis des Rechts nicht aus dem Blickfeld geraten, dann muss konsequenterweise davon ausgegangen werden, dass das Leben und die Unversehrtheit von Tieren kein eigenständiges Rechtsgut darstellen.

Zudem erweckt diese Auffassung den Eindruck eines „Etikettenschwindels“. Es ist nur schwer einsehbar, weshalb das Tier einerseits selbst Rechtsgut sein soll, sein Schutz aber andererseits durch das Merkmal[615] des „vernünftigen Grundes“ wieder relativiert und damit menschlichen Interessen untergeordnet wird.[616]

Klar ist aufgrund der soeben gemachten Ausführungen auch, dass Ethik und Moral selbst kein Rechtsgut sein können. Der von Greven vorgebrachte Verweis auf den Willen des historischen Gesetzgebers steht diesem Ergebnis nicht entgegen. Es ist zwar richtig, dass es dem historischen Gesetzgeber um ein ethisches Tierschutzrecht ging, der freiheitlich- rechtsstaatliche Kern der Rechtsgutslehre lässt es aber gleichwohl nicht zu, durch den Einsatz des Strafrechts zu ethischem Handeln erziehen zu wollen.[617]

Dies ergibt sich aus folgendem Gedanken: Wer durch Strafnormen die Ausbildung ethischer Normen stärken will, muss sich entgegenhalten lassen, dass er das zur Selbstgesetzgebung befähigte Individuum als Prämisse des Rechts preisgibt. Dies ist nicht nur rechtsphilosophisch fragwürdig, sondern darüber hinaus auch alles andere als zweckmäßig. Aufgrund der Erkenntnisse der Tiefenpsychologie ist klar, dass „Zwangsmoral“, also das autoritäre Setzen von Verhaltensnormen, nicht zur Individualmoral und damit auch nicht zur Selbständigkeit des Individuums hinführt. Die bloße Anpassung des Verhaltens durch eine Stärkung des „Über-Ichs“ vermag sicherlich keine moralisch gesunden Individuen

---

615 Streitig ist, ob es sich bei dem „vernünftigem Grund“ um ein Tatbestandsmerkmal oder einen Rechtfertigungsgrund handelt (vgl. hierzu bspw. A. Lorz, TierSchG, Anh. §§ 17, 18 RN 21 und auch Wiegand (1979), S. 51).

616 Das Merkmal des „vernünftigen Grundes“ bezieht sich seinem Wortlaut nach nur auf die erste Alternative des Tatbestandes. Umstritten ist jedoch, ob auch die Alternative des § 17 Nr. 2 TierSchG voraussetzt, dass die Tat ohne einen vernünftigen Grund erfolgt. Die wohl h.M. bejaht dies und nimmt insofern eine Analogie zugunsten des Täters vor (vgl. bspw. OLG Düsseldorf, NuR 1994, S. 518 und OLG Frankfurt, NStZ 1985, S. 130). In der Literatur ist diese Vorgehensweise teilweise auf Kritik gestoßen. Insbesondere Caspar ist der Auffassung, dass es an einer planwidrigen Regelungslücke fehle. Der Wortlaut zeige eindeutig, so Caspar, dass der Gesetzgeber gewusst habe, dass das Merkmal des „vernünftigen Grundes“ sich nur auf die Tötung von Wirbeltieren beziehe (vgl. Caspar (1999), S. 359).

617 A.A. H. Welzel, Das Gesinnungsmoment im Recht, in: Festschrift für Julius von Gierke, Berlin 1950, S. 290- 298. Welzel geht ausdrücklich davon aus, die primäre Aufgabe des Strafrechts bestehe darin, eine rechtstreue Gesinnung der Bürger sicherzustellen.

hervorzubringen.[618] Gefragt ist stattdessen die Gesamtheit des Rechts: Wer die moralischen Grundlagen der Individualmoral stärken will, der muss die Rechtsordnung auf diese Grundlagen und damit auf die Grundprinzipien der Freiheit und Selbständigkeit hin ausrichten. Hier sind jedoch vorrangig andere Rechtsgebiete gefragt. Moral und Ethik um ihrer selbst willen als Rechtsgut anzuerkennen, hieße damit auch, dass der fragmentarische Charakter des Strafrechts verkannt würde.

Nicht ganz unproblematisch ist in diesem Zusammenhang jedoch, ob nicht zumindest das moralische Empfinden der Mehrheit (mit anderen Worten: die Sozialmoral) ein eigenständiges Rechtsgut begründet. Teilweise wird dies mit der Behauptung bejaht, dass Tatbestände wie die Störung der Totenruhe (§ 168 StGB) oder die Erregung öffentlichen Ärgernisses (§ 183 a StGB) anders nicht zu erklären seien, da in diesen Fällen allein die Empfindungswelt betroffen sei.[619] Da die strafrechtsbegrenzende Funktion der Rechtsgutslehre aber gerade in einem Spannungsverhältnis zur Sozialmoral steht, vermag auch eine derartige Differenzierung nicht zu überzeugen.

Gegen diese Annahme ist von Heinrich Henkel eingewandt worden, dass die liberale Trennung von Recht und Moral lediglich eine strikte Neutralität des Rechts gegenüber der Individualmoral erfordere.[620] Henkel begründet dies wie folgt: Ausgangspunkt seiner Überlegungen ist eine Unterscheidung zwischen autonomer Sittlichkeit einerseits und Sozialmoral andererseits. Während erstere der „subjektiven" Gesetzgebung diene und notwendigerweise von jeder äußeren Sollenssetzung frei sein müsse, erfasse letztere die minimalen Verhaltensanforderungen, die von der Gemeinschaft an ihre Mitglieder gestellt würden.[621] Als Beispiele nennt Henkel Werte wie Redlichkeit im Verkehr, Anständigkeit im sittlichen Betragen sowie Rücksichtnahme und Hilfsbereitschaft gegenüber den Mitmenschen.[622]

Ausgehend von dieser Unterscheidung betont Henkel zunächst das Erfordernis einer strikten Trennung von Recht und autonomer Sittlichkeit.[623] Er beruft sich direkt auf ein bekanntes Zitat von Gustav Radbruch, der ganz im Geiste Kants in seiner Rechtsphilosophie bereits feststellte: „Das Recht kann die Moral

[618] Vgl. hierzu aus der psychologischen Fachliteratur A. Plack, Die Gesellschaft und das Böse. Eine Kritik der herrschenden Moral, 10. Auflage, München 1971, S. 331. Sowie aus der Rechtswissenschaft statt vieler die Habilitation von B. Haffke, Tiefenpsychologie und Generalprävention, dort insb. S. 163 f..

[619] Vgl. insoweit auch C. Roxin (2006) , § 2 RN 30f..

[620] H. Henkel, Einführung in die Rechtsphilosophie, 2. Auflage, München 1977, S. 67 ff.

[621] H. Henkel (1977), S. 68 f..

[622] H. Henkel (1977), S. 72.

[623] H. Henkel (1977), S. 81 f..

nur ermöglichen, nicht erzwingen, weil die moralische Tat begriffsnotwendig nur eine Tat der Freiheit sein kann."[624]

Nun stellt Henkel aber auch fest, dass die Gegensätzlichkeit von Recht und Moral eben nur bezüglich der Individualmoral gelte, während sich in der Sozialmoral – ebenso wie im Recht –„kollektive Interessen und Bedürfnisse" realisierten.[625] Hieraus schließt er, dass es eine legitime Aufgabe der Rechtspolitik sei, Normen der Sozialmoral in das positive Recht einfließen zu lassen. Ein Widerspruch mit den Prinzipien einer modernen Rechtsordnung ergibt sich hiernach erst dann, wenn der Gesetzgeber den Wandel der Moralanschauungen nicht hinreichend beachtet und es bei der Schaffung von Strafnormen an der grundsätzlich gebotenen Zurückhaltung fehlen lässt.[626] Mit dieser Argumentation ließe sich also ein Rechtsgut der „allgemeinen Wertvorstellungen" tatsächlich konstruieren.

Trotz der Vorsicht, mit der Henkel argumentiert, ist gleichwohl Skepsis geboten. Zunächst scheint das Spannungsverhältnis von Individualmoral und Sozialmoral nicht hinreichend gelöst. Gerade weil Sozialmoral dem Wandel der Wertvorstellungen unterliegt, kann sie eben auch willkürlich und irrational sein. Ferner ist einzuwenden, dass die äußere Freiheit nicht notwendigerweise dadurch tangiert wird, dass Rechtsgenossen voneinander abweichende Ansichten zur Sozialmoral haben. Mit Kühl wird man daher feststellen können, dass das Rechtsgut der Sittlichkeit zumindest einen „indirekten Zugriff auf die Gesinnung" darstellt und somit in einem rechtsstaatlichen Strafrecht ein Fremdkörper ist.[627]

Letztlich ist Henkel entgegenzuhalten, dass seine Ansicht auf einer fragwürdigen staatstheoretischen Prämisse beruht: Wird das Recht aus dem Naturzustandstheorem begründet, so ist der Rückgriff auf die Sittlichkeit als Denkkategorie schlichtweg überflüssig. Wer gleichwohl auf sie zurückgreift, der reichert das Recht mit einem kommunitaristischem Element an und sieht sich den an anderer Stelle erörterten Einwänden ausgesetzt (vgl. die Ausführungen im fünften Kapitel der Arbeit).

Insofern hat Gallas also Recht, wenn er meint, dass die Anerkennung eines Rechtsguts „Sittlichkeit" zu einer Denaturierung der Rechtsgutslehre führt. Sozialschädlichkeit als Kern des Rechtsgutsbegriffs muss also mehr bezeichnen, als die bloße Beeinträchtigung von Empfindungen und Gefühlen.

Als Zwischenergebnis kann daher festgehalten werden, dass der Rechtsgutsbegriff dazu dient, Strafbarkeiten auf tatsächliche Beeinträchtigungen des ursprünglichen Rechtsverhältnisses zu beschränken.

---

[624] G. Radbruch, Rechtsphilosophie, 8. Auflage, Stuttgart 1973, S. 141.
[625] H. Henkel (1977), S. 86.
[626] H. Henkel (1977), S. 88.
[627] Vgl. K. Kühl (2001) S. 38.

Dies verkennt auch Röckle, wenn er behauptet, dass § 17 TierSchG das Rechtsgut der „öffentlichen Sicherheit" schütze. Im Polizeirecht bezeichnet der Begriff der öffentlichen Sicherheit den Bestand der Rechtsordnung.[628] An dieser Definition wird bereits die Uferlosigkeit dieses Begriffes deutlich. Im Polizeirecht mag dies aufgrund einer anderen Zielrichtung staatlichen Handelns kein Problem sein, im Strafrecht würde ein derartiges Verständnis des Rechtsgutsbegriffs die Grenze zu anderen Unrechtsformen sprengen und das Risiko einer vollständigen Vereinnahmung des Individuums zum Zwecke der Systemstabilisierung begründen. Vom ursprünglichen Rechtsverhältnis als Paradigma freiheitlichen Rechts bliebe dann nicht mehr viel übrig. Hieraus ergibt sich die wichtige Schlussfolgerung, dass bloßer Ungehorsam in einem freiheitlichen System noch keine hinreichende Begründung für die Begründung von Strafe zu liefern vermag.

Der Streit um das von § 17 TierSchG geschützte Rechtsgut spitzt sich damit immer weiter zu und läuft auf die Frage hinaus, ob es möglich ist, den Tatbestand unter das Rechtsgut des „öffentlichen Friedens" zu subsumieren. Sollte dies nicht möglich sein, wäre vom Fehlen eines geschützten Rechtsgutes auszugehen und damit allein die Ansicht von Gallas und Bloy überzeugend.

Der hier vorliegenden Darstellung liegt die Überzeugung zugrunde, dass eine differenzierende Lösung des Problems geboten ist.

Zunächst kann Gallas und Bloy sicherlich entgegengehalten werden, dass die Behauptung, der Tierquälerei fehle eine sozialschädliche Wirkung, zu pauschal ist. Man stelle sich nur einmal vor, ein Haustier würde öffentlich in einer Fußgängerzone, in einem Park oder an einem anderen der Öffentlichkeit zugänglichen Ort misshandelt. Der Wandel in der Mensch-Tier-Beziehung macht es vielen Menschen unmöglich, in einer derartigen Situation der Misshandlung des Tieres teilnahmslos gegenüberzustehen. Tierquälerei fordert also Reaktionen der Rechtsgenossen geradezu heraus. Störungen des Rechtsfriedens erscheinen daher als reale Möglichkeit.

Nun liegt freilich der Einwand nahe, dass auch ein Rechtsgut wie der „öffentliche Friede" reichlich abstrakt ist und schnell zu einem Gesinnungsstrafrecht führen kann. Auch stellt sich die Frage, ob das Rechtsgut des „sozialen Friedens" nicht doch zu einer strafrechtlichen Relevanz bloßer Befindlichkeiten führt. Gerade dann, wenn man – wie Jakobs dies offenbar will – Ängste in Form „diffuser Vorstellungen" ausreichen lässt, dann liegt dieses Problem auf der Hand.

Gleichwohl spricht einiges dafür, dass der Terminus des „öffentlichen Friedens" einer objektivierenden Betrachtungsweise zugänglich ist, die bloße Befindlichkeiten und Empfindungen aus dem Bereich der Rechtsgutsverletzungen

---

[628] Statt vieler V.Götz, Allgemeines Polizei- und Ordnungsrecht, 13. Auflage, Göttingen 2001, RN 75.

ausklammert.[629] Dies dürfte insbesondere für einen Kernbereich des sozialen Friedens gelten, der – wie beispielsweise im Fall des Landfriedensbruchs – auf die Verhinderung tumultartiger Zustände abzielt, gelten. Grundsätzlich ist aber sicherlich ein restriktives Verständnis dieses Rechtsgutes angezeigt.

Für die Einordnung des Tierquälereitatbestandes ergibt sich hieraus: Jedenfalls die öffentliche Tierquälerei weist einen Bezug zum Rechtsgut des „öffentlichen Friedens" auf. Gleichzeitig stimmt es jedoch nachdenklich, wenn Jakobs von einem „extrem-abstrakten" Gefährdungsdelikt spricht. Die öffentliche Tierquälerei bewegt sich damit in einer Grauzone und es bleiben Restzweifel bestehen, ob die öffentliche Tierquälerei wirklich noch mit den Grundgedanken einer personalen Rechtsgutslehre vereinbar ist.

Jedenfalls in den Fällen der heimlichen Tierquälerei ist insoweit aber von einem offenen Widerspruch auszugehen. Ein Bezug zum Kernbereich des sozialen Friedens lässt sich in den Fällen heimlicher Tierquälerei wohl nur noch mit einiger Phantasie ausmachen. Ein entsprechender Argumentationsversuch müsste etwa behaupten, dass bereits das Wissen um heimliche erfolgende Tierquälerei zu unerträglichen Konsequenzen führt, die eine nachhaltige Gefahr für den sozialen Frieden darstellen. Trotz der Bedeutung der Mensch-Tier-Beziehung für die moderne Identität würde eine solche Argumentation gleichwohl jeglicher rationaler Grundlage entbehren. Es ist schlichtweg falsch, anzunehmen, dass heimliche Tierquälerei hinsichtlich ihrer Relevanz für den öffentlichen Frieden mit Delikten wie dem Landfriedensbruch oder der Volksverhetzung auch nur annähernd vergleichbar ist. Gerade die Tatsache, dass die durch legale Formen der Tiernutzung verursachten Leiden von der Gesellschaft nur allzu leicht verdrängt werden, legt hier ein beredtes Zeugnis ab.[630]

Soweit der Tatbestand Fälle heimlicher Tierquälerei erfasst, ist damit ein geschütztes Rechtsgut nicht erkennbar.

---

[629] Kritisch R. Hefendehl (2002), S. 284 ff.. Vgl. zum Problemkreis auch W. Kargl, Rechtsextremistisches Parolen als Volksverhetzung, Jura 2001, S. 176- 182. Kargl erkennt an, dass das Merkmal des „öffentlichen Friedens" gerade auch unter Bestimmtheitsgesichtspunkten Probleme bereitet, hält den Terminus bei einem restriktiven Wortverständnis, welches allein auf die Verhinderung von Selbstjustiz abziehlt, aber für operabel (S. 181).

[630] In diese Richtung auch R. Merkel, Strafrecht und Satire im Werk von Karl Kraus, Baden-Baden 1994, S. 326. Für Merkel ergibt sich hieraus jedoch die Schlussfolgerung, dass allein ein ökozentrischer Ansatz plausibel ist. Merkel nutzt insofern den Tierquälereitatbestand, an dessen Legitimität für ihn kein „ernsthafter Zweifel" besteht, zu einer Grundsatzkritik an der anthropozentrischen Rechtsgutslehre. Merkel meint, dass gerade der Tatbestand der Tierquälerei zeige, dass es sich bei der personalen Rechtsgüterlehre oftmals um nicht mehr als bloße Rhetorik handele. Während Merkel hier sicherlich seinen Finger in eine offene Wunde legt, weist seine Argumentation mit der a priori behaupteten Strafwürdigkeit der Tierquälerei doch eine petitio principii auf, die letztlich nicht weiterführt.

7. Zwischenergebnis

Bedenkt man die strafrechtsbegrenzende Stoßrichtung der Rechtsgutslehre, dann ist der Tatbestand, soweit er sich auf die Fälle heimlicher Tierquälerei erstreckt, bereits aus diesem Grunde fragwürdig.

Aber auch hinsichtlich der übrigen Fälle der Tierquälerei besteht, wie die Untersuchung ergeben hat, ein Spannungsverhältnis zum Grundanliegen einer liberalen Rechtsgutslehre.

Die beiden sich nunmehr anschließenden Themenkomplexe unternehmen den Versuch einer weiteren Analyse des Legitimitätsproblems.

Der erste Problemkomplex betrifft die Deliktsnatur. Wenn § 17 TierSchG ein abstraktes Gefährdungsdelikt ist, welches zumindest teilweise der Sicherung des öffentlichen Friedens dient,[631] so stellt sich die grundsätzliche Frage nach der

---

[631] Der Streit um das geschützte Rechtsgut ist auch von praktischer Relevanz und strahlt auf die Auslegung anderer Rechtsinstitute des Strafrechts aus. Dies wird deutlich an der Frage, ob es rechtlich zulässig sein kann, von anderen verübte oder unmittelbar drohende Tierquälereien zu unterbinden, indem Tiere „entführt" werden. Strafrechtlich verwirklichen derartige Handlungen den Tatbestand des (ggf. schweren) Diebstahls (§§ 242, 243 StGB), sofern nicht die Zueignungsabsicht zu verneinen ist, was zum Beispiel dann der Fall wäre, wenn die Tiere lediglich freigelassen werden. Ferner können in derartigen Fällen auch die Tatbestände der Sachbeschädigung (§ 303 StGB) und des Hausfriedensbruchs (§ 123 StGB) verwirklicht sein. Umstritten ist nun aber, ob eine Rechtfertigung möglich ist. Von einigen Stimmen in der Literatur wird insoweit § 32 StGB mit der Erwägung herangezogen, dass das menschliche Mitgefühl mit dem „gepeinigten Tier" ein notwehrfähiges Rechtsgut darstelle (vgl. hierzu, G. Greven (1988), S. 186, LK- Spendel, StGB, § 32, RN 189, A. Lorz, TierSchG, Anh. §§ 17, 18 RN 5). Darüber hinaus geht Roxin gar davon aus, dass das Tier selbst „anderer" im Sinne von § 32 StGB sein könne (Roxin (2006) , § 15 RN 34). Nach der hier vertretenen Konzeption sind beide Ansichten abzulehnen. Roxin ist entgegenzuhalten, dass die Nothilfe mit der eigentlichen Notwehr korreliert. Wenn aber diese dem Schutz des menschlichen Individuums dient, dann ist kein Grund ersichtlich, der bei der Nothilfe eine extensive Auslegung des Begriffs „anderer" gebietet. Auch aufgrund seiner alltäglichen Bedeutung weist das Wort „anderer" auf das personale Sein des Menschen als Individuum hin. Trotz ihres personenanalogen Seins schließt dies Tiere notwendigerweise aus. Letztlich entscheidend ist aber der bereits erwähnte Gesichtspunkt, dass die Unversehrtheit von Tieren kein eigenständiges Rechtsgut sein kann, da anderenfalls der Geltungsgrund der Rechtsordnung aus dem Blickfeld geriete. Aus den Überlegungen zum Rechtsgut folgt auch, dass das Mitgefühl kein notwehrfähiges Rechtsgut sein kann. Der Verweis auf den Willen des Gesetzgebers, auch dieses Mitgefühl schützen zu wollen, überzeugt nicht. Eine derartige Auslegung des § 17 TierSchG ist nicht zwingend, wie die obigen Ausführungen gezeigt haben. Ferner droht bei einem strafrechtlichen Schutz von Gefühlen nicht nur die Grenze zwischen Recht und Sozialmoral zu verschwimmen, vielmehr scheinen bei einem derartigen Verständnis auch die Grenzen des Notwehrrechts insgesamt ins Wanken zu geraten. Dies wird an folgender Situation klar: es ist allgemein anerkannt, dass nur Individualrechtsgüter notwehrfähig sind und der Erhalt des Staates und der Rechtsordnung grundsätzlich allein den staatlichen Hoheitsträgern obliegt (vgl. statt vieler Roxin (2006), § 15 RN 30). Wenn nun aber auch eine gefühlsmäßige Verbundenheit zum Tier ein derartiges Individualrechtsgut darstellt, dann kann die eben formulierte Grenze der Notwehr

Legitimität dieser Gruppe von Delikten. Dass sich die Legitimitätsfrage hier in verschärfter Form stellt, ist unmittelbar einsichtig: Abstrakte Gefährdungsdelikte bedeuten Vorverlagerungen der Kriminalität, die vom Erfordernis eigentlicher Verletzungserfolge Abstand nehmen und nicht mehr nach realen Kausalitäten fragen. Der Bereich eines durch das Strafrecht geschützten Kernbereichs wird damit in der Regel überschritten.

IV. Zur Legitimität abstrakter Gefährdungsdelikte

Inwieweit fügen sich derartige Delikte überhaupt in ein rechtsstaatliches Strafrecht ein? Ohne zu übertreiben, wird man diese Frage wohl als eines der umstrittensten Probleme der Strafrechtsdogmatik bezeichnen können.

Wenngleich dieser Streit bereits seit mehr als 150 Jahren geführt wird,[632] so hat er in jüngerer Vergangenheit angesichts des Vormarsches abstrakter Gefährdungsdelikte im positiven Recht an Aktualität und Schärfe gewonnen.[633]

In der strafrechtlichen Literatur stehen sich im wesentlichen drei verschiedene Positionen gegenüber. Im Kern betrifft der Streit die Frage nach den Grenzen eines funktionalistischen Strafrechtsverständnisses: Welches Maß an Sicherheit soll durch Strafrecht gewährleistet werden? Inwieweit muss Strafrecht auch das Sicherheitsgefühl schützen? Oder mit anderen Worten: Welche Konsequenzen entstehen für das Strafrecht, wenn „Freisein von Furcht" als Aufgabe des Rechts und des Staates verstanden wird?

---

nicht mehr gehalten werden. Eine „gefühlsmäßige Verbundenheit" kann nämlich nicht nur mit Tieren, sondern auch mit dem Staat selbst bestehen. Erinnert sei insoweit an den häufig angemahnten „Verfassungspatriotismus", aber auch an die oftmals vorhandene Verbundenheit des Menschen zu Sprache, Kultur und Institutionen seines „Vaterlandes". Wer das „Mitgefühl" oder eine „gefühlte Verbundenheit" zum Tier als notwehrfähiges Rechtsgut anerkennt, der müsste folglich auch den Bestand der Rechtsordnung als notwehrfähiges Rechtsgut anerkennen. Es ist also nicht so, wie Greven meint (S.186), dass die Rechtfertigung von Tierbefreiungen nach § 32 StGB erst an der Erforderlichkeit der Notwehrhandlung scheitert. Konsequent ist es vielmehr, dass eine Rechtfertigung von Tierbefreiungen nach § 32 StGB bereits mangels notwehrfähigen Rechtsgutes ausscheidet.

Im Ergebnis gilt dies auch für eine Rechtfertigung nach § 34 StGB. Allerdings muss die Begründung insofern ein wenig anders ausfallen. Notstandsfähig sind nämlich prinzipiell auch Rechtsgüter der Allgemeinheit (vgl. Roxin (2006), § 16 RN 13). Gleichwohl sind nach § 34 StGB gerechtfertigte Tierbefreiungen praktisch kaum vorstellbar, da die Gefahr meist auf andere Weise, nämlich durch Anrufung der Obrigkeit, abwendbar ist. Aus Gründen der Vollständigkeit ist abschließend noch darauf hinzuweisen, dass aus demselben Grund auch die Einwirkung auf Sachen zur Unterbindung tierquälerischen Verhaltens nicht nach §§ 228, 904 BGB gerechtfertigt werden kann.

[632] Vgl. aus der älteren Strafrechtsliteratur: K. Binding, Lehrbuch des Gemeinen Deutschen Strafrechts, besonderer Teil, Bd. II, 1, 2. Auflage 1904, S. 3 ff.

[633] Abstrakte Gefährdungsdelikte im StGB sind u.a.: §§ 84 ff., 98 ff, 109 d, 125 ff, 127, 129 f. 130, 140, 145, 166, 219b, 264, 264a, 265b, 283, 283b, 310, 311, 316, 325f. 327, 328, 329 I, II.

Die abstrakten Gefährdungsdelikte reagieren auf diese Fragestellungen mit einer Vorverlagerung der Strafbarkeit, die getreu dem Motto „wehret den Anfängen" verfährt.

1. Positive Bewertung der abstrakten Gefährdungsdelikte

Neben den überwiegend kritischen Stellungnahmen des Schrifttums finden sich auch Stimmen, die der Deliktsgruppe der abstrakten Gefährdungsdelikte grundsätzlich positiv gegenüberstehen.[634] All diesen Stellungnahmen ist gemein, dass sie die Optimierung des Rechtsschutzes in den Mittelpunkt der Überlegungen stellen. Schünemann spricht gar davon, dass sich der Wandel vom klassischen Erfolgsstrafrecht zum modernen abstrakten Gefährdungsdelikt „geradezu aus der Natur der Sache" ergebe.[635] Seine theoretische Basis findet diese Ansicht unter anderem in der Überlegung, dass für die moderne Gesellschaft das gehäufte Auftreten „multipler Kausalzusammenhänge" typisch sei und das klassisches Erfolgsstrafrecht aufgrund der Grenzen seiner Zurechnungsmöglichkeiten diesen Situationen nicht gerecht werde.[636]

In diesem Zusammenhang ist auch die Position Kindhäusers zu erwähnen. Kindhäuser deutet die abstrakten Gefährdungsdelikte als Normen, welche die zur „sorgenlosen Verfügung" über Güter notwendigen Sicherheitsbedingungen gewährleisten sollen.[637] Strafrecht wird hier zu einem Mittel der Daseinsvorsorge.

Um diese Deutung zu untermauern, betont er die Bedeutung des Sicherheitsgefühls für die Entfaltung der Person. Dass die Rechtsordnung nicht nur die reale Sicherheit, sondern auch dieses Gefühl zu schützen habe, ist für ihn eine Selbstverständlichkeit, die er mit dem Verweis darauf, dass große Autoritäten der Philosophiegeschichte von Hobbes über Wolff bis hin zu Kant dies ebenso gesehen hätten, zu untermauern versucht.[638] Freilich ist Kindhäuser bewusst, dass er sich mit der Bezugnahme auf Gefühle auf dünnes Eis begibt. Um hier Missverständnissen zu entgehen, präzisiert er den Begriff der Sicherheit und ergänzt ihn um ein objektives Element. Hiernach meine Sicherheit „die subjektive Sorglosigkeit und deren objektive Begründetheit."[639]

---

[634] H. Schneider, Das Inbrandsetzen gemischt genutzter Gebäude - BGH Urt. v. 20.6.1986 - 1 StR 270/86, in: Jura 1998, S. 460- 469 (468); J. Bohnert, Die Abstraktheit der abstrakten Gefährdungsdelikte – BGH NJW 1982, 2329, in: JuS 1984, S. 182- 187 (186); B. Schünemann, Kritische Anmerkungen zur Situation der deutschen Strafrechtswissenschaft, in: GA 1995, S. 201- 229 (210ff.).

[635] B. Schünemann (1995), S. 201 (212).

[636] B. Schünemann (1995), S. 201 (211f.).

[637] U. Kindhäuser, Gefährdung als Straftat. Rechtstheoretische Untersuchungen zur Dogmatik der abstrakten und konkreten Gefährdungsdelikte, Frankfurt a.M. 1991, S. 280.

[638] U. Kindhäuser (1991), S. 282 ff.

[639] U. Kindhäuser (1991), S. 282.

Für die Legitimitätsfrage folgt aus der Ansicht Kindhäusers, dass die Struktur der abstrakten Gefährdungsdelikte grundsätzlich unproblematisch ist. Ob ein Tatbestand rechtsstaatlich bedenklich ist, ist demnach allein eine Frage der Rechtsgutslehre.[640]

Ein Plädoyer für die abstrakten Gefährdungsdelikte findet sich ferner – trotz der Einräumung einiger Probleme – bei Kuhlen. Kuhlen stellt fest: „Für diesen Siegeszug (den der abstrakten Gefährdungsdelikte), der meist ohne Enthusiasmus, letztlich aber doch ohne durchgreifende Bedenken akzeptiert wird, gebe es auch plausible Gründe."[641] Und weiter heißt es:

> „Drohen große Gefahren aus der Summierung oder Verkettung unangemessen gefährlicher Einzelhandlungen, so ist es gleichermaßen ungerecht wie unzureichend, die einzelne Handlung nur dann zum Anlass eines strafrechtlichen Vorwurfs zu nehmen, wenn sich die „Großgefahr" einmal in einem gravierenden Schadensereignis realisiert."[642]

2. Die kritische Position

Zahlreiche Autoren haben dieser Position widersprochen und eine zum Teil scharfe Kritik an der Gruppe der abstrakten Gefährdungsdelikte geäußert.[643] Von grundlegender Bedeutung ist insoweit die Arbeit des Hassemer-Schülers Felix Herzog: Für Herzog handelt es sich bei dem Bedürfnis nach Sicherheit um einen Wert, dessen Bedeutung im modernen Denken aus einer Mangellage resultiere. Allerdings bestehe diese nicht primär im Fehlen von Sicherheit, sondern in allgemeinen Orientierungsunsicherheiten, die in modernen Gesellschaft infolge der Komplexität von Lebenswelten verstärkt produziert würden.[644] Diese Unsicherheiten würden, so Herzog, zu einem gesellschaftlichen Klima führen, dass vermeintliche Gefährdungen schnell zu einem Problem werden lasse („soziale Konstruktion von Gefährdung").[645] Das Streben nach Sicherheit erfüllt damit den Zweck, einem Bedürfnis nach seelischem Gleichgewicht zu entsprechen.[646]

[640] U. Kindhäuser (1991), S. 272.

[641] L. Kuhlen, GA 1994, Zum Strafrecht der Risikogesellschaft, in: GA 1994, S. 347- 367 (362).

[642] Kuhlen (1994), S. 347 (362 f.); vgl. ferner auch H. Koriath, Zum Streit um die Gefährdungsdelikte, in: GA 2001, S. 51- 74 (74), der zu ähnlichen Ergebnissen gelangt.

[643] Statt vieler: F. Herzog, Gesellschaftliche Unsicherheit und strafrechtliche Daseinsvorsorge, Heidelberg 1991 sowie W. Hassemer, Einführung in die Grundlagen des Strafrechts, 2. Auflage, München 1990, S. 274- 276.

[644] F. Herzog (1991), S. 52 ff.

[645] F. Herzog (1991), S. 54 ff.

[646] F. Herzog (1991), S. 56; vgl. auch F.X. Kaufmann, Sicherheit als soziologisches und sozialpolitisches Problem. Untersuchungen zu einer Wertidee hochdifferenzierter Gesellschaften, 2. Auflage, Stuttgart 1973, S. 148 f., auf den Herzog sich zur Untermauerung seines Arguments beruft.

In einem derartigen gesellschaftlichen Klima sei es naheliegend, Daseinsvorsorge mit allen Mitteln und daher auch durch strafrechtliche Normen zu gewährleisten. Hierdurch verändert das Strafrecht jedoch seinen Charakter: Es wird zu einem allgemeinen Steuerungsinstrument und einem Mittel der Sozialpolitik.[647]

Nach der Ansicht von Herzog stößt das Strafrecht hierbei aber an seine Leistungsgrenzen, da es zunehmend opportunistisch verwendet werde[648] und der Blick für andere Lösungsmöglichkeiten gesellschaftlicher Probleme getrübt werde.[649] Eine besondere Leistungsgrenze des Strafrechts erblickt Herzog zudem in einem „ausgeprägt erfolgsstrafrechtlichen Denken der Bevölkerung", welches die Pönalisierung „aller möglichen gefährlichen Verhaltensweisen" fragwürdig erscheinen lasse, da die erhoffte generalpräventive Wirkung in Wirklichkeit nichts anderes als eine Illusion sei.[650] Das Urteil über die abstrakten Gefährdungsdelikte fällt daher negativ aus und vom Einsatz des Strafrechts in diesem Bereich wird abgeraten.[651]

3. Vermittelnde Positionen

Letztlich gibt es zahlreiche vermittelnde Stellungnahmen, denen zumeist zweierlei gemein ist: Einerseits wird der zunehmende Einsatz des Strafrechts als Ordnungsmittel für problematisch erachtet und damit der zentrale Punkt der Kritiker grundsätzlich anerkannt.

Andererseits wird dieser aber vorgeworfen, dass ihre im Grundsatz berechtigte Kritik zu abstrakt bleibe und die Normierung abstrakter Gefährdungsdelikte in einigen eng umrissenen Fällen durchaus legitim sei.[652]

---

[647] F. Herzog (1991), S. 60.

[648] Vgl. die prägnante Formulierung Herzogs (S. 72): „Die Ausschaltung von gesellschaftlichen Gefahren ist ein lukratives Angebot auf dem politischen Markt und ein solches Angebot beruht ebenso auf gesellschaftlichen Nachfragen wie die Annahme dieses Angebotes dann wieder weitere Nachfragen hervorbringt.". Siehe ferner S. 63 ff..

[649] F. Herzog (1991), S. 64.

[650] F. Herzog (1991), S. 64; vgl. auch K. Lackner, Das konkrete Gefährdungsdelikt im Verkehrsstrafrecht, Berlin 1967, S. 14.

[651] Auf ein anderes Problem der abstrakten Gefährdungsdelikte hat Arthur Kaufmann bereits 1963 hingewiesen (A. Kaufmann, Unrecht und Schuld beim Delikt der Volltrunkenheit, in: JZ 1963, S. 425- 433 (432)). Kaufmann betont, es sei ein Gebot des Schuldprinzips, dass der gesamte Unrechtsgehalt der Tat in der Schuld seine Entsprechung finden müsse (S. 426). Wenn aber das konkrete Vorhandensein einer Gefahr bei abstrakten Gefährdungsdelikten gerade nicht vorausgesetzt werde, dann werde gegen das Schuldprinzip jedenfalls dann verstoßen, wenn der Täter wegen eines derartigen Delikts bestraft werde, obwohl er sich vorher der konkreten Ungefährlichkeit seiner Handlung vergewissert habe.

[652] M. Köhler (1997), S. 32; wohl auch C. Roxin (2006), § 2, RN 69; G. Jakobs, Das Strafrecht zwischen Funktionalismus und „alteuropäischem" Prinzipiendenken, in: ZStW 107 (1995), S. 843- 876 (858).

Eines ist klar: Wer hier die Quadratur des Kreises versucht, hat eine Bringschuld zu leisten und muss erklären, wie eine rechtsstaatliche Behandlung der Problematik aussehen kann. Durchaus in diesem Sinne hat sich Jakobs darum bemüht, das Spannungsverhältnis zwischen abstrakten Gefährdungsdelikten und rechtsstaatlichem Strafrecht durch eine differenzierende Sichtweise aufzulösen:[653] Er geht zunächst davon aus, dass eine konsequente Fortsetzung des Rechtsgüterschutzes im Sinne der Gefahrenvorsorge letztlich sogar die strafrechtliche Bekämpfung gefährlicher Gedanken verlangen würde (Jakobs sprach in diesem Zusammenhang erstmals vom mittlerweile berühmt- berüchtigten „Feindstrafrecht").[654] Um eine derartige Konsequenz von vornherein auszuschließen, sucht Jakobs nach einer Grenze des Rechtsgüterschutzes. Zu diesem Zweck unterscheidet er zwischen einer internen Sphäre des Menschen, der Privatsphäre, und einer externen Sphäre.[655] Die Privatsphäre ist für Jakobs Teil des Bürgers als Subjekt. Wenn der Staat in diesen Bereich eindringe, werde die Subjektstellung des Bürgers negiert, da bloße Interna noch keine soziale Störung sein könnten.[656] Mit den Worten von Jakobs: „Sowenig ein bloßer Gedanke eine Störung des Zusammenlebens abgeben kann, sowenig kann es jedes andere Verhalten, das sich in der Privatsphäre hält,..."[657]. Zur Kernfrage wird damit, wie rein privates Verhalten von solchem, dem ein Öffentlichkeitsbezug innewohnt, zu unterscheiden ist. Jakobs meint nun, dass nur ein störendes externes, also öffentlichkeitsbezogenes, Verhalten die Frage nach dem internen Kontext erlaube.[658] Im Umkehrschluss heißt dies, dass ein sozialadäquates Verhalten auch dann, wenn es auf einer rechtsfeindlichen Gesinnung beruht, keinesfalls strafbar sein kann.[659] Jakobs stellt damit das Tatprinzip in den Mittelpunkt seiner Auffassung und gelangt hierdurch zu einer Begrenzung der Rechtsgutslehre. Für die abstrakten Ge-

---

653 G. Jakobs, Kriminalisierung im Vorfeld einer Straftat, in: ZStW 97 (1985), S. 751- 785 (753).

654 G. Jakobs (1985), S. 751 (753).

655 G. Jakobs (1985), S. 751 (755).

656 G. Jakobs (1985), S. 751 (755).

657 G. Jakobs (1985), S. 751 (756).

658 G. Jakobs (1985), S. 751 (761).

659 Zur Illustration seiner Position verweist Jakobs hier auf eine Stellungnahme von H. A. Zachariä aus dem Jahr 1836: „Der Richter würde gegen Jeden, der in eine Apotheke tritt und Gift fordert, gegen Jeden, der sich ein Gewehr kauft oder Leitern und Stricke angeschafft hat, zu inquirieren berechtigt seyn, ob dies nicht in der Absicht geschehen sey, ein Verbrechen zu verüben, und in tausend anderen Fällen auf eine empörende Weise in das Leben der Bürger eingreifen können. Wer freilich den Staat für ein Sittlichkeit erzwingendes Zuchthaus hält und gewissermaßen bedauert, daß nicht jeder Mensch einen seine Gedanken wiedergebenden und festhaltenden Spiegel auf der Brust hat, um jeden unsittlichen Gedanken erkennbar zu machen und demgemäß strafen zu können, der wird auch Gefallen daran finden, jedes mögliche Indizium des verbrecherischen Willens für strafbaren Versuch zu erklären. Hoffentlich werden aber solche Principien nie positive Anwendung finden."; vgl. Die Lehre vom Versuche der Verbrechen, 1. Theil, Göttingen 1836, S. 210.

fährdungsdelikte ergibt sich hieraus folgendes: Kriminalisiert werden kann nur ein Verhalten, das „ohne Blick auf die aktuellen Planungen des Täters nicht mehr toleriert werden kann."[660] Nur ein derartiges Verhalten könne losgelöst von internen Zusammenhängen aus der unantastbaren Privatsphäre ausgeschieden werden. Mit anderen Worten: Für Jakobs ist ein abstraktes Gefährdungsdelikt nur dann legitim , wenn an ein nicht mehr sozialadäquates Verhalten angeknüpft wird, dem unabsehbare Schadensverläufe innewohnen. Wenn beispielsweise in § 316 c IV StGB bereits das Sich- Verschaffen einer Schusswaffe zum objektiven Anlass genommen werde, um den Täter „auf seine Angriffsabsicht festzunageln", dann wird nach Jakobs die Grenze des rechtsstaatlich Zulässigen überschritten. Auch das bloße Herstellen unechter Urkunden stellt nach dieser Ansicht, mit Ausnahme der Geld- und Wertzeichenfälschung, ein nicht zu rechtfertigendes abstraktes Gefährdungsdelikt dar.[661]

Was bleibt sind einige wenige „klassische" abstrakte Gefährdungsdelikte, wie z.B. die Aussagedelikte (§§ 153 ff StGB).[662]

4. Stellungnahme

Unmittelbar einleuchtend ist, dass die Vorverlagerung von Strafbarkeiten einer Grenze bedarf. Es ist evident, dass rechtsstaatliches Strafrecht hier nicht kapitulieren darf und folglich Prinzipien bereitstellen muss, welche die Probleme in ihrer Gesamtheit fassen. Für eine freiheitliche Rechtsordnung, die am Begriff der Person ausgerichtet ist, heißt dies zunächst einmal, dass der Einzelne als zur Autonomie befähigtes Wesen stets mitgedacht werden muss.

Unverständlich sind daher Stellungnahmen wie die von Schneider, der mit dem Verweis auf die Strafbarkeit des untauglichen Versuchs die Legitimität der abstrakten Gefährdungsdelikte zu erklären versucht.[663] Derartige systematische Argumentationen, die sich allein an Kohärenzgesichtspunkten orientieren, lassen die zugrundeliegenden Probleme letztlich außer Acht.

Diese bestehen unter anderem auch darin, dass die ausufernde Verwendung abstrakter Gefährdungsdelikte einer Aushöhlung des Gesetzlichkeitsprinzips Vorschub leistet: Während einerseits das positive Recht die Anzahl der strafbaren Handlungen ausweitet, ist andererseits zu beobachten, dass die Flexibilität

---

[660] G. Jakobs (1985), S. 751 (771).

[661] G. Jakobs (1985), S. 751 (772).

[662] Vgl. im übrigen G. Jakobs (1993), 6. Abschn. RN 86a. 88. Ähnlich auch, Hassemer, Kennzeichen und Krisen des modernen Strafrecht, in: ZRP 1992, S. 378- 383 (insb. 383). Hassemer spricht sich für ein Kernstrafrecht aus und fordert, die vermeintliche Modernität des Strafrechts teilweise zurückzunehmen. Bezüglich der Legitimität abstrakter Gefährdungsdelikte ist er der Ansicht, dass allein schwere und sichtbare Gefährdungen, wie die Brandstiftungsdelikte, die Bildung krimineller Vereinigungen und die Staatsgefährdung im Strafrecht enthalten sein sollten.

[663] H. Schneider (1988), S. 460 (468).

des Prozessrechts in die Gegenrichtung weist. Von kritischen Stimmen in der Literatur ist bereits häufig darauf hingewiesen worden, dass hierdurch einerseits die Exekutive gestärkt wird und andererseits das geschriebene Recht an appellativer Kraft einbüßt.[664]

Sicherlich haben die modernen Kritiker der abstrakten Gefährdungsdelikte den Unterschied zwischen Gefahr und Gefahrwahrnehmung nicht entdeckt,[665] auch kann die von Herzog vorgebrachte Kritik nicht mit mathematischer Präzision bewiesen werden. Aber gerade weil Strafbegründung und Strafbeschränkung ein ineinander verwobenes, fragiles Geflecht darstellen, ist die Kritik ernst zu nehmen. In den Universalrechtsgütern einerseits und der Vorverlagerung von Strafbarkeiten andererseits verflüchtigt sich der personale Bezug der Rechtsordnung. Bereits aus diesem Befund kann nur folgen, dass derjenige, der ein abstraktes Gefährdungsdelikt im positiven Recht verankert sehen will, für dessen Legitimität auch die Beweislast trägt.

Zudem sind die zentralen Argumente der Kritiker durchaus schlüssig:

Es dürfte zum gesicherten Allgemeinwissen der Gegenwart gehören, dass die Angst und Sorge um persönliche Sicherheit in den letzten Jahrzehnten kontinuierlich gestiegen sind.

Gleichzeitig sprechen die Kriminalstatistiken eine andere Sprache. Diese zeigen, dass das tatsächliche Risiko, Opfer einer Straftat zu werden, heute nicht größer ist als noch vor zehn Jahren.[666]

Wenn das Gefühl von Unsicherheit tatsächlich nur durch wirkliche Gefahren gespeist würde, dann müsste das Gefühl der Verunsicherung in den letzten Jahrzehnten konstant geblieben sein. Tatsächlich macht ein Blick auf einen größeren Zeitrahmen klar, dass die wirklichen Lebensrisiken heutzutage weit geringer sind als noch im 19. oder frühen 20. Jahrhundert.[667] Herzogs Vermutung, dass persönliche Unsicherheiten, die durch den Verlust gesicherter Lebenswelten entstanden sind, mit der Angst, Opfer von Kriminalität zu werden, eine irrationale Verbindung eingegangen sind, ist daher plausibel.

---

[664] Vgl. statt vieler W. Naucke, Das System der prozessualen Entkriminalisierung, Festschrift für G. Grünwald, Baden-Baden 1999, S. 403-418.

[665] Vgl. bereits A. Finger, Begriff der Gefahr und Gemeingefahr, in: A. Hegler (Hg.), Beiträge zur Strafrechtswissenschaft, Bd. 1, Tübingen 1930, S. 230- 250 (232).

[666] Die Zahl der entdeckten Straftaten lag im Jahr 1996 bei 6.647.598. Für das Jahr 2001 wurden gar nur 6.363.865 Taten registriert. 2004 wurden in der Bundesrepublik 6.633.156 Straftaten in der PKS erfasst. Die Zahl der Verurteilungen betrug im Jahr 1996 763.900, lag 2001 bei 718.702 und im darauffolgenden Jahr bei 719.751.

[667] So auch B. Schünemann (1995), S. 201 (211): „Denn die Lebensrisiken des einzelnen sind heute beispielsweise viel geringer als in der frühen Neuzeit, in der das Leben ein stetes Risiko war.".

Konstrukte wie ein „Grundrecht auf Sicherheit“[668] greifen die Ängste der Menschen zwar auf, verschieben aber die Fixpunkte der Rechtsordnung. Selbstverständlich ist klar, dass eine Rechtsordnung auf tatsächliche Gefahrlagen zu reagieren hat, mit Zieschang lässt sich aber sagen:

> „..., dass es sich bei dem Aspekt der Sicherheit erst um das Resultat aus dem Schutz konkreter Rechtsgüter handelt. Die notwendige Sicherheit ergibt sich als Folgeerscheinung aus dem Schutz konkreter Rechtsgüter. Mit dem Gesichtspunkt der Sicherheit wird eine Funktion des Strafrechts als solche erfasst, die nicht nochmals zur Legitimation einzelner Strafbestimmungen verwendbar ist.“[669]

Ein überzogenes Sicherheitsdenken würde der Rechtsordnung ein neues Antlitz verleihen. Das Strafrecht würde auf diesem Wege zunehmend in den Bereich des Polizeirechts übergreifen, während gleichzeitig im Polizeirecht eine Hinwendung zu abstrakten Gefahrenlagen die Folge wäre. Dies sind Schwerpunktverlagerungen, für die es auch im geltenden Recht bereits eine Reihe von Beispielen gibt. Im Strafrecht sind es unter anderem die abstrakten Gefährdungsdelikte, an denen die Entwicklung deutlich wird. Aber auch in der Entwicklung des Polizeirechts sind in den letzten zwanzig Jahren Tendenzen erkennbar, die einen Trend hin zur Gefahrenvorsorge belegen. Als Beispiele seien hier die präventive Rasterfahndung[670] oder auch die Videoüberwachung öffentlicher Plätze erwähnt.[671]

Wenn man diese Bedenken ernst nimmt, dann erscheinen auch einige der weiteren Argumente, die zur Legitimation der abstrakten Gefährdungsdelikte vorgetragen werden, in einem fragwürdigen Licht. Es ist beispielsweise widersprüchlich, wenn Schünemann einerseits einräumt, dass Lebensrisiken gesunken seien und andererseits feststellt, dass die multiplen Kausalzusammenhänge der modernen Industriegesellschaft eine „Modernisierung“ des Strafrechts zwingend erforderlich machten.[672]

---

[668] Grundlegend J. Isensee (1983).

[669] F. Zieschang, Die Gefährdungsdelikte, Berlin 1988, S. 356.

[670] H. Lisken, Zur polizeilichen Rasterfahndung, in: NVwZ 2002, S. 513- 519.

[671] Unlängst hierzu M. Gras, Kriminalprävention durch Videoüberwachung, Baden-Baden 2003; F. Roggan, Die Videoüberwachung von öffentlichen Plätzen - Oder: Immer mehr gefährliche Orte für Freiheitsrechte, in: NVwZ 2001, S. 134- 141; R. Maske, Die Videoüberwachung von öffentlichen Plätzen, in: NVwZ 2001, S. 1248- 1250.

[672] Unter anderem von Zieschang ist darauf hingewiesen worden, dass es auch innerhalb des Erfolgsstrafrechts durchaus Möglichkeiten gibt, des Problems der Komplexität von Kausalverläufen Herr zu werden. So zum Beispiel, wenn man den Kausalzusammenhang zwischen einer Gesundheitsbeschädigung und einem bestimmten Produkt bereits dann als gegeben ansieht, wenn feststeht, dass der Schaden auf das Produkt an sich zurückzuführen gewesen ist

Vor diesem Hintergrund ist den Kritikern der abstrakten Gefährdungsdelikte grundsätzlich zuzustimmen. Gleichwohl wird man um einen Kernbestand an abstrakten Gefährdungsdelikten nicht herum kommen. Dies ändert aber nichts an der prinzipiellen Kritik. Soweit einzelne Konstellationen strafwürdig sind, belegt dies nicht insgesamt die Legitimität der abstrakten Gefährdungsdelikte, vielmehr muss man eher sagen, dass einzelne abstrakte Gefährdungsdelikte trotz der Probleme, die diese Deliktsgruppe verursacht, gleichwohl zu legitimieren sind.

Fragt man, welche Verhaltensweisen die Bildung abstrakter Gefährdungsdelikte als ausnahmsweise angemessene Reaktion des Gesetzgebers erscheinen lassen, so wird man im Anschluss an vermittelnde Stimmen in der Literatur folgende Hypothese formulieren können:

Strafwürdig scheinen abstrakte Gefährdungsdelikte allenfalls dann zu sein, wenn ein Täter ein Verhalten unternimmt, welches typischerweise zu einer schwerwiegenden Gefährdung der menschlichen Person führt und sich der Kontrolle durch den Täter vollständig oder nahezu vollständig entzieht. Beispielsfälle sind: das in den Verkehr bringen von Lebensmitteln, die Stoffe enthalten, deren Verzehr geeignet ist, die Gesundheit zu schädigen (vgl. § 51 I Nr. 1 LMBG), die klassischen Aussagedelikte der vorsätzlich uneidlichen Falschaussage und des Meineides (§§ 153 f. StGB), die Geld- und Wertzeichenfälschung (§§ 146 ff. StGB) oder die schwere Brandstiftung (§ 306 a I StGB).[673]

Je abstrakter hingegen der Zusammenhang zwischen dem Schutz der Person einerseits und der prinzipiellen Erfolgstauglichkeit des Angriffsmittels andererseits ist, desto schwerer wird die Legitimation eines Straftatbestandes.

Aus den berechtigten Zweifeln an der Deliktsgruppe der abstrakten Gefährdungsdelikte folgt:

Seinem Wesen nach ist der öffentliche Friede ein „Vorfeldrechtsgut", welches den Bürger durch Gewährleistung eines Schutzraumes zu schützen sucht. Aufgrund der „feindstrafrechtlichen Tendenz" der abstrakten Gefährdungsdelikte kann dies aber nur in engen Grenzen ein legitimes Anliegen des Strafrechts sein. Die Debatte verstärkt damit auch die Zweifel an der Legitimität des Tierquälereitatbestandes und unterstreicht das diagnostizierte Spannungsverhältnis.

---

und darüber hinaus nicht die Klärung der Frage nach der eigentlich schädigenden Komponente verlangt; vgl. F. Zieschang (1988), S. 366.

[673] Zu den aktuellen Problemen des Wirtschaftsstrafrechts gehört die Frage, ob und inwieweit auch der Kapitalanlagebetrug ein legitimes abstraktes Gefährdungsdelikt darstellt. Vgl. dazu die beachtlichen Einwände von R. Zacyk, „Der Begriff „Gesellschaftsgefährlichkeit" im deutschen Strafrecht, in: Klaus Lüderssen/ Cornelius Nestler-Tremel/ Eva Weigend (Hrsg.), Modernes Strafrecht und ultima-ratio-Prinzip, Frankfurt a.M. 1990, S. 113- 127, (126) sowie unlängst auch W. Graf von Schönborn, Kapitalanlagenbetrug – Eine Analyse unter besonderer Berücksichtigung des § 264 a StGB, Köln 2003.

Gleichwohl kann die Argumentation hier nicht halt machen. Der Kritiker mag einwenden, ob der Frage, welches Schädigungspotential einer Handlung innewohnen muss, um strafwürdiges Unrecht zu begründen, nicht notwendigerweise ein irrationales Moment innewohnt. Steht Sicherheit als empirischer Zustand nicht immer auch in einem Zusammenhang mit Wünschen und Gefühlen, die ihrem Wesen nach irrational sind?

Wäre diese These zutreffend, so wäre auch das in der personalen Rechtsgutslehre enthaltene Plädoyer für ein Kernstrafrecht nicht vielmehr als eine rhetorische Täuschung.

Es bedarf daher weiterer Leitprinzipien, die den positivrechtlichen Tatbeständen ein rechtsstaatliches Korsett verleihen. Empirisches Denken stößt hier notwendigerweise an seine Grenzen. Diesen Gedanken gilt es in den abschließenden Überlegungen zur Strafwürdigkeit der Tierquälerei auszuführen.

V. Abschließende Betrachtung der Strafwürdigkeit

Eine abschließende Diskussion der Strafwürdigkeit kommt – so die hier vertretene Ansicht – an den absoluten Straftheorien und dem materiellen Verbrechensbegriff nicht vorbei.

Entscheidend hierfür ist das Versagen der präventiven Straftheorien. Diese erweisen sich in doppelter Hinsicht als unzulänglich: Zum einen schaffen sie es nicht, das Institut der Strafe ausreichend zu begründen, zum anderen bleibt gerade im Fall der Tierquälerei auch die Rechtswirklichkeit hinter den Ansprüchen der Präventionstheorien weit zurück. Im Einzelnen ist festzuhalten:

1. Defizite der relativen Straftheorien

Über die wunden Punkte der relativen Straftheorien ist bereits viel geschrieben worden. Eine Beschränkung der Darstellung auf die entscheidenden Argumente ist daher durchaus angemessen:[674]

Sowohl Spezial- als auch Generalprävention sind Musterbeispiele für die Defizite einer utilitaristischen Rechtstheorie.

Während es zweifelsohne ein Gebot der Klugheit ist, die Resozialisierung als eines der Ziele des Strafvollzuges anzusehen, ist die Theorie der Spezialprävention als Straftheorie gleichwohl unzureichend, da es auf ihrer Basis unmöglich ist, rechtsstaatliche Kategorien wie das Schuld- oder das Tatprinzip zu entwickeln.[675] Zudem vermag spezialpräventives Denken nicht zu erklären, weshalb

---

[674] Vgl. allgemein C. Roxin (1966), S. 377-387. Ferner aus der jüngeren Literatur die Monographien von M. Köhler, Der Begriff der Strafe, Heidelberg 1986 und M. Pawlik, Person (2004a), insb. S. 21-44 sowie den Aufsatz D. Dölling, Generalprävention durch Strafrecht: Realität oder Illusion?, in: ZStW 102 (1990), S. 1- 20 (14 ff.). Siehe ferner W. Hassemer (1990), S. 269 ff und 286 ff.

[675] M. Pawlik (2004 a), S. 32.

auch der Täter bestraft wird, von dem keine Wiederholungsgefahr ausgeht und daher einer Besserung nicht bedarf.[676]

Grundlegenden Einwänden sieht sich auch die Lehre von der Generalprävention ausgesetzt. In ihrer negativen Variante erblickt diese den Zweck der Bestrafung in der Abschreckung anderer potentieller Täter, während ihr positives Gegenstück darauf hofft, durch Strafe das Vertrauen in die faktische Geltung von Normen zu gewährleisten. Auf den ersten Blick wirkt dieser Ansatz verlockend.[677]

Abschreckende Wirkung dürfte aber beispielsweise auch von einer Bestrafung der Familienangehörigen etwaiger Täter ausgehen, gleichwohl ist klar, dass ein entsprechendes Vorgehen in einem eklatanten Widerspruch zum Gebot der Rechtsstaatlichkeit stehen würde.[678]

Mindestens ebenso schwer wiegt folgender Einwand: Bei konsequenter Anwendung der Lehre von der Generalprävention wäre es eigentlich erforderlich, gerade massenhaft vorkommende Delikte besonders hart zu bestrafen.[679] Durchaus einleuchtend ist es daher, wenn Roxin davon spricht, dem generalpräventiven Denken wohne eine „Tendenz zum staatlichen Terror“ inne.[680]

Letztlich ist auch immer noch der Einwand Kants berechtigt, demzufolge der Täter durch ein alleiniges Abstellen auf den Zweck der Generalprävention zu einem bloßen Mittel degradiert und unter die Gegenstände des Sachenrechts gemengt wird.[681]

Mit anderen Worten: Den Präventionslehren fehlt eine immanente Schranke, die Strafe nicht nur legitimiert, sondern gleichzeitig auch begrenzt. Dies macht sie vernunftwidrig, da kein Individuum wollen kann, durch Strafgesetzgebung möglicherweise vollständig verdinglicht zu werden.[682]

Ferner muss gefragt werden, ob die Präventionstheorien dem eigenen empirischen Anspruch gerecht werden. Insbesondere stellt sich damit die Frage, inwieweit von der Strafandrohung überhaupt eine Abschreckungswirkung ausgeht. Das hierzu vertretene Meinungsspektrum ist nur schwer überschaubar. Während empirische Untersuchungen einerseits zwar belegen können, dass die Strafverfolgungsintensität tatsächlich mit dem Grad der Normbefolgung korreliert,

---

676 C. Roxin (1966), S. 377 (379).

677 Roxin spricht insoweit von einer „laienpsychologischen Evidenz“ (vgl. C. Roxin (2006), § 3 RN 24.

678 H.L.A. Hart hat in diesem Zusammenhang auf die römische Lex Quisquis hingewiesen, die für bestimmte Delikte die Bestrafung der Kinder des Täters gestattete (H.L.A. Hart, Prolegomena zu einer Theorie der Strafe, in: H.L.A. Hart, Drei Aufsätze herausgegeben von N. Hoerster, Göttingen 1971, S. 58- 86 (69).

679 So unter anderem D. Birnbacher/ N. Hoerster (2000), S. 203.

680 C. Roxin (1966), S. 377 (380).

681 Vgl. Kant, MdS (RL), VI, S. 331 (A 197/ B 227).

682 Vgl. auch E.A. Wolff, Das neuere Verständnis von Generalprävention und seine Tauglichkeit für eine Antwort auf Kriminalität, in: ZStW 97 (1985), S. 786- 830 (786 und 804).

scheint bereits der Nachweis eines Zusammenhangs zwischen dem Grad der Normbefolgung und der Strafschärfe nicht mehr ohne weiteres zu gelingen. Eher legen empirische Studien das Gegenteil nahe. Beispielsweise konnte anhand einer amerikanischen Studie nachgewiesen werden, dass signifikante Strafschärfungen für Vergewaltigungen nicht in der Lage sind, die Deliktsrate zu senken.[683] Zudem scheinen zumindest die klassischen strafrechtlichen Verbote, wie z.B. das Tötungsverbot, durch die Wirkkraft der ihr zugrunde liegenden moralischen Normen eine Absicherung zu erfahren, die den strafrechtlich erzeugten Konformitätsdruck bei weitem übertrifft.

Insgesamt hat die Theorie der Generalprävention durch die Sozialwissenschaften daher eine eher schwache Absicherung erfahren. Angesichts des ernüchternden Befundes kann man zwar mit Autoren wie Prittwitz oder Schmidhäuser feststellen, dass auch das Gegenteil, also ein gänzliches Fehlen generalpräventiver Effekte, nicht nachweisbar ist.[684] Nur ist mit dieser Minimalerkenntnis nicht gerade viel gewonnen. Man wird vielmehr kritisch einwenden müssen, dass gerade eine Theorie, die bewusst die Nähe zur Empirie sucht, sich auch in eine besondere Abhängigkeit begibt und folglich durch Zweifel an der Richtigkeit der von ihr gewählten empirischen Prämissen auch besonders hart getroffen wird. Angesichts der Intensität der Grundrechtseingriffe, die das Strafrecht bereithält, gilt dies umso mehr.

2. Versagen der negativen Generalprävention im Bereich des Tierschutzes

Gerade im Bereich des strafrechtlichen Tierschutzes steht der Abschreckungsgedanke zudem in einem bedenklichen Gegensatz zur Rechtswirklichkeit. Obwohl seit nunmehr 60 Jahren ein äußerst schneidiger Tierquälereitatbestand im positiven Recht verankert ist, und auch der Gesetzgeber bereits im Jahr 1933 verkündete, er wolle das Tier des Tieres wegen schützen,[685] haben seitdem sowohl legale als auch illegale Tierquälerei eine gänzlich neue Dimension erreicht. Nachhaltige Abschreckung – von sittenbildender Wirkung des Strafrechts soll hier gar nicht erst gesprochen werden – ist nicht zu erkennen. Vielmehr zeigt sich, dass eine Intensivierung des formal gewährleisteten strafrechtlichen Schutzes durchaus mit einer realen Verschlechterung der Lage der Tiere Hand in Hand gehen kann.[686]

---

683 Zum ganzen D. Dölling (1990), S. 1 ff.

684 C. Prittwitz, Funktionalisierung des Strafrechts, in: StV 1991, S. 435- 441 (437); E. Schmidhäuser, Vom Sinn der Strafe, 2. Auflage, Göttingen 1971, S. 58 ff.

685 Deutscher Reichsanzeiger und Preußischer Staatsanzeiger 1933 (Nr. 281).

686 Man mag hier einwenden, dass die Lage der Tiere ohne eine Strafandrohung noch schlechter aussähe und insofern also doch ein generalpräventiver Effekt von der Norm ausgeht. Dies ist sicher richtig, verkennt angesichts der im Falle der Tierquälerei extrem hohen Dunkelziffer aber gleichwohl das weitgehende Versagen der negativen Generalprävention.

Damit erweist sich die Lehre von der negativen Generalprävention aber letztlich als untauglich, um den Tatbestand straftheoretisch abzusichern. Zumindest in den Fällen der heimlichen Tierquälerei versagt überdies auch die positive Generalprävention aus einem einfachen Grunde: Was nicht an das Licht der Öffentlichkeit dringt, vermag auch nicht die Geltung der Verhaltensnorm zu destabilisieren.[687]

3. Strafgrund und absolute Straftheorien

Das doppelte Versagen der Generalpräventionslehre erfordert einen anderen straftheoretischen Blickwinkel.

Gemeinsamer Ausgangspunkt der absoluten Straftheorien ist die Annahme, dass auch der Straftäter nicht bloßes Triebwesen ist, sondern als Vernünftiger anzuerkennen ist.

Deutlich erkennbar ist dies bei Kant beispielsweise dann, wenn er bereits in der Einleitung seiner Rechtslehre die Begriffe der Zurechnung und der moralischen Persönlichkeit des Menschen aufeinander bezieht.[688] Prägnant auch die nachfolgende Formulierung Hegels, mit der er den generalpräventiven Ansatz Feuerbachs einer Grundsatzkritik unterzieht:

> „Das Recht und die Gerechtigkeit müssen aber ihren Sitz in der Freiheit und im Willen haben und nicht in der Unfreiheit, an welche sich die Drohung wendet. Es ist mit der Begründung von Strafe auf diese Weise, als wenn man gegen einen Hund den Stock erhebt, und der Mensch wird nicht nach seiner Ehre und Freiheit, sondern wie ein Hund behandelt."[689]

a) Die Straftheorie Kants

Kants Strafrechtstheorie ist in der Vergangenheit häufig scharf kritisiert worden. Sein Bekenntnis zur Todesstrafe oder das berühmt- berüchtigte Inselbeispiel[690] wirken in der Tat befremdlich.[691] Trotzdem enthält Kants Theorie wichtige Aussagen, die nach wie vor aktuell sind. Ein genauerer Blick lohnt sich daher:

Wie bereits angedeutet, ging es Kant um die Grundlegung einer Straftheorie, die an der Vernunftnatur des Individuums ansetzt. Strafe ist für Kant ein kategorischer Imperativ.[692] Folglich bezeichnet er es als Gebot der Vernunft, den Verbrecher wegen eines begangenen Verbrechens zu bestrafen. Was meint Kant hiermit? Zunächst sei insoweit daran erinnert, dass es für Kant ein Gebot der

---

[687] Vgl. O. Lagodny, Strafrecht vor den Schranken der Grundrechte, Tübingen 1996, S. 432.
[688] Kant, MdS (RL),VI, S. 223 (AB 22).
[689] Hegel, RhP, VII, § 99 Zusatz, S. 190.
[690] Kant, MdS (RL), VI, S. 333/ 334 (A 200/ B 230)
[691] Siehe U. Klug, Abschied von Kant und Hegel, In: Jürgen Baumann (Hrsg.), Programm für ein neues Strafgesetzbuch, Frankfurt a.M. 1968, S. 36-41.
[692] Kant, MdS (RL), VI, S. 331/ 332 (A 197/ B 227).

Vernunft ist, in einen Zustand der gegenseitigen Anerkennung von Rechtspflichten und damit in einen Rechtszustand einzutreten. Der Begriff des „Unrechts" bezeichnet dem entsprechend ein vernunftwidriges Handeln, welches dem kategorischen Imperativ widerspricht. [693] Durch Strafe reagiert der Staat auf das so bestimmte Unrecht.

Hieran zeigt sich zwar, dass auch die Strafphilosophie Kants, da es um den Bestand des Rechtsverhältnisses geht, nicht völlig frei von general- und spezialpräventiven Aspekten ist.[694] Diese treten aber nur als Nebenfolgen auf. Der Begriff der Strafe meint dem philosophischen Entwurf Kants zufolge etwas, was jenseits des Präventionsgedankens liegt. Zum Wesen der Strafe heißt es dementsprechend:

> „Ehe noch daran gedacht wird, aus dieser Strafe einigen Nutzen für [den Täter] selbst oder seine Mitbürger zu ziehen", „muß [er] vorher strafbar befunden sein."[695]

Strafe, als Zufügung eines Übels, findet ihre Begründung – und damit ihre Rechtfertigung gegenüber dem Täter – also allein darin, dass verbrochen wurde.

Obwohl das Handeln des Verbrechers dem kategorischen Imperativ des Rechts widerspricht, beharrt Kant auf dem Gedanken, dass der Straftäter durch das Recht als Vernünftiger angesprochen werden müsse. Dies ist zunächst schwer verständlich. Das Verbrechen erscheint nur allzu häufig als Ausdruck extremer Unvernunft und es ist zu fragen, welchen Sinn es macht, zu behaupten, dass es in einer philosophischen Grundlegung von Strafe darum gehen müsse, den Täter als Vernünftigen anzusprechen?

Zunächst ist hieran richtig, dass ein Verbrecher natürlich nicht die Verallgemeinerung seiner Maximen wollen kann und insofern unvernünftig handelt. Bei Kant findet sich aber gleichwohl ein unerschütterlicher Glaube an die Vernunftnatur des Menschen. Bezüglich des hypothetischen Falles eines Verbrechers, der sich das Unrecht zur Maxime macht, heißt es:

---

[693] Kant, MdS (RL), VI, S. 223/ 224 (AB 23).

[694] Siehe hierzu W. Schild, Ende und Zukunft des Strafrechts, in: ARSP 70 (1984), S. 71- 112 (79) sowie W. Schild, Die staatliche Strafmaßnahme als Symbol der Strafwürdigkeit. Zur Verbrechens- und Strafphilosophie von Immanuel Kant, in: Festschrift für E.A. Wolff, Berlin [u.a.] 1998, S. 429- 441. Schild verweist unter anderem auf folgende Stelle aus den Nachlassschriften Kants: „Die iustitia punitiva hat zur Absicht: 1. den Unterthan aus einem schlimmen in einen besseren Bürger umzuwandeln; 2. durch warnende Beispiele andere abzuhalten; 3. unverbesserliche aus dem Gemeinen Wesen, es sey durch deportation, exilium, oder Tod wegzuschaffen (ob durch Gefängnis). Aber all dies ist nur Klugheit der politick." (vgl. Kant, Nachlaß, VI, S. 586).

[695] Kant, MdS (RL), VI, S. 331/ 332 (A 197/ B 227).

> „ ... seine Maxime ist also nicht bloß ermangelungsweise (negative) sondern sogar abbruchsweise (contrarie) oder, wie man sich ausdrückt, diametraliter, als Widerspruch (gleichsam feindselig) dem Gesetz entgegen. So viel wir einsehen, ist ein dergleichen Verbrechen einer förmlichen (ganz nutzlosen) Bosheit zu begehen Menschen unmöglich, ..."[696]

Somit ist zwar das Verbrechen vernunftwidrig, der Täter will nach Ansicht Kants aber gleichwohl, dass das Recht seine Geltung behält.[697] Damit beweist er seine Vernunft. Dieser Gedanke wird verständlich, wenn man im Hinterkopf behält, dass alles Handeln des Menschen nicht ausschließlich Ausdruck seiner Vernunft, sondern auch seiner Unvernunft ist. Es ist also klar, dass Menschen widersprüchlich handeln, wenn sie den Verbrecher als „bloß Unvernünftigen" behandeln und gleichzeitig von der eigenen Vernunft überzeugt sind.[698] Wer selbst im Glashaus sitzt, sollte bekanntlich nicht mit Steinen werfen.

b) Die Straftheorie Hegels

Ähnlich auch Hegel in seiner Rechtsphilosophie. Gerade bei Hegel wird der wechselseitige Bezug zwischen Rechtsverhältnis, gegenseitiger Anerkennung und Strafe besonders deutlich.

Hegel setzt bei den Begriffen des Unrechts und der Anerkennung an. Im Prozess der Anerkennung erfahre die menschliche Person eine Bestätigung, die über die Einseitigkeit der im Daseinskampf erfahrenen Bestätigung hinausweise.[699] Anerkennung heißt damit aber, „sich, in strenger Gegenseitigkeit, auch zum Mittel für den anderen zu machen."[700] Damit ist nach Hegel die Grundnorm des

---

696 Kant, MdS (RL), VI, S. 322 (A 179/ B 209).

697 In derselben Anmerkung heißt es daher auch: „er kann seine eigene Übertretung zugleich verabscheuen, und, ohne dem Gesetz förmlich den Gehorsam aufzukündigen, es nur umgehen wollen;... ."

G. Husserl sprach aus diesem Grund davon, dass der Verbrecher einen Akt der Willensinkonsequenz begeht, mit dem er von der durch das eigene Personsein vorgezeichneten Willenslinie abweicht (G. Husserl, Recht und Welt, in: G. Husserl, Recht und Welt: rechtsphilosophische Abhandlungen, Frankfurt a.M. 1964, S. 67- 114 (99)).

698 Vgl. auch W. Schild (1998), S. 429 (434, 436); siehe hierzu auch Fichte, Das System der Sittenlehre nach den Prinzipien der Wissenschaftslehre, IV, S. 308f.: „Es gibt gar keine Ansicht meines Nebenmenschen auf dem Gebiete des Sittengesetzes, als die, dass er sei ein Werkzeug der Vernunft. Von dieser Seite aber soll und muß ich schlechterdings jeden ohne Ausnahme ansehen, wenn auch aus seinen Handlungen für die Gegenwart sich das Gegenteil schließen ließe. Ist er es auch jetzt nicht, so darf ich schlechthin nie die Hoffnung aufgeben, dass er es werden kann;...".

699 Anerkennung ist für Hegel zunächst einmal ein Kampf. Allerdings ein Kampf, der dem Sieger allenfalls eine knechtische Anerkennung beschert (Hegel, Phänomenologie des Geistes, III, S. 152). Siehe dazu auch E. Tugendhat (1993), S. 274 ff.

700 So K. Seelmann, Hegels Straftheorie in seinen „Grundlinien der Philosophie des Rechts", in: JuS 1979, S. 687- 691 (688).

Rechts bestimmt, nämlich den anderen als freies Wesen zu respektieren (vgl. insoweit das vierte Kapitel der Arbeit).[701] Dies verkennt nun aber der Verbrecher, indem er – insoweit im Gegensatz zum Zivilunrecht[702] – das Anerkennungsverhältnis grundsätzlich negiert.[703] Da die absolute Geltung des Rechts hierdurch nicht beeinträchtigt wird, spricht Hegel davon, dass das Verbrechen in sich „nichtig" sei.[704] Weiter heißt es in seiner Rechtsphilosophie:

> „Die Verletzung dieses als daseienden Willens also ist das Aufheben des Verbrechens, das sonst gelten würde, und ist die Wiederherstellung des Rechts."[705]

Der Grund der Strafe liegt damit darin, den Täter durch eine Übelzufügung wieder auf die Ebene der Gleichordnung der Personen zurückzuholen, die er durch die Verabsolutierung seiner Person verlassen hat. Ebenso wie bei Kant ist die Strafe also auch für Hegel mit dem Postulat der Gerechtigkeit verbunden. Strafe erhebt damit den Anspruch, nicht bloß eine Wiedergutmachung zu sein, die auch durch das Zivilrecht zu leisten wäre.[706]

Hegel verweilt indes nicht bei der apodiktischen Forderung, die Geltung des Rechts wiederherzustellen. Stattdessen differenziert er wie folgt: Zwar stört der Verbrecher das gesellschaftliche Leben. In der bürgerlichen Gesellschaft werden die Rechtsverhältnisse durch das einzelne Verbrechen aber nicht mehr so stark erschüttert, wie dies noch in einer archaischen Gesellschaft, deren Charakter dem Naturzustand ähnelt, der Fall wäre. Für Hegel folgt hieraus das Gebot, „eine größere Milde in der Ahndung" walten zu lassen.[707]

Was dies für die Gegenwart bedeutet, hat Schild pointiert auf den Punkt gebracht: „Es bedarf keiner generalpräventiven Mittel, um einer Gefährdung der Rechtsordnung entgegenzutreten oder der Gefahr einer Vermischung von Recht und Unrecht zu begegnen. ... Das Strafrecht ist damit tot!"[708]

Die Legitimation der Strafe scheint hiernach vollends ins Wanken zu geraten. Die Notwendigkeit, das Anerkennungsverhältnis wieder herzustellen, beweist

---

701 Siehe auch Hegel, Propädeutik, IV, §§ 3ff., S. 232f..

702 Instruktiv zur Unterscheidung von bürgerlichem Unrecht und Strafunrecht ist folgende Darstellung bei V. Hösle, Moral und Politik: Grundlagen einer politischen Ethik für das 21. Jahrhundert, München 1997, S. 834: „Zivilrechtliches Unrecht geschieht in der Regel offen, weil mit einigermaßen gutem Gewissen. Ausdruck dieses guten Gewissens ist, daß man bereit ist, sich wegen der Feststellung des strittigen Rechtes an einen Dritten zu wenden." vgl. auch W. Gallas (1968), S. 9 ff.

703 Hegel, RhP, VII, § 85, S. 175.

704 Hegel, RhP, VII, § 97, S. 186.

705 Hegel, RhP, VII, § 99, S. 187.

706 Vgl. insoweit auch W. Schild (1984), S. 71 (93).

707 Hegel, RhP, VII, § 218, S. 372.

708 W. Schild (1984), S. 71 (102).

lediglich die Notwendigkeit einer Reaktion der Rechtsgemeinschaft auf das Unrecht. Dass diese Reaktion in Form der Strafe daherkommen muss, ist hingegen noch nicht bewiesen. Hegel sieht dies und weiß um die zentrale Rolle des Sozialstaates. „Schutz und Sicherheit der Massen" werden durch polizeiliche Vorsorge realisiert und der Staat bekommt das Antlitz einer „gemeinsamen Veranstaltung."[709]

Der strafende Staat tritt also tatsächlich in den Hintergrund. Man muss dementsprechend nach Gründen fragen, weshalb im System Hegels gleichwohl beides – sowohl Sozialstaat als auch Strafgerechtigkeit – präsent ist. Hierzu lässt sich sagen: Aus der beschriebenen Ablösung des Strafrechts folgt auch die erneute Bestätigung seiner Notwendigkeit, da mit einer ausschließlichen Ausrichtung des Rechts auf umsorgende Fürsorge auch das Risiko einer Entmündigung des Bürgers begründet würde. Deshalb bedingt der Sozialstaat also den Rechtsstaat. Die strafende Gerechtigkeit erweist sich hiernach als eine der Bedingungen des freiheitlichen Staates.[710]

Aus diesen Gründen folgt, dass es verfehlt wäre, das Verbrechen lediglich als Ausdruck psychopathologischer Faktoren bzw. einer gescheiterten Sozialisation des Täters und damit letztlich (ausschließlich) als Krankheit aufzufassen. Wer, dem Determinismus folgend, im „Tadeln" keinen Sinn mehr erkennt, der muss, um konsequent zu bleiben, auch auf die Kategorien des „Lobes", der „Anerkennung" und der „Achtung" verzichten. Wenn das Verbrechen ausschließlich Ausdruck „widriger Umstände" ist, dann ist eben auch das moralische Handeln allein durch „glückliche Umstände" bedingt.

c) Bedeutung der absoluten Straftheorien für das Strafrecht der Gegenwart

Aus den Straftheorien von Kant und Hegel ergeben sich zunächst ein paar allgemeine Konsequenzen. Der Geltungsgrund der Strafe ist ein absoluter. Damit wird die Strafgewalt auf vergangene Taten beschränkt und einem Missbrauch des Strafrechts durch Instrumentalisierung von Menschen entgegengewirkt. Ferner kann die Wiederherstellung des gegenseitigen Anerkennungsverhältnisses letztlich nur dann gelingen, wenn eine Versöhnung zwischen Gesellschaft und Opfer einerseits sowie dem Täter andererseits zumindest prinzipiell möglich ist.[711] Die praktische Ausgestaltung der Strafe darf diesem Endzweck nicht widersprechen. Daher muss auch der Vollzug der Strafe die Würde des Täters respektieren.

---

[709] Hegel, RhP, VII, § 249.

[710] Der Zusammenhang zwischen „Loyalitätspflichterfüllung und Freiheitsgenuß" wird von Pawlik klar herausgearbeitet (vgl. M. Pawlik (2004), S. 95). Dazu auch W. Schild (1984), S. 71 (105 ff.)

[711] Dass der „vernünftige sittliche Strafwille" auf Versöhnung gerichtet ist, wird unter anderem betont bei W. Schild (1984), S. 71 (109 ff.).

Auch zeigt Hegels Hinweis auf den „gesicherten Zustand" der bürgerlichen Gesellschaft, dass generalpräventiven Zwecken in einem modernen Strafrecht nur eine geringe Bedeutung zukommen kann. Angesichts der bestehenden Zweifel an der präventiven Wirkkraft des Strafrechts gilt dies umso mehr. Ein unbefangener Gebrauch des Strafrechts ist der bürgerlichen Gesellschaft daher verwehrt. Hieraus ergibt sich direkt das Postulat eines maßvollen Einsatzes des strafrechtlichen Eingriffsinstrumentariums.

Zusammenfassend gilt: Die große Stärke der absoluten Straftheorien besteht darin, sowohl die Frage nach der Begründbarkeit des Strafrechts als auch nach seinen Grenzen zu thematisieren. Für die moderne Gesellschaft folgt hieraus, dass sie es sich leisten kann, den Bestand an strafrechtlichen Normen auf einen Kernbereich zu reduzieren.[712]

Der „materielle Verbrechensbegriff" stellt einen Versuch dar, von diesem Befund ausgehend, eine Grundkategorie freiheitlichen Strafrechts zu formulieren. Dabei wird direkt an eine subjektphilosophische Begründung des Unrechts angeknüpft. Letzteres wird in Anlehnung an Kant von Michael Köhler als ein „dem Recht widersprechendes, die äußere Freiheit einer Person oder Personengemeinschaft verletzendes Verhalten mit der Folge unrechtshindernder oder -ausgleichender Zwangsbefugnis" definiert.[713] Der Verbrechensbegriff knüpft hieran an und erfasst die „grundsätzlichen Verkehrungen."[714]

Nach der Definition Michael Köhlers ist Verbrechen dementsprechend die

> „subjektiv-objektiv handelnde Verletzung des Rechts in seiner besonderen und allgemeingesetzlichen Geltung („als Recht") in einem Maße, das die rechtliche Selbständigkeit der betroffenen Person oder Gemeinschaft grundlegend beeinträchtigt."[715]

Oder mit den Worten von Ernst Amadeus Wolff:

> „Verbrechen ist die Verletzung des festgelegten öffentlichen Basisvertrauens und setzt voraus, dass ein Anderer oder der Staat in einer Art ver-

---

[712] W. Schild (1984), S. 71- 112 (109); Vgl. zu einer konservativeren Interpretation der Strafphilosophie Hegels: V. Hösle, Was darf und soll der Staat bestrafen? Überlegungen im Anschluß an Fichtes und Hegels Straftheorien, in: Vittorio Hösle (Hrsg.), Die Rechtsphilosophie des deutschen Idealismus; Hamburg 1989, S. 1- 55.

[713] M. Köhler (1997), S. 20.

[714] M. Köhler (1997), S. 24.

[715] M. Köhler (1997), S. 22.

letzt wird, auf die er sich (in dem ihm von der Rechtsordnung eingeräumten selbstorientierten Dasein) nicht aus eigener Kraft einstellen kann."[716]

Aus dieser strafrechtstheoretischen Weichenstellung ergeben sich unmittelbare Folgerungen für die Kriminalpolitik: Der vom vernunftbegabten Individuum ausgehende materielle Verbrechensbegriff gibt einen Argumentationstopos vor. Wer die Freiheit des Individuums und die ihm gegebene Möglichkeit, zwischen „Gut" und „Böse" zu wählen, mitdenkt, muss zu einem restriktiven Verständnis des Strafrechts gelangen, welches das Individuum nicht bloß als Gefahrenquelle ansieht und statt dessen bei der Sicherung intersubjektiver Rechtsverhältnisse und der konkreten Rechtsverletzung ansetzt.

Sicherheit ist demzufolge ein der Freiheit untergeordneter Wert. Aus dieser Prämisse ergeben sich Folgen, die sowohl strafbegründend als auch strafbegrenzend wirken:

Zum einen ist Sicherheit selbstverständlich eine Bedingung von Freiheit. Damit ist auch das Strafrecht bei schwerwiegenden Beeinträchtigungen der Sicherheit gefordert. Zum anderen ist es aber ein Gebot der Freiheit, den Wert der Sicherheit stets kritisch zu hinterfragen. Als eigenständige Ausgangspunkte einer strafrechtsphilosophischen Debatte sind Sicherheit und Sicherheitsgefühl damit nicht haltbar. Das Spannungsverhältnis zwischen dem Anliegen der Sicherheit und dem Erfordernis eines rechtsstaatlichen Strafrechts wird auf diese Weise aus der bloßen Empirie gerissen und eine „metaphysische Verankerung" geschaffen, die es ermöglicht, einer tendenziell irrationalen Kriminalpolitik standzuhalten.

Für die Unterscheidung von Kriminal- und Ordnungsunrecht gilt daher nach E.A. Wolff: Eine Beeinträchtigung der öffentlichen Ordnung oder des öffentlichen Friedens begründet noch kein Kriminalunrecht. Zwar markiert die öffentliche Ordnung den Zweck der Errichtung des Staates, sagt aber über das Verhältnis zwischen Individuum und Staat noch überhaupt nichts aus. Das Basisvertrauen ist vielmehr erst dann erschüttert, wenn zusätzliche Umstände hinzutreten.[717]

Die sicherlich wichtigste Konsequenz des hier gewählten Ansatzes besteht darin, dass durch den materiellen Verbrechensbegriff die personale Rechtsgutslehre

---

[716] E.A. Wolff, ZStW 97 (1985), S. 786 (819).

[717] E.A. Wolff, Die Abgrenzung von Kriminalunrecht zu anderen Unrechtsformen, in: W. Hassemer (Hrsg.), Strafrechtspolitik, Frankfurt a.M. 1987, S. 137- 225 (221). Ergänzend stellt Wolff aaO. fest: „Erst dann betrifft der Angriff des Einzelnen sein Grundverhältnis zum Staat, wenn er diesem die Möglichkeit, diese Aufgabe wahrzunehmen, so vermindert, dass eine ordentliche, auf das Allgemeine ausgerichtete Staatsführung in ihren normalen Tätigkeiten sich darauf nicht oder nur als Krisenleistung einstellen kann. Dazu gehört z.B. der Landfriedensbruch in seinem Kernbereich,... .".

eine Absicherung erfährt. Die sich hieraus ergebenden Gebote betreffen weite Teile des Strafrechts.

Um auf das Problem der abstrakten Gefährdungsdelikte zurückzukommen: Diese erscheinen entsprechend der bereits gebildeten Hypothese (vgl. S. 196 f.) tatsächlich nur dann als legitim, wenn „das jeweilige Handeln selbst schon personale oder interpersonale Freiheitsbedingungen“[718] beeinträchtigt. Dies ist nur in wenigen Situationen tatsächlich der Fall. Überzeugend ist es daher, wenn Wolff Kriminalunrecht nur dort erblickt, wo der Täter vorsätzlich Mittel einsetzt, die bereits ihrer Natur nach unbeherrschbar sind und Gefahren begründen, die ein vernünftig Handelnder nicht in Kauf nehmen würde.[719]

Die Idee eines intersubjektiv fundierten Kernstrafrechts beschränkt sich in ihrer Stoßrichtung aber nicht auf den Bereich der abstrakten Gefährdungsdelikte. Im besonderen Teil des Strafgesetzbuchs sind beispielsweise solche Tatbestände fragwürdig, die dem Schutz lediglich vage bestimmbarer Rechtsgüter dienen. Die Störung der Totenruhe (§ 168 StGB) ist hier ein Beispiel. Ein unbestimmt gefasster Tatbestand, wie die Erregung öffentlichen Ärgernisses (§ 183 a StGB), ein anderer. Ferner sind vor allem Vorfeldkriminalisierungen auf ein unerlässliches Minimum zurückzuführen. Auch „klassische Tatbestände“ dürfen insoweit kein Tabu sein. Daher ist es überzeugend, wenn Jakobs ausführt, das bloße Herstellen unechter Urkunden (§ 267 Abs. 1 1. Alt. StGB) sei Ausdruck des „Feindstrafrechts“.[720]

Und auch der allgemeine Teil des deutschen Strafrechts enthält Rechtsinstitute, an deren Erforderlichkeit man Zweifel haben mag. Zu denken ist hier beispielsweise an die Strafbarkeit der leichten Fahrlässigkeit,[721] die Verbrechensverabredung nach § 30 I, II StGB oder die Einschränkungen, denen der Rechtfertigungsgrund der Einwilligung durch § 228 StGB unterworfen ist.[722] Auch die im deutschen Recht sehr weitgehende Strafbarkeit des untauglichen Versuches

---

[718] M. Köhler (1997), S. 33.

[719] E.A. Wolff (1987), S. 137 (218 ff.).
Siehe ferner H.-J. Hirsch, Untauglicher Versuch und Tatstrafrecht, in: Festschrift für C. Roxin, S. 711- 728. Hirsch bezeichnet die terminologische Einteilung in konkrete und abstrakte Gefährdungsdelikte als insgesamt überholt und spricht sich stattdessen dafür aus, von konkreten und abstrakten Gefährlichkeits- (Risiko-)Delikten zu sprechen (S. 718). Diesen Ansatz überträgt Hirsch auch auf den untauglichen Versuch und hält den untauglichen Versuch dann für nicht strafwürdig, wenn eine objektive Maßstabsperson ex-ante das Verhalten des Täters als ungefährlich einstufen würde.

[720] G. Jakobs (1985), S. 751 (757).

[721] Vgl. insoweit M. Köhler, Strafrecht AT, S. 175 f.. Köhler weist zu Recht darauf hin, dass die leichte Fahrlässigkeit nichts anderes als ein systemtypisches Risiko darstellt, welches mit gesellschaftlichen Organisationsprozessen notwendigerweise einhergeht.

[722] Siehe dazu W. Kargl, Probleme der Strafbegründung bei Einwilligung des Geschädigten am Beispiel des Dopings, in: JZ 2002, S. 389- 399 (396 ff.).

ist, wie das Beispiel anderer Länder zeigt, alles andere als eine Selbstverständlichkeit.[723]

Letztendlich sei daran erinnert, dass im Nebenstrafrecht klare Konturen weitestgehend fehlen und die dort getroffenen Entscheidungen des Gesetzgebers auf den unvoreingenommenen Betrachter häufig schlicht willkürlich wirken.[724]

4. Abschließende Gedanken zum Umgang mit der Tierquälerei

Der strafrechtliche Tierschutz steckt hiernach in einem tiefen Dilemma. Während Tierschutz einerseits Aufgabe des Rechts ist, erweist sich der Tatbestand der Tierquälerei – ausgehend vom Vorverständnis eines freiheitlichen Strafrechts – gleichwohl als rechtsstaatlich bedenklich und kaum legitimierbar.[725]

---

[723] Vgl. aus der jüngeren Literatur beispielsweise R. Zaczyk, Das Unrecht der versuchten Tat, Berlin 1989. Ausgehend vom vorpositiven Anerkennungsverhältnis gelangt Zaczyk zu einer differenzierten Unterscheidung. In den Fällen, in denen der Versuch aufgrund einer mangelhaften Handlung untauglich ist, geht Zaczyk von einem rechtswidrigen und daher untauglichen Versuch aus. Ausgenommen sind hier freilich die Fälle des abergläubischen Versuchs. In Abgrenzung zu dieser eher unproblematischen Konstellation verneint Zaczyk im Gegensatz zur h.L. das Vorliegen von Versuchsunrecht dann, wenn die Tat an einem untauglichen Objekt versucht wird und darüber hinaus kein Zusammenhang zu einem konkreten Anerkennungsverhältnis besteht. Der „Schuß auf einen Baumstamm in der Meinung, es sei der X" begründet hiernach ein strafwürdiges Verhalten, während beim Schuß auf einen Toten der notwendige intersubjektive Zusammenhang fehlen soll (S. 250 ff.).
Bedenkenswert ist sicher auch die Differenzierung von Hirsch. Hirsch unterscheidet zwischen gefährlichen und ungefährlichen untauglichen Versuchen und bejaht nur in der ersten der beiden Fallgruppen die Strafwürdigkeit. Die Gefährlichkeit des untauglichen Versuchs ist nach Hirsch aus der ex-ante-Sicht eines neutralen Dritten zu beurteilen (vgl. H.-J. Hirsch (2001), S. 711 ff.). Im Anschluß an Hirsch hat auch Roxin die Strafbarkeit des ungefährlichen Versuchs unlängst als eine „Anomalie" bezeichnet, die dem Prinzip des Rechtsgüterschutzes widerspricht (vgl. C. Roxin, Das strafrechtliche Unrecht im Spannungsfeld von Rechtsgüterschutz und individueller Freiheit, in: ZStW 2004, S. 929- 944 (943)).

[724] Aus all diesem folgt für die Rechtswissenschaft das Gebot, eine „Theorie des Besonderen Teils des Strafrechts" zu erarbeiten. Vgl. hierzu R. Harzer, Die tatbestandsmässigen Situation der unterlassenen Hilfeleistung gemäß § 323 c StGB, Frankfurt a.M. 1999, S. 271 ff., dort heißt es: „Man kann Verzicht leisten gegenüber bereits bestehenden Regeln, und man kann die Herstellung von Regeln mit allen Konsequenzen des Strafrechts legitimieren. Eine Theorie des Besonderen Teils des Strafrechts geht diesen Mittelweg, und es ist erstaunlich, dass sowohl die Begründung des genannten Verzichts als auch die Begründung legitimer Herstellung von Strafgesetzen den gleichen Ursprung besitzen: Es ist der Ursprung freiheitlicher Selbstbestimmung des Einzelnen und der Gemeinschaft, die ein fester Bestandteil des Grundsatzes der Strafgesetzlichkeit ist."

[725] Zu der parallelen Fragestellung, ob und inwieweit das Strafrecht im Rahmen des Umweltschutzes zum Einsatz kommen sollte, vgl. K. Seelmann, Die Berücksichtigung der Natur im Rahmen der Straftheorien, in: J. Nida-Rümelin/ D. v.d. Pfordten (Hrsg.), Ökologische Ethik und Rechtstheorie, Baden-Baden 1995, S. 281-291.

Während man zwar tatsächlich noch annehmen kann, dass Tierquälerei einen direkten Bezug zum Rechtsfrieden aufweist, fehlt es doch an einer hinreichend schwerwiegenden Beeinträchtigung intersubjektiver Rechtsverhältnisse. Es kann schlichtweg nicht bewiesen werden, dass der Bestand der Rechtsordnung, um dessen Sicherung es im Strafrecht geht, von einer positivrechtlichen Kriminalisierung der Tierquälerei abhängig ist. Es ist daher bedenklich, wenn in der Literatur zur Frage der Legitimität des Tierquälereitatbestandes recht allgemeine Überlegungen angestellt werden, die pauschal auf das Risiko tatsächlicher oder vermeintlicher „unkontrollierter Selbsthilfe" verweisen.[726] Derartige Formulierungen täuschen nur darüber hinweg, dass der Tatbestand in einer freiheitlichen Ordnung eigentlich einen Fremdkörper darstellt.

Eines der Kennzeichen des Verbrechens besteht – wie Seelmann festgestellt hat – darin, dass eine im großen und ganzen „gerechte" Gesellschaft dem einzelnen Rechtsbrecher gegenübertritt.[727] Man wird fragen müssen, ob der Tatbestand der Tierquälerei mit diesem Postulat im Einklang steht. Die Zweifel hieran sind evident:

Wird man nicht ehrlicherweise sagen müssen, dass Missbrauch von Tieren ein Massenphänomen – ja sogar ein Geschäft mit Milliardenumsätzen – ist, welches durch die Rechtsordnung in Gestalt des Verwaltungsrechts in vielerlei Hinsicht abgesichert ist. Und dort, wo die Grenzen des Verwaltungsrechts gesprengt werden, ist die Rechtsordnung angesichts der extrem hohen Dunkelziffer nur allzu häufig blind.

Und ist es nicht auch so, dass Einzelindividuen durch ihr Konsumverhalten Kausalitäten begründen und daher beinahe jeden einzelnen Bürger eine moralische Mitverantwortung an der gegenwärtigen Lage der Tiere trifft? Um ein Beispiel zu geben: Über Viehtransporte klagen viele, Konsequenzen für das eigene Verhalten ziehen aber nur wenige.

Was in dieser Situation verbleibt sind Verdrängung und vielleicht noch ein schlechtes Gewissen. Liegt dann aber nicht der Verdacht nahe, dass der Straftatbestand der Tierquälerei den schlecht kaschierten kollektiven Versuch darstellt, sich von der eigenen Schuld reinigen zu wollen? Einige Fälle, die an das Licht

---

[726] So aber SK- Rudolphi, vor § 1, RN 11; tendenziell ähnlich auch Amelung. Bei Amelung heißt es: „Allein auf den sozialen Frieden sind nur wenige Straftatbestände bezogen: zunächst diejenigen, die die Rechtsprechung als Institution gesellschaftlicher Konfliktbeilegung schützen; weiter die Normen, die unmittelbar das staatliche Gewaltmonopol gewährleisten, wie Landfriedensbruch, Landzwang, Bildung bewaffneter Haufen etc., ferner die Volksverhetzung und das staatliche Toleranzgebot. Daneben kommen noch zwei politisch problematischere Normgruppen in Betracht. Das sind einmal die verinnerlichten Normen ohne weitere soziale Funktion, deren manifeste Verletzung die Gefahr von Konflikten mit unberechenbaren Folgen heraufbeschwören würde, wie vielleicht die Tierquälerei und die Erregung öffentlichen Ärgernisses (K. Amelung (1972), S. 378)."

[727] Seelmann spricht insoweit vom „Evidenzerlebnis des Bösewichts" (vgl. Seelmann, KritV 1992, S. 452 (457)).

der Öffentlichkeit dringen, werden herausgegriffen und die Täter im Strafverfahren zu „Sündenböcken" abgestempelt. Am gesamtgesellschaftlichen Umgang mit dem Tier ändert sich hierdurch freilich nur wenig.

Es ist bereits häufig der Vorwurf erhoben worden, im Strafrecht bahnten sich Pharisäertum und kollektive Aggressionsabfuhr einen Weg.[728] Zumindest bezüglich des Tatbestandes der Tierquälerei scheint in diesem Einwand mehr als ein Fünkchen Wahrheit zu liegen.[729]

Und ist es nicht auch Ausdruck von Doppelmoral, wenn der Gesetzgeber auf das Strafrecht vertraut und in regelmäßigen Abständen die Strafandrohung für tierquälerisches Verhalten anhebt, gleichzeitig aber Reformvorschläge, die zum Teil – wie etwa im Fall der Verbandsklage – seit etlichen Jahren bekannt sind, beflissentlich ignoriert?

Das Strafrecht nimmt hierbei handfesten Schaden: Die beschriebene Doppelmoral leistet der Ausbildung symbolischen Rechts Vorschub. Die ultima-ratio-Funktion des Strafrechts wird konterkariert.[730]

---

[728] Vgl. E. Naegli, Das Böse und das Strafrecht, München 1966, S. 40 ff..

[729] Von Popitz stammt die These, Strafe wirke nur, „solange die Mehrheit nicht bekommt, was sie verdient." (vgl. H. Popitz, Über die Präventivwirkung des Nichtwissens, Tübingen 1968, S. 20). Gegen die hier vorgebrachte Kritik könnte man also einwenden wollen, dass der Einsatz des Strafrechts stets – und nicht nur im Fall der Tierquälerei – von Doppelmoral begleitet wird. Dies mag empirisch richtig sein, gleichwohl stellt sich aber die Frage, in welchem Maße eine Rechtsgemeinschaft gewillt ist, sich hiermit auch normativ abzufinden (so auch C. Prittwitz, Das deutsche Strafrecht: Fragmentarisch? Subsidiär? Ultima ratio?, in: Institut für Kriminalwissenschaften Frankfurt a.M. (Hrsg.), Vom unmöglichen Zustand des Strafrechts, Frankfurt a.M. 1995, S. 387- 405 (404)). In jedem Fall spricht die aus dem Strafrecht wohl nie gänzlich zu verbannende Irrationalität für einen zurückhaltenden Einsatz des Strafrechts.

[730] Unlängst haben Caspar und Schröter die Ansicht vertreten, dass nach der Aufnahme des Tierschutzes in das Grundgesetz eine Ausweitung des strafrechtlichen Tierschutzes angezeigt sei. Wörtlich heißt es: „Der Schutz des Tieres als Rechtsgut mit Verfassungsrang in Art. 20 a GG macht es erforderlich, dass für extreme Vergehen der Tierquälerei, die bei den Tieren gravierende Beeinträchtigungen verursachen, ein Sanktionsrahmen zur Verfügung steht, der auf potentielle Täter eine abschreckende Wirkung ausübt.. Dieses leistet die Vorschrift des § 17 TierSchG auch nach Heraufsetzung des Strafrahmens auf drei Jahre Freiheitsstrafe derzeit nicht." (J. Caspar/ M. Schröter (2003), S. 130)

Zur Begründung dieser These wird behauptet, nach der Reform des Art. 20 a GG sei es „offensichtlich systemwidrig", Tierquälerei nicht ebenso hart zu bestrafen wie Verletzungen des Eigentums an beweglichen Sachen. Diese Auffassung verkennt einen gewichtigen Unterschied. Im Rechtsgut „Eigentum" ist ein intersubjektiver Gehalt deutlich erkennbar. Eigentum ist in der modernen Gesellschaft eine wichtige Voraussetzung privater Lebensgestaltung. Zwischen Eigentumsschutz einerseits und Basisvertrauen andererseits besteht daher ein unmittelbarer Bezug.

Zudem übersehen Caspar und Schröter, dass auch der Schutz von Verfassungswerten keineswegs immer des Strafrechts bedarf. Hier sei nochmals an BVerfGE 88, 203 und die Ausführungen des Bundesverfassungsgerichts zum Problem des Schwangerschaftsabbruchs erinnert.

Durch die vorgebrachten Einwände soll das Problem der Tierquälerei keinesfalls verharmlost werden. Das Gegenteil ist der Fall: Tierquälerei ist sicher ein gesellschaftliches Alarmzeichen. Auch widerspricht sie dem an anderer Stelle der Arbeit dargelegten Gebot einer humanen Nutzung des Tiers und ist daher eine Form von Unrecht. Nur kann hieraus eben nicht direkt auf das Vorliegen von Kriminalunrecht geschlossen werden.

All diese Zweifel an der Rolle des Strafrechts werfen die Frage auf, ob es nicht an der Zeit ist, verstärkt nach alternativen Regelungsmechanismen zu suchen, die der tatsächlichen Lage der Tiere möglicherweise eher weiterhelfen, als das Strafrecht dies zu tun vermag. Zu viele Regulierungsmöglichkeiten, die eine tatsächliche Verbesserung der Lage der Tiere erhoffen lassen, bleiben bislang ungenutzt.

Konsequent wäre daher die Streichung des Straftatbestandes und seine Ersetzung durch einen Ordnungswidrigkeitentatbestand.

Lässt man den straftheoretisch unbeachtlichen Ekel, den jeder vernünftige Mensch beim Anblick der Tierquälerei empfindet, einmal außer Betracht, so wird klar, worum es im Kern geht:

Der Tierquäler verkennt, dass Tierschutz nicht bloß eine Privatangelegenheit ist, es sich vielmehr um eine vernünftige Aufgabe des Rechts handelt. Verstoßen wird mithin allein gegen den im demokratischen Prozess zum Ausdruck kommenden Gedanken des „pacta sunt sevanda", das intersubjektive Basisvertrauen bleibt indes unberührt. Es ist daher ausreichend, das Individuum an seine Rechtspflichten zu erinnern, auf den Ausspruch eines sozialethischen Tadels aber zu verzichten.

Gerade hierum geht es aber im Ordnungswidrigkeitenrecht.[731] Es ist nüchterner als das Strafrecht. Der Verzicht auf eine „öffentliche Anklage"[732] ist hierfür ein

---

Das Gericht eröffnete dem Gesetzgeber hier ausdrücklich die Möglichkeit, das werdende Leben durch andere als strafrechtliche Mittel zu schützen. Verfassungsrechtliche Hindernisse stehen einer Entkriminalisierung daher nicht entgegen.

Zur Legitimation des strafrechtlichen Tierschutzes weisen Caspar und Schröter ferner darauf hin, dass Sicherstellungen, Beschlagnahmeverfügungen oder Einziehungen regelmäßig in der Lage seien, einen effizienten Tierschutz „schneller zu bewirken als langwierige verwaltungsbehördliche Maßnahmen" (S. 128). Dies mag richtig sein, rechtfertigt den Tatbestand alleine aber nicht. Vielmehr macht gerade dieses Argument deutlich, dass es den Autoren um präventiven Schutz geht.

731 Betont wird dieser Aspekt unter anderem von W. Mitsch: „Gerade wegen der Angepasstheit und Unauffälligkeit des ordnungswidrigkeitenrechtlichen Tätertyps hat die Verhängung einer Geldbuße keine entehrende, diskriminierende Wirkung. Ihre Funktion ist die einer Ermahnung, eines Denkzettels, der den Betroffenen an seine – im konkreten Fall verletzten – Pflichten erinnern und zu künftig erhöhter Aufmerksamkeit aufrufen soll." (W. Mitsch, Recht der Ordnungswidrigkeiten, 2. Auflage, Berlin [u.a.] 2005, S. 12). In seinem Kern ist das Ordnungswidrigkeitenrecht daher ein „Rechtswidrigkeitenrecht". Zu den hiermit einhergehenden Problemen s.u. (FN 733).

Beispiel.[733] Es ist daher auch klar, dass es hier nicht um eine bloße „Umetikettierung“[734] geht, vielmehr markiert der hier unterbreitete Reformvorschlag den Versuch, eine Lösungsmöglichkeit aufzuzeigen, die dem status quo an rechtsstaatlicher Wahrhaftigkeit überlegen ist.

Eine konsequente Absage ist damit auch Tierschützern zu erteilen, die sich für eine weitere Ausweitung des strafrechtlichen Tierschutzes aussprechen. Wenn bei der Formulierung von Straftatbeständen ethische Anliegen immer stärkeres Gehör finden, nimmt die Rechtsordnung als ganzes Schaden.

Abschließend sei noch einmal daran erinnert, dass die Kritik am Straftatbestand der Tierquälerei über diesen hinausweist. Die Abschaffung bloß eines einzelnen

---

[732] Vgl. unter anderem die bekannte Monographie "The process is the punishment" von Malcolm Feeley (New York 1979). Feeley betont, dass das Strafverfahren aufgrund der für den Angeklagten entstehenden materiellen und immateriellen Kosten einen Teil der erst später verhängten Strafe bereits vorwegnehme. Insoweit dürfte klar sein, dass bereits der gravierende Eingriff, den Ermittlungs- und Hauptverfahren in die Rechte des Verdächtigen darstellen, zu einem umsichtigen Umgang mit dem Strafrecht nötigen.

[733] Am Rande ist aber gleichwohl hervorzuheben, dass auch vom Ordnungswidrigkeitenrecht nur mit Bedacht Gebrauch gemacht werden sollte. In rechtsstaatlicher Hinsicht erscheinen einige Entwicklungen als durchaus bedenklich. Zu Recht wird kritisiert, dass Strafzumessungsregeln im Ordnungsrecht weitestgehend wegfallen und die Geldbuße sogar höher als die Geldstrafe des Strafrechts ausfallen kann (vgl. W. Naucke, Deklaratorische, scheinbare und wirkliche Entkriminalisierung, in: GA 1984, S. 199- 217 (insb. S. 205)). Auch hat Lang- Hinrichsen bereits vor vierzig Jahren auf die fortschreitende Ausdehnung des Ordnungswidrigkeitenrechts hingewiesen (vgl. D. Lang- Hinrichsen, Verbandsunrecht, in: Festschrift für H. Mayer, Berlin 1966, S. 49- 78 (vgl. S. 55)). Siehe zur Kritik an der Ausuferung des Ordnungswidrigkeitenrechts auch U. Weber, Die Überspannung der staatlichen Bußgeldgewalt, in: ZStW 92 (1980), S. 313- 345.
Das Ordnungswidrigkeitenrecht ist daher kein rechtsstaatlich in jedem Fall unbedenkliches Allheilmittel. Für die Legitimation von Ordnungswidrigkeitentatbeständen folgt hieraus, dass diese stets einer positiven Begründung bedürfen. Vorrangig ist dabei die Frage zu beantworten, inwieweit Konflikte überhaupt der Regulierung durch das Recht bedürfen und eine „wirkliche“ Entkriminalisierung geboten ist. Wo dieser Grundsatz missachtet wird, verkommt das Ordnungsunrecht zu einer Ahndung bloßen Ungehorsams. Auch das Ordnungswidrigkeitenrecht kann daher in einem liberalen Staat nur subsidiär zum Einsatz kommen. Im hier vorliegenden Problemkreis ist dies aber freilich kein Problem: Die Grundlegung des Tierschutzes im fünften Kapitel hat eindeutig ergeben, dass es sich beim Tierschutz um eine Aufgabe des Rechts handelt. Eine vollständige Entkriminalisierung ist daher nicht diskutabel.
Lediglich ergänzend soll an dieser Stelle darauf hingewiesen werden, dass auch zivilrechtliche Ahndungsmechanismen gegenüber dem Ordnungswidrigkeitenrecht vorrangig sein sollten.

[734] Plakativ spricht beispielsweise Hefendehl von einer Verharmlosung und einer Umetikettierung, die mit der Verbannung von Straftatbeständen in das Ordungswidrigkeitenrecht erfolge (R. Hefendehl (2002), S. 222).

Tatbestandes zu fordern hieße, systeminterne Ungleichheiten zu schaffen oder zu verstärken, was neue Ungerechtigkeiten begründen würde. Beispiele dafür, was auf den Prüfstand gehört, gibt es zuhauf. Der Straftatbestand der Tierquälerei ist damit nur eines von vielen Beispielen für den fragwürdigen Zustand des gesamten Strafrechts.

Schlussbetrachtung

Die Untersuchung hat ergeben, dass der Gegenstand des Rechts untrennbar mit der Metaphysik verbunden ist. Recht ohne Metaphysik liefert bloß formale Erkenntnis. Die kantsche Frage nach vernünftiger Metaphysik ist daher für den Juristen nach wie vor unabweisbar.

Sucht man nun nach den metaphysischen Prämissen des Rechts, so gelangt man unmittelbar zum Problem des menschlichen Selbstverständnisses und damit auch zum Tier.

Wer hier nach Antworten sucht, erkennt schnell die Grenzen empiristischen Denkens. Während Verhaltensforschung zwar einiges über die biologischen Gemeinsamkeiten von Mensch und Tier an das Tageslicht zu bringen vermag, ist die normative Bedeutung ihrer Ergebnisse gleichwohl gering. Die Begründung von Freiheit und Würde verlangt etwas anderes. Gesucht ist eine Kategorie, die einerseits über bloße Empirie hinausgeht und andererseits auch die utilitaristische Deutung des Menschen als bloßem Interessenträger hinter sich zurück lässt. Zu leisten vermag dies nur ein anspruchsvolles, subjektphilosophisches fundiertes Personenkonzept. Aufgrund des Fehlens von Recht und Moral im Tierreich bleibt den Tieren der Status als Person verwehrt.

Trotz all der ontologischen Gemeinsamkeiten, die zwischen Mensch und Tier zweifelsohne bestehen, ist es gerade dieser Unterschied, der für die Begründung des Rechts und seiner Freiheitlichkeit zentral ist. Die Verschiedenheit von Mensch und Tier ist daher nicht quantitativ, sondern qualitativ.

Der deutsche Idealismus wusste dies und begründete das Recht in Ansehung der speziellen Lebenssituation freier Subjekte. Die Frage des Tierschutzes lag jenseits des Rechts, in der Sphäre der Ethik. So klar und stringent diese Weichenstellung auch ist, sie bereitet dem modernen Menschen gleichwohl erhebliche Probleme. Man meint intuitiv zu wissen, dass der vielfältige Missbrauch von Tieren in der Industriegesellschaft nicht bloß eine Frage individueller Lebensgestaltung sein kann. Und doch ist es schwer, einen Ausweg zu finden. Bei kaum einer anderen Materie des positiven Rechts fällt es gleichermaßen schwer, an der Trennung von Recht und Ethik festzuhalten. Groß ist dementsprechend die Versuchung, für eine pathozentrische Wende des Rechts zu plädieren. Zu real ist insoweit aber die Gefahr, dass um des Tierschutzes willen Prämissen verabschiedet werden, auf denen das Recht insgesamt ruht. Damit drohen Kollateralschäden. Die folgenden Beispiele mögen etwas polemisch klingen, bringen aber zum Ausdruck, worum es geht: Wenn die Rechtsordnung ein Rechtsgut „Integrität des Tieres“ anerkennen würde, was spräche dann gegen ein Rechtsgut wie die „Achtung Gottes“? Und wenn sich aus der Würde des Menschen Rechtspflichten gegenüber dem Tier ergäben, könnte man dann nicht auch versucht sein, andere Rechtspflichten in die Würde hineinzulesen? Wie wäre es in

Zeiten des Terrors beispielsweise mit einer aus der Würde hergeleiteten Pflicht, Sicherheitsbehörden den Blick in die Privatsphäre zu gestatten?

Um ein bekanntes Sprichwort zu zitieren: „Der Weg zur Hölle ist mit guten Absichten gepflastert!“

Und doch hat die Arbeit gezeigt, dass das skizzierte Spannungsverhältnis nicht unauflösbar ist. Tierschutz ist auch in einer freiheitlichen Gesellschaft Aufgabe des Rechts. Den bereits vorhandenen anthropozentrischen Begründungsansätzen wurde eine weitere Überlegung an die Seite gestellt: Für viele Menschen ist die Beziehung zum Tier Bestandteil ihres intersubjektiven Beziehungsgeflechts und somit Teil ihrer Identität. Würde eine Rechtsgemeinschaft diesen Umstand kategorisch ignorieren, so ergäbe sich hieraus eine Benachteiligung bestimmter Identitäten. Die Rechtsprinzipien der „Gleichheit“ und „Selbständigkeit“ wären tangiert.

Tierschutz ist demzufolge kein beliebiges rechtspolitisches Interesse, vielmehr ist es aufgrund der Verbindung zur modernen Identität eher angezeigt, von einem „transzendentalen Interesse“ zu sprechen. Aus der Neutralitätsthese folgt, dass eine Rechtsordnung hier Vermittlungsarbeit zu leisten hat. Am Tierschutz kommt daher auch eine freiheitliche Ordnung nicht vorbei. Schutzwürdig ist hiernach allerdings nicht die „Integrität des Tieres“, sondern die „Mensch-Tier-Beziehung“ als solche.

Was heißt dies für die tierschutzrechtliche Praxis? Zunächst einmal: In einer liberalen Gesellschaft sollte das Tierschutzrecht ohne jedes Pathos daherkommen. Tut es dies nicht, so erhebt es Ansprüche, die es legitimerweise nicht einzulösen vermag. Man kann insoweit durchaus sagen, dass das geltende Tierschutzrecht mit seinen vollmundigen Ankündigungen (vgl. § 90 a BGB sowie § 1 TierSchG) bereits einen Schritt zu weit geht. An der Trennung von Recht und Ethik festzuhalten heißt auch, zu akzeptieren, dass Tierschutz in einer freien Gesellschaft immer auf einen Kompromiss hinausläuft, der auch das gegenläufige Interesse an der Nutzung des Tieres anzuerkennen hat. Freiheitliches Tierschutzrecht beruht daher auf dem dialektisch bestimmten Prinzip einer „humanen Nutzung“ der Tiere. Wenn das Gesetz von „Mitgeschöpflichkeit“ oder davon, dass das Tier keine Sache ist, spricht, verstellt es den Blick auf diesen Befund.

Für die Rechtspolitik ist genau dies freilich verlockend. Bekenntnisnormen wie § 90 a BGB kosten nichts und demonstrieren gesetzgeberische Aktivität.

Dies lenkt von einem Umstand ab, der bestürzend ist: Bei der Bewältigung konkreter Problemlagen bleibt das positive Recht hinter dem zurück, was auch in einer freiheitlichen Rechtsordnung zu leisten wäre. Zahlreiche Reformvorschläge, die auf eine Anhebung des Tierschutzniveaus abzielen, sind ideologisch unverdächtig und ließen sich auch in einer liberalen Rechtsordnung ohne weiteres umsetzen.

Das Recht verkommt auf diese Weise zum Placebo. Leidtragende bei alledem sind auch die Tiere.

Es soll im übrigen gar nicht geleugnet werden, dass es für freiheitliches Tierschutzrecht auch Grenzen gibt. Perfekten Tierschutz kann es in einer liberalen Gesellschaft gar nicht geben. Als Beispiel für eine derartige Grenze wurde das Schächten genannt. Aber vielleicht fiele es leichter, dies hinzunehmen, wenn denn wenigstens das getan würde, was ohne weiteres machbar ist.

Kritisch fällt die Bestandsaufnahme auch gegenüber der Rolle des Strafrechts im Tierschutz aus.

Rechtsstaatliches Strafrecht heißt prinzipienorientiertes Strafrecht. Ausgehend vom freiheitlichen Rechtsparadigma ist hier zum einen ein Rechtsgutsbegriff nötig, der den Schutz der menschlichen Person stets im Blick behält. Zum anderen ist ein Strafrecht wünschenswert, welches sich auf seinen Kernbereich, der Gewährleistung eines Basisvertrauens, konzentriert. Rechtsstaatliches Strafrecht steht damit aber in einem Spannungsverhältnis zur Kriminalpolitik.

Vor diesem Hintergrund ist ein strafrechtliches Delikt der „Tierquälerei" nicht zu legitimieren. Einen „inhärenten Wert" der Tiere zu schützen, gehört nicht zu den Aufgaben des Strafrechts. Aber auch, wenn behauptet wird, dass ein Verzicht auf strafrechtlichen Schutz ungeahnte Gefahren für das menschliche Miteinander begründet, so wird letztlich doch nur spekuliert und der Bogen des Rechts überspannt. Die Ersetzung des Delikts durch einen Ordnungswidrigkeitentatbestand wäre die ehrlichere und rechtsstaatlich unbedenklichere Alternative. Ein erster Schritt in diese Richtung besteht freilich darin, sich das Versagen des strafrechtlichen Tierschutzes einzugestehen, und dies als Ansporn bei der Suche nach adäquaten verwaltungsrechtlichen Regelungsmöglichkeiten aufzufassen.

Auch um der Lage der Tiere willen.

Literaturverzeichnis

Kant wird nach der Akademie-Ausgabe (Kant's gesammelte Schriften, hrsg. von der Preußischen Akademie der Wissenschaften) zitiert: römische Ziffern beziehen sich auf den Band der Akademie-Ausgabe. Außerdem werden die in der Werkausgabe (hrsg. Von Wilhelm Weischedel) genannten Seitenzahlen der Originalausgaben (ggf. deren verschiedene Auflagen – A und B) angegeben.

Achterberg, Norbert: Rechtsverhältnisse als Strukturelemente der Rechtsordnung. Prolegomena zu einer Rechtsverhältnistheorie, in: Rechtstheorie 9 (1978), S. 385- 410.

Adomeit, Klaus: Der Rechtspositivismus im Denken von Hans Kelsen und Gustav Radbruch, JZ 2003, S. 161- 166.

Alexy, Robert: Zur Kritik des Rechtspositivismus, ARSP-Beiheft 37 (1990), S. 9- 23.

Amelung, Knut: Rechtsgüterschutz und Schutz der Gesellschaft, Frankfurt a.M.1972.

Anzenbacher, Arno: Einführung in die Philosophie, 10. Auflage, Freiburg 2002.

Aristoteles: Paul Gohlke (Hrsg.), Aristoteles. Die Lehrschriften, Band 9, 1 (Über die Seele), 3. Auflage, Paderborn 1961 sowie Band 13 (Tierkunde), 2. Auflage, Paderborn 1957.

Ausborn-Brinker, Sandra: Person und Personalität: Versuch einer Begriffsklärung, Tübingen 1999.

Austin, John: Rechtsnormen als Befehle des politischen Machthabers, in: N. Hoerster (Hrsg.), Recht und Moral, S. 16- 20.

Baldus, Manfred: Streitkräfteeinsatz zur Gefahrenabwehr im Luftraum – Sind die neuen luftsicherheitsgesetzlichen Befugnisse der Bundeswehr kompetenz- und grundrechtswidrig?, in: NVwZ 2004, S. 1278- 1285.

Baranzke, Heike: Tierethik, Tiernatur und Moralanthropologie im Kontext von § 17 Tugendlehre, in: Kant- Studien 2005, S. 336- 362.

Barber, Benjamin: Strong democracy, Berkeley 1984.

Bartuschat, Wolfgang: Zur kantischen Begründung der Trias „Freiheit, Gleichheit, Selbständigkeit" innerhalb der Rechtslehre, in: Götz Landwehr (Hrsg.), Freiheit, Gleichheit, Selbständigkeit: Zur Aktualität der Rechtsphilosophie Kants für die Gerechtigkeit der modernen Gesellschaft, Göttingen, 1999, S. 11-25.

Battisti, Siegfried: Naturrecht – Recht der Natur?, in: Festschrift für Emerich Coreth, Innsbruck [u.a.] 1989, S. 282- 292.

Bautz, Friedrich Wilhelm: Artikel „Gertrud, die Große, von Helfta, U. Krolzik, Artikel „Johannes Scotus Eriugena", in: F.W. Bautz (begr. und hrsg.), Biographisch-bibliographisches Kirchenlexikon, Band III, Hamm 1990, Sp. 231-232.

Baynes, Kenneth: Liberale Neutralität und deliberative Politik, in: B. van den Brink/ W. van Reijen (Hrsg.), Bürgergesellschaft, Recht und Demokratie, 1. Auflage, Frankfurt 1995, S. 432- 465.

Behan, David P: Locke on persons and personal identity, in: Canadian Journal of Philosophy 1979, S. 53- 75.

Bentham, Jeremy: The works of Jeremy Bentham, Hrsg. von J. Bowring, New York 1962.

Berg, Christiane: „Pferdeschlitzen" - Eine Form brutaler Tierquälerei, Kriminalistik 1996, S. 394- 400.

Bernhart, Joseph: Heilige und Tiere, Freiburg 1937.

Bieri, Peter: Das Handwerk der Freiheit, München 2001.

Binding, Karl: Lehrbuch des gemeinen deutschen Strafrechts, besonderer Teil, Bd. II, 1, 2. Auflage, Leipzig 1904.

Birnbacher, Dieter: Das Dilemma des Personenbegriffs, in: ARSP- Beiheft 73 (1997), S. 9- 25.

Birnbacher, Dieter: Juristische Rechte für Naturwesen - Eine philosophische Kritik, in: Julian Nida-Rümelin; Dietmar v.d. Pfordten (Hrsg.), Ökologische Ethik und Rechtstheorie, S. 63-73, Baden-Baden1995.

Birnbacher, Dieter: Selbstbewusste Tiere und bewusstseinsfähige Maschinen, in: D. Sturma (Hrsg.), Person - Theoretische Philosophie - Praktische Philosophie, Paderborn 2001, S. 301-321.

Birnbacher, Dieter/ Hoerster, Norbert: Texte zur Ethik, 11. Auflage, München 2000.

Birnbaum, Johann Michael Franz: Über das Erfordernis einer Rechtsverletzung zum Begriff des Verbrechens mit besonderer Rücksicht auf den Begriff der Ehrenkränkung, in: Archiv des Criminalrechts Neue Folge 1 (1834), S. 149-194.

Blanke, Fritz: Unsere Verantwortlichkeit gegenüber der Schöpfung in: Festschrift für Emil Brunner, Zürich 1959, S. 193- 198.

Bloy, Rene: Die Straftaten gegen die Umwelt im System des Rechtsgüterschutzes, in: ZStW 100 (1988), S. 485- 507.

Böckenförde, Ernst-Wolfgang: die Entstehung des Staates als Vorgang der Säkularisation, in: Säkularisation und Utopie, Ernst Forsthoff zum 65. Geburtstag, Stuttgart [u.a.] 1967, S. 75- 94.

Böckenförde, Ernst-Wolfgang: Zur Kritik der Wertbegründung des Rechts, in: ARSP-Beiheft 37 (1990), S. 33- 46.

Böhling, Frank: Artikel „Rationalismus“, in: J. Ritter u.a. (Hrsg.), Hist. Wörterbuch der Philosophie, Band 8 (R- Sc), Basel 1992, Sp. 44- 48.

Boethius, Anicius Manlius Severinus: Contra Eutychen et Nestorium, in: A.M.S. Boethius, Die theologischen Traktate, Hamburg 1988, S. 64- 115.

Bohnert, Joachim: Die Abstraktheit der abstrakten Gefährdungsdelikte – BGH NJW 1982, 2329, in: JuS 1984, S. 182- 187.

Boros, Gábor: Fictum Brutum? Über die ambivalente Seelenlehre des Descartes, in: Friedrich Niewöhner, Jean-Loup Seban (Hrsg.), Die Seele der Tiere, S. 181- 202, Wiesbaden 2001.

Boysen, Sarah T./ Bryan, Kirstin M./ Shreyer, Traci A.: Shadows and mirrors: Alternative avenues to the development of self-recognition in chimpanzees, in: Taylor Parker, Mitchell, Boccia (Hrsg.) , Self-awareness in animals and humans, Cambridge 1994, S. 227-240.

Brandhuber, Klaus: Das neue Tierschutzgesetz - ein grundlegender Fortschritt für den Tierschutz?, in: NJW 1988, S. 1952-1957.

Brandhuber, Klaus: Kein Gewissen an deutschen Hochschulen?, NJW 1991, S. 725- 732.

Breger, Herbert: Die Tiere im Kontinuum der Monaden, in: F. Niewöhner und J.-L. Seban (Hrsg.), Die Seele der Tiere, Wiesbaden 2001, S. 169- 180

Brockhaus: Brockhaus-Enzyklopädie: in 24 Bänden, 16. Band: Nos- Per, 19. Auflage, Mannheim 1991, Band 16.

Brunner, Hellmut (Hrsg. u. Bearb.): Lexikon Alte Kulturen, Band 1: A- Fir, Mannheim 1990.

Buber, Martin: Ich und Du, Heidelberg 1979.

Bydlinski, Franz: Juristische Methodenlehre und Rechtsbegriff, Wien 1982.

Caspar, Johannes/ Schröter, Michael W.: Das Staatsziel Tierschutz in Art. 20 a GG, Bonn 2003.

Caspar, Johannes: Tierschutz im Recht der modernen Industriegesellschaft. Eine rechtliche Neukonstruktion auf philosophischer und historischer Grundlage, Baden-Baden 1999.

Claer, Thomas: Negative Staatlichkeit: Von der „Räuberbande“ zum Unrechtsstaat, Hamburg 2003.

Cloeren, H.J.: Art. „Ockham's razor“, in: J. Ritter u.a. (Hrsg.), Historisches Wörterbuch der Philosophie, Band 6: Mo-O, Basel 1984, Sp.: 1094- 1095.

Chomsky, Noam: Reflexionen über die Sprache, Frankfurt 1977.

Darwin, Charles: Der Ausdruck der Gemütsbewegungen bei dem Menschen und den Thieren, Frankfurt a.M. 2000.

Darwin, Charles: Die Abstammung des Menschen, 4. Auflage, Stuttgart 1982.

Darwin; Charles: Die Entstehung der Arten durch natürliche Zuchtwahl, Stuttgart 1967.

Dawkins, Richard: Das egoistische Gen, 6. Auflage, Hamburg 2004.

DeGrazia, David: On the question of personhood beyond Homo Sapiens, in: Peter Singer (Hrsg.) In defense of animals. The second wave, Oxford [u.a.] 2006, S. 140- 53.

Dennett, Daniel: Conditions of personhood, in: Daniel Dennett, Brainstorms: philosophical essays on mind and psychology, 4th edition, Cambridge 1988, S. 267- 285.

Descartes, René: Das Tier als Maschine, in: Hans-Peter Schütt (Hrsg.), Frankfurt a.M. 1990, S. 94- 112.

Descartes, René: Meditationen über die Grundlage der Philosophie, Hamburg 1994.

Descartes, René: Über den Menschen (1632) sowie Beschreibung des menschlichen Körpers (1648), Heidelberg 1969.

Descartes, René: Von der Methode des richtigen Vernunftgebrauchs und der wissenschaftlichen Forschung, Hamburg 1978.

Deutscher Tierschutzbund e.V./ Bremer Tierschutzbund e.V.: Nerv getroffen, Ein Jahrzehnt Hirnforschung an der Universität Bremen – Forschungsaussagen: Ethische Bewertung. Realität, Bonn 2001.

Dienst, Karl: Artikel „Mechthild von Hackedorn“, in: F.W. Bautz (begr. und hrsg.), Biographisch-bibliographisches Kirchenlexikon, Band V, Hamm 1993, Sp. 1144- 1146

Dierauer, Urs: Tier und Mensch im Denken der Antike: Studien zur Tierpsychologie, Anthropologie und Ethik, Zürich 1977.

Dierauer, Urs: Artikel „Tier; Tierseele“ in: J. Ritter u.a. (Hrsg.), Historisches Wörterbuch der Philosophie, Basel 1998, , Band 10; St- T Sp.: 11195- 1205.

Dölling, Dieter: Generalprävention durch Strafrecht: Realität oder Illusion, ZStW 102 (1990), 1- 20.

Dolzer, Rudolf/ Vogel, Klaus/ Graßhof, Karin (Hrsg.): Bonner Kommentar zum Grundgesetz, Heidelberg Stand: 118. Aktualisierungslieferung August 2005.

Dreier, Horst: Rechtslehre, Staatssoziologie und Demokratietheorie bei Hans Kelsen, 1. Auflage, Baden-Baden 1986.

Dreier, Ralf: Der Begriff des Rechts, in: NJW 1986, S. 890- 896.

Dreier, Ralf: Rechtsbegriff und Rechtsidee. Kants Rechtsbegriff und seine Bedeutung für die gegenwärtige Diskussion, Frankfurt a.M. 1986.

Drewermann, Eugen: Der tödliche Fortschritt: Von der Zerstörung der Erde und des Menschen im Erbe des Christentums, 3. Auflage, Regensburg 1983.

Dupré, John: Gespräche mit Affen, in: D. Perler/ Markus Wild (Hrsg.), Der Geist der Tiere. Philosophische Texte zu einer aktuellen Diskussion, Frankfurt a.M. 2005, S. 295- 322.

Dworkin, Ronald: Bürgerrechte ernstgenommen, 1. Auflage, Frankfurt 1984.

Ebbinghaus, Julius: Rechtsfähigkeit des Menschen, metaphysische Embryologie und politische Psychiatrie, in: Julius Ebbinghaus, Gesammelte Schriften, Band 2: Philosophie der Freiheit, Georg Geismann/ Hariolf Oberer (Hrsg.), Bonn 1988, S. 127- 139.

Eckart, W.U./ Lühe, A. von der: Artikel „Tier; Tierseele", Artikel „Tier; Tierseele" in: J. Ritter u.a. (Hrsg.), Historisches Wörterbuch der Philosophie, Basel 1998, Band 10; St- T, Sp.: 1205- 1217.

Epsein, R./ Lanza, R.P./ Skinner, B.F.: „Self- awareness" in the pigeon, in: Science 212 (1981), S. 645- 696

Erbel, Günter: Rechtsschutz für Tiere - Eine Bestandsaufnahme anläßlich der Novellierung des Tierschutzgesetzes, DVBl. 1986, S. 1235- 1257.

Erbel, Günter: Zur Frage der landesgesetzlichen Regelung der Stellung und der Aufgaben eines Tierschutzbeauftragten, in: DÖV 1992, S. 189- 193.

Feinberg, Joel: Die Rechte der Tiere und zukünftiger Generationen, in: D. Birnbacher (Hrsg.), Stuttgart 1988, S. 140- 179.

Feld, Helmut: Franziskus von Assisi und seine Bewegung, Darmstadt 1994.

Feuerbach, Paul J.A.: Lehrbuch des gemeinen in Deutschland gültigen peinlichen Rechts, 14. Ausgabe (ed. C.J.A. Mittermaier), Giessen 1847.

Fichte, Johann Gottlieb: Johann Gottlieb Fichte´s sämtliche Werke, I.H. Fichte (Hrsg.), 8 Bände, Berlin 1844- 46.

Fielenbach, Martin: Die Notwendigkeit der Aufnahme des Tierschutzes in das Grundgesetz. Dargestellt am Verhältnis des Tierschutzes zur Wissenschaftsfreiheit, Frankfurt a.M. 2005.

Finger, August: Begriff der Gefahr und Gemeingefahr, in: A. Hegler (Hg.), Beiträge zur Strafrechtswissenschaft, Bd. 1, Tübingen 1930, S. 230- 250 (232).

Fischer, Michael: Tierstrafen und Tierprozesse. Zur sozialen Konstruktion von Rechtssubjekten, Münster 2005.

Forst, Rainer: Kontexte der Gerechtigkeit. Politische Philosophie jenseits von Liberalismus und Kommunitarismus, 1. Auflage, Frankfurt a.M. 1996.

Francione, Gary L. : Personalität, Eigentum und Rechtsfähigkeit in: P. Singer/ P. Cavalieri (Hrsg.), Menschenrechte für die großen Menschenaffen, München 1994.S. 379- 393.

Frank, Günter: Seele oder Maschine? Der Streit um die Tierseele in der deutschen Aufklärung, in : Friedrich Niewöhner, Jean-Loup Seban (Hrsg.), Die Seele der Tiere, S. 249-266, Wiesbaden 2001.

Frankfurt, Harry: Freedom of the Will and the Concept of a Person, in: Journal of Philosophy 68 (1971), S. 5- 20.

Fromm, Erich: Die Furcht vor der Freiheit, 11. Auflage, München 2003.

Füllgrabe, Uwe: Zur Motivation der „Pferderipper“, Kriminalistik 1996, S. 391- 393.

Fuhrmann, M.: Artikel „Person“, in: Ritter, J. (Hrsg.): Historisches Wörterbuch der Philosophie“, Band 7 (P-Q), Basel 1989, Sp.: 269-283.
Gallas, Wilhelm: Beiträge zur Verbrechenslehre, Berlin 1968.

Gallup, Gordon G.: Chimpanzees: Self-recognition, in: Science 167, S. 341-343.

Gallup, Gordon G. : Toward a comparative psychology of mind, in: Mellgren (Hrsg), Animal Cognition and behaviour, S. 473- 510, New York 1983.

Gergely, György: From self-recognition to theory of mind, in: Taylor Parker, Mitchell, Boccia (Hrsg.), Self-awareness in animals and humans, Cambridge 1994, S. 51-60.

Gesang, Bernward: Eine Verteidigung des Utilitarismus, Stuttgart 2003.

Geismann, Georg: Kant und ein vermeintes Recht des Embryos, in: Kant- Studien 2004, S. 443- 469.

Gerick, Nicole: Recht, Mensch und Tier. Historische, philosophische und ökonomische Aspekte des tierethischen Problems, Baden-Baden 2005.

von Glasenapp, Helmuth: Der Hinduismus, Religion und Gesellschaft im heutigen Indien, Hildesheim 1978.

Glassmann, Harry P.: Why don't we teach criminal law?, in: The Journal of Legal Education 1962/63, S. 37- 46.

Goetschel, Antoine F.: Tierschutzrecht im Wandel, in: Hans Hinrich Sambraus/ Andreas Steiger (Hrsg.), Das Buch vom Tierschutz, Stuttgart 1997, S. 906- 928.

Götz, Volkmar: Allgemeines Polizei- und ordnungsrecht, 13. Auflage, Göttingen 2001.

Gras, Marianne: Kriminalprävention durch Videoüberwachung, Baden-Baden 2003.

Greven, Gabriele: Die Tierhaltung aus strafrechtlicher Sicht, Köln 1988.

Große, Jürgen: Tierblicke – Studien am Modell nach Sartre –, in: Information Philosophie 4/2005, S. 7- 13.

Grunsky, Wolfgang: Sachen. Tiere - Bemerkungen zu einem Gesetzentwurf - in: Festschrift für Gerd Jauch, S. 93-102, München 1990.

Gulick, Robert van: Was würde als eine Erklärung von Bewusstsein zählen?, in: In: Thomas Metzinger (Hrsg.), Bewußtsein. Beiträge aus der Gegenwartsphilosophie, Paderborn u.a. 1996, S. 79- 101.

Güzeldere, Güven: Ist Bewußtsein Wahrnehmung dessen, was im eigenen Geist vorgeht? In: Thomas Metzinger (Hrsg.), Bewußtsein. Beiträge aus der Gegenwartsphilosophie, Paderborn u.a. 1996, S. 397- 422.

Gusy, Christoph: Artikel „Rechtsverhältnis", in: J. Ritter u.a. (Hrsg.), Historisches Wörterbuch der Philosophie, Basel 1992, Band 8 (R- Sc), Basel 1992, Sp.: 352- 353.

Habermas, Jürgen: Der gespaltene Westen, 1. Auflage, Frankfurt a.M. 2004.

Habermas, Jürgen: Faktizität und Geltung, Beiträge zur Diskurstheorie des Rechts und des demokratischen Rechtsstaats, 1. Auflage, Frankfurt a.M. 1992.

Haffke, Bernhard: Tiefenpsychologie und Generalprävention, Eine strafrechtstheoretische Untersuchung, Aarau 1976.

Harris, James William: When and why does the *Grundnorm* change?, in: Cambridge Law Journal 29 (1971), S. 103-133)

Hart, H.L.A.: Der Begriff des Rechts,1. Auflage, Frankfurt a.M. 1973.

Hart, H.L.A.: Prolegomena zu einer Theorie der Strafe, in: H.LA. Hart, Drei Aufsätze herausgegeben von N. Hoerster, Göttingen 1971, S. 58- 84.

Harzer, Regina: Der Naturzustand als Denkfigur moderner praktischer Vernunft: zugleich ein Beitrag zur Staats- und Rechtsphilosophie von Hobbes und Kant, Frankfurt a.M. 1994.

Harzer, Regina: Die tatbestandsmäßige Situation der unterlassenen Hilfeleistung gemäss § 323 c StGB, Frankfurt a.M. 1999.

Hassemer, Winfried: Das Symbolische am symbolischen Strafrecht, in: Festschrift für C. Roxin, Berlin [u.a.] 2001, S. 1001- 1019.

Hassemer, Winfried: Einführung in die Grundlagen des Strafrecht, 2. Auflage, München 1990.

Hassemer, Winfried: Grundlinien einer personalen Rechtsgutslehre, in: Philipps, Lothar und Scholler, Heinrich (Hrsg.), Jenseits des Funktionalismus - Arthur Kaufmann zum 65. Geburtstag, Heidelberg 1989, S. 85- 95.

Hassemer, Winfried: Kennzeichen und Krisen des modernen Strafrecht, in: ZRP 1992, S. 378- 383.

Hassemer, Winfried: Symbolisches Strafrecht und Rechtsgüterschutz, in: NStZ 1989, S. 553-559.

Haus, Michael: Kommunitarismus. Einführung und Analyse, Wiesbaden 2003.

Hauser, Marc D.: Wilde Intelligenz, München 2003.

Hefendehl, Roland: Kollektive Rechtsgüter im Strafrecht, Köln 2002.

Hegel, Georg Wilhelm Friedrich: Werke in zwanzig Bänden, Eva Moldenhauer u.a. (Hrsg.), Frankfurt a.M. 1970.

Heger, Rainer: Die Politik des Thomas Hobbes, Frankfurt a.M. 1981.

Heichelheim, F.M./ Elliott, Thomas: Das Tier in der Vorstellungswelt der Griechen, in: Studium Generale 1967, S. 85-89.

Heinz, Karl Eckhart: Staatsziel Umweltschutz in rechtstheoretischer und verfassungstheoretischer Sicht, in: NuR 1994, S. 1- 8.

Hendrichs, Hubert: Die Fähigkeit des Erlebens. Zur Evolution von Emotionalität und Intentionalität, Fürth 2000.

Hendrichs, Hubert: Implizites Wissen und Recht: Von der Lebendigkeit der Lebewesen zu den Grundlagen der Orientierung der Menschen, in: Festschrift für E.J. Lampe, Berlin 2003, S. 17- 42.

Henke, Martin: Utilitarismus und Schuldprinzip bei der schuldunabhängigen Strafe im angelsächsischen Rechtskreis, Bonn 1990.

Henkel, Heinrich: Einführung in die Rechtsphilosophie, 2. Auflage, München 1997.

Herzog, Felix: Gesellschaftliche Unsicherheit und strafrechtliche Daseinsvorsorge, Heidelberg 1991.

v. **Hippel, Robert:** Die Tierquälerei in der Strafgesetzgebung des In- und Auslands. Historisch, dogmatisch und kritisch dargestellt, nebst Vorschlägen zur Änderung des Reichsrechts, Berlin 1891.

Hirsch, Hans-Joachim: Untauglicher Versuch und Tatstrafrecht, in: Festschrift für C. Roxin, Berlin 2001, S. 711- 728.

Hirth, Albert/ Maisack, Christoph/ Moritz, Johanna: Tierschutzgesetz. Kommentar, München 2003.

Hobbes, Thomas: Leviathan: oder Stoff, Form und Gewalt eines kirchlichen und bürgerlichen Staats, Iring Fetscher (Hrsg.), Frankfurt a.M. 1984.

Hochhuth, Martin: Die Bedeutung der neuen Willensfreiheitsdebatte für das Recht, in: JZ 2005, S. 745- 753.

Höffe, Otfried: Der entlarvte Ruck. Was sagt Kant den Gehirnforschern, in: Christian Geyer (Hrsg.), Hirnforschung und Willensfreiheit, Frankfurt a.M. 2004, S. 177- 182.

Höffe, Otfried: Die Ethik der Natur im Streit um die Moderne, Scheidewege 1989, S. 57- 74.

Höffe, Otfried: Einführung in die Kritik der praktischen Vernunft, in: Otfried Höffe, Klassiker Auslegen. Kritik der praktischen Vernunft, Berlin 2002, S. 1-23, zit.: O. Höffe (2002 a).

Höffe, Otfried: Einführung in die utilitaristische Ethik, 2. Auflage, Tübingen 1992.

Höffe, Otfried: Erwiderung, in: Wolfgang Kersting (Hrsg.), Gerechtigkeit als Tausch? Auseinandersetzung mit der politischen Philosophie Otfried Höffes, 1. Auflage, Frankfurt a.M. 1997.

Höffe, Ottfried: Immanuel Kant, 6. Auflage, München 2004.

Höffe, Otfried: Kants nichtempirische Verallgemeinerung: zum Rechtsbeispiel des falschen Versprechens, in: Otfried Höffe (Hrsg.), Grundlegung zur Metaphysik der Sitten. Ein kooperativer Kommentar, 3. Aufl., Frankfurt a.M. 2000, S. 206- 233.

Höffe, Otfried: Kategorische Rechtsprinzipien. Ein Kontrapunkt der Moderne, 1. Auflage, Frankfurt a.M. 1994.

Höffe, Otfried: Moral als Preis der Moderne. Ein Versuch über Wissenschaft, Technik und Umwelt, 1. Auflage, Frankfurt a.M. 1993.

Höffe, Otfried: Politische Gerechtigkeit. Grundlegung einer kritischen Philosophie von Recht und Staat, 3. Auflage, Frankfurt a.M. 2002.

Höfling, Wolfram/ Augsberg, Steffen: Luftsicherheit, Grundrechtsregime und Ausnahmezustand, in: JZ 2005, S. 1080- 1088.

Hoerster, Norbert: Haben Tiere eine Würde? Grundfragen der Tierethik, München 2004.

Hoerster, Norbert: Richtigstellung über den Rechtspositivismus, in: ARSP 1993, S. 416- 420.

Hoerster, Norbert: Zum begrifflichen Verhältnis von Recht und Moral, in: Neue Hefte für Philosophie 1979, S. 77- 88.

Hösle, Vittorio: Hegels System. Der Idealismus der Subjektivität und das Problem der Intersubjektivität. Band 2: Philosophie der Natur und des Geistes, Hamburg 1987.

Hösle, Vittorio: Moral und Politik: Grundlagen einer Politischen Ethik für das 21. Jahrhundert, München 1997.

Hösle, Vittorio: Was darf und soll der Staat bestrafen? Überlegungen im Anschluß an Fichtes und Hegels Straftheorien; in: Vittorio Hösle (Hrsg.), Die Rechtsphilosophie des deutschen Idealismus; Hamburg 1989, S. 1- 55.

Hofmann, H: Artikel „Naturzustand", in: J. Ritter u.a. (Hrsg.), Historisches Wörterbuch der Philosophie, Bd. 6: Mo-O, Basel 1984, Sp.: 654- 657.

Holtmann, Sarah Williams: Kantian Justice and Poverty Relief, in: Kant-Studien 2004, S. 86- 196

Holzhey, Helmut: Das Tier ist keine Sache. Rechtsethische Postulate zu einer Neubewertung des Tiers, in: A. F. Goetschel (Hrsg.), Recht und Tierschutz, Bern [u.a.] 1993, S. 201- 212.

Honnefelder, Ludger: Der Streit um die Person in der Ethik, in: Philosophisches Jahrbuch 1993, S. 246- 265.

Honneth, Axel: Die transzendentale Notwendigkeit von Intersubjektivität, in: Jean-Christoph Merle (Hrsg.), Grundlage des Naturrechts. Klassiker auslegen, Berlin 2001, S. 63-80.

Hornung, E.: Die Bedeutung des Tieres im alten Ägypten, in: Studium Generale 1967, S. 69-84.

Horstmann, Rolf-Peter: Theorie des Urrechts (§§ 8-12), in: J.C. Merle (Hrsg.), Grundlage des Naturrechts. Klassiker auslegen, Berlin 2001, S. 113- 123.

Hruschka, Joachim: Utilitarismus in der Variante von Peter Singer, in: JZ 2001, S. 261- 271.

Hügli, Anton/ Han, Byung-Chul: Artikel „Utilitarismus“, in: J. Ritter u.a. (Hrsg.), Historisches Wörterbuch der Philosophie, Band 11: U-V, Basel 2001, Sp.: 504- 510.

Hume, David: Of the immortality of the soul in: T.H. Green/ T.H. Grose (Hrsg.), The philosophical works, Volume 4: Essays, moral, political and literary, Aalen 1964, S. 399- 406 (400).

Huntington, Samuel P.: Kampf der Kulturen: die Neugestaltung der Weltpolitik im 21. Jahrhundert, 3. Auflage, München 1997.

Husserl, Gerhart: Recht und Welt, in: G. Husserl, Recht und Welt: rechtsphilosophische Anhandlungen, Frankfurt a.M. 1964, S. 67- 114.

Huxley, Thomas Henry: Evolution and ethics, in: T.H. Huxley, Evolution and ethics and other essay, London 1903, S. 46- 116

Iber, Christian: Subjektivität, Vernunft und ihre Kritik: Prager Vorlesungen über den Deutschen Idealismus, Frankfurt a.M. 1999.

Ingensiep, Hans Werner: Zur Lage der Tierseele und Tierethik im Deutschland des 19. Jahrhunderts, in: F. Niewöhner und J.-L. Seban, Die Seele der Tiere, Wiesbaden 2001, S. 283- 331

Isensee, Josef: Das Grundrecht auf Sicherheit : zu den Schutzpflichten des freiheitlichen Verfassungsstaates, Berlin 1983.

Jabloner, Clemens: Wie zeitgemäss ist die Reine Rechtslehre?, in: Rechtstheorie 1998, S. 1-21.

Jakobs, Günther: Das Strafrecht zwischen Funktionalismus und „alteuropäischem“ Prinzipiendenken, in: ZStW 107 (1995), S. 843- 876.

Jakobs, Günther: Kriminalisierung im Vorfeld einer Straftat, in: ZStW 1985, S. 751- 785.

Jakobs, Günther: Norm, Person, Gesellschaft. Vorüberlegungen zu einer Rechtsphilosophie, Berlin 1997.

Jakobs, Günther: Strafrecht, Allgemeiner Teil: die Grundlagen und die Zurechnungslehre, 2. Auflage, Berlin 1993.

Jellinek, Georg: Allgemeine Staatslehre, 3. Auflage, Berlin 1922.

Jellinek, Georg: System der subjektiven öffentlichen Rechte, 2. Auflage, Tübingen 1919.

Jescheck, Hans- Heinrich, u.a. (Hrsg.): Strafgesetzbuch. Leipziger Kommentar, 10. Auflage, Berlin New York 1978 ff..

Johannes (Scotus Eriugena): Über die Eintheilung der Natur, Berlin 1870/74.

Jooß, Erich/ Kirchhoff, Hermann: Ein Hauch von Paradies, Tierlegenden aus zwei Jahrtausenden, Freiburg 1986.

Kargl, Walter: Probleme der Strafbegründung bei Einwilligung des Geschädigten am Beispiel des Dopings, in: JZ 2002, S. 389- 399.

Kargl, Walter: Rechtsextremistische Parolen als Volksverhetzung, in: Jura 2001, S. 176- 182.

Kästner, Karl- Hermann: Das tierschutzrechtliche Verbot des Schächtens aus der Sicht des Bundesverfassungsgerichts, in: JZ 2002, S. 491- 495.

Kaufmann, Arthur: Das Schuldprinzip, 2. Auflage, Heidelberg 1976.

Kaufmann, Arthur: Das Verfahren der Rechtsgewinnung, München 1999.

Kaufmann, Arthur: Gibt es Rechte der Natur?, in: Festschrift für G. Spendel, Berlin 1992, S. 59- 73.

Kaufmann, Arthur: Unrecht und Schuld beim Delikt der Volltrunkenheit, in: JZ 1963, S. 425- 433.

Kaufmann, Franz-Xaver: Sicherheit als soziologisches und sozialpolitisches Problem. Untersuchungen zu einer Wertidee hochdifferenzierter Gesellschaften, 2. Auflage, Stuttgart 1973.

Kaulbach, Friedrich: Studien zur späten Rechtsphilosophie Kants und ihrer transzendentalen Methode, Würzburg 1982.

Kelsen, Hans: Das Wesen des Staats, in: H. Klecatsky (Hrsg.), Die Wiener Rechtstheoretische Schule, Wien 1968, S. 1713- 1741.

Kelsen, Hans: Die philosophischen Grundlagen der Naturrechtslehre und des Rechtspositivismus, in: H. Klecatsky (Hrsg.), Die Wiener Rechtstheoretische Schule, Wien 1968, S. 281- 350.

Kelsen, Hans: Reine Rechtslehre: mit einem Anhang: Das Problem der Gerechtigkeit, 2. Auflage, Wien 1960.

Kelsen, Hans: Vom Geltungsgrund des Rechts, in: Festgabe für Alfred Verdross, F.A. Frhr. v.d. Heydte u.a (Hrsg.), Wien 1960, S. 157- 165 (162).

Kersting, Wolfgang: Die verbindlichkeitstheoretischen Argumente der Kantischen Rechtslehre, ARSP-Beiheft 37 (1990), S. 62- 74.

Kersting, Wolfgang: Sittengesetz und Rechtsgesetz – Die Begründung des Rechts bei Kant und den frühen Kantianern, in: Reinhard Brandt (Hrsg.), Rechtsphilosophie der Aufklärung: Symposium Wolfenbüttel 1981, Berlin 1982, S. 148- 177.

Kersting, Wolfgang: Wohlgeordnete Freiheit: Immanuel Kants Rechts- und Staatsphilosophie, 1. Auflage, Frankfurt a.M. 1984.

Killias, Martin: Kriminologische Aspekte von Tierschutz und Tierquälerei, in: A. F. Goetschel (Hrsg.), Recht und Tierschutz, Bern [u.a.] 1993, S. 75- 89.

Kindhäuser, Urs: Gefährdung als Straftat. Rechtstheoretische Untersuchungen zur Dogmatik der abstrakten und konkreten Gefährdungsdelikte, Frankfurt a.M. 1991.

Kirchhoff, Hermann: Sympathie für die Kreatur: Mensch und Tier in bibl. Sicht, München 1987.

Kley, Andreas/ Tophinke, Esther: Hans Kelsen und die reine Rechtslehre, in: JA 2001, S. 169- 174.

Kloepfer, Michael: Tierversuchsbeschränkungen und Verfassungsrecht, in JZ 1986, S. 205- 212.

Klug, Ulrich: Abschied von Kant und Hegel, In: Jürgen Baumann (Hrsg.) Programm für ein neues Strafgesetzbuch, Frankfurt a.M. 1968, S. 36-41

Kluge, Hans-Georg: Grundrechtlicher Freiraum des Forschers und ethischer Tierschutz, in: NVwZ 1994, S. 869- 872.

Kluge, Hans-Georg: Tierschutzgesetz, 1. Auflage, Stuttgart 2002.

Kobusch, Theo: Die Entdeckung der Person, Basel 1993.

Kodalle, Klaus-M.: Artikel „Karl Christian Krause", in: F.W. Bautz (begr. und hrsg.), Biographisch-bibliographisches Kirchenlexikon, Band IV, Hamm 1992, Sp. 624- 631.

Köhler, Michael: Der Begriff der Strafe, Heidelberg 1986.

Köhler, Michael: Strafrecht, allgemeiner Teil, Berlin u.a. 1997.

Köhler, Wolfgang: Zur Psychologie des Schimpansen, in: Psychologische Forschung 1922, S. 2- 46.

Koller, Peter: Theorie des Rechts. Eine Einführung, Wien u.a. 1992.

Koriath, Michael: Zum Streit um den Begriff des Rechtsguts, in: GA 1999, S. 561- 583.

Koriath, Heinz: Zum Streit um die Gefährdungsdelikte, in: GA 2001, S. 51- 74.

Krause, Karl Christian Friedrich: Das System der Rechtsphilosophie: Vorlesungen für Gebildete aus allen Ständen, Leipzig 1874.

Kriele, Martin: Einführung in die Staatslehre, Reinbek 1975.

Kriele, Martin: Recht und praktische Vernunft, Göttingen 1979.

Krijnen, Christian: Haben Tiere Rechte, in: ARSP 1997, S. 369- 397.

Krolzik, Udo: Umweltkrise - Folge des Christentums?, 2. Auflage, Stuttgart1980.

Krolzik, Udo: Artikel „Johannes Scotus Eriugena", in: F.W. Bautz (begr. und hrsg.), Biographisch-bibliographisches Kirchenlexikon, Band III, Hamm 1992.

Krumbiegel, Ingo: Tierquälerei – ein Weg in den Abgrund, Hannover 1981.

Kubik, Gerhard: Totemismus, ethnopsychologische Forschungsmaterialien und Interpretationen aus Ost- und Zentralafrika, 1962- 2002, Münster 2004.

Kübler, Friedrich: Gesellschaftsrecht, 4. Auflage, Heidelberg 1994.

Kühl, Kristian: Die Bedeutung der Rechtsphilosophie für das Strafrecht, Baden Baden 2001.

Kühl, Kristian: Eigentumsordnung als Freiheitsordnung: zur Aktualität der Kantischen Rechts- u. Eigentumslehre, Freiburg 1984.

Küper, Wilfried: Tötungsverbot und Lebensnotstand, in: JuS 1981, S. 785-794.

Küpper, Georg: Recht und Ethik im Umwelt- und Tierschutz, Baden- Baden 2002.

Kuhlen, Lothar: Zum Strafrecht der Risikogesellschaft, in: GA 1994, S. 347-367.

Lackner, Karl: Das konkrete Gefährdungsdelikt im Verkehrsstrafrecht, Berlin 1967.

Ladeur, Karl- Heinz: „Abwägung" – ein neues Rechtsparadigma? Von der Einheit der Rechtsordnung zur Pluralität der Rechtsdiskurse, in: ARSP 1983, S. 463- 483.

Lagodny, Otto: Strafrecht vor den Schranken der Grundrechte, Tübingen 1996.

Lang-Hinrichsen, Dietrich: Verbandsunrecht, in: Festschrift für H. Mayer, Berlin 1966, S. 49- 78.

Larenz, Karl: Rechtsperson und subjektives Recht. Zur Wandlung der Rechtsgrundbegriffe, in: K. Larenz u.a. (Hrsg.), Grundfragen der neuen Rechtswissenschaft, Berlin 1935, S. 225- 260.

van Lawick-Goodall, Jane: Wilde Schimpansen, 10 Jahre Verhaltensforschung am Gombe- Strom, Hamburg 1971.

Leahy, Michael P.T.: Against liberation: Putting animals into perspective, New York/ London 1991.

Leeuw, Gerardus van der: Phänomenologie der Religion, 3. Auflage, Tübingen 1970.

Lersner, Heinrich Freiherr von: Gibt es Eigenrechte der Natur?, in: NVwZ 1988, S. 988- 992.

Lewin, Roger: Complexity: Life at the edge of chaos, New York 1992.

Lewis, Michael: Myself and me, in: Taylor Parker, Mitchell, Boccia (Hrsg.), Self-awareness in animals and humans, Cambridge 1994, S. 20-34.

Lisken, Hans: Zur polizeilichen Rasterfahndung, in: NVwZ 2002, S. 513- 519.

Liszt, Franz von/ Schmidt, Eberhard: Lehrbuch des deutschen Strafrechts, 25. Auflage, Berlin 1927 (sowie 12. und 13. Auflage, Berlin 1903).

Locke, John: Versuch über den menschlichen Verstand. Band I: Buch 1 und 2, unveränderter Nachdruck der Neuausgabe von 1962, Berlin 1968.

von Loeper, Eisenhart/ Reyer, Wasmut: Das Tier und sein rechtlicher Status, in: ZRP 1984 S. 205-212.

Lorz, Albert: Das Strafrecht und die Tiere; in: Gedächtnisschrift Karlheinz Meyer, Berlin [u.a.] 1990, S. 567-581.

Lorz, Albert (Begr.): Tierschutzgesetz, 5. Auflage, München 1999, (bearbeitet von Ernst Metzger).

Luf, Gerhard: Freiheit und Gleichheit, Wien 1978.

Luf, Gerhard: Überlegungen zum transzendentallogischen Stellenwert der Grundnormkonzeption Kelsens, in: Festgabe Weinberger, Berlin 1984, S. 567-581.

Maag, Victor: Das Tier in den Religionen, in: Josef Frewein (Hrsg.), Das Tier in der menschlichen Kultur, S. 7-18, Zürich 1983, S. 7- 18.

Maak, Thomas: Kommunitarismus. Grundkonzept einer neuen Ordnungsethik?, 2. Auflage, St. Gallen 1997.

MacIntyre, Alasdair: Der Verlust der Tugend. Zur moralischen Krise der Gegenwart, 1. Auflage, Frankfurt a.M. 1995.

MacIntyre, Alasdair: Die Anerkennung der Abhängigkeit. Über menschliche Tugenden, Hamburg 2001.

MacIntyre, Alasdair: Whose Justice? Which Rationality, London 1988.

Maehle, Andreas-Holger: Kritik und Verteidigung des Tierversuchs. Die Anfänge der Diskussion im 17. und 18. Jahrhundert, Stuttgart 1992.

Marks, Jonathan: What it means to be 98% chimpanzee : apes, people, and their genes, Berkeley 2002.

Maske, Rainer: Die Videoüberwachung von öffentlichen Plätzen, in: NVwZ 2001, S. 1248- 1250.

Mason, Jim/ Finelli, Mary: Brave new farm, in: Peter Singer (Hrsg.) In defense of animals. The second wave, Oxford [u.a.] 2006, S. 104- 122.

Maus, Ingeborg: Die Trennung von Recht und Moral als Begrenzung des Rechts, in: Rechtstheorie 1989, S. 191- 210.

Maunz, Theodor/ Dürig, Günter: Grundgesetz, Kommentar, München Stand: 44. Lieferung Juni 2005.

Mayer, Matthias: Religionsfreiheit und Schächtverbot, in: NVwZ 1997, S. 561- 563.

Mead, George H.: Geist, Identität und Gesellschaft: aus der Sicht des Sozialbehaviorismus, 1. Auflage, Frankfurt a.M. 1973.

Merkel, Reinhard: Strafrecht und Satire im Werk von Karl Kraus, Baden-Baden 1994.

Michaels, Axel: Der Hinduismus, Geschichte und Gegenwart, München 1998.

Midgley, Mary: Gene- juggling, Philosophy 1979, S. 439- 458.

Mill, John Stuart: Der Utilitarismus, Stuttgart 1976.

Mill, John Stuart: Über die Freiheit, Stuttgart 1974.

Mitsch, Wolfgang: Recht der Ordnungswidrigkeiten, 2. Auflage, Berlin [u.a.] 2005.

Monod, Jacques: Zufall und Notwendigkeit, 5. Auflage, München 1973.

Moore, George Edward: Principia ethica (dt. Ausgabe), Stuttgart 1970.

Morié, Rolf: Das Vergehen der Tierquälerei: eine strafrechtliche Untersuchung zu § 17 Tierschutzgesetz unter besonderer Berücksichtigung staatsanwaltschaftlicher und gerichtlicher Strafakten aus Niedersachsen in d. Jahren 1974 bis 1981, Göttingen 1983.

Müller-Volbehr, Jörg: Religionsfreiheit und Tierschutz: Zur Zulässigkeit religiös motivierten Schächtens, JuS 1997, S. 223- 227.

Naegli, Eduard: Das Böse und das Strafrecht, München 1966.

Naucke, Wolfgang: Das System der prozessualen Entkriminalisierung, Festschrift für G. Grünwald, Baden-Baden 1999, S. 403- 418.

Naucke, Wolfgang: Deklaratorische, scheinbare und wirkliche Entkriminalisierung, in: GA 1984, S. 199- 217.

Naucke, Wolfgang: Die strafjuristische Privilegierung staatsverstärkter Kriminalität, Frankfurt a.M. 1996.

Naucke, Wolfgang: „Gesetzliches Unrecht“: ein aktueller juristischer Grundbegriff, in: Festschrift für Ekkehart Stein, Tübingen 2002, S. 283- 296.

Naucke, Wolfgang: Konsens als Quelle richtigen Rechts; richtiges Recht als Grenze des Konsenses, in: H. Hattenhauer/ W. Kaltefleiter (Hrsg.), Mehrheitsprinzip, Konsens und Verfassung, Heidelberg 1986, S. 47- 60.

Naucke, Wolfgang/ Harzer, Regina: Rechtsphilosophische Grundbegriffe, 5. Auflage, München 2005.

Navé Levinson, Pnina: Einführung in die rabbinische Theologie, Darmstadt 1982.

Nelson, Leonard: Kritik der praktischen Vernunft [1917], in: Gesammelte Schriften, Bd. 4, Hamburg 1972.

Neumann, Ulfried: Positivistische Rechtsquellenlehre und naturrechtliche Methode, in: ARSP-Beiheft 37 (1990), S. 141- 151.

Neumann, Ulfried/ Puppe, Ingeborg/ Schild, Wolfgang (Gesamtredaktion): Nomos Kommentar zum Strafgesetzbuch, 1. Band, 14. Ergänzungslieferung, Stand: Nov. 2003.

Oxford English Dictionary, Second Edition, Volume XI: OW-Poisant, Oxford 1989.

Parfit, Derek: Reasons and Persons, Oxford 1984.

Pateman, Carole: Feminist Critiques of the Public/ Private Dichotomy, in: S.I. Benn/ G.F. Gaus (Hrsg.), Public and Private in Social Life, London 1983, S.281-303.

Pawlik, Miachael: § 14 Abs. 3 des Luftsicherheitsgesetzes – ein Tabubruch?, in: JZ 2004, S. 1045- 1055.

Pawlik, Michael: Die reine Rechtslehre und die Rechtstheorie H.L.A. Harts: ein kritischer Vergleich, Berlin 1992.

Pawlik, Michael: Person, Subjekt, Bürger. Zur Legitimation von Strafe, Berlin 2004, im Haupttext zitiert als M. Pawlik (2004 a).

Pfordten, Dietmar von der: Normativer Individualismus und das Recht, in: JZ 2005, S. 1069- 1080.

Pieroth, Bodo/ Schlink, Bernhard: Grundrechte, 20. Auflage, Heidelberg 2004.

Plachter, Harald: Naturschutz, Stuttgart 1991.

Plack, Arno: Die Gesellschaft und das Böse. Eine Kritik der herrschenden Moral, 10. Aufl., München 1971.

Popitz, Heinrich: Über die Präventivwirkung des Nichtwissens, Tübingen 1968.

Popper, Karl/ Eccles, John C.: Das ich und sein Gehirn, 8. Auflage, München 2002.

Posner, Richard: Economic analysis of law, 5. Auflage, New York 1998.

Prittwitz, Cornelius: Das deutsche Strafrecht: Fragmentarisch? Subsidiär? Ultima ratio?, in: Institut für Kriminalwissenschaften Frankfurt a.M. (Hrsg.), Vom unmöglichen Zustand des Strafrechts, Frankfurt a.M. 1995, S. 387- 405.

Prittwitz, Cornelius: Funktionalisierung des Strafrechts, in: Strafverteidiger 1991, S. 435- 441.

Rabinovitch, Melitta: Der Delphin in Sage und Mythos der Griechen, Dornach - Basel 1947.

Radbruch, Gustav: Rechtsphilosophie, 8. Auflage, Stuttgart 1973.

Rahn H.: Das Tier in der homerischen Dichtung, Studium Generale 1967, S. 90- 105.

Rawls, John: Eine Theorie der Gerechtigkeit, Frankfurt a.M. 1975.

Rawls, John: Geschichte der Moralphilosophie, Frankfurt a.M. 2002

Regan, Tom: The case for Animal Rights, London 1983.
Reich, Klaus: Kant und Rousseau, Tübingen 1936.

Rheinz, Hanna: Eine tierische Liebe. Zur Psychologie der Beziehung zwischen Mensch und Tier, München 1994.

Ricken, Friedo: Homo noumenon und homo phaenomenom. Ableitung, Begründung und Anwendbarkeit der Formel von der Menschheit als Zweck an sich selbst, in: Otfried Höffe (Hrsg.), Grundlegung zur Metaphysik der Sitten. Ein kooperativer Kommentar, 3. Auflage, Frankfurt a.M. 2000, S. 234- 252.

Rifkin, Jeremy: Das biotechnische Zeitalter, München 2000.

Robbers, Gerhard: Zur Verteidigung einer Wertorientierung im Recht, in: ARSP-Beiheft 37 (1990), S. 162- 172.

Röckle, Axel Gerhard: Probleme und Entwicklungstendenzen des strafrechtlichen Tierschutzes, Tübingen 1996.

Roggan, Fredrik: Die Videoüberwachung von öffentlichen Plätzen - Oder: Immer mehr gefährliche Orte für Freiheitsrechte, in: NVwZ 2001, S. 134- 141.

Romanes, George John: geistige Entwicklung im Tierreich, Leipzig 1885.

Roth, Gerhard: Willensfreiheit, Verantwortlichkeit und Verhaltensautonomie des Menschen aus Sicht der Hirnforschung, in: Festschrift für E.J. Lampe, S. 43-63, Berlin 2003.

Rovanne, C.: The Personal Stance, in: Philosophical Topics 22 (1994), S. 351-396.

Roxin, Claus: Das strafrechtliche Unrecht im Spannungsfeld von Rechtsgüterschutz und individueller Freiheit. In: ZStW 2004, S. 929- 944.

Roxin, Claus: Sinn und Grenzen staatlicher Strafe, in: JuS 1966, S. 377- 387.

Roxin, Claus: Strafrecht: Allgemeiner Teil Bd. 1 Grundlagen, der Aufbau der Verbrechenslehre, 4. Auflage, München 2006 (zitiert wird auch die dritte Auflage aus dem Jahr 1997; vgl. dazu die entsprechenden Stellen im Text der Arbeit).

Rudolphi, Hans-Joachim (Hrsg.): Systematischer Kommentar zum Strafgesetzbuch, 2. Band, 62. Ergänzungslieferung, Stand: Oktober 2004, Frankfurt a.M.

Ruß, Hans Günther: Wissenschaftstheorie, Erkenntnistheorie und die Suche nach Wahrheit. Eine Einführung, 1. Auflage, Stuttgart 2004.

Saladin, Peter: Wahrnehmung des Tierschutzes im Verwaltungsverfahren, in: A. F. Goetschel (Hrsg.), Recht und Tierschutz. Hintergründe- Aussichten, Bern 1993, S. 37- 58.

Sandel, Michael J.: Die verfahrensrechtliche Republik und das ungebundene Selbst, in: A. Honneth (Hrsg.), Kommunitarismus: eine Debatte über die moralischen Grundlagen moderner Gesellschaften, Frankfurt a.M. 1993, S. 18- 35.

Sandel, Michael J.: Liberalism and the limits of justice, Cambridge 1982.

Savage-Rumbaugh, Sue/ Lewin, Roger: Kanzi, der sprechende Schimpanse: was den tierischen vom menschlichen Verstand unterscheidet, München 1995.

Savigny, Friedrich Carl v.: System des heutigen Römischen Rechts, 1. Band Berlin 1840.

Scherer, Georg: Artikel „Person“, in: J. Ritter. (Hrsg.), Historisches Wörterbuch der Philosophie, Band 7 (P-Q), Basel 1989, Sp.: 300-320.

Schild, Wolfgang: Die Reinen Rechtslehren, Wien 1975.

Schild, Wolfgang: Die staatliche Strafmaßnahme als Symbol der Strafwürdigkeit - Zur Verbrechens- und Strafphilosophie von Immanuel Kant, in: Festschrift für E.A. Wolff, S. 429- 441, Berlin 1998.

Schild, Wolfgang: Ende und Zukunft des Strafrechts, in: ARSP 70 (1984), S. 71- 112.

Schild, Wolfgang: Person als Begriff – Zur Begriffslehre von Karl Larenz, in: Festschrift für G. Otte, München 2005, S. 329- 350.

Schild, Wolfgang: Theorie und Praxis bei Hans Kelsen, in: Rechtstheorie 1979, S. 199- 230.

Schild, Wolfgang: Die staatliche Strafmaßnahme als Symbol der Strafwürdigkeit. Zur Verbrechens- und Strafphilosophie von Immanuel Kant, in: Festschrift für E.A. Wolff, Berlin [u.a.] 1998, S. 429- 441.

Schlitt, Michael: Haben Tiere Rechte?, in: ARSP 1992, S. 225- 241.

Schlitt, Michael: Umweltethik. Philosophisch-ethische Reflexionen – Theologische Grundlagen – Kriterien, Paderborn u.a. 1992.

Schmidhäuser, Eberhard: Vom Sinn der Strafe, 2. Auflage, Göttingen 1971.

Schmidt, Alexander/ Zschiesche, Michael/ Rosenbaum, Marion: Die naturschutzrechtliche Verbandsklage in Deutschland, Berlin u.a. 2004.

Schmidt, Thomas Benedikt: Das Tier - ein Rechtssubjekt? Eine rechtsphilosophische Kritik der Tierrechtsidee, Regensburg 1996.

Schmitt Glaeser, Wolfgang/ Horn, Hans- Detlef: Verwaltungsprozessrecht, 15. Auflage, Boorberg 2000.

Schneider, Hartmut: Das Inbrandsetzen gemischt genutzter Gebäude - BGH Urt. v. 20.6.1986 - 1 StR 270/86, in: Jura 1988, S: 460- 469.

Schönborn, Wolfgang Graf von: Kapitalanlagebetrug – Eine Analyse unter besonderer Berücksichtigung des § 264a StGB.

Schöne-Seifert, Bettina: Juridische Rechte für Naturwesen - Anmerkungen zu Dieter Birnbachers Kritik in: Julian Nida-Rümelin; Dietmar v.d. Pfordten (Hrsg.), Ökologische Ethik und Rechtstheorie, Baden-Baden 1995, S. 75- 81.

Schönke, Adolf (begr.)/ **Schröder, Horst** (fortgeführt): Strafgesetzbuch: Kommentar, 26. Auflage, München 2001.

Schomerus, Thomas: Ein Ombudsmann mit Klagebefugnis statt Verbandsklage im Naturschutzrecht?, in: NuR 1989, S. 171- 175.

Schopenhauer, Arthur: Sämtliche Werke, Wolfgang Frhr. von Löhneysen (Hrsg.), Sämtliche Werke, Stuttgart/ Frankfurt a.M. 1986.

Schröter, Michael W.: Menschenaffen und Rechte – kritische Bemerkungen zur „Deklaration über die Großen Menschenaffen", in: ARSP 1997, S. 397- 415.

Schumann, Hans Wolfgang: Handbuch Buddhismus, Die zentralen Lehren: Ursprung und Gegenwart, München 2000.

Schünemann, Bernd: Kritische Anmerkungen zur geistigen Situation der deutschen Strafrechtswissenschaft, GA 1995, S. 201- 229.

Seelmann, Kurt: Die Berücksichtigung der Natur im Rahmen der Straftheorien, in: J. Nida-Rümelin/ D. v.d. Pfordten, Ökologische Ethik und Rechtstheorie, Baden-Baden 1995, S. 281- 291.

Seelmann, Kurt: Hegels Straftheorie in seinen „Grundlinien der Philosophie des Rechts", in: JuS 1979, S. 687- 691.

Seelmann, Kurt: Rechtsphilosophie, 2. Auflage, München 2001.

Seelmann, Kurt: Person und Menschenwürde in der Philosophie Hegels, in: Festschrift für Alessandro Baratta, Lecce 2002, S. 169- 184.

Seelmann, Kurt: Risikostrafrecht - Die „Risikogesellschaft" und ihre „symbolische Gesetzgebung" im Umwelt- und Betäubungsmittelstrafrecht, in: KritV 1992, S. 452- 471.

Serpell, James: Das Tier und wir. Eine Beziehungsstudie, Zürich u.a. 1990.

Siep, Ludwig: Personenbegriff und praktische Philosophie im deutschen Idealismus, Frankfurt a.M. 1992.

Singer, Peter: Praktische Ethik, 2. Auflage, Stuttgart 1994.

Singer, Peter/ Cavalieri, Paola (Hrsg.): Menschenrechte für die großen Menschenaffen, München 1994.

Singer, Peter/ Cavalieri, Paola: The Great Ape Project: premises and implications, in: ATLA 1995, S. 626- 631.

Singer, Wolf: Verschaltungen legen uns fest: Wir sollten aufhören, von Freiheit zu sprechen, in: Ch. Geyer (Hrsg.), Hirnforschung und Willensfreiheit. Zur Deutung der neuesten Experimente, Frankfurt a.M. 2004.

Singer, Wolf: Vom Gehirn zum Bewusstsein, in: N. Elsner/ G. Lüer, Das Gehirn und sein Geist, Göttingen 2000, S. 189 ff.

Smid, Stefan: Einführung in die Philosophie des Rechts, München 1991.

Spaemann, Robert: Tierschutz und Menschenwürde, in: R. Spaemann, Grenzen. Zur ethischen Dimension des Handelns, Stuttgart 2001, S. 467- 476.

Spaemann, Robert: Personen. Versuche über den Unterschied zwischen „etwas" und „jemand", Stuttgart 1996.

Spaemann, Robert: Teleologische und deontologische Moralbegründung, in: R. Spaemann, Grenzen. Zur ethischen Dimension des Handelns, Stuttgart 2001, S. 238- 248.

Spaemann, Robert: Über das Identifizieren von Personen, in: Annette Barkhaus u.a. (Hrsg.), Identität, Leiblichkeit, Normativität: neue Horizonte anthropologischen Denkens, 2. Auflage, Frankfurt a.M. 1999, S. 222- 228.

Stegmann, Florian: Artenschutz-Strafrecht: der strafrechtliche Schutz wildlebender Tier- und Pflanzenarten im nationalen und internationalen Recht, Konstanz 2000.

Stone, Christopher D.: Umwelt vor Gericht: die Eigenrechte der Natur, München 1987.

Stratenwerth, Günter: Zukunftssicherung durch Strafrecht, in: ZStW 105 (1993), S. 679- 696.

Stratenwerth, Günter/ Lothar Kuhlen: Strafrecht Allgemeiner Teil I, Die Straftat, 5. Auflage, München 2004.

Strawson, Peter F.: Individuals, London 1959.

Sturma, Dieter: Perspektiven der Person. Der Zusammenhang von Reduktionismuskritik und Epistemologie der Freiheit, in: Gedenkschrift für Friedrich Kaulbach, Würzburg 1992, S. 113- 129.

Taylor, Charles: Aneinander vorbei: Die Debatte zwischen Liberalismus und Kommunitarismus, in: A. Honneth (Hrsg.), Kommunitarismus. Eine Debatte über die modernen Grundlagen moderner Gesellschaften, Frankfurt a.M. 1993, S. 103- 130.

Taylor, Charles: Legitimationskrise, in: Charles Taylor, Negative Freiheit? Zur Kritik des neuzeitlichen Individualismus, Frankfurt a.M. 1992, S. 235- 294.

Taylor, Charles: Nationalismus und Moderne, in: In: Charles Taylor, Wieviel Gemeinschaft braucht die Demokratie? Aufsätze zur politischen Philosophie, Frankfurt a.M. 2002, S. 140- 165, zit.: Ch. Taylor (2002a).

Taylor, Charles: Quellen des Selbst. Die Entstehung der neuzeitlichen Identität, Frankfurt a.M. 1994.

Taylor, Charles: Was ist menschliches Handeln?, in: Charles Taylor, Negative Freiheit? Zur Kritik des neuzeitlichen Individualismus, Frankfurt a.M. 1992, S. 9- 51, im Haupttext zitiert als Ch. Taylor (1992 a).

Taylor, Charles: Wieviel Gemeinschaft braucht die Demokratie? In: Charles Taylor, Wieviel Gemeinschaft braucht die Demokratie? Aufsätze zur politischen Philosophie, Frankfurt a.M. 2002, S. 11- 29.

Taylor Parker, Sue/ Mitchell, Robert W./ Boccia, Maria L.: Expanding dimensions of self: Through the looking glass and beyond, in: Taylor Parker, Mitchell, Boccia (Hrsg.), Self- awareness in animals and humans, Cambridge 1994, S. 3-19.

Taylor Parker, Sue/ Mitchell, Robert W.: Evolving self-awareness in: Taylor Parker, Mitchell(Hrsg.), Self- awareness in animals and humans, Cambridge 1994, S. 413-428.

Teichert, Dieter: Personen und Identitäten, Berlin 2000.

Terrace, Herbert S: How Nim Chimsky changed my mind, in: Psychology today 1979, Vol. 6, S. 67- 76.

Teutsch, Gotthard M.: Tierversuche und Tierschutz, München 1983.

Thiel, Udo: Lockes Theorie der personalen Identität, Bonn 1983.

Thirolf, Rudolf Michael: Kollision von Täterinteressen und Opferschutz bei § 142 StGB, Frankfurt a.M. 1992.

Thomas (de Aquino): Summe gegen die Heiden, 3. Band, Teil 2, Darmstadt 1996.

Tugendhat, Ernst: Moral in evolutionstheoretischer Sicht, in: Ernst Tugendhat, Aufsätze (1992- 2000), Frankfurt a.M. 2001, S. 199- 224.

Tugendhat, Ernst: Vorlesungen über Ethik, Frankfurt a.M. 1993.

Velten, Petra: Normkenntnis und Normverständnis, Baden-Baden 2002.

Waal, Frans de: Der gute Affe, München 2000.

Wade, Nicolas: Does man alone have language?, in: Science 208 (1980), S. 1349- 1351.

Waldau, Paul: Buddhism and Animal Rights, in: Damian Keown (Hrsg.), Contemporary Buddhist Ethics, S. 91- 112, Richmond 2000.

Walter, Henrik: Neurophilosophie der Willensfreiheit : von libertarischen Illusionen zum Konzept natürlicher Autonomie, 2. Auflage, Paderborn [u.a.] 1999.

Weber, Ulrich: Die Überspannung der staatlichen Bußgeldgewalt, in: ZStW 92 (1980), S. 313- 345.

Welzel, Hans: Das deutsche Strafrecht: eine systematische Darstellung, 11. Auflage, Berlin 1969.

Welzel, Hans: Das Gesinnungsmoment im Recht, in: Festschrift für Julius von Gierke, Berlin 1950, S. 250- 298.

Welzel, Hans: Naturrecht und materiale Gerechtigkeit, 2. Auflage, Göttingen 1955.

Wessels, Johannes/ Beulke, Werner: Strafrecht, allgemeiner Teil: die Straftat und ihr Aufbau, 34. Auflage, Heidelberg 2004.

Widengren, Geo: Religionsphänomenologie, Berlin 1969.

Wiegand, Klaus Dieter: Die Tierquälerei: ein Beitrag zur historischen, strafrechtlichen und kriminologischen Problematik der Verstöße gegen § 17 TierSchG, Lübeck 1979.

Wilms, Frans Elmar: Das Tier: Mitgeschöpf, Gott oder Dämon, Frankfurt a.M. 1987.

Wilson, Edward O.: Biologie als Schicksal: die soziobiologischen Grundlagen menschlichen Verhaltens, Frankfurt 1980.

Winkler, Johann Heinrich: Institutionae philosophiae universae usibus academicis accomodatae, 3 Bände, 3. Ausgabe, Leipzig 1762.

Wittreck, Fabian: Religionsfreiheit als Rationalisierungsverbot, in: Der Staat 2003, S. 519- 555.

Wohlgemuth, Josef: Das Tier und seine Wertung im alten Judentum, Frankfurt a.M. 1930.

Wolf, Rainer: Gerechtigkeit und Umweltschutz. Von subjektiv-rechtlichen Begründungsparadoxien zu kollektiv-rechtlichen Lösungsansätzen, in: ARSP-Beiheft 56 (1994), S. 163- 189.

Wolf, Ursula: Das Tier in der Moral, Frankfurt am Main 1990.

Wolff, Ernst Amadeus: Das neuere Verständnis von Generalprävention und seine Tauglichkeit für eine Antwort auf Kriminalität, in: ZStW 97 (1985), S. 786- 830.

Wolff, Ernst Amadeus: Die Abgrenzung von Kriminalunrecht zu anderen Unrechtsformen, in: Hassemer, Winfried (Hrsg.), Strafrechtspolitik, Frankfurt a.M. 1987, S. 137- 225.

Wright, Robert: The moral animal: evolutionary psychology and everyday life, New York 1995.

Xenophon: Erinnerungen an Sokrates, Peter Jaerisch (Hrsg.), 3. Auflage, Tübingen 1980.

Zachariä, Heinrich Albert: Die Lehre vom Versuche der Verbrechen, 1. Theil, Göttingen 1836.

Zaczyk, Rainer: Das Strafrecht in der Rechtslehre von J.G. Fichte, Berlin 1981.

Zaczyk, Rainer: Das Unrecht der versuchten Tat, Berlin 1989.

Zaczyk, Rainer: Der Begriff „Gesellschaftsgefährlichkeit" im deutschen Strafrecht, in: Klaus Lüderssen/ Cornelius Nestler-Tremel/ Eva Weigend (Hrsg.), Modernes Strafrecht und ultima-ratio-Prinzip, Frankfurt a.M. 1990, S. 113- 127.

Zieschang, Frank: Die Gefährdungsdelikte, Berlin 1998.

Zippelius, Reinhold: Juristische Methodenlehre, 9. Auflage, München 2005.

Zöller, Günter: Leib, Materie und gemeinsames Wollen als Anwendungsbedingungen des Rechts (Zweites Hauptstück: §§ 5-7), in: J.C. Merle (Hrsg.), Grundlage des Naturrechts. Klassiker auslegen, Berlin 2001, S. 97- 111.

Grundlagen Gesamte Strafrechtswissenschaft

Herausgegeben von Regina Harzer

Band 1 Thorsten Gerdes: Tierschutz und freiheitliches Rechtsprinzip. Eine strafrechtlich-rechtsphilosophische Untersuchung über Grundlagen und Grenzen modernen Tierschutzrechts. 2007.

www.peterlang.de

Martin Fielenbach

Die Notwendigkeit der Aufnahme des Tierschutzes in das Grundgesetz

Dargestellt am Verhältnis des Tierschutzes zur Wissenschaftsfreiheit

Frankfurt am Main, Berlin, Bern, Bruxelles, New York, Oxford, Wien, 2005.
XXXIV, 206 S.
Europäische Hochschulschriften: Reihe 2, Rechtswissenschaft. Bd. 4146
ISBN 978-3-631-53741-1 · br. € 42.50*

Über die Aufnahme des Tierschutzes als Staatsziel in das Grundgesetz wurde viele Jahre heftig gestritten. Nach einer ausgiebigen Untersuchung des Schutzbereichs der Wissenschaftsfreiheit gemäß Art. 5 III 1 GG bzw. dessen Grenzen geht der Autor der Frage nach, ob die einschlägigen Vorschriften des TierSchG vor dem Hintergrund der Wissenschaftsfreiheit verfassungskonform waren. Hiernach wird diskutiert, ob dem Tierschutz schon vor der Einfügung in Art. 20a GG Verfassungsrang zukam. Der Autor kommt zu dem Ergebnis, dass die Aufnahme des Tierschutzes in Art. 20a GG dringend notwendig war und die über eine lange Zeit hiergegen vorgebrachten Argumente nicht überzeugten.

Aus dem Inhalt: Inhalt und Grenzen des Schutzbereichs der Wissenschaftsfreiheit im Hinblick auf die Verwendung von Tieren · Vorschriften des TierSchG als Eingriffsnormen und bloße Schutzbereichsregelungen · Verfassungsrang des Tierschutzes schon vor Änderung des Art. 20a GG · Untersuchung der Argumente gegen die Staatszielbestimmung Tierschutz

Kolibri 360 GmbH
Ferdinand-Jühlke-Straße 7
99095 Erfurt, Deutschland
produktsicherheit@kolibri360.de

Druck:
CPI Druckdienstleistungen GmbH
im Auftrag der
Kolibri 360 GmbH
Ferdinand-Jühlke-Str. 7
99095 Erfurt